国际商务导论

毕 鹏 主编
赵立军 宋继华 副主编

清华大学出版社
北京

内 容 简 介

本书以环境理论战略与组织结构运营作为逻辑分析的线索与框架，探讨了国际企业的战略竞争与组织结构，特别是从动态竞争的角度分析并探讨了国际企业如何获取可持续发展的竞争优势。本书内容科学系统、案例翔实且与时俱进、教学设计新颖，易于理解。

本书可作为高校国际贸易、市场营销、工商管理等专业的教材使用，也可供从事国际贸易、商务活动的人员自学参考使用。

本书封面贴有清华大学出版社防伪标签，无标签者不得销售。
版权所有，侵权必究。举报：010-62782989，beiqinquan@tup.tsinghua.edu.cn。

图书在版编目(CIP)数据

国际商务导论/毕鹏主编. —北京：清华大学出版社，2020.8（2024.1重印）
ISBN 978-7-302-55927-6

Ⅰ. ①国… Ⅱ. ①毕… Ⅲ. ①国际商务—研究 Ⅳ. ①F740

中国版本图书馆 CIP 数据核字(2020)第 116058 号

责任编辑：孙晓红
封面设计：杨玉兰
责任校对：王明明
责任印制：宋 林

出版发行：清华大学出版社
  网 址：https://www.tup.com.cn, https://www.wqxuetang.com
  地 址：北京清华大学学研大厦 A 座 邮 编：100084
  社 总 机：010-83470000 邮 购：010-62786544
  投稿与读者服务：010-62776969, c-service@tup.tsinghua.edu.cn
  质量反馈：010-62772015, zhiliang@tup.tsinghua.edu.cn
  课件下载：https://www.tup.com.cn, 010-62791865

印 装 者：三河市龙大印装有限公司
经 销：全国新华书店
开 本：185mm×260mm 印 张：20.25 字 数：484 千字
版 次：2020 年 8 月第 1 版 印 次：2024 年 1 月第 5 次印刷
定 价：58.00 元

产品编号：084619-01

前　言

随着世界经济一体化进程的不断发展，中国企业已经全方位、多渠道、多层次地进入国际市场，逐步地成为国际市场的重要组成部分。这也给中国企业管理者提出了更高的要求——"精理论、通实务"。为培养适应时代发展的复合型人才，以适应中国企业在激烈的竞争中实现可持续发展的需要，我们编写了《国际商务导论》一书。

本书以环境理论战略与组织结构运营作为逻辑分析的线索与框架，围绕国际企业运营理论基础、国际商务环境和企业资源能力，探讨了国际企业的战略竞争与组织结构，特别是从动态竞争的角度分析了国际企业是如何获取可持续发展的竞争优势的。本书共十五章，主要包括国际商务概述、国际商务环境、国际贸易理论、新古典国际贸易理论、当代国际贸易理论、国际直接投资理论、国际收支、国际货币体系、国际金融市场、企业的国际化战略、国际企业组织构建、跨国企业的市场营销、跨国企业的全球供应链管理、跨国企业的人力资源管理、国际企业财务管理的相关内容。

本书由佳木斯大学经济与管理学院的老师共同编写完成。其中，毕鹏编写第一章至第九章；赵立军编写第十章至第十二章；宋继华编写第十三章至第十五章。全书由毕鹏统稿。

本书参考了国内外大量文献，这使得我们能够"站在巨人的肩膀上"成长起来，在此向相关作者表示感谢！

由于作者水平有限，书中难免有疏漏之处，恳请广大读者、同行批评指正。

编　者

目 录

第一章 国际商务概述 1
第一节 国际商务的发展与现状 1
一、国际商务的概念 1
二、国际商务的形成与发展 2
第二节 当代国际商务活动的三大纽带 3
一、国际市场 3
二、跨国公司 4
三、国际条约和国际组织 5
第三节 国际商务的学科属性 7
一、国际商务的内容 7
二、国际商务学科的学术正统性 8
本章小结 8
思考题 9

第二章 国际商务环境 10
第一节 国际商务环境概述 10
一、国际商务环境及其特点 10
二、国际商务环境的构成 11
第二节 国际商务宏观环境 13
一、世界经济的发展与变化趋势 13
二、国际经济组织 14
三、国际法律环境 15
四、国际金融环境 17
第三节 国际商务中观环境 18
一、东道国的经济环境 18
二、东道国的政治环境 21
三、东道国的法律环境 22
四、东道国的技术环境 23
五、东道国的文化环境 23
第四节 国际商务微观环境 28
一、产业与竞争 28
二、客户与市场 28
三、资源来源 29
第五节 国际商务环境的风险评估和规避 29

一、国际商务环境的风险 29
二、国际商务环境评估方法 30
三、对国际商务环境风险的规避 32
本章小结 33
思考题 33

第三章 国际贸易理论 34
第一节 绝对优势理论 34
一、绝对优势理论的产生背景 34
二、绝对优势理论的主要观点 35
三、绝对优势理论的数学说明 36
四、对绝对优势理论的评价 37
第二节 比较优势理论 38
一、比较优势理论的产生背景 38
二、比较优势理论的主要观点 38
三、对比较优势理论的评价 40
第三节 相互需求理论 41
一、相互需求理论的主要观点 41
二、对相互需求理论的评价 45
本章小结 45
思考题 46

第四章 新古典国际贸易理论 47
第一节 要素禀赋理论 47
一、要素禀赋理论的提出 47
二、与要素禀赋理论有关的概念 47
三、要素禀赋理论的基本假设 49
四、要素禀赋理论的内容 50
五、对要素禀赋理论的评价 53
第二节 要素禀赋理论的拓展 54
一、斯托尔帕-萨缪尔森定理 54
二、要素价格均等化理论 55
第三节 里昂惕夫之谜及其解释 57
一、里昂惕夫之谜的提出 57
二、对里昂惕夫之谜的各种解释 59

三、对里昂惕夫之谜的评价..................62
本章小结..................62
思考题..................63

第五章　当代国际贸易理论..................64

第一节　国际贸易新要素理论..................64
一、要素的增长..................64
二、要素密集性的变换..................67
三、要素的国际流动..................68

第二节　生命周期理论..................71
一、技术差距理论..................71
二、产品生命周期理论..................72
三、制成品生命周期理论..................74
四、原材料生命周期理论..................75

第三节　国家竞争优势理论..................76
一、"钻石"理论..................77
二、"优势产业阶段"理论..................78
三、创新机制理论..................80

第四节　产业内贸易理论..................81
一、产业内贸易的概念..................81
二、产业内贸易的类型..................81
三、产业内贸易指数..................82
四、产业内贸易理论的基本内容..................82

第五节　新经济地理学贸易理论..................83
一、新经济地理的主要理论基础..................83
二、新经济地理的基本理论..................84
三、新经济地理和国际贸易..................85

本章小结..................87
思考题..................87

第六章　国际直接投资理论..................88

第一节　形成原因及决定因素..................88
一、垄断优势理论..................88
二、内部化理论..................91
三、产品生命周期理论..................93
四、边际产业扩张理论..................94

第二节　综合与拓展..................95
一、国际生产折衷理论..................95
二、国际投资发展阶段理论..................97

三、解释发展中国家对外直接投资的理论..................98
四、20世纪90年代后国际直接投资理论的进一步拓展..................99

第三节　国际直接投资的利弊分析和政府政策..................100
一、国际直接投资的利弊分析..................100
二、政府对国际直接投资的政策..................102

本章小结..................104
思考题..................105

第七章　国际收支..................106

第一节　国际收支概述..................106
一、国际收支的含义..................106
二、国际收支与国际借贷..................107

第二节　国际收支平衡表..................107
一、国际收支平衡表的概念..................107
二、国际收支平衡表的构成..................108

第三节　对国际收支平衡表的分析..................109
一、分析国际收支平衡表的意义..................109
二、国际收支平衡表的分析方法..................110

第四节　国际收支调节..................111
一、国际收支的平衡与失衡..................111
二、国际收支不平衡的成因..................112
三、国际收支不平衡的影响..................113
四、国际收支调节的政策措施..................113

第五节　国际储备..................115
一、国际储备的含义和形式..................115
二、国际储备的作用..................116
三、国际储备的管理..................116

本章小结..................117
思考题..................118

第八章　国际货币体系..................119

第一节　国际货币体系概述..................119
一、国际货币体系的概念..................119
二、国际货币体系的内容..................120
三、国际货币体系的作用..................120
四、国际货币体系的类型..................121

第二节　国际金本位体系............122
　　　一、国际金本位体系的概念
　　　　　与特征............122
　　　二、国际金本位体系的沿革............123
　　　三、对国际金本位体系的评价............125
　　第三节　布雷顿森林体系............126
　　　一、布雷顿森林体系的建立............126
　　　二、布雷顿森林体系的主要内容............128
　　　三、布雷顿森林体系运转的基本
　　　　　条件............129
　　　四、布雷顿森林体系的瓦解过程
　　　　　及采取的补救措施............130
　　　五、布雷顿森林体系崩溃的原因............132
　　　六、对布雷顿森林体系的评价............133
　　第四节　牙买加体系............134
　　　一、牙买加体系的创立............134
　　　二、牙买加体系的运作特点............135
　　　三、对牙买加体系的评价............137
　　　四、对改革牙买加体系的建议............138
　　第五节　欧洲货币体系............139
　　　一、欧洲货币体系的建立............140
　　　二、欧洲货币体系的内容............140
　　　三、欧洲货币体系的作用............142
　　　四、欧洲货币体系的进一步发展和
　　　　　欧元的产生............142
　　　五、欧元启动对世界经济及政治的
　　　　　影响............144
　　　六、欧元的产生对国际金融市场的
　　　　　影响............146
　　　七、欧元的产生对世界政治的
　　　　　影响............147
　　本章小结............147
　　思考题............148

第九章　国际金融市场............149

　　第一节　国际金融市场的概念和分类............149
　　　一、国际金融市场的概念............149
　　　二、国际金融市场的分类............149
　　　三、国际金融市场形成的条件及
　　　　　发展趋势............150

　　　四、国际金融市场的作用............151
　　第二节　国际货币市场和国际资本
　　　　　市场............151
　　　一、国际货币市场............151
　　　二、国际资本市场............153
　　第三节　欧洲货币市场和欧洲债券
　　　　　市场............155
　　　一、欧洲货币市场............155
　　　二、欧洲债券市场............158
　　本章小结............160
　　思考题............160

第十章　企业的国际化战略............162

　　第一节　战略与企业............162
　　　一、价值创造与企业战略............162
　　　二、价值链与竞争优势............163
　　第二节　全球竞争环境下的机会
　　　　　和威胁............165
　　　一、全球竞争环境下的机会............165
　　　二、全球竞争环境下的威胁............166
　　　三、全球竞争环境下的机会与威胁
　　　　　分析............168
　　第三节　如何从全球扩张中获利............169
　　　一、利用区位经济............169
　　　二、实现经验曲线效应............170
　　　三、转移核心能力............170
　　　四、获得全球学习的好处............171
　　第四节　全球竞争的两大压力............172
　　　一、成本降低的压力............172
　　　二、对当地需求响应的压力............173
　　第五节　跨国经营的战略选择............174
　　　一、国际战略............174
　　　二、多国战略............175
　　　三、全球战略............175
　　　四、跨国战略............176
　　本章小结............177
　　思考题............178

第十一章　国际企业组织构建............179

　　第一节　企业组织结构及其基本理论............179

　　　　一、企业组织结构的概念............179
　　　　二、企业组织结构的基本理论........180
　　第二节　国际企业组织结构形式及选择....182
　　　　一、国际企业组织结构的演变........182
　　　　二、国际企业组织结构的类型........183
　　　　三、国际企业组织结构的选择........191
　　第三节　国际企业的组织控制与协调
　　　　　　以及变革与创新..............194
　　　　一、海外组织机构的设计............194
　　　　二、国际企业的组织控制与协调......197
　　　　三、国际企业组织变革与创新........201
　　本章小结..................................203
　　思考题....................................203

第十二章　跨国企业的市场营销............204

　　第一节　跨国企业的市场营销概述........204
　　　　一、国际营销的含义................204
　　　　二、国际营销与国内营销的区别......205
　　　　三、国际营销的影响因素............205
　　　　四、国际营销观念..................207
　　　　五、国际营销的发展阶段............208
　　第二节　国际营销调研..................209
　　　　一、国际营销调研的意义............209
　　　　二、国际营销调研的范围............210
　　　　三、国际营销调研的流程............211
　　　　四、国际营销调研的基本方法........212
　　　　五、国际营销调研中的问题..........214
　　　　六、国际营销调研问题防范..........215
　　第三节　国际目标市场策略..............217
　　　　一、目标市场策略概述..............217
　　　　二、国际市场细分..................217
　　　　三、国际目标市场的选择............220
　　　　四、国际目标市场定位..............222
　　第四节　国际市场营销组合策略..........224
　　　　一、国际市场营销组合概述..........224
　　　　二、国际产品策略..................225
　　　　三、国际定价策略..................226
　　　　四、国际分销策略..................230
　　　　五、国际促销策略..................233

　　本章小结..................................235
　　思考题....................................235

第十三章　跨国企业的全球供应链
　　　　　　管理..............................236

　　第一节　全球供应链管理概述............236
　　　　一、全球供应链管理模式的产生......236
　　　　二、全球供应链管理的概念..........237
　　　　三、全球供应链管理的主要内容......239
　　　　四、全球供应链管理体系设计........240
　　第二节　全球供应链的关系管理..........243
　　　　一、全球供应链的合作伙伴关系的
　　　　　　含义............................243
　　　　二、全球供应链的合作伙伴选择......244
　　　　三、全球供应链的客户关系管理
　　　　　　和供应商关系管理..............246
　　第三节　全球供应链采购管理............248
　　　　一、全球供应链环境下的采购
　　　　　　管理............................248
　　　　二、全球采购........................250
　　　　三、全球采购中供应商的选择
　　　　　　和管理..........................252
　　第四节　全球供应链管理与信息技术......253
　　　　一、信息技术在全球供应链管理中
　　　　　　的应用..........................254
　　　　二、全球供应链管理中的信息
　　　　　　技术............................256
　　　　三、电子商务与全球供应链管理......258
　　第五节　全球供应链的风险管理..........260
　　　　一、全球供应链风险概述............261
　　　　二、供应链风险的管理..............263
　　　　三、重构弹性供应链................265
　　本章小结..................................266
　　思考题....................................266

第十四章　跨国企业的人力资源管理......268

　　第一节　国际人力资源管理导论..........268
　　　　一、国际人力资源管理的定义........268
　　　　二、国际人力资源管理的特征........268

第二节 国际人员配备政策......270
  一、跨国企业配备人员的类型......270
  二、跨国企业人员配备的影响因素......271
  三、跨国企业人员配备的基本方法......271
  四、跨国企业人员的选拔标准......273

第三节 国际人力资源培训与开发......275
  一、外派人员的职业生涯规划......275
  二、外派前后的培训......277
  三、国际人力资源培训与开发面临的问题......279
  四、国际人力资源培训与开发策略......280

第四节 工作绩效评估......281
  一、外派人员绩效评估的意义......281
  二、外派人员绩效评估的复杂性......281
  三、外派人员绩效评估体系的设计......282

第五节 国际薪酬管理......284
  一、国际薪酬管理的复杂性......284
  二、跨国公司外派人员的薪酬构成......286
  三、东道国员工的薪酬管理......288

本章小结......290
思考题......291

第十五章 国际企业财务管理......292

第一节 国际企业财务管理与内部资金管理......292
  一、国际企业财务管理概述......292
  二、国际企业内部资金管理......294

第二节 国际企业子公司的股权策略......299
  一、海外子公司的股权策略......299
  二、海外子公司的财务管理......300
  三、国际企业的资本预算......301

第三节 国际企业的外币换算......303
  一、基于历史成本原则的几种换算方法......303
  二、如何处理好外币换算中的若干问题......305
  三、美国财务会计准则委员会对外币换算问题的规定......306

第四节 国际企业审计......309
  一、国际企业的法定审计环境......309
  二、我国国际化经营企业的海外审计工作......310

本章小结......311
思考题......312

参考文献......313

第一章 国际商务概述

引导案例

钓鱼岛"购岛事件"与抵制"日货"

【学习目标】

- 掌握国际商务的概念和内容,了解国际商务的形成、发展与现状。
- 树立经济全球化意识,掌握企业国际化经营的原因和阶段,了解当代国际商务活动的主体。
- 初步了解国际商务的特殊性和挑战,把握国际商务的研究内容。

第一节 国际商务的发展与现状

一、国际商务的概念

国际商务是指跨越国界的任何形式的商业性活动,包括任何形式的经济资源——商品、劳务、技术、资本和信息等的国际转移。

当今世界,一国的政府、企业、个人与世界其他国家的政府、企业、个人发生着复杂的经济往来关系,但不是所有的经济往来都属于国际商务的范畴。"跨越国界"意味着国际商务是涉及两个或两个以上的国家的活动。"商业性活动"意味着国际商务是带有获利目的的活动,它排除了许多跨越国界的非营利性活动,如对外经济援助、国际慈善活动、国际文化交流等。一般来讲,参与国际商务活动的实体是企业。尽管政府和个人也会涉足国际商务活动,如政府国际采购,但通常的国际商务指的是企业跨越国界进行的商业性活动,而且不同的企业对国际商务的参与程度不同,大型跨国公司的经营活动全部或大部分可称之为国际商务,而有些企业只是偶尔从事国际商务,如偶尔接受一笔国外订单等。因此,当代国际商务的主体是跨国公司。

国际商务以生产的国际化、交换的国际化及消费的国际化为背景,分别通过产品流动和要素流动来实现,其主要内容包括:①以商品进出口为中心的国际贸易;②对外投资,包括国际证券投资、在国外的直接投资、国外的生产等;③技术转让方面的特许或授权,包括商标、专利权、制造程序或有价值的知识技能的国际化,以及研究与开发活动的国际化;④国际劳务和服务的提供,包括市场、法律、财务、保险、运输、会计、管理顾问咨询等劳务;⑤国际通信及其传递,包括电台、电视、电影、电话、电报、书籍、报刊、新闻提供等。

二、国际商务的形成与发展

国际商务作为一种跨国界的经营活动，是在一定的历史条件下产生和发展起来的，而在这一活动中起决定性作用的是国际分工的发展和变化。国际分工的不同阶段是世界经济发展的不同时期的必然产物，不同的社会生产能力水平要求有不同形式、内容和范围的国际商务活动。

(1) 从18世纪中期第一次产业革命到19世纪末是商品贸易的国际化阶段。18世纪60年代至19世纪中叶，英国、美国和一些西欧国家陆续完成了以纺织机和蒸汽机的发明和广泛使用为标志的产业革命，从工场手工业过渡到机器大生产，人类社会的生产力获得空前发展。国内有限的市场空间已无法满足机器大生产创造出来的巨大生产力，社会化大生产要求社会分工国际化和市场国际化，形成统一的世界市场。伴随着这种以主要资本主义工业国为中心的垂直型国际分工体系的逐步形成，国际贸易的规模迅速扩大。因此，商品贸易的国际化，即商品的国际交换成为这一阶段国际商务活动的主要形式和基本特征。

(2) 19世纪末直至第二次世界大战前夕是货币资本的国际化阶段，即向国外进行以证券投资为主的资本输出。19世纪70年代以后，内燃机、铁路、汽车等科技成果促进世界经济迅速发展，并形成第二次科技革命，自由竞争的资本主义逐渐向垄断资本主义过渡，"过剩资本"的大量形成直接成为资本国际移动的动力和源泉，西方国家的某些大企业开始向国外投资，资本输出成为这一阶段的主要经济特征。垄断组织通过资本输出把资本主义生产方式扩大到殖民地与半殖民地国家，从而使得传统的垂直式工农产品分工体系进一步深化。与此同时，发达国家间工业部门内各部门和各产品间水平分工不断发展和深化，如英国发展纺织业、造船和铁路机械业，美国发展汽车、农机和电器业，德国发展钢铁业、化工工业等。这时的国际投资以证券投资为主，直接生产投资的比例不大，且都是主要经营殖民地和附属国的资源开发项目及农业种植园等，只有极少数企业在工业发达国家从事工业生产性投资。因此，这一时期国际商务活动的表现形式为货币资本国际化，以及由货币资本国际化带动的商品资本国际化。跨国公司带有政治使命的外衣已经脱下，而以公司利益为主的使命已经建立。

(3) 第二次世界大战以后到20世纪80年代是生产资本的国际化阶段。以计算机技术、核能、塑料和精细化工、航天航空等为代表的第三次科技革命推动了世界生产力的空前增长和产业结构的巨大变革，国际商务进入以生产和劳务合作为基础的生产资本的国际化阶段。这一阶段的国际分工体系完全以工业部门的水平分工为主，产品分工由部门间分工和产品间系列分工转入以产品内部分工为主，即产品与组件、技术、劳动力、管理等生产要素间的分工，并进一步发展到组件与组件、组件或产品与劳务间为主的国际分工。不同社会制度和多种经济发展水平国家间工商企业的大规模、全方位的多元化、多层次、多极化的合作使资本、土地、资源、劳务、技术、信息管理等多种生产要素实现复合性国际转移和重新配置，许多国家的厂商通过所有权控制和其他跨国联系，发展成跨国公司。跨国公司的全球战略是在世界范围内将营销和生产融为一体。所以，这一阶段的特征是科技和生产国际化带动资本国际化和商品国际化，跨国公司不断成长壮大，国际直接投资迅速增长，成为世界经济发展的主导因素。

(4) 从 20 世纪 80 年代起，信息技术、网络技术和通信技术的变革性的发展，以及经济全球化的推进，使得国际商务进入了生产经营一体化的阶段。随着产品构造日益复杂化，各国企业独立开发零部件的意义越来越低，而且这种硬件的竞争越来越没有必要。这就使各国大公司重视产品的标准化，把竞争的重点放在产品的综合性能、质量、可靠性和售后服务等方面，所用标准件则采用外包形式。同时，由于产品的关键零部件已相当复杂，单独开发耗资越来越高，且存在极大风险，使独立开发很不经济，因此不少公司宁愿采用共同投资、共担风险、共享成果的方式进行开发，国际战略联盟成为企业共生的形式。信息化和网络化的发展破除了工业社会生产场所的固定性，消除了工业生产经营的地理界限，拓宽了市场范围。现代通信技术和运输技术使企业可以利用全球范围内的物资、技术、资金、劳动力等资源生产产品，并通过全球信息网络销售产品和提供服务。经济活动的国内和国外界限变得模糊起来，产业布局在世界范围内重组。信息革命使企业内部和企业之间的信息交流突破了地域空间的限制，从而可以对遍布全球的生产和经营进行控制。信息的高速传输与反馈，为实现全球化经营提供了成本低、效率高的信息交流网络。新的财富创造体系正是由一个全球性的市场、银行、生产中心和研究机构的网络系统组成的。

第二节　当代国际商务活动的三大纽带

当代国际商务活动主要通过三大纽带进行，即国际市场、跨国公司、国际条约和国际组织。

一、国际市场

国际市场是连接世界经济的纽带，是国际各种资源流动、交换的场所。随着社会生产力的发展，以及国际分工和交换规模的扩大，国际市场的规模也越来越大。在当代世界，一个国家的实力越强、经济规模越大，需要通过国际市场实现的价值也就越多，对国际市场的依存度也就越高。世界商品出口与世界国内生产总值的比例(即出口依存度)，1950 年约为 6%，1973 年上升到 12%，1997 年达到 20%，2000 年达到 41.7%，2003 年达到 45%，2005 年达到 53%，年均增长率为 5.4%，一些新兴工业化国家和地区的出口增长更快。这意味着，各国国内生产总值越来越大的一部分，需要通过国际市场才能实现其价值。

国际市场的主要载体是国际贸易。国际贸易是现代化国家经济发展的必要条件和直接结果。国际贸易的发展与世界经济的发展有着内在的联系。国际经济的发展必然表现为世界贸易的增长，国际贸易的增长也必然会带动世界经济的发展。然后，国际贸易的平均增长速度，一般是世界经济增长速度的 1~1.5 倍。但是随着经济全球化的加速，国际贸易的增长速度越来越领先于世界经济的增长速度，1990—1995 年达到了 3 倍，2006 年世界经济增长率为 4.9%，而国际贸易增长率达到 12.5%。由于国际贸易在经济增长中的作用越来越大，如果国际贸易增速下降必然也会引起世界经济的下滑。

国际贸易的结构也反映着世界经济的质量和水准。随着经济全球化的发展，传统的国际贸易现在已扩展到服务、技术等要素贸易。据世界贸易组织1998—1999 年的年度报告，

1982 年的国际服务贸易出口额为 4050 亿美元。1986 年的国际服务贸易出口额为 4496 亿美元。1994 年超过 1 万亿美元，达到 10 550 亿美元的规模。2000 年国际服务贸易出口额达到 14 350 亿美元。1980—2005 年全球服务贸易出口总额增长了 5.7 倍，2005 年达到 24 147 亿美元。2006 年全球国际服务贸易达到 27 430 亿美元，在全球贸易中的比重超过 65%。

国际市场的供求关系是世界经济的发动机和晴雨表。长期以来，美国经济的增长 2/3 是由消费需求支撑的。如果消费需求旺盛，就会带动国际贸易的增长，进而带动世界经济的增长；反之，就会使国际贸易萎缩甚至世界经济萎缩。就一些重要的原材料来说，世界市场上供求关系或者价格的变动，也会对国内企业生产经营产生很大影响。如石油是各国工业、制造业乃至服务业的必需品等，作为一种重要的战略物资和"工业血液"，石油供求关系及其价格一直在世界经济中扮演着重要角色。1973—1974 年的第一次石油危机和 1979—1980 年的第二次石油危机，都对世界经济产生了重大影响。据经济合作组织测算，油价每上涨 10 美元，世界经济增长速度就下降 0.25%，日本野村证券研究所测算：油价每上涨 1%，中国、韩国、新加坡、泰国及菲律宾等国家的国民生产总值就会下降 0.01%～0.03%。

二、跨国公司

跨国公司的经营活动已经扩展到所有国家的所有经济领域，成为世界经济中一支强大的力量。据联合国有关机构统计，2005 年全球跨国公司约有 6.5 万家，控制了全球生产的 40%、国际贸易的 60%、技术贸易的 60%、技术转让的 80% 及研究开发的 90%。跨国公司的内部贸易已占国际贸易的 40%，当代跨国公司的发展使以国家为主体的世界经济逐步向以跨国公司为主体的经济转化。

1. 当代跨国公司的主要特征

当代跨国公司的主要特征表现如下。

(1) 生产经营的跨国化。通过对外直接投资，在海外新建或收购现有企业，利用当地资源和廉价劳动力，就地生产、就地销售，并进行其他经济活动，从而使再生产过程在国际范围内展开。

(2) 经营战略国际化。跨国公司以全球作为其活动的舞台，以世界市场作为其角逐的范围与导向，施行"全球性经营战略"。因此，跨国公司不是孤立地考虑某一子公司所在国的市场、资源等情况和某一子公司的局部得失，而是从多国或全球角度考虑整个公司的发展。有时甚至让某子公司亏本，以便在总体上取得最大利润。也就是说，跨国公司着重考虑的是全球范围内的机会和公司总体利益以及如何实现利润全球范围内最大化。这种战略目标，是跨国公司区别于国内企业和其他经济组织的重要特征。

(3) 公司内部一体化。跨国公司实行"公司内部一体化"，公司内部一体化原则要求高度集中的管理体制，即以母公司为中心，把遍布世界各地的分支机构和子公司统一为一个整体。所有国内外分支机构和子公司的经营活动都必须服从总公司的利益，在总公司的统一指挥下，遵循一个共同的战略，合理配置人力和财力资源。

2. 当代跨国公司的发展趋势

当代跨国公司的发展趋势主要体现在以下几个方面。

(1) 实行本地化经营，塑造当地化概念。随着经济全球化时代的到来和国际市场竞争的日趋激烈，跨国公司的发展为寻求适度的竞争，越来越注重当地化概念。一是利用当地的丰富资源及廉价劳动力，实行当地生产、销售。与本国相比，东道国存在丰富的资源和廉价的劳动力，使得生产产品的成本相对较低，产品更具有竞争力。二是利用当地的人力、智力进行管理及研究开发出新的产品。跨国公司充分利用当地的人力实行本地化管理，以熟悉当地文化环境和政府政策的优势，减少经营中的"摩擦"。一改以往在本国进行研究开发的战略，跨国公司直接在东道国设立研究开发中心，利用当地的高科技人才研究开发新产品，并根据当地的需求组织生产并投放市场。

(2) 跨国公司越来越重视高新技术的发展，强化以高新技术为主要竞争手段；注重信息化管理，实行信息网络的全球经营。近年来，跨国公司凭借着网络经济的发展、电子商务的频繁利用而使自己的成本大大下降，提高了竞争力。同时，跨国公司更加注重研究开发的投资，现在很多跨国公司都将每年利润的10%投入到研究开发当中去，以求开发出新产品适应市场需求。高新技术的应用和新产品、新技术的开发使得跨国公司加快了企业内部的信息沟通、降低了经营成本、提高了企业竞争力。

(3) 跨国公司对发展中国家越来越重视。20世纪90年代以来，发展中国家经济高速增长的过程中蕴藏着巨大的市场潜力和日益旺盛的消费市场需求；同时，发展中国家具有丰富的自然资源和廉价的人力资源。在发展中国家，跨国公司的产品相对来说具有更强的竞争力，比较容易取得较高的市场份额，达到对市场进行垄断的目的。这样，跨国公司对发展中国家的市场就越发青睐。

(4) 跨国并购日趋激烈。由于全球竞争日趋激烈，而对于一向追求全球战略的跨国公司来说，为了实现全球范围内的最低成本生产和最高价格销售，尽可能提高全球的市场占有率和取得最大的利润，不得不结成跨国战略联盟，借以调整自己的产业结构和进行业务重组，进一步优化资源配置。参与者相互取长补短，通过关键技术、核心能力等方面的协作，使优势内部化，减少成本和风险，产生大量的协作溢出效应。在跨国兼并潮中，跨国公司兼并涉及的行业非常广泛，包括银行、汽车、石油、制药、电信及高科技等产业，同时兼并多发生在同行业之间，跨行业兼并相对较少。

三、国际条约和国际组织

随着全球一体化进程的加快，需要各国政府间通过合作来解决的有关世界经济发展的重大问题越来越多。一方面，由于主权国家间都是平等的，不存在超越国家之上的组织管理机构，谁也不能把自己的法律强加于人；但另一方面，协调处理涉及国与国之间的"外部经济效果问题"和"公共产品问题"的国际事务，又不能没有一套超越国家之上的游戏规则和管理机构。因此，伴随国际事务活动范围的扩大和程度的加深，一系列双边、多边国际条约和组织纷纷产生和建立起来。这些国际条约和组织以官方和半官方的形式，把世界经济生活纳入了一种"冲突不断但大体有序"的体制，以保证世界经济的发展。

贸易条约和协定是两个或两个以上的主权国家为确定彼此的经济关系，特别是贸易关系方面的权利和义务而缔结的书面协议。

贸易条约和协定按照缔约国的多少，可分为双边贸易条约和协定与多边贸易条约和协定。前者是两个主权国家之间所缔结的贸易条约和协定，后者是两个以上主权国家共同缔结的贸易条约和协定。这些贸易条约和协定一般都反映了缔约国的对外政策和对外贸易政策的要求，并为缔约国实现其对外政策和对外贸易政策的目的服务。在国际经济关系中，由于各国的社会经济制度和政治实力对比关系的差异，它们之间所缔结的贸易条约和协定的内容及其作用也有所不同。

贸易条约和协定同其他政治性的国际条约和协定相比有其自身的特殊性。从内容上看，贸易条约和协定主要是确定缔约国之间的经济和贸易关系。从国际法角度上看，贸易条约和协定往往订入并遵守国际法通用的法律条款，如最惠国待遇和国民待遇条款等。从国际惯例上看，贸易条约和协定既可在建立正式外交关系的国家之间签订，也可在没有建立正式外交关系的国家间签订；既可在不同国家的政府间签订，也可在不同国家的政府与民间团体之间或双方的民间团体之间签订。但政治性的国际条约和协定，一般只能在建立正式外交关系后由有关国家的政府签订。

在贸易条约和协定中，通常所适用的法律待遇条款是最惠国待遇条款和国民待遇条款。最惠国待遇是指缔约一方现在和将来所给予任何第三方的一切特权、优待、利益及豁免，也同样给予缔约对方。最惠国待遇的基本要求是缔约一方使缔约另一方享有不低于任何第三方享有的待遇。

最惠国条款分为无条件的最惠国待遇和有条件的最惠国待遇两种。无条件的最惠国待遇是指缔约一方现在和将来给予任何第三方的一切优惠待遇，立即无条件地、无补偿地及自动地适用于对方。有条件的最惠国待遇则是指如果一方给予第三方优惠是有条件的，另一方必须提供同样的补偿，才能享受这种优惠待遇。无条件的最惠国待遇条款首先是英国采用的，所以叫作"欧洲式"最惠国待遇条款；有条件的最惠国待遇条款最先是美国采用的，所以又称为"美洲式"最惠国待遇条款。现在的国际贸易条款和协定一般都采用无条件的最惠国待遇条款。

国民待遇是指缔约一方保证缔约另一方的公民、企业和船舶在本国境内享受与本国公民、企业和船舶等同的待遇。国民待遇条款一般适用于外国公民或企业的经济权利，如外国产品所应缴纳的国内捐税、利用铁路运输和转口过境的条件、船舶在港口的待遇、商标注册、著作权及发明专利权的保护等。但是，国民待遇条款的适用是有一定范围的，并不是将本国公民或企业所享有的一切权利都包括在内。例如，沿海航行权、领海捕鱼权和购买土地权等，通常不包括在国民待遇条款的范围之内，这些权利一般都不给予外国侨民或企业，只准本国公民和企业享有。

当代国际经济方面的条件和协定主要有：《联合国国际货物销售合同公约》《联合国技术转让准则》《联合国反垄断行为准则》《联合国跨国企业行为准则》《消费者保护准则》《环境保护协定》《联合国贸发组织船运公约》《国际商会2000国际贸易术语解释通则》等。

当代最重要的国际经济组织是世界贸易组织(WTO)、世界银行和国际货币基金组织(IMF)。这三大组织被视为世界经济体系的三大支柱，对国际商务的运行有着极为深刻和广泛的影响。三大组织的运行规律及其制定的规则构成了当代世界经济运行的重要部分。研究和认识当代商务活动规律，不能不把这三大经济组织摆到重要的位置上。特别是世界贸易组织，其成员的贸易量占全球贸易量的95%。在世界贸易组织中，可以通过正式成员的身份，享受多边谈判成果；通过开放市场，吸收境外投资，并获得进入外部市场的机会；通过多边争端解决机制，公正、平等地解决贸易纠纷。

第三节 国际商务的学科属性

对于国际商务包含的基本内容，流行两种典型的基本观点，且同观点持有者的学术背景有着一定的相关性。一种观点认为，国际商务就是国际贸易、国际金融和国际投资的综合，这类观点持有者多是经济学科背景；另一种观点认为，国际商务就等于是国际管理，或者是管理职能的国际拓展，此类观点多由工商管理背景者持有。

事实上，虽然国际商务主要是企业为主体所从事的国际贸易与国际投资活动，但是我们不能简单地将之等同于国际贸易、国际投资，以及包括国际金融的简单集合体。国际商务从这些领域吸收知识，但它所要回答的问题，同国际贸易、国际投资，以及国际金融并不相同。再有，尽管国际商务的主体是企业，但国际商务不是在管理学科分支，如战略、生产、营销等的基础上，简单进行国际维度上的扩展就可以得到的。至少，上述两类观点都是片面的。

一、国际商务的内容

对于什么是国际商务这个问题，至今，学术界仍然不能做出完美的回答。但庆幸的是，对于国际商务所包含的基本内容，学术界已经形成了初步的共识。

第一，从事国际商务的主体包括跨国公司(multi-national enterprise，MNE)，也曾经主要是跨国公司，但不能将跨国公司等同于国际商务的主体。从事国际商务的主体还包括全球企业、出口商，乃至融入国际生产网络的国内企业。这些都是国际商务组织。

第二，国际商务以企业作为最基本的分析单位，所以包括对国际商务组织的研究。但是，研究对象不仅仅是国际商务企业，还包括国际商务活动。

英国学者邓宁(John H. Dunning)认为，国际商务更广义宏观的定义，"不仅仅限定在商务企业上，还指一组公司(如一个行业)、一个区域、一个国家甚至是整个世界"。这样一个商务活动的定义更好地把商务识别为知识体系和研究领域。凭此，它借鉴、涵盖并整合了多门学科的深刻见解。这些见解已被纳入绝大多数商学院的课程体系。另外，最近国际商务学者们正在越来越多地借鉴他们的同行在商务史、国际关系、政治学和政治理论方面的研究和著作。

第三，国际商务的研究包括国际商务组织的管理职能，但不能简单地等同于管理职能分支在"国际"维度的扩展。以下的例子就说明了这个观点。美国内部投资区位的选择由经济变量解释，但若考虑投资韩国还是泰国、爱尔兰还是荷兰，那政治、文化、法律、制度、语言的考虑就是重要的因素。即非经济因素影响市场效率。对东道国环境的不熟悉成为交易成本，因此，在国际情境下商务研究不能简单地被分解为经济学、管理学、金融学、营销学等。所以，不能把管理职能都看作一般的知识，进而将国际商务视作管理学科的分支在"国际"维度上的扩展。某种意义上，国际商务类似于医学中的"小儿科"。"小儿科"不仅仅是其他医科分支在"小儿"维度上的扩展，它本身就是自足、完备的体系。

二、国际商务学科的学术正统性

国际商务是一个知识体系，或者说是一个学科。所谓学科就是科学知识体系的分类，不同的学科就是不同的科学体系。学科的形成往往具有历史依存的特点，或从其他学科的发展中产生，而后独立。美国学者海默(Stephen Hymer)在1960年完成的博士论文《民族企业的国际运营：外国直接投资的研究》标志着国际商务学科的产生，从这一角度看，我们可以认为国际商务产生于经济学，具体讲是国际经济学。而国际商务又显著地从管理学各职能领域吸收知识，构成了其知识体系的重要组成部分。所以，国际商务是一个学科，不是或者说不宜作为经济学或管理学下的一个"专业"。

对于国际商务作为自足、完备的学科，很多人会有怀疑。因为，一直以来，"英里深度、微米宽度"，即深入的专业知识和专业化的学术，被等同于学术"正统性"的标准。似乎，由于背景这一标准，国际商务无法成为具有"正统性"的学科。邓宁指出，"国际商务实质上是一个整合学科的知识体。确实，它的独到之处就在于整个知识体要大于它的每个单独部分知识的总和。实际上，虽然大部分的国际商务研究都要使用到各门学科的方法论，但商务学者的比较优势在于他们意识到了单一方法论具有局限性，并且尝试将自己的学术训练、倾向和学习经历与其他学科领域的学者相结合。所以在过去二三十年里，越来越多的学科范围都开始出现明显的相互交叠，例如组织学和微观经济学、管理学和产业经济学、地理和企业国际战略、商业历史和跨境企业的进入模式、公司治理及伦理和社会学、文化研究和国际关系、营销技巧和关于消费者偏好的人类学、外商直接投资及腐败和政治制度之间的相互渗透，这些也仅仅是其中的一小部分。"因此，知识的宽广性和整合恰恰是国际商务学科得以存在的优势。国际商务不仅仅需要多学科方法，更需要整合学科方法，即以整体和综合的方法来学习国际商务，并使国际商务以其自身的名义成为一个自足的学科。这正是国际商务的学科"正统性"所在。

本 章 小 结

本章作为全书的导论，试图从理论与实际相结合的角度，探讨当代国际商务活动的一般规律及特点。首先，明确国际商务的基本含义及内容，用历史的观点考察国际商务的形成与发展历程，在此基础上分析当代国际商务的现状及其发展；其次，阐述了国际商务的学科属性问题，特别强调了其学术的正统性。

思 考 题

1. 什么是国际商务？国际商务包括哪些主要内容？
2. 国际商务的形成与发展经历了哪些阶段？
3. 当代国际商务的三大纽带是什么？

案例分析

海尔集团的国际化发展

第二章 国际商务环境

引导案例

委内瑞拉：加速的国有化进程

【学习目标】

- 了解国际商务环境及其特点，掌握国际商务环境构成。
- 了解世界经济的现状与变化趋势，掌握区域经济一体化组织的类型、特点，了解世界贸易组织原则，了解国际经济法的分类和解决争议的途径。
- 了解国际货币制度、国际金融组织及国际金融环境的变化趋势。
- 掌握东道国社会环境和作业环境的构成要素、分析指标和相关概念。
- 掌握国际商务环境的风险评估方法和规避途径。

第一节 国际商务环境概述

一、国际商务环境及其特点

国际商务环境是指围绕并影响国际企业生存与发展的各种外部因素的总和。根据企业管理的理论，企业经营决策的根本目的是谋求企业外部环境、企业内部条件、企业经营目标三者之间的动态平衡。这三个综合性因素相互促进、相互制约、互为因果，又经常独自变化。在这三个因素之中，企业的外部环境是最为重要、最为活跃的因素，也是企业最难驾驭的因素。企业的经营决策归根结底是要适应和服从外部环境的变化，要根据外部环境的变化调整企业自身的条件，必要时，还要顺应环境的变化调整企业的经营目标，以实现三者之间的动态平衡。因此，分析和把握国际经营过程中各环境因素的现状与变动趋势，是提高国际经营和管理效率的必要前提。

与在自己国家经营的决策工作相比，从要素构成来看，国际企业的经营决策也面临相似的外部环境，但与国内经营活动中仅有的一种语言、一种货币、基本相同的文化背景、政治经济制度与法律环境相比，国际企业将会遇到更复杂的情况，如语言障碍、文化差异、法律差别、政治和经济制度等的不同，经营决策风险更大。这些独特的外部环境不仅决定了国际企业的经营管理工作与仅在自己国家经营企业有明显区别，而且决定了国际企业经营管理人员工作的重点必然是解决外部环境变化所带来的问题，也需要更高超的经营管理水平。

与纯粹的国内企业相比，国际企业外部环境有四个显著特点。

(1) 外部环境的多样性。国际企业比国内企业受到更多的政治、法律因素的制约。国际企业所处的文化环境的多样性，比其经济、政治、法律环境因素的多样性还要显著。

(2) 外部环境的复杂性。这是因为国际企业所处的外部环境因素的多样性比国内企业高，还由于国际企业经营和投资所涉及的相互联系的市场数目多。

(3) 外部环境对内部环境的渗透。这是指随着国内企业变为国际企业，一些原来纯属外部环境的因素，现在也在企业内部起作用，并在某种程度上成为内部环境因素的一部分。

(4) 变动性较大及可控程度低。在国际企业的外部环境中，既有可控的因素，又有不可控的变量。国际企业对其外部环境条件的不可控程度，往往比一家纯粹的国内公司要高得多。这使得国际企业在海外投资过程中充满着各种风险。

二、国际商务环境的构成

国际商务环境的构成尽管多种多样，但从不同角度可以将其划分为不同的类别。

1. 以其对国际商务活动的影响方式为标准进行分类

以其对国际商务活动的影响方式为标准，可以分为间接投资环境和直接投资环境。

(1) 间接环境，又称为一般环境、客观环境或社会环境，是所有企业在国际商务活动中必须面对而又无法控制的各因素的总和，它包括政治、经济、法律、社会文化和技术等。间接环境对企业的影响主要是通过直接作用于企业活动和透过直接环境作用于企业两种渠道实现的(见表2-1)。各间接环境因素的作用方向与强度不一致，其作用大小也因产业特征或产品生命周期的不同而互有差别。

表 2-1 间接环境与产业特征之间的相互作用

项 目	消费资料	生产资料	其他产品代替与补充的可能性	生产规模的经济效益与经验曲线效果	资本密集度	技术革新的可能性	买方集中度
政治因素							√
经济因素	√	√	√	√	√		
法律因素							√
社会文化因素	√						
自然因素		√	√		√		
技术因素		√	√			√	

注："√"表示存在相互作用关系。

(2) 直接环境，又称为作业环境或任务环境，是对具体企业经营活动产生立竿见影作用的各因素的总和。它包括产业、客户、竞争、供应商、投资者和融资者等。直接环境对企业活动的影响一般都是通过构成直接环境的各要素之间的相互作用实现的。这种相互作用被称为直接环境构成者的结构特性。结构特性的表现方式有很多，且因产业而异。

图 2-1 是企业经营环境和企业内部条件构成的示意图。企业的内部环境由组织结构、资源状况和企业文化因素构成。企业的经营环境一般具有较强的刚性，一般来说，其主要的应对措施是顺应其变化，在变化中寻求机遇。在经营环境中，刚性最强的是社会环境，这是因为，面对政治、法律、经济、技术、社会文化力量的变化，企业的经营管理人员一

般是难以把握和控制的；而面对任务环境的变化，企业经营管理人员往往存在把握和控制的空间，但把握和控制它，特别是改变其要素的状况需要的是时间。

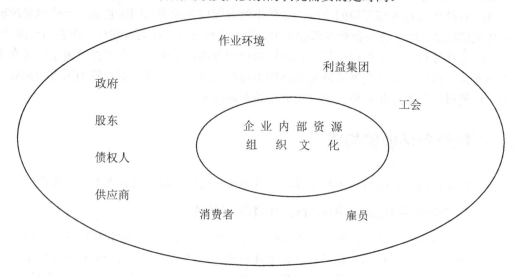

图 2-1　企业经营环境和内部条件构成示意图

2. 以国际商务环境涉及的地理范围为标准进行分类

以国际商务环境涉及的地理范围为标准，可以分为母国环境、东道国环境和国际环境。

(1) 母国环境是企业在开展国际商务活动中所面临的直接或间接影响其行为与决策的各类本国因素的总和。这些因素不仅会对企业国际化生产经营产生"推力"或"阻力"，而且对其国内正常经营也会产生各种各样的影响。例如，母国政府为改善国际收支状况，对资本外流采取外汇管制措施。这些措施必然会制约以本国为基地的各类公司向海外的扩张。

(2) 就环境因素构成而言，东道国与母国环境是一致的。但是，在各因素对国际经营影响程度方面，它们可能与母国环境有着较大的区别。在母国，尽管环境因素较为复杂多变，但企业决策者们长期生长、生活和工作在这一环境之中，对有关环境因素的变动规律较为熟悉，对环境的变化可以较好地加以预见、接受和做出及时的反映。在东道国，尽管构成商务环境的因素与母国相同，但是，国际商务人员对其具体特征和变动规律往往缺乏应有的认识，在决策过程中也就不可能做出及时的反应。从这种意义上说，也就是东道国环境因素具有难以评估和预测的特征。

(3) 国际环境是由母国与东道国环境之间，以及各东道国环境之间相互作用形成的。它包括一系列的跨国政治、法律、惯例和经济因素等。这些因素不仅对规范企业的国际商务活动具有重要意义，而且是国际企业用于解决和协调经营过程中可能出现的各种矛盾冲突的重要工具。

图 2-2 是三者之间关系的示意图。

国际商务环境的构成与一般企业经营环境有相同之处，又有其特殊的范畴和重点。因为企业对母国经营环境一般比较熟悉，因此本章将围绕国际商务环境的特殊范畴，重点论述三部分：国际环境、东道国社会环境和作业环境。它们对企业国际经营活动的影响方式、方向和强度各有不同。本书把它们分别叫作国际商务宏观环境、中观环境和微观环境。

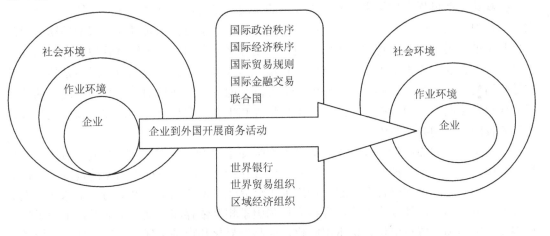

图 2-2　国际企业到外国开展商务活动的经营环境示意图

第二节　国际商务宏观环境

一、世界经济的发展与变化趋势

　　第二次世界大战后，交战各国都把恢复经济作为最大的国家目标，为此，各国政府都实行了鼓励经济增长的政策。20 世纪 50 年代和 60 年代是世界经济高速发展的时期，这一时期世界经济年平均增长率为 8.3%。20 世纪 70 年代发生了两次世界性的石油危机，世界经济和世界贸易都受到重大打击，两者的增长率都降到了 3%左右，世界经济开始进入了低速增长时期。20 世纪 80 年代，西方工业化国家特别是美国出现了严重的贸易赤字和财政赤字，因此世界经济增长率没有上升，继续保持在 3%左右，而世界贸易总额增长率则上升为 6%左右。20 世纪 90 年代前半期，世界经济年均实际增长率为 2%，后半期为 3%，世界贸易总额增长率达到 6%以上。

　　进入 21 世纪，受到世界经济火车头美国经济衰退的影响，根据联合国报告，2001 年世界经济增长只有 1.1%，但是从 2002 年开始回升，势头强劲，2002 年为 1.7%，2003 年为 2.75%，2004 年达到 4%，2005 年为 3.2%，2006 年为 4.1%，2007 年为 4.0%。这是自 20 世纪 70 年代以来世界经济增长最强劲的几年。但 2008 年受到金融危机的影响迅速下降到 1.5%；2009 年呈现负增长，达-2.4%；受到各国经济政策刺激的影响，2010 年迅速回升至 4.0%；但好景不长，2011 年又回落到 2.4%；2012 年只有 2.1%。作为世界经济的两大引擎，美国和欧洲均被自身债务问题和经济问题所困扰，虽然发展中国家将以较为强劲的增长继续担起"全球经济引擎"的重任，但增长速度将明显受到影响，全球经济可能会进一步下滑，难以短时间走出困境。

　　近年来世界各国经济的增长此消彼长，反映了世界经济在全球化、市场化和网络化的推动下，正在发生深刻的变化，增长动力多元化、各经济体增长和实力趋于均等化、相互依存关系深刻化和普遍化,对世界经济格局和发展模式正在产生日益深远的影响。发展中国家特别是新兴国家的崛起正在推动世界经济朝向多极化的方向发展。

纵观第二次世界大战结束以来世界经济的发展可以发现,推动当代世界经济发展的最大动力是科学技术的进步,如原子能技术、电子技术、信息技术对世界经济的推动作用是有目共睹的。另外,经济管理思想的创新,市场经济、自由贸易等经济管理思想的出现对世界经济的推动作用也是大家所公认的。相反,当代世界经济发展的最大阻力是战争,其实是政治对立,如第二次世界大战导致世界经济全面衰退,阿拉伯国家与西方国家的政治对立导致发生两次石油危机等。所以,维持世界和平和实现敌对各国之间的和解已经成为全世界各国人民的共同愿望。

冷战结束后的20多年里,世界经济发生的最显著变化之一是经济全球化、市场化趋势加速发展。经济全球化把发达国家的技术、资金和管理经验与发展中国家的资源、廉价劳动力和市场最大限度地聚合在一起,形成促进世界经济增长的主要推动力。全球化是人类社会内部链接的经济和政治现象,各种力量和因素相互依存和交互作用加深,出现了生产跨国化、贸易和投资自由化、资本国际化、商品世界化和市场全球化趋势,使各种资源进一步优化配置。而更深层的含义是指生产活动的全球化和生产要素的全球配置。社会化大生产与市场极小的矛盾就要求企业进行跨国界的经营活动,从而使跨国公司迅猛发展。全球化使各国之间相互依存关系加深,国际贸易快速增长,对外直接投资日显活跃,世界市场不断扩大,跨国公司迅猛发展,区域经济一体化加快趋势遍布全球,为世界经济开拓了巨大的发展空间。

当前,世界经济处于大发展、大开放、大调整、大融合和大竞争的变革时期,有三个值得高度重视的动向:一是世界范围内正在进行着经济结构调整,二是科学技术获得突飞猛进的发展,三是跨国公司的影响日益扩大。这三个动向相互影响、相互促进、相互制约,推动世界经济进入持续发展、扩大开放、加速调整、竞争激烈、相互融合的新时期。一些经济学家预测,21世纪经济进入高于20世纪的快速增长时代。

二、国际经济组织

1. 区域经济一体化组织

第二次世界大战后,区域经济一体化的发展一直是世界经济的一个重要特征。近十几年来,区域经济一体化的发展出现了明显加速的趋势。截至2007年10月,向世界贸易组织及其前身关贸总协定通知备案的区域贸易组织协定总计达383个(正在生效的为194个),其中216个是1995年1月世界贸易组织成立后备案的。其中,规模最大、最著名的是欧洲联盟和北美自由贸易区。

区域经济一体化组织按其结合程度可分为:①自由贸易区,著名的是欧洲自由贸易联盟和《北美自由贸易协定》;②关税同盟,如加勒比经济共同体和《安第斯条约》;③共同市场,如欧盟前身欧共体;④经济联盟,如比荷卢经济联盟和欧盟前身欧洲货币联盟;⑤政治联盟,如美联邦、统一后的德国,目前的欧盟正向政治联盟发展。其差异依次为各成员国之间不存在贸易壁垒、实行共同的对外贸易政策、各成员国间生产要素的流动、统一的经济政策、拥有单一的政府。

区域经济一体化会形成贸易创造和贸易转移两种效应,这一不断加强的世界经济趋势,对成员国的企业来说有利于它们在各成员国之间进行国际经营活动,但对非成员国的企业来说则不利于对该区域的国家进行国际经营活动。

2. 世界贸易组织

世界贸易组织成立于1995年,它是由1947年成立的关贸总协定演变而成的。关贸总协定成立以来,对战后国际贸易的发展起到了一定的促进作用,制定了一整套国际贸易政策和规章章程。它规定了国际贸易基本规则:①缔约国之间的贸易实行无条件的最惠国待遇;②平等无歧视待遇;③以关税作为贸易保护手段;④基本取消数量限制;⑤互惠。在关贸总协定和世界贸易组织的努力下,缔约国的关税率有较大幅度的下降。比如,从关贸总协定成立到20世纪末的50余年间,缔约国的平均关税率降低了90%左右,其中发达国家的平均关税从36%降到了4%以下,发展中国家的平均关税也降到了10%,从而大大促进了世界贸易的发展。2012年8月22日,俄罗斯正式成为世界贸易组织成员,至此世界上已有156个国家和地区参加了世界贸易组织。因此,人们又称其为"经济联合国",该组织内部成员国之间的贸易总额已占到世界贸易总额的绝大部分。世界贸易组织的基本规则对开展国际商务活动是有利的。中国经过15年的马拉松式的漫长谈判,直到2001年12月11日终于获准加入该组织。

三、国际法律环境

目前人们对国际经济法尚无统一、确切的定义。我们这里所说的国际经济法是指约束国家之间经济关系的法律规范的总和,它包括国际私法、国际公约和条约以及国际贸易惯例等。

1. 国际私法

由于国际企业在不同国家和地区从事生产和营销活动,而不同的国家和地区有着不同的法律制度,因而企业面临的法律环境就相当复杂。一旦发生纠纷或争议,需要通过法律手段来解决时,究竟按照哪个国家的法律作为判断是非或处理问题的依据,就是一个困难的问题。当事人可以在契约中做出具体规定,在契约中对适用法律没有做出具体规定的情况下,国际营销人员就要求助于国际私法。国际私法又称法律冲突法、法律适用法或国际民法,它是调整涉外民事法律关系的规范的总称。国际私法指出具体涉外民事法律关系中适用哪一国的实体法,选定哪一国的法律程序作为解决纠纷的准绳。至于到底适用哪国法律,各国又不尽相同,有的规定适用缔约地法律,也有的规定适用履约地法律,较多的国家规定适用与合同有最密切利益联系的国家的法律,或允许当事人选择适用的法律。

2. 国际公约和条约

目前,国际上有关国际经济贸易的公约和条约有很多,涉及以下几个方面。

(1) 调整国际货物买卖关系的公约,主要有《国际货物买卖合同成立统一法公约》《国际货物买卖统一法公约》《国际货物买卖时效期限公约》《联合国国际货物买卖合同公约》。

(2) 调整国际海上货物运输关系的公约,主要有《统一提单的若干法律规则的国际公约》(《海牙法则》)、《关于修改海牙法则的协定书》(《维斯比规则》)、《联合国海上货物运输公约》(《汉堡法则》)。

(3) 调整国际航空运输关系的公约，主要有《统一国际航空运输某些规则的公约》。

(4) 调整国际铁路运输的公约，主要有《国际铁路货物运送公约》《国际铁路货物联运协定》。

(5) 关于国际货物多式联合运输公约，主要有《联合国国际货物多式联运公约》。

(6) 调整国际货币信贷关系的公约，主要有《国际货币基金协定》(《布雷顿森林协定》)、《国际复兴开发银行协定》。

(7) 调整国际票据关系的公约，主要有《关于本票、汇票的日内瓦公约》《关于支票的日内瓦公约》。

(8) 关于知识产权的公约，主要有《保护工业产权的巴黎公约》《商标国际注册马德里协定》《成立世界知识产权组织的公约》《国际专利合作条约》《商标注册公约》。

(9) 关于国际商事仲裁的公约，主要有《关于承认与执行外国仲裁裁决公约》《联合国国际贸易法委员会仲裁规则》。

3. 国际贸易惯例

国际贸易惯例是指在国际贸易长期实践中逐渐形成的一些国际间通用的习惯做法和规则。国际贸易惯例不具有普遍的约束力，只有当双方当事人在合同中引用了某项惯例，该项惯例才对合同的当事人产生约束力。即使在引用某项惯例时，双方当事人也可以用合同中的协议，对该项惯例中的任何规则加以修改或变更。如双方当事人在合同中做出与惯例不同的规定，其效力优于惯例。

为了统一各种贸易惯例，有些国际组织把某些国际惯例加以整理、编纂，使之成文化、统一化，成为固定的规则。当前在国际上影响较大的国际贸易惯例主要有国际商会制定的《国际贸易术语解释通则》和《跟单信用证统一惯例》，以及国际法学会制定的《华沙—牛津通则》等。

4. 解决争议的途径

国际企业在国际生产和营销活动中遇到争议和纠纷时，一般通过友好协商、调解、仲裁或诉讼等手段来解决。

(1) 友好协商。协商是指在纠纷发生后，由当事人双方进行友好磋商，双方都做一定的让步，在彼此都认为可以接受的基础上达成和解协议。协商解决的好处是，无须经过仲裁和司法诉讼程序，省去仲裁和司法诉讼的麻烦和费用，且能继续保持良好的合作关系，灵活性较大。

(2) 调解。调解是指由第三方从中调停，促进双方当事人和解。调解可以在交付仲裁前进行，也可以在仲裁过程中结合仲裁交叉进行。通过调解达成和解后，即可不再求助于仲裁。

(3) 仲裁。仲裁，又称"公断"，是指双方当事人自愿将他们之间发生的争议提交给双方都同意的第三者进行裁决，以求争议的解决。仲裁的重要原则，是当事人意思自治的原则，即双方当事人通过所签合同中的仲裁条款或事后达成的仲裁协议，可以自行约定或选择仲裁事项、仲裁机构、仲裁程序、仲裁地点、适用法律、裁决效力及仲裁使用的语言等。仲裁的其他特点包括：当事人有较大的自由选择权利；仲裁审理的非公开性；由专业人士担任仲裁员；仲裁裁决的终局性；程序简便，结案较快，且费用较低；裁决易于执行等。以仲裁的方式处理争议，在国际上已有悠久的历史，得到普遍承认和广泛采用。目前各国、国际性或区域性组织大多设有解决国际经济贸易纠纷的仲裁机构，并各自有其仲裁程序规则。主要的仲裁机构有伦敦国际仲裁院、美国仲裁协会、瑞典斯德哥尔摩商会仲裁院、国际商会仲裁院、中国国际经济贸易仲裁委员会。

(4) 诉讼。诉讼与仲裁不同，它涉及一国的司法管辖权，对某一案件是否享有管辖权，需由法律规定，而不能由当事人选定；诉讼应遵循法院所在国的程序法，不容当事人选择；诉讼活动产生的判决具有国家强制执行力，而仲裁裁决主要依靠当事人自觉履行；国际上不存在进行国际经济贸易诉讼的国际法院，诉讼只能在某一国法院进行。

一般来说，国际企业在国际环境中解决争议或纠纷的较好办法依次是协商、调解和仲裁，诉讼应是在不得已情况下的最后选择，在海外诉讼尤其是这样。原因如下：①不管国际企业有多么充分的理由，对东道国企业诉诸法律总会影响自身声誉，或提高自己的政治敏感性；②诉讼可能很浪费时间，容易造成存货的积压和交易的中断；③诉讼的费用可能很高；④在国外法院诉讼可能会受到不公正的待遇；⑤有时尽管赢得官司，但可能难以收到所判罚的罚款。

四、国际金融环境

1. 世界货币制度

世界货币制度，又称世界货币体系，是国际间货币流通的组织形式，是世界为了解决国际贸易、国际投资和信贷活动等方面问题，在国际范围内自发地或通过政府间协商安排而确定的一整套系统的原则、办法、规章制度和机构，包括国际储备体制、汇率体制及各国国际收支的调节方式等。世界货币制度发展经历了第二次世界大战前的世界金本位制、第二次世界大战后的布雷顿森林货币体系、1978年后的浮动汇率制三个阶段。浮动汇率制按政府干预的程度分为自由浮动和管理浮动，是对布雷顿森林体系的否定，但同时加剧了国际金融的动荡，如东南亚金融危机。

2. 国际外汇市场

国际外汇市场涉及的是世界货币制度的微观方面。外汇是以外国货币所表示的用于进行国际结算的支付手段。外汇市场分为狭义和广义的市场，狭义市场是指外汇交易的场所；广义市场是指由公司、银行和外汇经纪人构成的货币交换系统和网络，由外汇需求者、外汇供给者及外汇买卖的中介机构组成。

3. 国际货币市场与国际资本市场

国际货币市场，又称短期金融市场，是以商业银行为主体，经营一年以内短期资金借贷业务活动的市场，包括商业票据市场，即以承兑和贴现商业票据为主的市场；拆借市场，即金融机构之间，以及与其他对象之间短期资金的融通市场；短期政府债券市场，即经营政府发行的短期债券的市场；国际货币交易市场。伦敦市场以贴现业务为主；纽约市场以

短期证券交易为主。

国际资本市场，又称长期金融市场，是经营一年以上资金借贷业务的市场，主要包括国际储蓄市场和国际证券市场。国际储蓄市场，又称银行信贷市场，以存款和贷款为业务活动，即商业银行、保险公司、信托投资公司以及储蓄银行等金融机构从储户手中吸收大量资金，然后贷出。国际证券市场包括国际股票市场和国际债券市场。

4. 国际金融组织

国际金融组织是指那些为稳定和发展世界经济或区域性经济而进行国际金融业务的跨国组织机构。国际货币基金组织成立于1945年12月，1947年开始活动并成为联合国的一个专门机构，总部设在华盛顿，主要任务是在成员国出现国际收支不平衡时，提供短期贷款，用于贸易和非贸易的经营项目的支付。国际复兴开发银行，简称世界银行，成立于1945年12月，是联合国的专门机构之一，总部设在华盛顿，现有成员国151个，该行1956年7月建立国际金融公司，1960年9月建立国际开发协会，构成世界银行集团，主要任务是提供基础设施建设和资源开发贷款，促进国际投资，减少贫困。目前，国际货币基金组织、世界银行和世界贸易组织这三个机构或组织在世界经济中的重要作用越来越强，成为管理国际金融、国际投资和国际贸易的三大支柱。

国际企业能否在国际市场上获得资金用于投资或将货币交换为某国外国货币以进行交易，以及获得这些国外资金或外汇的条件是否对国际商务活动有利，这是国际企业进行国际商务活动时要面对的重要金融环境。近年来，跨国融资总额和国际外汇市场的货币交易总量猛升，国际金融环境变得对国际经营活动越来越有利，越来越方便。1997年在世界贸易组织主持下的多边金融服务谈判达成协议，70多个参加国同意对外开放自己的银行、保险、证券市场。这一协定涉及了全球95%的金融服务贸易，今后的国际金融环境将有更大的开放，对国际商务活动将更加有利。

第三节 国际商务中观环境

国际商务中观环境在这里是指东道国或地区的各类宏观因素的总和。有人认为包括政治、经济、市场、法律、社会、文化、科技和心理八种环境；有人认为是由社会政治、社会文化、社会经济、物质基础、自然地理资源五种因素组成的大系统；也有人认为包括政治、经济、法律、科技、社会和自然六种要素。人们的分歧说明了两个问题：首先，国际商务环境涉及的范围十分广泛，内容纷繁复杂，难以详尽；其次，尽管人们对国际商务环境的构成有不同的见解，但是总的概括是一致的。

一、东道国的经济环境

经济环境是影响国际商务活动的重要因素之一，是国际商务环境分析的重点，通常有静态和动态两种不同的分析方法。在国际商务活动中，影响企业行为的经济因素有很多。这里我们重点讨论以下几个方面。

1. 经济体制

经济体制是指社会经济活动的组织、运行和调控的方式。在一般理论分析中，人们通常将经济体制区分为计划经济和市场经济两大类型。前者主要以政府计划为主要工具，通过"看得见的手"的运作来组织、运行和调节社会经济活动，通常以公有制经济为基础。后者主要以私有经济为条件，按照"自我负责"的原则，通过"看不见的手"的运行来组织和调节社会经济活动。在现实世界中，更为常见的则是介于这两者之间，兼有两者特征的"混合经济体制"。有的国家以市场机制为主，有的国家计划成分多一些。在市场经济条件下，市场机制是调节社会经济运行的主要手段，企业对市场的进入较为容易，经营活动的开展较为自由，行业调整和经营策略的制定等都具有较高的灵活性，但是企业面临的市场竞争也相当激烈。在计划经济体制下，社会经济活动主要依靠政府计划调节，企业对这类国家市场的进入将面临较多的行政性障碍，投资领域和经营范围的选择要受到众多非市场性因素的限制。不过，值得一提的是，在计划经济条件下，企业一旦进入某一产品市场，它所面对的竞争环境要宽松得多。

2. 经济发展水平

世界各国经济的最大差别就是经济发展水平。美国经济学家沃尔特·罗斯托提出的五阶段理论认为，一国经济的发展通常经历传统社会阶段、起飞前夕阶段、起飞阶段、趋向成熟阶段和高度消费阶段五个由低到高的不同阶段，其中发展中国家处于前三个阶段，发达国家处于后两个阶段。美国营销学家菲利普·科特勒将世界各国区分为维持生存经济、原材料出口经济、工业化经济和工业经济四类不同经济发展程度的国家群。这两种经济发展阶段的划分虽然采用了不同的标准和服务于不同的对象，但是它们所揭示的经济发展阶段与经济结构、收入水平、市场特征的关系是相同的。在不同经济发展水平下，市场需求能力、消费者偏好、预算约束和产业特征各不相同，对国际经营企业的吸引力和影响力程度也有差别。例如，经济发展水平较低的国家，市场发育差，竞争的规范性和激烈程度较低；商品需求更多地集中于生活必需品，且注重商品的耐用性和价格水平；投资需求更多地倾向于劳动密集型项目。与此相反，发达国家的市场较为完善，竞争也相当激烈；商品需求倾向于中高档产品，注重其形式、性能和特色；非价格竞争比价格竞争更为重要；在投资需求上，资本和知识密集型项目更受欢迎。

3. 经济周期

经济周期是一国经济活动扩张和收缩的循环性交替变化过程。每一经济周期通常都包括了复苏、繁荣、衰退、萧条四个基本阶段。前两个阶段可以概括为经济收缩阶段；后两个阶段可以概括为扩张阶段。经济发展的周期波动对企业经营产生的影响一般表现为，在经济繁荣时期，经济发展速度快，工厂开工率高，市场景气，投资扩大，收入期望高，利润水平不错；而在萧条期，有关经济现象则表现出完全相反的结果(见表2-2)。对于国际企业，经营地所在国的经济增长速度较快是最理想的。准确预测一国经济在什么时候会出现什么样的波动，以及这种波动会伴随什么情况并带来什么后果，会给企业战略和战术目标的实现奠定良好的基础。

表 2-2　经济周期对企业经营的主要影响

阶　段	销售收入	利润率	股权资金资本	债务资金成本
复苏期	开始增加	开始上升	较低	较高
繁荣期	增加	平稳	开始增加	高昂
衰退期	开始减少	开始下降	继续增加	开始下降
萧条期	销路不畅	较低	开始下降	下降

4. 通货膨胀

通货膨胀是流通过程中纸币过多的一种现象，是经济发展过程中一个十分重要的经济现象，因为通货膨胀将直接对一个国家的利率、汇率、人民生活水平的变化产生影响，甚至会对一个国家的政治、经济稳定产生影响。在高通货膨胀率的经济环境中，企业成功地制订计划和进行经营是很难的，如在产品价格制定时容易出现过低或过高的问题，过低的定价会导致企业收入的减少，而过高的定价又会使企业失去市场。通货膨胀带来的汇率变化若与通货膨胀的变化不一致，必然会给企业出口产品的市场定价带来麻烦。

5. 国际收支与国际债务

国际收支是指一国在一定时期内全部对外经济往来所发生的系统的货币记录，它也表明了该国在这一时期所拥有的对外债权与债务关系。用以反映国际收支状况的国际收支平衡表一般由三大项目构成，即经常项目、资本项目和平衡项目。国际收支对企业国际商务的影响主要是通过支付能力的改变和有关政策调整来实现的。国际收支顺差表明该国可用于国际商品购买的能力较强，其进口扩张的可能性就比较大，该国的外汇管理政策可能转向宽松，即对外汇资金流出的限制可能会放宽，企业的国际商务环境将会得到改善；反之，结果则相反。国际收支变动引发的汇率变动还将在微观层次上直接作用于国内外商品的竞争能力，进而影响到有关企业经营决策。一国政府为恢复国际收支平衡所采取的政策措施如贸易限制、调整利率、鼓励或限制外商投资政策、外汇管制等，不仅会影响其对外贸易发展，它们还会对企业国际经营战略的制定，以及目标市场的选择具有重大影响。因此，准确把握有关国家国际收支状况及其变动趋势，正确判断该国政府可能采取的政策措施，以及这些措施可能给企业今后的经营带来什么样的影响等，是进行有效战略规划和提高经营效果的重要保证。

6. 市场规模

影响市场规模的因素有很多，而且不同产品、不同国家、不同时期影响因素也不相同。但对于大多数产品来讲，其市场规模与人口和收入有密切的关系。研究分析东道国的人口因素时，要从人口数量、增长率、年龄结构、地理分布等特征入手；收入研究中除了国民生产总值、国内生产总值、国民生产净值、国民收入等总量指标外，更要注意研究人均收入、个人收入、可支配的收入、自由支配收入和收入分配等指标。不同的指标反映了不同的经济特征，如人口数量、人口增长率适用于反映日用必需消费品的规模和增长；青年人口比重大的国家的市场，对时装、化妆品、教育用品、住房、家居的需求就大；国民生产总值更多地反映一个国家生产资料市场规模的大小，而人均国民生产总值则反映一个国家消费水平的高低和消费品市场规模的大小；国内生产总值增长率能够准确地反映该国市场增长情况，人均国内生产总值能更准确地反映该国消费品市场规模的大小。

7. 基础设施

一个国家的基础设施主要是指该国的能源、原材料供应、交通运输设施、通信设施和文化教育、卫生保健、商业、娱乐、饮食等设施。基础设施状况的好坏直接影响企业在这个国家的经营活动。从运输条件来说，运输方式和运费等会影响到企业在该国的厂址选择和营销策略等。从通信设施来看，其现代化程度直接影响企业在当地及其他国家和地区的信息传递。此外，商业基础设施(如银行、保险公司、咨询公司、广告公司、大众传媒等)条件越发达，企业的经营活动就越便利，反之企业就会处处受阻。

二、东道国的政治环境

政府行为是现代经济活动的最重要组成部分之一，是形成国际经营中政治风险的主要原因。它通过对企业活动的干预和调控以达成自己的目的，展示自己的政治倾向。其影响正如一些学者指出的：政府是国际企业经营所在地的机构整体中的一部分，它是一个沉默的合伙人，一个具有无形控制力的合伙人。政治环境因素的变化历来被认为是对国际商务活动影响最大、破坏性最强的变化，如伊朗革命、"9·11"事件等。政治环境主要由以下几个因素构成。

1. 政治体制和政党体制

政治体制是指一个国家的国体和政权的组织形式及其有关制度。世界各国的政治体制千差万别，但多数国家的政体可以划分为代议制和集权制两种。代议制又可细分为共和国制和君主立宪制，而集权制又可分为绝对君主制和独裁制。由于不同政体国家政府组织的形成方式与政党地位构成各不相同，其政治环境的稳定性和规范性也各有千秋。就一般而言，在代议制国家，尽管各政党在政府中的地位变化不定，但政策与法规的延续性、稳定性和透明度较高，政治环境也比较宽松。与此相反，集权制国家要相对差一些。

一国的政党体制大致可以分为两党制、多党制和一党制。在不同体系下，各政党的地位和对政府的影响力度不同，对外来企业的态度也有差别。因此，任何企业在从事国际经营活动，特别是国际投资时，都必须对东道国各政党予以充分重视，力求避免卷入当地的政党之争，以降低可能会面临的政治风险，如朗罗事件。

2. 政治稳定性和政策稳定性

政治稳定性是指政治活动中各关键参与者之间现存关系在一定时期内有无根本性变化；而政策稳定性则是指与国际经营活动相关的政策措施的连续性和可预见性。一国的政治稳定性对该国政府政策的稳定性和持续性关系甚大，如政局的动荡、政权的更替等。另外，诸如暴动、罢工、骚乱事件的发生对国际企业也会带来消极影响，甚至有时外国公司可能成为东道国社会不满情绪和国内危机的替罪羊。政治环境变更对国际商务活动的影响大多是通过政策变动表现出来的，只是政局变动引起的政策调整通常都具有非延续性和不可预见性，它所产生的影响更为巨大；而非政局变动引发的政策调整幅度通常要小得多，它所产生的影响也要小得多。政策调整是否具有延续性和可预见性,通常也与该国国际化程度和国内经济环境变化程度有关。

3. 政府目标、效率和经济作用

各国政府目标归纳起来有自我保护、安全、繁荣、声誉和意识形态五种目标,它们是东道国政府对国际企业的经营活动采取鼓励或限制政策的出发点,如我国中兴、华为在印度受阻事件。在不同时期,东道国政府的重点目标有所不同,因此其鼓励或限制性措施也有所不同。经营者保持自身行为与东道国政府目标相一致或控制在东道国政府可以容忍的范围内,是确保其国际经营取得成功的重要条件之一。东道国政府机构如果不能为政清廉和富有效率,也会严重影响国际商务活动,要认真分析东道国政府机构人员的清廉与工作效率情况,将其作为评估东道国政治环境的一项重要指标。各国政府在其本国的经济活动中都扮演着重要角色,一是经济活动参与者的角色,一般发展中国家比发达国家参与程度高;二是经济活动规范者的角色,政府制定货币政策和财政政策会影响国际企业采用的定价方式和信贷手段等,甚至利用法规来直接、具体地规定外来企业的经营方式和经营范围等,限制了企业营销组合中产品、定价、分销渠道和促销等因素的运用。

4. 政府对外经济政策

一国对外经济政策的调整往往与该国政府对外来经营者的态度密切相关,这种态度是政策调整的思想基础,具体表现就是其对国际商务活动的政策性安排。毫无疑问,要把握东道国政策动向就必须对东道国政府对国际经营者的态度予以高度重视。一国政府对外来经营者的态度通常包括积极、消极和中性三大类型。当一国政府对外国经营者持积极态度时,它会采取一系列有利于国际经营活动顺利开展的政策措施,如优惠税收、信贷、信贷担保、投资安全等担保。当这种态度转变为消极时,东道国政府会采取各种手段对国际企业的活动予以限制,如以法律形式控制国际企业的投资领域和所有权比重、通过津贴和政府采购等优先支持本国企业发展、对外来经营者的业绩要求和当地成分要求、对人力资本流动的控制、保留对外国资本的征用权等。

三、东道国的法律环境

法律因素对国际商务的影响不仅包括对企业行为的规范,而且为企业维护自身的利益提供了必要的手段。国际经营活动涉及的法律因素主要包括国际法、东道国法律和母国法律三个不同层面。影响国际商务活动最经常、最直接的因素是东道国的基本法律体系,包括适用于该国所有企业的一般法律规范和针对在该国的外国企业的特定法律规范。目前世界各国的法律可归纳为大陆法系(成文法、罗马法)、英美法系(不成文法、习惯法、普通法、判例法)、哲学或宗教法系三大法系。不同法系的差异很大,如根据英美法,工业产权按使用在先的原则确定,而大陆法则是按注册在先的原则确定;对于协议的执行,在大陆法国家里,某些协议必须以适当的方式经过公证或注册后,才有强制执行力;而在英美法国家,只要能够提出证据证明其存在,就可以认为是有约束力的,等等。东道国法律是国际企业要重点研究的法律,否则要吃大亏或带来麻烦,甚至使国际经营活动无法进行下去,如美国法律规定香烟上要印有吸烟有害健康的警示、输往美国的纺织品的燃烧点不得低于某数值等，国际企业必须了解东道国的特殊要求，像税法、合同法、广告法、外汇法也都是国际企业要给予充分关注的。东道国的法律制度还从生态环境、雇佣制度、工作保障与社会保障、分配制度等方面影响着国际商务活动。东道国针对外国企业制定的特别法规，构成国际企业特定的法律环境。在分析东道国法律环境时，除了要了解其立法目的和法律特征外，还应该把握有关国家的司法状况和司法程序。

四、东道国的技术环境

东道国的技术环境包括科技发展现状、科技发展结构、现有工业技术基础、政府对科技发展的政策。东道国科技发展水平对国际企业的影响，首先体现在对投资的吸纳程度上；其次体现在投资产业结构的选择上，如技术密集型、资本密集型、劳动密集型和资源密集型等。技术是影响企业发展的关键因素之一，企业的研究与开发能力与技术环境密切相关。在发达国家，充裕的专门人才供给、政府对技术开发与创新的大力支持，以及完善的法律保护体系等，使这些国家的企业得以顺利地奠定相关技术优势，并在相关法律保护下赢得高额垄断利润。这种技术优势与高额利润所形成的资本优势相结合，决定了它们在国际市场竞争中的有利地位。

五、东道国的文化环境

文化涉及的内容非常广泛，包括风土人情、文学艺术、行为规范、价值观念、思维方式等。不同学者对"文化"的定义各有不同。著名的人类学家爱德华·泰勒曾经在19世纪70年代，将文化定义为"一种复合体，包括知识、信仰、艺术、道德、法律、习惯和一个人作为社会成员所需要的其他能力"。作为最早进行文化管理学研究的学者之一，荷兰心理学家格尔特·霍夫斯泰德将文化定义为"人类一群成员区别于另一群成员思想意识的集合体"。国际商务领域的知名学者阿兰·拉格曼(A. M. Rugman)和西蒙·科林森则将文化定义为"人们据以解释种种经历并发生社会行为的逐渐获得的知识"。迄今为止对"文化"的定义有上百种，在这些定义中存在一种共同的认识，即文化的主要要素包括宗教、语言、价值、态度、习惯以及规范等。在这里，我们基于这样的共识，并结合美国国际商务学者查尔斯·希尔(Charles W. L. Hill)的观点，将文化定义为：一群人所共有的、为生命而设计构造的一种价值观和规范，这种价值观和规范在诸多要素(如政治、经济、价值、规范、宗教、语言、社会结构、态度、习惯等)的影响下逐渐形成(见图2-3)。当然，这种影响是相互的。

下面，我们将首先探讨价值观、规范与国际商务的关系。之后，出于对宗教、语言、社会结构等要素对国际商务活动的影响之考虑，我们将逐一介绍。

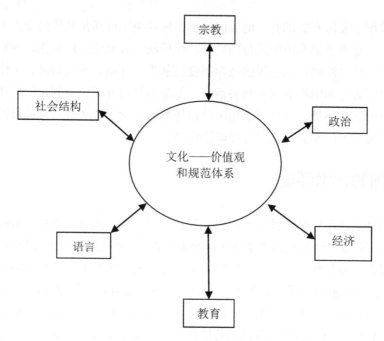

图 2-3　文化及相关要素的互相影响

1. 价值观对国际商务的影响

价值观是一个抽象的概念，它是指一群人相信什么是好的、正确的和可取的。由于受当地历史、风土人情、思维方式、价值观念、行为规范等因素的影响，不同国家和地区的价值观存在差异，这种差异直接或间接地影响甚至阻碍国际商务活动的进行。为此，可以通过两种方式来减少价值观差异的影响，即价值观的输出与理解当地价值观。

（1）价值观的输出。当外国或外国企业能够将自身价值观成功地输入一国市场时，价值观差异的影响便在很大程度上消除了。麦当劳在价值观输出方面做得很好，它们在输出快餐文化的同时，也输出了企业自身的价值观，即一种"家庭式"的快乐消费理念。提到麦当劳时，我们的脑海里就会迅速闪现出和蔼可亲的麦当劳叔叔、干净整洁的餐厅、面带微笑的服务生等，小朋友们则认为麦当劳"大叔"，"风趣""绅士""友好""善解人意"。

日本动漫产业在输出动漫的同时，其价值观也随着形象鲜明的卡通人物传播到世界各地，影响着这些受本国价值观制约的观众。比如，日本曾无条件将《足球小将》动画送给伊拉克的电视台播放，希望通过该作品让伊拉克观众了解日本民族的优秀特性。长期以来，日本动漫的痴迷者，在潜移默化中接受了日本动漫输入给他们的价值观，暂不论该做法的动机，这种价值观输出的做法是值得他国学习的。

（2）理解当地价值观。一国受其传统价值观影响的文化体系可能会筑起一道玻璃墙阻碍外国企业的商务活动。在从事国际商务活动的过程中，外国企业要理解和融入当地文化，生产和提供迎合当地价值观的产品和服务，这样才能在当地市场获得成功。

2. 规范对国际商务的影响

规范是指规定在特定情景下适当行为的社会准则和指南。它在风俗习惯和道德准则两个方面影响着人们在社会活动中的相互行为。

风俗习惯是人们自发形成的日常生活惯例，不同的风俗习惯对国际商务活动有一定的影响。比如时间观念，在安排商务活动时，通常要考虑不同文化背景下人们的守时观念。德国人严谨守时，在商务活动中会提前到达；英国人往往会迟到，在他们看来早到或准时到反而是失礼的。

道德准则是指被普遍认同的，用来指导和支配人们行为的一系列准则，对于社会运行和社会生活至关重要。其意义比风俗习惯更为重要，作用范围比法律更为广泛。遵守道德准则在企业的商务活动和发展过程中意义重大。例如，由于快速增长的中国市场并不成熟，产品安全与责任的相关法规不够健全，很多世界知名汽车企业在全球召回某些有问题车型时，中国市场并不在内。这不但极大地伤害了中国消费者的感情，为消费者埋下了安全隐患，更损害了品牌声誉，影响了日后的市场扩张，不道德的行为最终会得不偿失。值得强调的是，不遵守道德准则同违反法律仅仅一步之遥，违反法律的结果就可能是企业的破产和终结。比如，世界最大的能源交易商安然公司，在2001年爆出假账问题后，它多年精心策划的财务造假丑闻大白于天下。结果是，它于当年申请了破产保护并于次年破产，当时为安然公司提供审计服务的世界第五大会计师事务所安达信也因此遭受了巨大的打击，并于2002年倒闭。2008年，中国的三鹿集团因三聚氰胺事件，在半年时间内便倒闭破产，其不道德的行为对社会和群众造成的影响和伤害极为沉重，值得反思。

3. 宗教、伦理对国际商务的影响

宗教被定义为具有神圣意义的共同信仰和仪式，宗教对文化的形成与发展起着非常重要的作用，同时，它也是文化的一种表现形式，两者在发展过程中密切联系在一起。当今世界上存在数千种宗教，从信徒数量上来讲，有四大宗教处于统治地位：基督教、伊斯兰教、印度教和佛教。

伦理是一套引导人们行为的道德规范和价值观，大多数伦理是宗教的产物，因而就有基督教伦理、伊斯兰教伦理等。儒家思想比较特别，它并不是一种宗教，但是儒家学说和儒家伦理深刻地影响着许多亚洲国家的文化。

不同宗教、伦理体系下的人们对国际商务活动所持的态度是不同的，且宗教、伦理与商务活动之间的关系是复杂而微妙的。它们对商务活动的影响主要体现在以下几个方面：对工作的看法、对企业家精神的看法，以及对一国商务活动成本的影响程度。在与信奉宗教的国家进行商务活动时，了解宗教、伦理和如何影响商务活动显得尤为重要。

(1) 基督教。基督教作为世界上最广为信奉的宗教，拥有20多亿教徒，其教徒多分布在欧洲和美洲。基督教分为天主教、东正教和新教几个主要的分支。西方社会学家认为在基督教的几个分支中，新教的教义有着重要的经济意义。1904年，德国社会学家马克斯·韦伯首先揭示了新教的经济意义。他认为新教和资本主义精神间存在关联，这种关联体现在以下几个方面：新教徒重视工作，认为努力工作会得到上帝的称赞；新教徒提倡节俭，为上帝的荣耀积累财富，这些财富可用于扩大再生产；新教给予教徒个人更大的自由，打破天主教历史形成的等级制度观念，以发展教徒自身与上帝的关系，从而为个人主义作为一种经济和政治哲学发展而铺平了道路，也为资本主义自由市场奠定了基础。

(2) 伊斯兰教。拥有超过12亿信徒的伊斯兰教是世界第二大宗教，由穆罕穆德于公元

600年在麦加创立。伊斯兰教的教义有以下几条核心的原则：存在一个唯一的万能的真主；放弃虚幻的世俗利益和权力的人会进入天堂；尊重他人的权利；开展公平、公正的交易；慷慨而不浪费；自由经商和通过商务活动获得合法的利润；信守诺言等。可见，伊斯兰教教义中有一些涉及经济活动的原则，且很多与我们今天普遍接受的价值观和规范相符。伊斯兰教教义中还有一些独特的原则，有可能使企业必须对某些商务活动做出较大调整。比如，伊斯兰教禁食猪肉，一般以牛肉、羊肉和家禽代替，也禁止饮酒。如果要出口牛肉或家禽到信仰伊斯兰教的国家必须按照伊斯兰教法律屠宰并须获得有效证明。伊斯兰教对酒精饮料的禁止，给替代性商品带来了商业机会，比如，牛奶、茶等。沙特阿拉伯作为海湾地区最大的食品和饮料消费市场，需要大量进口这些商品，目前沙特阿拉伯每年进口超过50亿元的食品和饮料产品。

(3) 印度教。印度教拥有9亿教徒，主要分布在印度次大陆。印度教教义所支持的种姓制度，深深地嵌入社会阶级制度中，它规定了人与生俱来的社会地位，对商务活动产生了较大的负面影响。比如，个人难以提升自己的地位，他们在工作中便会缺少奋斗的动力。同时，等级制度也限制了团队中各阶层成员的合作，融洽的工作环境很难形成。另外，印度教教义强调精神成就而非物质成就，这在很大程度上妨碍了人们对于商业成功的追求。

(4) 佛教。佛教是公元前6世纪由释迦牟尼创立的，如今全球有超过4亿教徒，大多数分布在东亚、东南亚、南亚的亚洲国家。佛教教义要求教徒通过清心寡欲的修行，抑制追求享乐的欲望，以达到博爱、谦虚、仁慈的精神境界。与印度教相似的是，它同样推崇精神追求而非物质享受。不同的是，它不强调种姓制度，这就避免了在印度教下，商务组织不同成员的合作和升迁问题。同时，在佛教教义中找不到创造财富的思想，这可能是信奉佛教的国家相对于信奉新教的国家较少出现发展势头强劲的企业的原因。

(5) 儒家思想。由中国古代大教育家、大思想家孔子倡导的儒家思想，深深根植于中国、日本、韩国以及新加坡等亚洲国家，成为人们的道德标尺和行为规范。儒家思想的核心是"仁"，同时包括"孝""悌""义""忠""信""礼"等内容。其中对商务活动有较大影响的有"忠""义""信"等。"忠"体现在企业较为严格的层级结构这个方面，下级对上级要无条件服从，用格尔特·霍夫斯泰德的国家文化模型来说，即这些国家的企业权力距离指数较高。权力距离指数的高低衡量的是一种文化对权力和权威重视程度的高低。西方企业想在这些国家建立商业联系，须事先花费较多时间来适应这样的文化环境。"义"的概念也很重要，"义"是上级对下级"忠"的回应和恩惠，比如日本企业对员工的恩惠——"终身雇佣制"，有助于建立管理者和员工之间长期合作关系，提升经济效益。儒家思想也强调"信"，要求商务活动的参与者诚实守信。

4. 语言对国际商务的影响

语言主要分为口头语言、书面语言、肢体语言等。不同文化背景下，人们对不同语言形式的诠释不同，其被赋予的效力也不同。普遍而言，在欧美等一些诚信度较高的国家，口头形式所订立的契约与书面契约具有等同的效力，在国际商务活动中受到同样的重视。在拉丁美洲、非洲等一些国家，则更强调书面合同的效力。

肢体语言包括手势、眼神、面部表情等，同样作为交流方式，其随各国文化的不同呈现出较大的差异。比如，德国和法国虽然毗邻，但两国的商务礼仪却不同。严谨保守的德国人在交流中很少使用手势，也不鼓励使用面部表情，而善于交际的法国人常常在交谈中加入手势等肢体语言，使交流更有感染力。

大多数肢体语言的使用比较微妙，需要花时间去熟悉。比如握手，在德国，见面与离开的时候都要行握手礼，并且目光要正视对方；在中东地区，人们则习惯于轻击手掌代替握手，几乎不触及手臂；在日本，人们则通过鞠躬来代替握手，且对象不同，行鞠躬礼时身体前倾的角度也不同，对地位平等的人鞠躬15°，对长辈鞠躬30°以表示尊重，道歉时则鞠躬45°以表示诚意和歉意。

5. 社会结构对国际商务的影响

社会结构是指一个社会的基本组织形式。不同文化的社会结构所存在的差异主要体现在两方面。一方面是将个人还是集体作为社会组织的基本单位，以及对个人或集体的重视程度。西方社会注重个人，强调个体价值的实现，另一些社会则强调集体，将集体看得高于个人，比如日本。另一方面是社会阶层化程度，所有的社会都是阶级社会，因而都存在不同的社会阶层，但不同社会对阶层的强调程度是不同的。比如丹麦，阶层差异在这个国家被看得很淡，不同的阶层流动性很大且有很大程度的融合，这也是其作为幸福度最高和最富裕国家之一的重要原因。

(1) 个人与集体。个人主义是指个体特性以自我为中心的价值观，集体主义是指个体特性由其所属的集体特性所决定的价值观。强调个人主义的国家更重视个体价值，人们更加崇拜企业家精神、个体竞争力和创业精神，比如美国、瑞士等国。美国企业家在这方面做得很出色，著名的微软、苹果公司都在很大程度上得益于这种精神。但是，过于强调个人主义也可能导致团队成员互不信任甚至各自为战，从而增加因不确定性所产生的机会主义，提高成本，使团队合作效率低下。

在诸如日本、中国、埃及等国家，集体价值被放在优先的位置，人们更倾向于相互合作、相互照应而换取忠诚。但是将个体价值置于次要的地位，可能会导致缺乏活力和创造性的问题。比较美国和日本两国，虽然长期的状况难以预料，但是更具活力和企业家精神的美国仍有可能比日本创造更多的新产业。同时，另一个可能的潜在问题是，崇尚集体主义者只在与"圈内"成员共事时才会表现得更加合作，而在"圈外"则存在更多的不信任因素。

(2) 社会阶层化程度。社会阶层是指一个社会按家庭、职业、财富等因素所形成的等级制度。所有的社会都有阶层，但是社会阶层化程度不同，这里我们关注的是社会流动性对商务活动的影响。

社会流动性是指个人能从所出生的社会阶层流动到其他阶层的程度。社会阶层化程度对商务活动的意义在于，良好的社会阶层有利于社会流动、财富分配和社会和谐。人人都能凭借努力、机遇等因素上升到更高的社会阶层，也有可能下降到更低的社会阶层。不同阶层之间较少存在对立，体现在商务活动中，即高层管理人员和工人阶级之间较少地存在不信任和敌意。相比之下，不良的社会阶层不具备上述优点，比如印度的种姓制度。

印度著名学者古尔耶在《印度的种姓和种族》一书中论述了种姓制度的几个特点，即社会被分割成很多部分、等级制度、缺乏职业的选择自由、饮食和社会交流方面有种种限制等。种姓制度本质上是保护上级阶层特权地位的。在这一制度下，人的社会地位和职业由其出生的家庭决定，终生不变。虽然该制度在 1949 年被官方宣布取消，但在印度的某些地区仍然根深蒂固。在印度，对任何阶层的成员而言，工作与晋升机会很大程度上受限于种姓制度。种姓制度可能迫使外国公司须做出某些很难的决定，比如，在人力资源政策的制定上须考虑是适应印度当地的政策，还是直接派遣本国员工等。

第四节　国际商务微观环境

国际商务微观环境又称作业环境或直接环境，是直接影响企业国际经营活动的外部因素。在这里主要讨论产业与竞争、客户与市场以及资源来源等因素。

一、产业与竞争

产业是指一群生产相互替代性很高的产品和服务的企业。处于同一产业中的企业为了生存和发展必然会展开相互竞争。这就决定了，在不同产业环境中，企业面对的竞争状况也有着很大的差别。例如，处于完全竞争与不完全竞争行业中的企业所面对的市场竞争环境是完全不同的。

国际企业要在行业市场竞争中获胜，就必须准确了解和把握该产业的全球竞争状况和每一国家的竞争情况。影响产业市场竞争状况的因素主要有以下三个。第一，产业结构特征。它包括竞争者数量与规模、市场领袖及其势力范围、客户及其购买特点、分销渠道、产业纵向一体化程度、产业进出入壁垒、产业市场容量与地域分布等。第二，产业发展方向及其推动力。影响某一产业发展方向的因素包括产品所处生命周期的阶段、产业结构的重大变化，以及间接环境因素的影响。第三，产业间接特点。这些特点包括资本需求量、成本结构、经济规模、正常利润水平、内部现金流量、定价方式、不同生产能力利用水平下的价格——成本结构、盈亏平衡点状况等。

竞争环境是影响企业国际经营策略制定的最为直接的因素。影响某一行业市场竞争状况的最为直接的因素包括进出该行业市场的主要竞争者、现有产品的替代与互补状况、现有主要竞争者的策略变化等。

二、客户与市场

客户与市场既是国际商务直接环境的重要组成部分，也是企业对直接环境分析所需要得到的结果。对现有和潜在客户特征的了解，有利于国际经营企业决策者准确把握市场规模的变化，合理地安排资源，以及为企业发展制定出合理的战略方案。对客户与市场情况的把握可以从以下几个方面进行。

(1) 客户的地区分布。每一种产品对购买者的吸引力因地而异，不同产品适用的地区也不尽相同。例如，消暑降温产品适用于气温在 30℃ 以上且持续较长时间的地区；在那些较少出现 30℃ 以上气温的地区很难开拓出有效的规模市场。

(2) 人口统计。人口统计是区分客户群体最常用的变量。该变量具有描述性特征，可以用来进行客户分组，如人口规模、年龄、性别、家庭规模、收入水平、婚姻状况、职业、教育背景、宗教信仰、种族、社会阶层与国籍等，其中有关人口、年龄和收入的动态指标对企业判断某特定市场的基本需求最为重要。

(3) 心理因素。消费心理是决定消费者行为的思想基础。对消费心理的掌握有利于了解现有的和潜在的消费者特性和生活方式。

三、资源来源

企业的平稳运营和生存有赖于稳定资源供给渠道的建立，这些渠道包括供应商、贷款人和劳动力市场等。它们对于企业，特别是有特殊需要的企业是至关重要的。国际企业建立在这些资源上的成本和可供性方面的讨价还价能力，以及把握有关资源的可供性和长期成本趋势等，对企业的经营战略的制定是至关重要的。对企业资源来源进行分析的目的，就是为了从整体上掌握公司资源的长期可供性与长期成本的变化趋势。这种分析有利于企业较为全面地把握自己的资源能力和综合竞争实力与地位，从而为公司战略的制定奠定基础。

第五节　国际商务环境的风险评估和规避

一、国际商务环境的风险

国际商务环境的风险主要包括政治风险、外汇风险、经济风险、法律风险和自然地理环境风险等。

1. 政治风险

政治风险是指接受外国投资的东道国所发生的直接影响国外投资企业经营的政治变革而带来的风险。概括起来，主要有以下几种风险：①国有化风险。国有化风险是最严重的风险，包括无偿性没收、有偿性没收、蚕食。国有化往往发生在那些对国防、国家主权、国家财富或经济发展关系重大的产业。②战争风险。两国之间的战争，必将会引发冲突国双方重新确定对于对方的政治策略及经济政策，为了维护本国的利益，双方政府均会采取各种高压手段，从各方面实施制裁或关闭对方的企业，没收或强迫出售股份，或给予战争征用。③东道国国内政权更替、政变、暴乱、革命等引发的风险。这种风险的出现，会使国际企业的经营受到冲击，难以实现其长期的经营战略。

2. 外汇风险

外汇风险是指国际企业在一定时期内因两种或多种货币汇价的波动而遭受损失。包括：①国际交易的风险，是指以多种货币进行交易时，因将来结算时的汇率没有确定而产生一定的风险。②国际换算的风险，是指国际企业在进行财务决算时对于必须换算成本位币的各种外币计价项目进行评价所产生的风险。③外汇买卖的风险，是指持有多种货币时，因持有弱势货币可能造成的汇率损失。④经营企业的风险，是指当汇率剧烈地波动时，会引起国际企业经营收益的变化而产生的风险。

3. 经济风险

经济风险是指东道国的各种经济因素的变化使国际企业可能出现亏损、收益不足以致倒闭的危险,包括经济萧条的风险、进口限制的风险、价格管制的风险、市场管制的风险、税收管制的风险、劳工限制的风险。

4. 法律风险

法律风险是指国际企业在海外投资中由于母国法律和东道国法律间的冲突而产生的风险。

5. 自然地理环境风险

自然地理环境风险是指投资对象国的自然地理环境急剧变化给国际企业造成的风险。它包括气候的变化、地震、洪水等自然灾害。

二、国际商务环境评估方法

国际商务环境评估是国际商务环境分析的最后一环,也是最重要的一环,是通过对国际商务环境各因素的综合分析,准确把握目标市场可能存在的机遇和威胁,为国际商务活动的顺利开展提供有力的依据。国际经营环境评估方法很多,且各企业所采用的具体方法也不尽相同。这里介绍几个较为常见的环境评估方法。

1. 国家风险评估法

国家风险评估法是由日本公社债研究所提出的。这种环境评估法的重点是对国家风险的评级。该研究所指出:所谓国家风险,是指某国在吸收国外投资、融资和进行国际贸易过程中,由于政策和经济环境的变化而产生的不能偿还债务或投资者不能收回投资本息的风险。该方法重点研究投资对象国是否存在下列六种迹象:①国际收支恶化,导致外汇短缺,从而实行严格的外汇管制,或不能向海外汇出投资资金、融资本息及分得红利,限制或暂缓到期债务的偿还。②急剧的通货膨胀和汇率波动,导致投资资本大幅度贬值。③当地政权的交替,导致新政府拒绝承担各种旧债务,或者实行国有化、征用、没收等措施,将国外投资商的投资、融资归为新政权所有。④该国国家权力机关实行资本和经营的本国化,限制及禁止外国经营者就业,限制外方的可得利益,对企业实行差别税率和保税制度,实行变相的剥夺。⑤内乱、暴动、入侵和战争,导致当地产业受到破坏。⑥国际关系和国际形势的变化,导致投资环境发生变化。

目前,日本公社债研究所主要采用专家计分评估法,即专家们在对该国投资环境进行充分的研究后得出评估分数,以确定该国家风险的级别。与此类似的还有美国教授罗伯特·托斯鲍提出的投资环境评分法,该方法将投资环境分为下列因素:资本抽回、准许外商股权、差别待遇与管制、货币的稳定性、政治的稳定性、保护关税的意愿、当地资本的可用性、近5年的通货膨胀率等。

2. "冷""热"评估法

"冷""热"评估法是由美国学者伊西·A·利特法克和彼得·班廷率先提出的。他们认为,构成一国国际经营环境的因素不外乎七种,即政治稳定性、市场机会、经济发展水平与成就、文化一体化程度、法令阻碍、自然阻碍、地理和文化与国际经营者所在国的差距等。它们对国际经营都存在着"冷"(不利)和"热"(有利)两种作用方向。但是,前四种因素更多地强调其对国际经营活动积极影响的一面。因此,人们常常将这四种因素的特征变化与"热"的程度联系起来考察,即前四种因素的特征越明显,"热效果"就越高;反之,则相反。与这一情况相反,后三种因素更注重其特征变动对国际经营活动的消极影响。故将其与"冷"的程度联系起来考察。这也就是说,后三种因素的特性越明显,"冷效果"越大,越不利于国际经营活动的开展。

这种国际环境评估的方法主要用于对国际直接投资环境的对比分析。因此,在具体应用中,首先,将各国有关上述七种因素填在一张表格中,通过对比分析得出不同目标市场国家在相同因素上所具有的不同"冷"与"热"的程度。然后,将各国综合评估结果进行比较评定,就可以得出有关国家投资环境的"冷""热"差异。通常,一国投资环境越好,"热度"就越大,就越接近投资者对目标市场环境的需要;反之,离投资者对目标市场环境的需要就越远。

3. 外部因素评估矩阵法

外部因素评估矩阵法主要用于对经济、社会、文化、人口、政治、法律、技术等与国际经营活动有关因素进行归纳和评估。它共有五个步骤:①列出与公司经营成功有密切关系的 10~20 个主要外部因素,它们既可以是有益于本企业或本企业所在行业的机遇性因素,也可以是威胁性因素。②根据每一因素的重要性,分别设定权重。各因素的权重之和为 1.0。通常,机遇因素的权重要高于威胁因素,但是,如果某一威胁因素对企业及其所在行业的成功具有很大影响时,也可能获得较高的权重得分。③根据公司现有战略对每一因素的反映程度,分别评定分值,每一因素的分值均介于 1~4 之间。值得注意的是,权重值的设定是以整个产业发展为基础的,而各因素分值的确定是以企业自身发展为基础的。④将各因素的权重值与分值相乘,得出各因素的加权分值。⑤将各因素的加权分值相加,取得该企业所必需的有关外部环境的总加权分值。该值最高为 4.0,最低为 1.0,平均值为 2.5。当总加权分值高于 2.5 时,意味着该企业现行战略较好地反映了有关外部环境的需要,是有效的;反之,该企业处于较为不利状态,有关战略未能把握住外部环境所提供的机遇,该战略需要做进一步的完善。

与此类似的还有美国法默教授和里其曼教授提出的投资环境矩阵评估法,他们认为影响企业经营效率和经营效益的因素主要有三大类:国际约束条件、国内约束条件、经营过程的重要条件。再将三大类因素分为不同的要素,共计 119 个。

4. 美国通用汽车公司对国际企业的风险评估

该方法评估的投资风险因素主要有经济因素和政策变更因素。它分四个阶段进行:①由进行投资的子公司对投资对象国做初步的环境评估,内容包括当地的政治、经济、法律、社会等各方面的动态和不稳定因素,以及对未来 10 年的预测,重点放在 1~3 年内,并向母公司总部提交评估报告。②通用公司总部接到报告后，召集各有关职能部门负责人进行讨论，并对投资时投资对象的环境作深入评估，同时，新投资项目规划开发部和潜在市场分析部经理在对投资对象国进行评估的过程中，若发现问题，有权随之调整种种方案。③成立国际经济管理小组，并由通用公司经济管理部经理任负责人，该小组的职能是在接到公司各有关部门呈送的有关投资对象国社会、经济、政治状况的分析报告后，赴投资对象国做实地调查与研究，再将调查结果写成书面报告送通用公司最高管理部门审批。④作为通用公司最高管理部门的决策委员会和经营委员会，根据经济管理小组的报告，对投资的战略规划、公共关系和处理方法、劳资双方的交涉原则等做出最后的决策。

三、对国际商务环境风险的规避

企业所面对的环境风险是客观存在的，环境的不确定性会给国际企业带来各种阻碍与困难。但从一定意义上讲，机会存在于风险之中。国际企业进行海外直接投资的过程即是预测环境风险，规避环境风险的过程。所以，国际企业必须高度重视环境的风险问题，加强对海外风险的规避。

1. 规避政治风险的主要途径

国际企业规避政治风险的途径主要有以下九项：①预先取得东道国政府的保证。通过与东道国政府进行谈判，达成有关协议。这些协议、承诺、保证等可在一定程度上约束东道国的行为，对提高国际企业的资本收回率、降低被征用或没收的风险有积极的作用。②增大当地政府或企业的投资资本比率。合资的直接结果是，两国的经济利益紧密地结合在一起，共担风险，经营的安全性比较高。③将投资分散在不同的国家。④大量雇用当地从业人员，增加当地雇员收入。迫于就业的压力等，东道国轻易不愿对那些对当地经济有贡献的外国公司予以政治性管制。⑤增加出口比率。东道国通常对抢占国内民族市场的外资公司较为敏感，而对致力于出口创汇型外资公司持欢迎态度。⑥牢固地控制关键技术。⑦增加在东道国借债的比率。⑧增加在东道国采购原材料和半成品的力度。⑨购买投资保险。

2. 国际企业规避外汇风险的基本措施

国际企业规避外汇风险的基本措施主要有：①妥善地选择计价结算货币；②调整合同支付条款并争取与对方签订"保值条款"，即规定在支付货款时应根据汇率变动重新调整支付款总额；③利用远期外汇交易弥补风险；④实施有效的计划策略；⑤提高预测汇率变动的能力。

3. 国际企业经济风险的规避

国际企业规避经济风险的最主要的途径是做好投资的可行性分析。投资可行性研究主要包括：①市场和生产规模研究；②东道国资产状况研究；③财务分析研究；④技术可行性研究。

4. 国际企业法律风险的规避

国际企业法律风险的规避方法主要有：①熟悉东道国的各种法规；②注意司法管辖权问题；③所签各类合同应明确、齐全、有效；④尽量依靠仲裁；⑤聘用当地律师。

本 章 小 结

国际商务环境依不同角度分为直接环境和间接环境或母国环境、东道国环境和国际环境，分析和把握国际商务活动中各因素的现状与变动趋势，是提高国际经营决策和管理效率的必要前提。本章在概要介绍国际商务宏观环境基础上，重点介绍了东道国环境分析中的政治、经济、法律、教育、社会文化和自然环境六种因素，指出了其重点分析指标和对国际商务的影响，最后讲述了掌握国际商务环境的风险评估方法和规避途径。

思 考 题

1. 国际商务环境有哪些特点？国际商务环境的构成有哪些类型？
2. 区域经济一体化组织有哪些类型？其特点是什么？
3. 目前主要的国际经济组织有哪些？世界贸易组织的原则有哪些？
4. 解决国际商务活动中的争议途径有哪些？其利弊各是什么？
5. 国际商务环境的风险有哪些？如何规避？

案例分析

直面文化冲突

第三章 国际贸易理论

引导案例

如何交易

【学习目标】
- 掌握绝对优势理论的主要观点和不足之处。
- 掌握优势理论的主要观点和不足之处。
- 掌握比较优势理论的例外。
- 掌握相互需求理论的主要观点。

第一节 绝对优势理论

一、绝对优势理论的产生背景

亚当·斯密(Adam Smith,1723—1790),在英国格拉斯哥大学和牛津大学接受教育,在格拉斯哥大学先后任逻辑学和伦理学教授,英国著名的经济学家,资产阶级古典经济学派的主要奠基人之一,国际分工及传统贸易理论的创始者。提出"经济人""看不见的手""大市场,小政府"等重要思想,著有《国富论》和《道德情操论》等经济名著。

在亚当·斯密生活的时代,英国正处于资本主义原始积累完成、以机器生产逐步替代手工业生产为标志的第一次产业革命时代。随着产业革命的逐渐展开,英国经济实力不断增强,新兴的产业资产阶级迫切要求在国民经济各个领域中迅速发展资本主义,向海外市场扩张。但是,他们面临着两个制度性的阻碍因素。一个是存在于英国乡间的行业公会制度。在行会制度下,生产多少、卖什么价格都有了规定,而这种规定,无疑束缚了资本主义商品经济的发展。另一个是在欧洲对外贸易活动中盛行已久的重商主义理论(merchantilism)及其政策主张。重商主义的支持者把金银珠宝看作一国财富的唯一表现,贸易则是增加一国财富的主要途径(另一个重要途径则是到海外掠夺),因此强调贸易顺差,政策上主张"奖出限入",甚至禁止进口。极端贸易保护主义严重阻碍了对外贸易的扩大,使新兴资产阶级从海外获得生产所需的廉价原料、并为其产品寻找更大的海外市场的愿望难以实现。

1776 年,亚当·斯密发表了《国富论》(全称为《国民财富的性质和原因的研究》)。斯密站在产业资产阶级的立场上,在该书中批判了重商主义,首次提出绝对优势原理,并有力论证了自由贸易的合理性与可行性,被后人公认为自由贸易理论的先驱。又因斯密在该书中首次系统而全面地论证了市场机制发生、发展的机理,创立了自由放任(laissey-faire)的自由主义经济理论,故也被称为现代经济学(西方古典政治经济学)的理论奠基人,经济学界的"牛顿"。《国富论》一书被誉为经济学"圣经"。

二、绝对优势理论的主要观点

绝对优势理论(theory of absolute advantage)，也称绝对成本理论(theory of absolute costs)或绝对利益理论。斯密从一个简单事实入手，那就是两个国家若自愿进行贸易，它们一定都能够从贸易中获利。如果一个国家无利可得或者只有损失，就会拒绝进行贸易。斯密指出，当两国都拥有各自的绝对劳动生产率优势时，这种互利贸易就产生了。贸易模式是两国各自专业化生产并出口自己具有绝对优势的产品，进口不具有绝对优势的产品。贸易得利来源于国际分工和专业化生产提高了的劳动生产率。这就是绝对优势理论的基本原理。

1. 分工可以提高劳动生产率

亚当·斯密非常强调分工的意义。他认为，在市场经济中由于利益的驱动，主观上为自己服务的微观经济主体可以通过分工和交易，在客观上为社会工作的同时，实现自利和互利、个体利益和社会利益的相互联系。其实现的方式是：社会各微观经济主体按自己的特长实行分工，进行专业化生产，并通过市场进行交易，最终实现社会福利的最大化。简言之，财富的增加依赖于劳动分工。其原因在于，在生产要素不变的情况下，分工可以提高劳动生产率，因而能增加国家财富并提高本国生活水平。

亚当·斯密指出，分工促进劳动生产率的提高主要通过以下三个途径来实现：①分工可以提高劳动者的熟练程度；②分工使每个人专门从事某项生产，从而节省与生产没有直接关系的时间；③分工有利于发明创造和改进工具。以手工制扣针的工厂为例，在没有分工的情况下，一个粗工每天至多能制造 20 枚针，有的甚至连 1 枚针也制造不出来。而在分工之后，平均每人每天可制针 4800 枚，每个工人的劳动生产率提高了几百倍。

斯密进一步将其分工理论应用于国际贸易，认为国与国之间的贸易可以使每个国家都增加财富。原因如下：国际贸易扩大了市场，使社会分工超出国家范围，这意味着专业化程度和劳动生产率的不断提高，最终将促进收入增长。国际贸易是实现和扩大专业化分工利益的重要途径。

【名家观点】

> 如果一件东西购买所花费用比在家里生产为小，就应当去买而不要在家里生产，这是每一个精明的家长都知道的格言。裁缝不为自己做鞋子，鞋匠不为自己缝衣服，农场主既不打算为自己做鞋子，也不打算为自己缝衣服，他们都感到应当把自己的全部精力集中用于比他人处于有利地位的职业，然后用自己的产品去交换其他产品，会比自己生产一切物品更有利。

——亚当·斯密(英国)

2. 绝对优势是对外贸易的基础

斯密认为，两国间的贸易基于绝对优势。当一国相对于另一国在某种商品的生产上更有效率时，称为有绝对优势；相反，当一国相对于另一国在某种商品的生产上效率较低时，称为有绝对劣势。绝对优势和绝对劣势使两国生产两种产品的成本存在绝对差异。此时，两国可以通过专门生产各自有绝对优势的产品，并用其中一部分来交换具有绝对劣势的商品，使资源得到最有效的利用，而两种产品的总产出会有很大增长。相对于分工前的产出，增加额可用来测度两国专门化生产所产生的利益，并通过国际贸易在两国间分配。国际交换的结果是每个国家对两种商品的消费都会增长，从而改善国民福利。

【示例】

> 由于气候条件，加拿大种植小麦效率更高，但不适于天然种植香蕉，而尼加拉瓜适于种植香蕉却不适于种植小麦。因此，加拿大在小麦生产上相对于尼加拉瓜有绝对优势，而在香蕉生产上有绝对劣势；尼加拉瓜则相反。在这种情况下，如果两国都只生产自己占绝对优势的产品，然后通过贸易获得另一种商品，则世界资源的利用效率最高，世界福利最大化。也就是说，加拿大专门生产小麦(其产量远大于国内需求)，用一部分小麦(多余的)换取尼加拉瓜多余的香蕉。结果，小麦和香蕉都会增产，消费也会增加，两国都得到了好处。
>
> 譬如，由于气候条件，加拿大种植小麦效率更高，但不适于天然种植香蕉。而尼加拉瓜恰恰相反。国家正如个人一样，并不试图生产自己需要的所有产品。相反，它仅生产自己相对于他国最有效生产的商品，用这种商品与别国交换，世界总产出和所有国家福利就都会增加。因此，尽管重商主义认为贸易总是一国之所得为另一国之所失，即非赢即输，而国家政府应该严格控制所有经济活动和贸易，但斯密(以及其后古典经济学的追随者)却相信，贸易是"双赢"的，政府应尽可能少地干预经济活动与对外贸易。

3. 绝对优势来源于有利的自然禀赋或获得性优势

亚当·斯密认为，各国的绝对优势可能来源于两个方面：一是各国固有的自然禀赋(natural endowment)，前面提到的加拿大与尼加拉瓜的绝对优势就来源于此；二是后来获得的某些有利条件(acquired endowment)。因为有利的自然禀赋或后天的有利条件都可以使一个国家生产某种产品的成本绝对低于别国，因而在该产品的生产和交换上处于绝对有利地位。如果每一个国家都按照各自的有利条件进行专业化的生产，然后彼此进行交换，将会使各国的资源、劳动力和资本得到最有效的利用，从而大大地提高劳动生产率和增加物质财富，并使各国从交换中获益。

三、绝对优势理论的数学说明

亚当·斯密认为如果各国都能够按照绝对优势理论的要求进行国际分工和国际贸易，那么世界各国的自然资源、劳动力和资本就都会得到充分的利用，各国的劳动生产率会得到普遍提高，物质财富将大大增加。这一原理我们可以用一个两国两商品模型(又称为2×2模型)加以说明。

假设世界上只有两个国家存在：英国和美国；每个国家只生产两种产品：小麦和布；生产要素只有劳动一种；劳动要素在各国内部可以自由流动，在两国之间则不能流动。在没有进行国际分工前假定两国的生产情况见表3-1。

表 3-1　分工前两国的生产情况

	小麦		布	
	劳动投入量	产出量	劳动投入量	产出量
英国	150	120	50	100
美国	100	120	100	100

从表 3-2 中可以看出，英国在布的生产上具有绝对优势，它用 50 单位的劳动就可以生产美国必须用 100 单位劳动才能生产的 100 单位布，而美国则在小麦的生产上具有绝对优势，它用 100 单位的劳动就可以生产英国需要 150 单位劳动才能生产的 120 单位小麦，这样就可以在两国之间进行国际分工，各国各自专业化地生产自己具有绝对优势的产品。分工后两国的生产情况见表 3-2。

表 3-2　分工后两国的生产情况

	小麦		布	
	劳动投入量	产出量	劳动投入量	产出量
英国	0	0	200	400
美国	200	240	0	0

从表 3-2 中可以看到，进行分工后，两个国家小麦的总产量没变，布的总产量却增长了一倍，这就是国际分工促进了生产要素更有效利用的结果。现在我们假定两国在分工的基础上互相开展国际贸易，英国用 200 单位的布交换美国 120 单位的小麦和 200 单位的布，和贸易前相比，两国都增加了 100 单位布的财富，这就是两国通过贸易获得的利益。

四、对绝对优势理论的评价

1. 绝对优势理论的贡献

绝对优势理论具有重大的理论意义和实践意义。首先，建立在劳动价值论基础上的绝对优势理论，在历史上第一次从生产领域出发，解释了国际贸易生产的部分原因，也首次论证了国际贸易不是一种"零和游戏"，而是一种"双赢博弈"，从而科学地为国际贸易理论建立做出了贡献。从某种意义上说，这种"双赢"理念仍然是当代各国扩大开放，积极参与国际分工贸易的指导思想。其次，亚当·斯密提倡的自由贸易"代表着一个还在同封建社会的残余进行斗争、力图清洗经济关系上的封建残污、扩大生产力、使工商业具有新的规模的资产阶级"的思想和倾向，对于扫除封建残余和重商主义思想缺陷发挥了重要的历史作用。最后，亚当·斯密的自由贸易思想反映了资本主义上升时期资产阶级向外殖民扩张和抢占世界市场的强烈愿望，不仅对当时的外贸政策产生了重大影响，而且对整个自由竞争资本主义时期各国的外贸政策产生了深远的历史影响。

2. 绝对优势理论的不足之处

斯密的绝对优势理论的不足之处在于，只能解释国际贸易中的一小部分贸易，即具有绝对优势的国家参与国际分工和国际贸易能够获利。按照斯密的观点，两个国家，你有你的优势，我有我的优势，分工合作，各自进行完全专业化生产，就可以使世界总产量增加，产品和服务极大丰富，大家得益。

但是，在现实世界中，有的国家技术先进，有可能在各种产品的生产上都具有绝对优势，而另一些国家可能没有任何一种产品处于绝对有利的地位。很自然地，人们要问：如果一国不存在绝对优势，两种产品的劳动生产率都比另一个国家低，还存在专业化生产的可能吗？这一重要问题，斯密的绝对优势理论并未论及，却在斯密的学生大卫·李嘉图那里得到了解释。事实上，绝对优势理论可以看作比较优势理论的一种特殊情况。

第二节　比较优势理论

一、比较优势理论的产生背景

大卫·李嘉图(David Ricardo，1772—1823)是英国著名的经济学家，资产阶级古典经济学的完成者，其主要代表作是1817年发表的《政治经济学及赋税原理》。李嘉图所处的时代正是英国工业革命迅速发展，资本主义不断上升的时代。当时英国社会的主要矛盾是工业资产阶级同地主贵族阶级的矛盾，这一矛盾由于工业革命的进展而达到异常尖锐的程度。在经济方面，他们的斗争主要表现在《谷物法》的存废问题上。

1815年，英国政府为了维护土地贵族阶级利益而修订实行《谷物法》。该法令规定，必须在国内谷物价格上涨到限额以上时，才准进口，而且这个价格限额不断地提高。《谷物法》限制了英国对谷物的进口，使国内粮价和地租长期保持在很高的水平上。昂贵的谷物使工人货币工资被迫提高，成本增加，利润减少，削弱了工业品的竞争力。《谷物法》的实施还招致外国以高关税阻止英国工业品对它们的出口，从而大大损害了英国工业资产阶级的利益。于是，英国工业资产阶级出于发展资本、提高利润率的需要，迫切要求废除《谷物法》，从而与地主贵族阶级围绕《谷物法》的存废展开了激烈的斗争。

由于斗争的需要，工业资产阶级迫切需要找到谷物贸易自由化的理论依据。李嘉图适时而应，在这场斗争中站在工业资产阶级一边。他主张英国不仅要从外国进口谷物，而且要大量进口，因为英国在纺织品上所占的优势比在谷物生产上所占的优势要大。故英国应该专门生产纺织品，以其出口换取谷物，取得比较利益，提高商品生产数量。为此，李嘉图在《政治经济学及赋税原理》一书中继承和发展了亚当·斯密的绝对优势理论，建立了以自由贸易为前提的比较优势理论(或称相对优势理论，theory of comparative advantage)，为工业资产阶级与封建地主阶级斗争提供了有力的理论武器。

二、比较优势理论的主要观点

比较优势理论的基本原理认为，不论一个国家的经济处于怎样的状态、经济力量是强是弱、技术水平是高是低，都能确定各自的相对优势。即使总体上处于劣势，也可从诸多劣势中找到相对优势。决定两国贸易的基础是商品生产的相对劳动生产率，而不是生产这些商品的绝对劳动生产率。贸易模式是专门生产并出口其绝对劣势较小的商品(即比较优势商品)，同时进口其绝对劣势相对较大的商品，即"两害相权取其轻，两利相权取其重"。国际分工改善了两国福利，贸易利益来源于劳动生产率的改进。

1. 比较优势理论的基本假定

与亚当·斯密阐述绝对优势原理时一样，李嘉图在阐述比较优势原理时暗含了诸多理论假设，概括如下。①只有两个国家，生产两种商品。②商品可以自由贸易；生产要素即劳动在国内可以自由流动，但在两国之间不能自由流动。③商品和要素市场都是完全竞争。④每种产品的国内生产成本都是固定的。⑤没有运输成本和其他交易费用。⑥不存在技术进步，没有规模收益。⑦贸易按物物交换方式进行。⑧劳动价值论(labor theory of value)——劳动是唯一的生产要素，或是在所有的商品生产中劳动均占有一定的比重；劳动是同质的，即只有一种类型的劳动。在这种假定条件下，任何商品的价值或价格只取决于投入商品生产中的劳动量。

由于李嘉图的分析只涉及两个国家、两种产品和一种要素，因此被简称为 2×2×1 模型。

2. 比较优势理论的贸易模式

大卫·李嘉图发展了亚当·斯密的观点，认为决定国际分工与国际贸易的一般基础不是绝对优势，而是比较优势或比较利益，即国家间也应按"两优取其重，两劣取其轻"的比较优势原则进行分工。如果一个国家在两种商品的生产上都处于绝对劣势，只要有利的程度不同，则处于劣势的国家应专门生产比较优势最大的商品，而处于劣势的国家应专门生产其不利程度最小的商品。通过对外贸易，双方都能获得比分工以前更多的商品，从而实现社会劳动的节约，给贸易双方都带来利益。

同斯密一样，李嘉图在阐述比较优势理论时，也是将一国内部个人之间分工与交换的关系扩大到国家与国家之间。他举例说，如果两个人都能制造鞋和帽，其中一个人在制鞋时强 1/3，在制帽时强 1/5，那么这个较强的人专门制鞋，而那个较差的人专门制帽，然后进行交换，则对双方都有利。现以英国和美国生产小麦和玉米为例，对李嘉图的比较优势理论分析如下，见表 3-3。

表 3-3　美国和英国的劳动生产率

商品\国家	美 国	英 国
小麦(吨/年人)	6	1
玉米(吨/年人)	4	2

美国在两种产品生产上的劳动生产率都高于英国而处于绝对优势，而英国在两种产品的生产上都处于绝对劣势。但是，两国两种产品的相对劳动生产率存在差异。很显然，美国生产小麦的优势比生产玉米的优势更大，英国生产玉米的劣势比生产小麦的劣势更小。因此，美国可以专门从事小麦生产并出口部分小麦换英国的玉米，而英国可以专门从事玉米生产，并出口部分玉米换取美国的小麦。

如果依然按照 1∶1 的国际交换比例，美国用 6 吨小麦交换英国的 6 吨玉米，而自给自足经济在美国国内只能换到4吨玉米，比分工前的国内交换多获2吨玉米；而英国从美国获得的6吨小麦若自己生产需要6单位劳动，利用这6单位劳动可以生产12吨玉米，但是在贸易中英国只用6吨玉米就交换了美国6吨小麦。因此，与分工前相比，英国实际获益6吨小麦，可见，即使一国在两种商品的生产上都处于不利地位，通过两国分工与贸易，双方仍可获益。

李嘉图理论无法明确实际的国际交换价格，当然这个价格不一定是1∶1。但是，可以确定使双方都能获益的贸易条件区间在4∶6和2∶1之间。也就是说，国际交换价格介于两国国内的相对劳动生产率之间。国际交换价格低于4∶6，则美国不会参与国际分工和贸易，因为1单位小麦所能换取的玉米比贸易之前更少；国际价格高于2∶1，则英国不会参与国际分工和贸易，因为1单位玉米所能换取的小麦比贸易之前更少。

如果按照斯密的绝对优势理论，在这个例子中，美国应该同时生产小麦和玉米并向英国出口，而英国应该什么都不生产只从美国进口。但是，这种状况在实际中是不可能长期维持的，因为单一的进口将耗尽英国的外汇，最终将逼迫英国不得不停止一切进口。因此，如果只有在绝对优势条件下才能出口获利的话，英国和美国两国之间就不可能发生贸易。由此可以看出，与斯密的绝对优势理论相比，李嘉图的比较优势理论更具有普遍意义。

3. 比较优势理论的例外

比较优势理论有一种不是很常见的例外。当一国在两种商品生产上的绝对优势与另一国相同时，两国之间不存在相对劳动生产率差异，因此就不可能发生互惠贸易。

【示例】

上例中假设英国每人每年可生产3吨小麦，而不是1吨小麦，这样，英国两种商品的生产效率均为美国的一半，英、美两国均无比较优势商品，它们之间就不存在互惠贸易。

因为，如果美国生产的6吨小麦能够换取英国生产的4吨玉米，这并不比封闭经济下自己生产的玉米更多。所以，美国不会有意愿参与国际分工和与英国开展贸易。对英国也是如此。

譬如，由于气候条件，加拿大种植小麦效率更高，但不适于种植香蕉。

因此，有必要对比较优势原理的表述稍做修改：即便一国相对于另一国在两种商品的生产上均处于绝对劣势，也仍有互惠贸易的基础。除非两国两种商品的相对劳动生产率都相同。从理论的严谨性上讲，强调这一例外十分重要，但是，这一例外情形极少发生，因而对比较优势理论的适用性并无多大影响。

三、对比较优势理论的评价

比较优势理论在绝对优势理论的基础上形成，后者可以看做前者的特例。两种理论有着基本相同的假设前提。例如，这两种理论都依据劳动价值理论，都要进行国际比较才能确定贸易模式，国际贸易的基础是劳动生产率的国际差异(也可以理解为技术差异)；不同的是，绝对优势理论要求在国际范围内比较某种商品的绝对价格/绝对成本，而相对优势理论比较的是某种商品在各自国内对其他商品的相对价格/相对成本。绝对优势理论认为贸易发生的基础是两国在两种产品生产上各自具有绝对的成本优势；比较优势理论则认为当一国在两种产品生产上都处于绝对优势(或绝对劣势)时，可以遵循优中选优(或淘汰最差)的原则参与国际分工与贸易。这样，国际贸易可以在更广泛的基础上发生，李嘉图因而发展了斯密的国际分工和贸易理论。

斯密和李嘉图的两种优势理论意义重大，对现实有较强的解释能力，并且可以扩展到两个国家多种产品一种要素或者多个国家两种产品一种要素的情形。而比较优势理论的不足也是绝对优势理论的不足。例如，两种理论都没有能够明确国际交换价格的确定，更没有涉及贸易利益在两国之间如何分配的重要问题；都只考虑到供给因素，忽略了需求面的影响；都把劳动看作是唯一的生产要素，忽视了资本、土地、技术等其他生产要素的作用；都假定生产要素(即劳动)是同质的，然而，受过专门教育和培训的熟练劳动力在生产效率上往往高于没有受过教育和训练的简单劳动力；都假定同一产品的生产成本固定以及没有交易和运输成本；等等。这些重要的假设前提使比较优势理论与现实情况之间存在较大的差距。

第三节 相互需求理论

一、相互需求理论的主要观点

1. 国际交换比例的上下限

前面讨论李嘉图的比较优势原理时，只是假定了一个两国之间的商品交换比例，但对于为什么是这样一个比例没有进一步说明。后来英国经济学家约翰·穆勒对这一问题进行了分析，他认为参加国际贸易的各国在其各自的国内都有统一的交换比例，在进行贸易时两国之间的商品相互交换形成一个国际交换比例，又叫贸易条件(terms of trade)。这一比例与各国国内的交换比例是不同的，但又与其有极密切的关系，这就是两国国内的交换比例构成了国际交换比例的上下限，对此穆勒举例进行了说明。穆勒举例的方式与李嘉图是不同的，李嘉图用的是投入模式，即每生产一单位的产品需要投入多少人/年的劳动，而穆勒用的是产出模式，即投入一定量的劳动可以生产出多少数量的产品，见表3-4。

表 3-4 商品产出表(码/小时)

国家 \ 商品	毛 呢	麻 布
英国	10 码	15 码
德国	10 码	20 码

从表 3-4 中可以看出，在同样的劳动时间内，英国可以生产 10 码毛呢或 15 码麻布，德国可以生产 10 码毛呢或 20 码麻布。很显然，如果没有对外贸易英国国内的交换比例就是 10 码毛呢=15 码麻布(因为二者耗费的劳动时间相同，价值相等)，德国国内的交换比例就是 10 码毛呢=20 码麻布。那么开展对外贸易之后会怎么样呢？根据表 3-4，英国在毛呢

的生产上具有比较利益，会专业化地生产毛呢，而德国在麻布的生产上具有比较优势，会专业化地生产麻布，然后英国拿自己生产的毛呢交换德国生产的麻布。下面我们就看一下它们的交换比例会在什么样的范围内确定。

首先，毛呢交换麻布的比例不可能低于10码毛呢=15码麻布，因为对于英国来讲，10码毛呢在国内就可以交换到15码麻布，如果拿到国外去反而换不到15码麻布了，英国人肯定是不会满意的，他就宁可在国内生产麻布而不会进行国际分工和对外贸易了；其次，毛呢交换麻布的比例又不可能高于10码毛呢=20码麻布，因为对于德国人来讲，只有在用低于20码的麻布可以交换到10码毛呢时才会获利。所以两国之间的交换比例既不可能低于15码麻布也不可能高于20码麻布，只能是在这个范围之内确定某一个数量，这个数量越接近于15则越不利于英国而有利于德国，这个数量越接近于20则越不利于德国而有利于英国，因此，英国总是希望这一数量越大越好，而德国则希望它越小越好，那么，这一数量究竟应当确定在什么地方呢？要回答这一问题就必须考虑两国之间的相互需求状况。

2. 相互需求方程式

与李嘉图一样，穆勒认为在一国内部由于资本的自由移动，商品的交换价值就取决于生产费用，但由于国际间资本不能自由流动，所以国内交换的原则不能用到国际交换领域。他认为一种进口商品的价值不取决于它的生产费用，而是取决于为了支付进口而输出的商品的生产费用。至于两种商品的交换比例则由两国相互之间对对方产品的需求强度决定，那么什么叫相互需求呢？

穆勒认为在对外贸易中，一国出口的商品实际上也就构成了购买对方商品的手段，也就是说一国的供给形成的同时也就形成了对对方的需求，所以需求总是相互的。国际价值规律受国际间需求均衡规律的制约，两种商品交换比例的确定，必须满足进口值与出口值恰好相等的条件。"一国的生产物总是按照该国的全部输出品恰好抵偿该国的全部输入品所必需的价值，与其他国家的生产物相交换。"这种国际需求方程式要求在两个国家之间进行的贸易中商品价值经过自行调整，使需求等于供给，一个国家出售的商品，同时也是它所要购买的资本，即一方的全部商品供给能力构成了另一方的全部商品需求能力，一方的需求等于另一方的需求。对此，他运用前面所举的例子进一步进行了说明。

【名家观点】

> 一切贸易，无论是国家之间的，还是个人之间的，都是商品交换，在这种交换中，国家或个人各自所需出售的物品，也构成了他们的购买手段，一方所带来的供给，构成了他对另一方所带来的物品的需求，因此，供给和需求只是相互需求的另一表达方式；而所谓价值将自行调整，以使需求与供给相等，实际上是说，价值将自行调整，以使一方的需求与另一方的需求相等。
>
> ——约翰·穆勒(英国)

前面我们讲过，英国和德国之间毛呢与麻布的交换比例应当确定在10码毛呢=15码麻布与10码毛呢=20码麻布之间，但具体是这之间的哪一个数量呢？这就要看两国之间的相互需求状况了。假设在开始的时候，交换比例是定在10码毛呢=17码麻布，如果在这一交换比例下，英国对德国麻布的需求是17 000码，而德国对英国毛呢的需求正好是10 000码，因为：
$$10\,000 : 17\,000 = 10 : 17$$

那么这一交换比例就可以确定下来，成为两国之间稳定的交换比例，这就是相互需求方程式。

如果两国之间的相互需求状况发生了变化，那么这一交换比例也就不稳定了，也必须发生相应的变化。例如由于某种原因，英国对德国麻布的需求量减少了，由17 000码减少到13 600码，而德国对英国毛呢的需求没发生变化，还是10 000码，这时10：17的交换比例就不能使原来的相互需求方程式继续平衡了，因为
$$10\,000 : 13\,600 \neq 10 : 17$$

当然，如果在英国减少对麻布的需求的同时，德国也减少了对英国毛呢的需求，比如说从10 000码减少到8 000码，则由于：
$$8\,000 : 13\,600 = 10 : 17$$

那么10：17的比例还可以继续维持，但是由于德国对麻布的需求并没有同时减少，问题就出现了。由于英国只需求13 600码麻布，按照10：17的比例，它就只乐意向德国提供8000码的毛呢，而德国在得到这8 000码毛呢后并没有满足需要，这样，德国就对英国产生了2000码毛呢的单方面的额外需求，为了满足这种额外需求，德国就不得不出一个更高的价格，比如按10：18的比例用麻布向英国购买毛呢。在这一新的交换比例下，由于毛呢的价格上涨了，德国国内对毛呢的需求可能会下降，比如从10 000码下降到9000码，而由于麻布的价格下跌了，英国可能就会购买更多的麻布，比如需求量从13 600码上升到16 200码。这样，新的交换比例就可以使相互需求方程式成立了：
$$9000 : 16\,200 = 10 : 18$$

这样，新的交换比例就可以固定下来，成为两国之间稳定的交换比例。而一旦两国的相互需求状况再次发生新的变化，这一交换比例的稳定条件遭到破坏，也必然会发生新的变化，只有它能够满足两国相互需求相等的条件时才成为固定的交换比例。按穆勒的话讲，就是"一个生产物与其他诸国生产物交换。其价值，必须使该国输出品全部，恰好够支付输入品全部"。

3. 国际贸易利益的分配

根据比较利益原理，国际贸易会给参加贸易的各国带来利益，但贸易利益是如何在两国之间进行分配的呢？穆勒对此进行了分析。他认为贸易利益总量的大小取决于两国国内交换比例之间相差的幅度的大小，如前例英国与德国的贸易中，毛呢与麻布在两国国内的交换比例分别是10：15和10：20，那么两国之间每进行10码毛呢的交换就会产生5码麻布的贸易利益。至于这5码麻布如何在两国之间进行分配就取决于这两种商品的实际的交换比例即贸易条件了。在正常的贸易条件下，贸易利益应当是在两国之间进行分割的，如两国按10：17的比例进行交换，那么英国每出口10码毛呢就比在国内多得2码的麻布，而德国每进口10码毛呢就比在国内购买节省了3码的麻布；如按10：18的比例进行交换，则英国多得3码麻布，德国节约2码麻布。可见两国之间的交换比例越接近于哪个国家的国内交换比例，哪个国家所获得的利益就越少，而交换比例越接近对方国内的交换比例则对本国更有利，特别是在极端的情况下，如果两国按10：15的比例进行交换，则德国可以

获得全部 5 码麻布的利益，而英国获得的利益是 0；如果两国按 10∶20 的比例进行交换，则英国可以全部获取 5 码麻布的利益而德国一无所获。

另外还有一种情况，就是当一国劳动生产率发生变化之后，所带来的贸易利益在两国之间的分配问题。例如德国由于某种原因劳动生产率大大提高，用原来生产 20 码麻布的劳动生产出了 30 码麻布，从而使两国的情况变为表 3-5 所示的情况。

表 3-5　商品产出表

商品 国家	毛　呢	麻　布
英国	10 码	15 码
德国	10 码	30 码

如果此前的交换比例是 10∶17，那么现在是否可以假定同样的毛呢可以交换到比原来多半倍的麻布即交换比例变为 10∶25.5 呢？穆勒认为这取决于英国对跌价后的麻布的需求状况。如果英国对麻布购买量的增加程度等于在德国以毛呢表示的麻布的价格下降的程度，那么最后的交换比例就是 10∶25.5，因为在这种情况下，英国原先购买 17 码的若干倍数的麻布，现在仍然购买 25.5 码麻布的相同倍数，而对于德国来讲，它需求毛呢的数量可能不会发生变化，因为现在的 25.5 码麻布和原来的 17 码麻布的价值是一样的。这样 10∶25.5 就是在新的情况下恢复国际需求平衡贸易条件。

如果德国麻布价格下降所引起的英国购买量的增加程度大于麻布价格下降的程度，则英国必然用比原来更多的毛呢来交换麻布，因此均衡的贸易条件必然是每 10 码毛呢交换到少于 25.5 码的麻布。在这一贸易条件下，虽然两国都得到了贸易利益，但德国的获利较大，因为它用同样劳动量的麻布交换来了更多的毛呢。

但是如果英国对麻布的需求增加程度小于德国麻布价格降低的程度，那么均衡贸易条件将是每 10 码毛呢交换到多于 25.5 码麻布。这样英国从贸易中获得的利益就较大，因为德国要想获得同样的毛呢必须投入更多的劳动去生产麻布以供出口。

根据上述分析，穆勒指出：“可以提出的唯一的一般法则不外乎是这样：一个国家以它的产品和外国相交换的交换力，取决于它对这些国家的产品的需求和这些国家对它的产品的需求的数量和需求的增加程度的比较，外国对它的商品需求越是超过它对外国商品的需求，贸易条件对它越是有利。这就是说，它的一定数量的商品将会换回更多的外国商品。"这就是穆勒的相互需求原理。

4. 总结

通过以上分析我们可以对穆勒的相互需求原理作如下表述：在两国两商品模型中，如果运费忽略不计，则两国对对方商品的需求程度就确定了这两种商品在两国之间的交换比例，同时在这一交换比例下每一国的出口量正好等于对方的进口量，从而实现贸易收支的平衡。随着两国需求状况的不断变化，这一交换比例也会不断变化，但它总会处于两国国内生产费用比例所确定的范围之内。另外通过分析我们还看到，两国对对方商品的需求强度对交换比例的形成具有重大影响，哪一国的需求强度越大则交换比例越不利于该国，哪一国对对方商品需求强度越小，则交换比例越有利于该国。如上述例子中，英国的需求下降了也就是德国的需求相应提高了，交换比例就由 10∶17 变为 10∶18，更接近于德国国内的交换比例，这一变化显然有利于英国而不利于德国，而如果不是英国而是德国的需求下降，那么交换比例就会朝着不利于英国的方向变化，比如变为 10∶16。

二、对相互需求理论的评价

西方经济学家给予穆勒的相互需求理论相当高的评价，他们认为李嘉图只是提出了一个由比较利益决定的两国之间互利贸易的上下幅度，而穆勒则进一步指出了在这一幅度内国际商品交换比例是如何具体确定的。穆勒的相互需求方程式对后人的影响极大，著名的英国新古典经济学家马歇尔(A. Marshall)曾在此基础上继续研究提出了相互需求曲线(reciprocal demand curve)，又叫提供曲线(offer curve)，对国际贸易理论的发展做出了巨大贡献。

本 章 小 结

古典经济学家在劳动价值论的基础上提出的国际贸易理论，从劳动生产率的差异角度解释了国际贸易发生的原因和影响，认为劳动生产率是国际贸易重要的决定因素。本章主要介绍了亚当·斯密的绝对优势理论、大卫·李嘉图的比较优势理论以及约翰·穆勒的相互需求论。

亚当·斯密的绝对优势理论认为每个国家都应生产其绝对成本低的产品，然后进行交换，对双方都有利。但其无法解释生产任何产品的绝对成本都高于其他国家的国家是如何参与贸易的。

李嘉图的比较优势理论弥补了绝对优势理论的不足。比较优势理论认为：每个国家都应生产其相对成本低下的产品，然后进行交换，对双方都有利。李嘉图在分析比较优势理论时，其所依据的是劳动价值论：假定在生产中的投入要素仅仅是劳动力。那么，双方在贸易利益上的分配比例是多少呢？是三七开，还是四六开？李嘉图并没有做出回答。由此留下的缺憾由约翰·穆勒给予了弥补。

所谓相互需求原理(reciprocal demand theory)，实质上是指由供求关系决定商品价值的理论。约翰·穆勒在相互需求原理的基础上，用两国商品交换比例的上下限解释贸易双方获利的范围，用贸易条件说明贸易利益的分配，用相互需求强度解释贸易条件的变化。

通过本章系统介绍绝对优势理论、比较优势理论、相互需求理论等内容，我们了解了古典国际贸易理论的发展、变化的详细过程，清楚了各个历史时期有代表性的古典贸易学说的主要观点和政策主张。这对于我们分析和认识当代世界贸易活动，分析和认识各国的经济政策和措施，借鉴历史上的经验，制定适合我国国情的对外贸易政策有着十分重要的现实指导意义。

思 考 题

1. 绝对优势理论的主要内容是什么？
2. 比较优势理论比绝对优势理论的进步之处体现在什么地方？比较优势理论的例外情况是什么？
3. 根据穆勒的相互需求理论，互惠贸易的范围如何确定？贸易利益如何分配？

案例分析

中国入世后，大豆和豆油，进口哪个更划算

第四章 新古典国际贸易理论

引导案例

石油王国——沙特阿拉伯

【学习目标】

- 掌握与要素禀赋相关的基本概念。
- 掌握要素禀赋理论的基本内容。
- 掌握要素禀赋理论的三个结论。
- 掌握要素价格均等化理论的基本内容。
- 掌握里昂惕夫之谜是如何提出的。
- 掌握对里昂惕夫之谜的各种解释。

第一节 要素禀赋理论

一、要素禀赋理论的提出

国际贸易建立在什么基础上？根据比较优势理论的解释，互利贸易的基础是国与国之间商品生产的相对生产成本差异及由此而来的相对价格差异。去掉比较优势理论中各国相对要素禀赋相同这一假设，从要素禀赋差异角度探讨国际贸易的起因与影响，这就是著名的要素禀赋理论(factor endowment theory)。该理论最早由瑞典经济学家赫克歇尔(Eli Heckscher)和俄林(Bertil Ohlin)师生两人共同提出。1919年，赫克歇尔在纪念经济学家戴维的文集中发表了题为《对外贸易对收入分配的影响》的著名论文，第一次提出了要素禀赋理论的基本论点。这些论点当时并没有引起人们的注意。十年以后，他的学生，另一位瑞典经济学家俄林在这篇文章的基础上做了进一步的研究，并于1933年在其博士毕业论文《域际贸易和国际贸易》中，对其老师的理论做了清晰而全面的解释，使要素禀赋理论得以成型。鉴于其在国际贸易方面的贡献，俄林于1977年荣获诺贝尔经济学奖。后来，俄林对于要素禀赋与国际贸易关系的论述又被另一位诺贝尔经济学奖获得者保罗·萨缪尔森(Paul Samuelson)进一步完善，他推导出证明要素禀赋理论十分精确的数学条件。无论在理论分析上还是在实际应用中，要素禀赋理论都取得巨大成功，从20世纪上半叶到70年代末，无人能够动摇其在国际贸易理论中的优势地位。即使在新贸易理论出现之后，要素禀赋理论也依然重要。

二、与要素禀赋理论有关的概念

要素禀赋理论主要借助于要素密集度和要素丰裕度这两个概念，因此清晰、准确地了解它们及相关术语的含义十分重要。

1. 生产要素和要素价格

生产要素(factor of production)是指生产活动必须具备的主要因素或在生产中必须投入或使用的主要手段,通常是指土地、劳动力和资本这三个要素。也有人把技术知识、经济信息当作生产要素。要素价格(factor price)则是指生产要素的使用费用或报酬。例如,土地的租金、劳动力的工资、资本的利息等。

2. 要素密集度和要素密集型产品

要素密集度(factor intensity)是指商品生产中所需要的各种要素之间的投入比例。各种商品由于属性不同,生产中所要求的要素比例也不同,比如农产品要求较多的土地,纺织品则要求较多的劳动力。根据商品生产中所要求的不用要素间的比例,可以把产品划分为不同种类的要素密集型产品。如果某种要素在某种特定的商品生产中投入所占比例最大,则称该商品为要素密集型产品(factor intensive commodity)。例如生产小麦投入的土地占的比例最大,便称小麦为土地密集型产品;生产纺织品劳动所占的比例最大,则纺织品被称为劳动密集型产品;生产电子计算机资本所占的比例最大,于是称电子计算机为资本密集型产品,以此类推。

在通常的状况下,经济学家将商品划分为资源密集型、劳动密集型、资本密集型、技术密集型这四种基本类型。要素密集型是一个相对的概念。例如,如果计算机生产中投入的资本与劳动的比例高于纺织品生产中资本与劳动的比例,那么计算机就是资本密集型产品,纺织品就是劳动密集型产品。但是,计算机产业相对于飞机制造业来说,计算机又称为劳动密集型产品,而飞机则是资本密集型产品。当只有两种商品(X 和 Y)、两种要素(劳动和资本)的情况下,如果 Y 商品生产中使用的资本/劳动比大于 X 商品生产中的资本/劳动比,则称 Y 商品为资本密集型产品,X 为劳动密集型产品。如果资本的相对价格下降,生产者为了减少其生产成本,必定会用资本来替代劳动。这样做的结果是两种商品都会变得更加资本密集化。如果在任何可能的相对要素价格下,生产 Y 的资本/劳动比均大于生产 X 的资本/劳动比,则可以明确地说 Y 是资本密集型产品。

3. 要素禀赋和要素丰裕度

要素禀赋(factor endowment)是指一国所拥有的可用于生产商品和劳务的各种生产要素的总量,既包括"自然"存在的资源,也包括"可获得性"资源(如技术和资本)。这是一个绝对量的概念。

要素丰裕度(factor abundance)是指在一国的生产要素禀赋中某要素供给所占比例大于别国同种要素的供给比例,而相对价格低于别国同种要素的相对价格。

可见,衡量要素的丰裕程度有两种方法:一种是以生产要素相对供给数量来衡量,另一种则是以要素相对价格来衡量。

【知识链接】

要素丰裕度也是一个相对概念。

如果美国的人均资本高于中国,美国就是一个资本丰裕的国家,中国就是一个劳动丰裕的国家,但如果中国与越南或者柬埔寨相比,中国又变成"资本丰裕"而劳动稀缺的国家了。

三、要素禀赋理论的基本假设

要素禀赋理论是建立在一些简单的假设之上的。这些假设使该理论显得相当严谨，主要假设如下。

(1) 只有两个国家、两种商品、两种生产要素(劳动和资本)。这一假设目的是便于用一个二维的平面图来说明这一理论。实际上，将这一假设放到多个国家、多种产品、多种要素，不会影响要素禀赋理论的适用性。

(2) 两国的技术水平相同，即同种产品在不同国家有着相同的生产函数。这意味着假如两国要素价格相同，则两国在生产同一商品时就会使用相同数量的劳动和资本。例如，如果中国和日本厂商采用相同的生产技术，那么一定数量的人均资本在日本生产出某一产量的产品，同一资本劳动比(capital-labor ratio)也会在中国生产出同等数量的同种产品。但是，要素价格在不同国家通常是不同的，各国的生产者都会较多使用本国低廉的生产要素。

(3) 在两个国家，产品要素密集度(factor intensive)类型始终不会改变，这就是说无论相对要素价格如何改变，都不会发生生产要素密集度逆转(factor intensive reversal)现象。譬如，在中国 X 产品是劳动密集型(labor intensive)产品，Y 产品是资本密集型(capital intensive)产品，那么在日本也是如此。

(4) 生产规模报酬不变(constant return to scale)。规模报酬不变表明，某种商品的资本和劳动使用量按照相同比例增加时，该产品产量也以同一比例增加，即单位生产成本不随着生产规模的增减而变化。

【示例】

如果生产 X 商品时劳动和资本都增加 10%，则 X 商品产量也增加 10%，称为规模报酬不变。

如果 X 商品的增加量不到或者超过 10%，则称为规模报酬递减或规模报酬递增。

(5) 不完全分工假设，即参与国际分工与贸易不会导致两国进行完全专业化生产。即使在自由贸易条件下，两国也仍然会同时生产两种产品。

(6) 两国的消费偏好相同。若用社会无差异曲线反映，则两国的社会无差异曲线的位置和形状相同。

(7) 商品和生产要素的市场都是完全竞争的(perfect competition)。这是指市场上无人能够购买或出售大量商品或生产要素而影响其市场价格。在完全竞争条件下，商品价格等于其生产成本，每个厂商获取平均利润，没有经济利润即超额利润。

(8) 一国内部的生产要素能够自由流动，但在两国间不能自由流动。这表明：在一国内部，劳动和资本能够自由地从某些低收入地区/行业流向高收入地区/行业，直至同种要素在各地区/各行业的报酬都相同，这种流动才会停止。而在国际间却缺乏这种流动性，因而在没有贸易时，国际要素报酬差异始终存在。

(9) 没有运输费用，没有关税或其他阻碍自由贸易的障碍。这意味着生产的专业化过程将持续到两国商品相对价格相等为止才会停止。如果存在着运输成本、关税，则两国的价格差小于或等于每单位贸易商品的运输成本和关税,两国的生产分工就会停止。

(10) 充分就业假设。两国的资源都得到充分利用,不存在过剩。

(11) 贸易平衡。即每个国家的总进口等于其总出口。

四、要素禀赋理论的内容

1. 要素禀赋理论的基本内容

最初,赫克歇尔与俄林采用传统分析方法——文字描述与逻辑推理来表述他们的理论思想。后来的经济学家将他们的思想放在新古典经济学框架之下,利用一般均衡分析,发展出一个标准理论模型,并归纳成一个简洁的定理,这便是赫克歇尔-俄林定理,简称赫-俄定理、H-O定理或H-O模型。赫-俄定理可以表述为:一个国家应当出口该国相对丰裕和便宜的要素密集型商品,进口该国相对稀缺而昂贵的要素密集型商品。简而言之,一个国家在国际分工中应该遵循"靠山吃山、靠水吃水"的原则,劳动相对富裕的国家拥有生产劳动密集型产品的比较优势,应该出口劳动密集型商品,进口资本密集型商品;资本相对丰裕的国家拥有生产资本密集型产品的比较优势,应该出口资本密集型商品,进口劳动密集型商品。

根据该定理,各国的相对要素丰裕度差异和相对要素价格差异导致各国国内的相对商品价格差异。这种相对要素价格差异和相对商品价格差异可以转化为两国间绝对要素价格差异和绝对商品价格差异,进而决定了各国的比较优势所在。正由于这个原因,赫-俄定理又常常被称为要素比例或要素禀赋理论。

2. 结论

俄林得出了以下三个结论。

(1) 贸易的首要条件是某些商品在某一地区生产要比在别的地区便宜。在每一个地区,出口品中包含着该地区比其他地区拥有的较便宜的相对大量的生产要素,而进口别的地区能较便宜地生产的商品。简言之,进口那些含有较大比例生产要素昂贵的商品,而出口那些含有较大比例生产要素便宜的商品。用现在比较流行的话讲就是,各国都是大量生产并出口那些密集使用本国充裕的生产要素生产的商品,进口那些密集使用本国稀缺的生产要素生产的商品。

(2) 在前面假定的条件下,贸易直接的后果是各地商品价格趋于一致。只要没有运输成本或其他贸易阻碍,一切商品在各地区一定会有相同的价格。

(3) 国际贸易会趋向于(至少是部分地)消除生产要素的价格差异,即消除工资、地租、利息、利润等的国际差异。

3. 赫-俄定理的推导

赫-俄定理的推导具体如下。

(1) 国际贸易的原因在于价格的国际差异。各国之间为什么会彼此进行贸易呢?俄林认为原因就在于同样的商品在各国之间的价格是不同的,在自由贸易的条件下,每个国家都会进口比在国内生产更便宜的商品,而将自己价格低廉的商品拿到国际市场上去出售。

只要两国之间存在价格差异，那么把商品从价格低的国家运到价格高的国家去出售就是有利可图的，这样必然就会有人在两国之间从事进口和出口的活动，国际贸易就是不可避免的。

既然价格的国际绝对差异是两国之间进行贸易的直接基础，但是为什么两国之间会存在价格的绝对差异呢？这种价格差异只是暂时现象还是长期存在的呢？这些问题需要进一步探讨。

(2) 价格的国际差异来源于成本的国际差异。成本决定价格，各国生产同一商品的成本不同，必然导致其价格的不同。这是 H-O 模型解释贸易发生原因的第一个条件。除此之外还必须有第二个条件，即各国不同的成本比例。

(3) 各国不同的成本比例。表 4-1 是英国、美国在小麦和布上的单位成本比较。

表 4-1　两国两种商品不同比例的单位成本　　　　　　　　　（单位：美元）

	小麦的单位成本	布的单位成本
英国	3	1
美国	1	2

从表 4-1 中我们可以看到，小麦和布的成本比例英国是 3∶1，美国是 1∶2。按照李嘉图比较优势原理，英国在布的生产上具有比较优势，而美国在小麦的生产上具有比较优势，如果两国之间开展贸易，必然是英国出口不进口小麦，而美国进口不出口小麦，通过贸易两国都能获得利益。但是如果两国之间的成本比例是相同的，即一国两种商品的成本都按同一比例低于另一国，则两国只能发生暂时的贸易关系，见表 4-2。

表 4-2　两国两种商品不同比例的单位成本　　　　　　　　　（单位：美元）

	小麦的单位成本	布的单位成本
英国	2	4
美国	1	2

在表 4-2 中，如果开展贸易的话只能是单方面的，美国向英国出口小麦和布两种商品，而英国则没有任何商品出口到美国，结果是美国纯粹的出超和英国纯粹的入超。俄林认为在这种情况下，即使两国之间存在贸易，这种贸易也只能是暂时的，不可能长久进行下去，这是由于如果两国实行纸币制度，英国为了支付进口必然大量买进美元，这样外汇市场上美元的汇价就会上升，英镑的汇价就会下跌。美元汇价上升后用美元表示的英国商品的价格就会下降，英镑汇价下跌后以英镑表示的美国商品的价格就会上升。如果在正常情况下，两国货币汇率的变化会对它们之间的贸易状况进行调整，当两国进出口实现彼此平衡时汇率也就达到了稳定的状态。但是在表 4-2 中就不同了，汇率变动的结果最终只能是使两国的商品价格变得完全相等，如当美元对英镑升值一倍时，两国的生产成本就一样了，这样两国之间就不可能再有贸易发生了。所以不同的成本比例是两国贸易的一个重要前提，这是 H-O 模型的核心内容。

到现在为止，我们的分析实际上还属于比较利益原理的范畴，至于两国之间为什么会有不同的成本比例存在，即为什么会在不同的商品生产上具有不同的比较利益呢？李嘉图并没有就此进行继续探究,而俄林在此基础上进一步进行了思考,他认为成本比例差异的原因就在于:生产要素的不同价格比例。

(4) 生产要素的不同价格比例。商品是由各种生产要素组合在一起生产出来的,要素报酬之和就构成商品的成本,各国商品生产的成本比例实际上就反映了该国各种生产要素的价格比例关系。不同国家会出现相反的情况,较多使用资本较少使用劳动的商品在生产上成本较低。

【示例】

在A国可能劳动要素比较便宜资本要素比较贵,而在B国可能劳动要素较贵资本要素较便宜,这样,A国在那些较多地使用劳动、较少地使用资本的商品的生产上,比需要较多地使用资本、较少地使用劳动的商品的生产上更具有优势,成本会较低,价格会相对便宜些,而B国则会出现相反的情况,在较多使用资本、较少使用劳动的商品生产上成本较低。

可见,生产要素价格的差异是造成各国生产各种商品时成本比例差异的原因,但是为什么各国之间的要素价格会不同呢?我们知道,生产要素价格是由生产要素的供给和需求共同决定的,要探讨要素价格的差异就必须从要素的供给、需求状况着手。

(5) 生产要素不同的供给比例。各国在要素的供给方面是存在着巨大的差异的,不同的国家所拥有的土地、劳动、资本以及企业家才能等各种生产要素的数量、质量和种类是各不相同的,这就构成了各国生产要素价格差异的基础。如果不考虑需求因素,各国生产要素的供给丰裕程度就决定了其要素的价格,一般来说,供给丰富的要素的价格就要低些,而供给稀缺的要素的价格就会较高。

这一点可以用大量的事实来验证,像澳大利亚、新西兰、阿根廷等国,土地资源丰富而资本、劳动要素较少,这就使得这些国家的地租较低而工资、利息较高,反映在贸易结构上,这些国家出口的多是较多使用土地而较少使用资本、劳动的产品,如小麦、羊毛、肉类等,而进口的多是大量使用资本、劳动的产品;像中国、印度等人口众多的国家,劳动密集型产品的出口就占较大比重;此外北欧各国出口森林制品、中东国家出口石油制品等也说明了这一道理。

所以,各国的生产要素的禀赋程度就决定了各国要素价格的差异,要素价格不同又产生了不同的商品成本和价格,进而导致了国际贸易的产生,这就是赫-俄定理的主要内容,由于该理论是从各国要素资源的禀赋程度充分与否来分析国际贸易的原因的,因此被称作资源赋予理论。

(6) 生产要素的不同需求比例。除了供给因素外,决定生产要素价格的还有需求,即使两个国家的要素供给比例是完全一样的,对这些生产要素的不同需求比例也会形成各国不同的要素价格比例,从而为国际贸易创造一个基础。

以上就是赫-俄定理的简要推导过程。我们看到,俄林从商品价格的国际差异出发,分析了商品成本的国际差异,又从成本的国际差异进而探讨了各国不同的成本比例,由此又推导出各国生产要素的价格差异,由要素的价格差异最后归结到生产要素的供给和需求的不同。这样他的整个推理过程就形成了一个环环相扣的链条,在这一链条中,俄林认为最重要的一环就是要素的不同供给比例,即各国不同的资源赋予程度,这是国际贸易之所以存在的根本原因。

五、对要素禀赋理论的评价

1. 积极方面

要素禀赋理论从生产要素赋予程度的差异来解释国际贸易的原因,这对于古典贸易理论来讲是一大创新,它在以下几个方面对国际贸易理论的发展起到了重要作用。

(1) 将一般均衡方法引入国际贸易理论的分析当中。俄林继承了瓦尔拉斯·卡塞尔的一般均衡理论,并开创性地把它运用到国际贸易理论的研究中来,强调国际贸易的原因和结果不是孤立和偶然的现象,而是存在于各国之间的各种商品与生产要素价格的相互依赖和作用的环节当中,将贸易理论向客观现实推近了一大步,也为国际贸易理论研究提供了一个新的方向和角度。

(2) 从生产要素的角度来解释国际贸易问题。俄林抛弃了古典学派的单一要素论,将其理论建立在三要素论的基础上,认为劳动、资本和土地是一切社会生产中不可缺少的三个要素。

(3) 排除了各国技术水平差异的假设。李嘉图的比较优势原理是建立在各国生产者生产同一商品是具有不同的劳动生产率的基础上的,而俄林排除了这一假设,认为国际贸易的根本原因是各国资源的赋予程度不同,技术水平或劳动生产率是否相同与国际贸易无关。从这一角度讲,李嘉图的比较优势原理实际上只是赫-俄定理的一种特殊情况。

2. 不足之处

当然,赫-俄定理还存在许多不完善的地方,主要有以下几点。

(1) 这一定理主要从供给方面进行研究,忽视了需求的作用。赫-俄定理与古典学派的比较优势原理一样,也是从供给的角度来探讨国际贸易的原因,而忽略了需求在国际贸易中的重要性。国际贸易结构除了受到资源赋予状况影响,各国不同的需求偏好也是一个重要原因,如东南亚各国在稻米的生产上具有比较优势,产量很高,但国民喜食大米而很少出口,而美国的大米产量按国际标准衡量并不算高,但由于国民对大米没有特别偏好而成为主要的大米出口国。这就是需求影响贸易的明显实例。

(2) 这一定理掩盖了国际分工和国际贸易发生的最重要原因。要素禀赋理论认为,生产要素禀赋的差异是决定国际分工和国际贸易的重要原因,这就忽视了社会生产力,尤其是科学技术对国际分工和国际贸易产生发展的决定性作用。事实上,自然禀赋条件只提供了国际分工和贸易产生的可能性,只有社会生产力的发展才是国际贸易产生的根本原因。

(3) 这一定理是一种静态的理论,没有考虑发展问题。赫-俄定理把各国的资源赋予程度看成是一个不变的量,从静态的角度出发来分析各国应当出口什么商品、进口什么商品,没有考虑到各国经济的发展变化。实际上,各国的资源水平是一个不断变化的量,进而各国的比较优势也是会发生变化的,一开始出口劳动密集型商品的国家,可能会变成出口资本密集型商品的国家,赫-俄定理对这一点没有进行分析。

第二节　要素禀赋理论的拓展

自从要素禀赋理论提出以来，经济学家们就开始对其进行拓展。在所有拓展中，最有意义同时也是影响较大的，是一系列基于要素禀赋理论的"定理"的提出与阐发。除了赫-俄定理的理论"定理化"之外，经济学家们还提出并归纳了一些重要的定理。与基本理论本身联系密切的定理主要有三个：两个是关于商品价格变动与要素价格变动之间关系的定理，一个是关于要素禀赋变化及其影响的定理。

一、斯托尔帕-萨缪尔森定理

彼德·林德森在他著名的《国际经济学》教科书中引述了下述定理。

假设：一个国家以两种生产要素(如土地和劳动)生产两种商品(如小麦和布)；这两种商品各自都不是另一种商品的投入品；竞争普遍存在；要素供给既定；两要素被充分利用；无论有否贸易，一种商品(小麦)是土地密集型产品，而另一种商品则是劳动密集型产品；两种要素在部门间(而不是国家间)可流动；开放贸易提高了小麦的价格。

斯托尔帕-萨缪尔森定理：在上述假设条件下，无论两种要素供应者倾向于哪种商品，从没有贸易到自由贸易的转变毫无疑问地提高了价格上升产业所密集使用的要素(土地)的收益，降低了价格下降产业所密集使用的要素(劳动)的收益。这一结论是由美国经济学家沃尔夫冈·斯托尔帕(Wolfgang Stolper)和保罗·萨缪尔森在1941年提出并论证的，所以被称为斯托尔帕-萨缪尔森定理(Stolper-Samuelson theory)。

对这一定理我们可作如下分析：当对外贸易提高了小麦的价格后，在利益动机的驱使下，人们必然会扩大小麦的产量，但是由于国内生产要素已经实现了充分利用，因此增加小麦的生产就必须同时减少布的生产，以将原来生产布的要素转移到小麦的生产上来。根据假设，小麦是土地密集型产品而布是劳动密集型产品，这样每减少一单位布的生产就会富余出较多的劳动和较少的土地，每增加一单位小麦的生产则需要较多的土地和较少的劳动。在土地供给既定的条件下，随着生产转移过程的进行，其价格必然会由于供不应求而上涨，在高地租的刺激下，两种商品的生产者都会想法减少土地的使用，从而使土地从布的生产向小麦生产的转移过程能够顺利进行。劳动的价格则会发生相反的变化，一开始，由于从布的生产中转移出大量的劳动，而小麦的生产只能吸收其中一部分，必然会造成另一部分劳动的失业，从长期看来，这会促使劳动的价格即工资降低，因为失业者为了获得工作将会接受更低的工资。工资降低后，两个行业就会使用更多的劳动，从而使富余出的劳动可以被全部吸收。也就是说，当小麦的价格提高引起生产要素从布的生产向小麦的生产转移的过程中，为了适应要素供给总量不变的状况，必然会导致小麦所密集使用的土地的价格即地租上升和布所密集使用的劳动的价格即工资下降，也就是出现斯托尔帕和萨缪尔森所预言的结果。

斯托尔帕-萨缪尔森定理关于无论要素供应者倾向于消费的哪种商品都不会改变劳动所有者收入下降的事实的结论，看上去似乎与人们的直觉相矛盾，这就是如果工人把他们的收入的很大一部分用来购买布，则可能由于自由贸易降低了布的价格而获益，但通过罗纳德·W. 琼斯(Ronald W. Jones)的论证，斯托尔帕-萨缪尔森定理的结论不仅是正确的并且应当进一步发展：开放的贸易必然使两种要素中的一种能够用于购买更多的两种商品，而使另一种要素购买两种商品的能力下降。这可以用一个简单的推理来说明。

根据经济学的基本原理，在竞争条件下，商品的价格必然等于其边际成本，在上述两商品模型中，小麦和布的价格和劳动与土地的边际成本相等的关系可用下面的公式来表示：

$$P_{小麦} = 小麦的边际成本 = ar + bw$$

$$P_{布} = 布的边际成本 = cr + dw$$

公式中两种商品的价格以同一单位来衡量，其中，r 为土地的地租，w 为工人的工资，a、b、c 和 d 为实物投入-产出比率，这些比率可以是不变的，也可以随 r 和 w 的变化而变化。假设小麦的价格上升 10%，而布的价格不变。

【知识链接】

边际成本(marginal cost)：增加一单位的产量(output)随即而产生的成本增加量即称为边际成本。由定义得知边际成本等于总成本(TC)的变化量(ΔTC)除以对应的产量上的变化量(ΔQ)：

即

$$MC(Q) = \Delta TC(Q) / \Delta Q$$

或

$$MC(Q) = \lim \Delta TC(Q) / \Delta Q = dTC/dQ$$

其中，$\Delta Q \to 0$。

这个概念表明每一单位的产品的成本与总产品量有关。比如，仅生产一辆汽车的成本是极其巨大的，而生产第 101 辆汽车的成本就低得多，而生产第 10 000 辆汽车的成本就更低了(这是因为规模经济)。但是，考虑到机会成本，随着生产量的增加，边际成本可能会增加。

根据前面的论述，小麦价格的上升会使小麦生产密集使用的生产要素土地的价格即 r 提高。从布的价格形式公式看，当布的价格不变而 r 上升时，w 即工人工资必然会下降，而如果布的价格因贸易的原因下降，在 r 上升时 w 会以更快的速度下降。这就使得工人在购买布时会更困难，更不用说价格已经上升的小麦了。我们再看小麦价格构成的公式，由于劳动的价格 w 会由于小麦价格的上升而下降，土地的价格 r 则会随小麦价格的上升而产生更大幅度的上升。也就是说，当小麦价格上升 10% 而布的价格不变时，地租的上升将超过 10%，而工资则下降，即使布的价格有所下降，工资也会以更快的速度下降，从而使工人的收入绝对下降。这就证明了斯托尔帕-萨缪尔森定理。

二、要素价格均等化理论

1. 要素价格均等化理论的内涵

斯托尔帕-萨缪尔森定理的进一步发展，便是要素价格均等化定理。这一定理的基本含义是随着自由贸易的发生,两国间产品的价格将趋于均等,并将使得两国间要素的价格也趋于均等。

2. 要素价格均等化的逻辑推导

要素价格均等化的逻辑过程,可以借助一张简单的表格予以描述,见表4-3。

表4-3 要素价格均等化的过程

	A 国	B 国
生产要素禀赋状况	资本相对丰裕、劳动相对稀缺	劳动相对丰裕、资本相对稀缺
贸易前生产要素价格	资本相对便宜、劳动相对昂贵	劳动相对便宜、资本相对昂贵
两种产品 X 和 Y	X 是资本密集型产品	Y 是劳动密集型产品
贸易前两种产品价格	X 产品在 A 国相对便宜	Y 产品在 B 国相对便宜
贸易后	出口 X 产品、进口 Y 产品	出口 Y 产品、进口 X 产品
贸易对商品价格的影响	X 产品的价格相对上升、Y 产品的价格相对下降	Y 产品的价格相对上升、X 产品的价格相对下降
	两国 X 产品及 Y 产品的价格达到一致	
贸易与两国生产结构	X 产品的产量增加、Y 产品的产量减少	Y 产品的产量增加、X 产品的产量减少
贸易与两国生产要素需求	资本密集型的 X 产品产量增加,导致资本需求增加快于劳动需求增加;劳动密集型的 Y 产品产量减少,导致资本需求减少较少,而劳动需求减少较多。结果:资本需求增加,劳动需求减少	劳动密集型的 Y 产品产量增加,导致劳动需求增加较多,资本需求增加较少;资本密集型的 X 产品产量减少,导致资本需求量减少较多,而劳动量需求减少较少。结果:劳动需求量增加,资本需求量减少
贸易与两国要素价格	资本的价格相对上升,劳动的价格相对下降	劳动的价格相对上升,资本的价格相对下降
	在一定条件下,两国资本及劳动的价格达到一致	

贸易开始前,由于两国要素禀赋存在差异,因而两国的要素价格不一致。随着贸易发生,原来 A 国相对价格较低的 X 商品,由于对方国家的需求,其相对价格趋于上升。依据前面的分析,X 商品所密集使用的生产要素——资本的价格上涨,而劳动的价格将下跌。于是,原来在 A 国比较廉价的资本现在变得不那么廉价了,而原来在 A 国比较昂贵的劳动现在也因贸易变得不那么昂贵了。在 B 国,则出现相反的情况,原来比较昂贵的资本现在变得不太昂贵了,原来比较廉价的劳动现在也不那么廉价了。

随着贸易的开展,两国 X、Y 商品各自的相对价格差异会不断缩小,并最终达到均等。在这个过程中,两国各自的丰裕要素的价格不断上升,稀缺要素的价格不断下降。随着商品价格的拉平,两国要素价格也将达到均等。

3. 要素价格均等化的条件

当然,要素价格均等化的实现是有严格条件的。萨缪尔森在《再论国际要素价格均等》(1949 年)一文中认为,讨论要素价格均等化的实现必须以下列条件为前提:

(1) 不变的产出物，即贸易发生前后两国生产同样两种产品，如粮食和纺织品。

(2) 不变的要素投入与同一且不变的技术，就是说生产每种商品都使用土地和劳动这两种生产要素，两国生产每种商品的技术水平一样。

(3) 不同的要素密集度，即两种商品的要素密集度不同，一种是土地密集型的，另一种则须是劳动密集型的。

(4) 不变的要素供给，即两国要素禀赋状况不变。

(5) 没有贸易壁垒与运输成本，商品在国际间完全自由流动，但生产要素在国际间完全不流动。

【小提示】

生产要素在国际间完全不流动意味着英国的工人不能到美国工作，美国的资本家不能到英国投资建厂。

需要强调指出的是，要素价格的均等是以商品价格的均等为先决条件的。在现实中，由于运输成本和一些贸易壁垒的存在，各国的商品价格难以达到一致，因此国际间要素价格均等化在现实中一般难以实现。另外，要素价格均等化还要求生产技术条件必须完全一致，这也是一个比较苛刻的条件。

要素价格均等化理论指出，自由贸易不仅会使商品价格均等化，而且会使生产要素价格均等化，从而使两国的所有工人都能得到同样的工资率，所有的土地都能得到同样的土地报酬率，所有的资本都能得到同样的收益率，而不论两国生产要素的供给和禀赋状况有任何差别。任何人为的贸易障碍都会阻止要素价格均等化的实现，导致要素价格均等化的停滞或反向运动。对进口竞争性产品的保护会提高该部门密集使用的生产要素所有者的收入，这也为贸易保护行为提供了一种解释。

第三节 里昂惕夫之谜及其解释

自从 20 世纪初赫克歇尔、俄林提出要素禀赋理论以来，在很长的一段时间里，赫-俄定理逐渐为西方经济学界所普遍接受，并成为解释国际贸易产生原因的主要理论。由于这个理论模型所揭示的道理同人们的常识是一致的，许多西方学者对此深信不疑，一些学者试图通过经验数据对该模型进行检验，企图进一步从实证的角度证明这一理论的实用性和正确性。但是，实证检验的结果使得这一理论在第二次世界大战以后遭遇到了重大挑战。里昂惕夫对要素禀赋理论所进行的检验，既是第一次也是最具代表性的一次。他的研究工作对要素禀赋理论的后续发展产生了重大影响，也成为第二次世界大战后新国际贸易理论产生的一个契机。由于里昂惕夫的检验结果与要素禀赋理论并不相符，因而被称为里昂惕夫悖论或里昂惕夫之谜(Leontief Paradox)。

一、里昂惕夫之谜的提出

沃西里·里昂惕夫(Wassily W. Leotief，1906—1999)，上大学时，读遍列宁格勒图书馆的经济学书,成为一名优秀的经济学家,1927年离开苏联,任哈佛大学经济学教授,由于在投入产出学方面的杰出贡献获诺贝尔经济学奖。

里昂惕夫深信要素禀赋理论,他想通过美国的数据来检验要素禀赋理论的正确性。根据要素禀赋理论,一国出口的是密集使用本国丰富要素生产的产品,进口的是密集使用稀缺要素生产的产品。在第二次世界大战结束之初,人们普遍认同美国是个资本丰富而劳动力稀缺的国家,因而里昂惕夫期望能够得出美国出口资本密集型产品、进口劳动密集型产品的结论。

里昂惕夫是利用投入产出表来进行验证的。1953年,他对1947年美国200个行业进行了分析,把生产要素分为资本和劳动两种,然后选出具有代表性的一揽子出口品和一揽子进口替代品,计算出每百万美元的出口品和每百万美元进口替代品所需要的国内资本劳动量及其比例,其结果如表4-4所示。

从表4-4中可以看到,在1947年,美国出口每100万美元的商品,在国内使用资本2 550 780美元,劳动力约182个,即每个工人耗用的资本量为14 015美元。同时,美国每进口100万美元商品的国内替代品,使用3 091 339美元资本和170个劳动力,即每个工人耗用的资本量为18 184美元。这样,在每100万美元的商品中,进口品与出口品之间人均资本量的比值约为1.30(即18 184÷14 015)。

表4-4 每百万美元的美国出口品和进口替代品对国内资本和劳动力的需求额

	1947年		1951年	
	出口品	进口替代品	出口品	进口替代品
资本(美元)	2 550 780	3 091 339	2 256 800	2 303 400
劳动(人/年)	181.31	170.00	173.91	167.81
人均资本量(美元)	14 015	18 184	12 977	13 726

里昂惕夫的计算结果令人震撼。美国进口替代品的资本密集程度是美国出口品的资本密集程度的1.3倍,即美国进口产品的资本与劳动比率要大于出口产品的资本与劳动比率。换句话说,美国进口是以资本密集型商品为主,而出口则是以劳动密集型商品为主。这意味着美国参加国际分工是建立在劳动密集型生产专业化的基础上,而不是建立在资本密集型生产专业化基础上。其结果正好与要素禀赋理论的预测相反,这就是著名的里昂惕夫之谜。

【名家观点】

> 美国参加国际分工是建立在劳动密集型生产专业化基础之上,而不是建立在资本密集型生产专业化基础之上的。换言之,这个国家是利用对外贸易来节约资本和安排剩余劳动力,而不是相反。
>
> ——里昂惕夫(美国)

里昂惕夫的惊人发现引起了经济学界的极大关注,一些人试图对要素禀赋理论进行重新评价,另一些人则怀疑里昂惕夫在数据的计算上存在问题。在这种情况下,里昂惕夫仍然对要素禀赋理论深信不疑,他自己反复核对了这一研究成果,但复核的结果是,无论方法和数据都没有问题。为此，里昂惕夫本人在 1956 年又利用投入产出法对美国 1947—1951 年的贸易结构进行第二次检验，但检验结果与第一次的结果一样，里昂惕夫之谜仍然存在。

二、对里昂惕夫之谜的各种解释

里昂惕夫之谜的出现引起国际贸易理论界的震动。一些学者采用投入产出法又对其他一些国家进行验证，得出了互相矛盾的研究结果。例如，日本是一个劳动要素丰裕的国家，却出口资本密集型产品、进口劳动密集型产品。但要仔细地分析显示，它向欠发达国家出口资本密集型产品，对美国和西欧出口的则为劳动密集型产品。还有，关于加拿大和印度对外贸易的研究结果表明，它们都向美国出口资本密集型产品、进口劳动密集型产品。可见里昂惕夫之谜有着一定的普遍性。这样，围绕如何解释里昂惕夫之谜的问题，西方学者们提出了各种各样的理论见解。

里昂惕夫之谜产生以后，有些学者致力于对赫-俄定理的进一步检验，有些学者致力于破解这个谜，有些学者认识到赫-俄定理的局限性，开始研究新的国际贸易理论，提出了许多有价值的观点。

1. 劳动者技能水平的差异

"劳动者技能水平的差异"这个观点最早由里昂惕夫本人提出，后来由美国经济学家基辛(D. B. Kessing)加以发展，是用劳动效率的差异来解释里昂惕夫之谜的学说。

里昂惕夫认为，问题产生的根本原因是美国的劳动熟练程度或劳动效率比其他国家高。他认为各国的劳动生产率是不同的。1947 年美国工人的生产率大约是其他国家的 3 倍，因此在计算美国工人的人数时应将美国实际工人人数乘以 3 倍。这样，按生产效率计算美国工人数与美国拥有的资本量之比，较之于其他国家，美国就成了劳动力丰富而资本相对短缺的国家。所以它出口劳动密集型产品，进口资本密集型产品，这与要素禀赋理论揭示的内容是一致的。

但这种解释很快就遭到许多人的反对。一些人认为，如果说美国的生产效率是其他国家的 3 倍，那么美国的工人人数和资本量都应同时乘以 3 倍，这样美国的资本相对充裕程度并未受到影响。而一些实际研究也否定了里昂惕夫的观点。例如，美国经济学家克雷宁(Krelnin)经过验证，认为美国工人的劳动效率和欧洲工人的劳动效率相比，最多高出 1.2～2.5 倍，因此里昂惕夫的上述解释是站不住脚的，里昂惕夫本人后来也否定了这种解释。

后来，美国经济学家基辛对于这个问题做了进一步的研究。他利用 1960 年美国的人口普查，将美国企业职工的劳动分为熟练劳动与非熟练劳动两大类。熟练劳动包括科学家和工程师、技术员和制图员、其他专业人员、厂长和经理、机械工人和电工、熟练的手工操作工人、办事员和销售员等的劳动；非熟练劳动指不熟练和半熟练工人的劳动。根据这种熟练劳动和非熟练劳动的分类，他进而对 14 个国家 1962 年的进出口商品构成进行了分析，得出劳动熟练程度不同是国际贸易产生的重要原因之一，资本较丰富的国家倾向于出口熟练劳动密集型商品，资本较缺乏的国家则倾向于出口非熟练劳动密集型商品的结论。

2. 人力资本的差异

"人力资本的差异"这个观点是美国经济学家凯能(P. B. Kenen)等人提出来的，它用人力资本的差异来解释"谜"的产生。他们认为，使用在国际贸易中的资本既包括物质资本(physical capital)，也包含人力资本(human capital)。所谓人力资本，是指所有为劳动生产者提供的教育投资、工作培训、保健费用等开支，其作用是提高劳动者的技能，进而提高劳动生产率。里昂惕夫计量的资本只包括物质资本，而忽略了人力资本。由于劳动不可能是同质的，熟练劳动是投资的结果，也是资本支出的产物。美国出口产业相对于其进口替代产业，劳动力因为接受了更多的教育、培训投资，因而比国外劳动包含更多的人力资本。简单地用美国的资本和劳动人数或劳动时间来计算美国进口产品的资本劳动比率，可能没有反映美国人力资本和其他国家人力资本的区别。如果把前期投资形成的当期人力资本分离出来，再将其加到实物资本中，并重新计算里昂惕夫计算出的结果时，就会发现美国出口产品的 K/L(某地区的资本总量)高于美国进口替代品的 K/L，从而很明显地得出美国出口资本密集型产品、进口劳动密集型产品这一结论。但这种解释的困难在于，人们很难准确地获得人力资本的真正价值以及相关的数据。

3. 要素密集型逆转说

要素密集型逆转说(factor intensity reversal)是指同一种产品在劳动丰裕的国家是劳动密集型产品，在资本丰裕的国家又是资本密集型产品的情形。当所生产商品的投入要素之间的替代弹性(elasticity of substitution)较大时，生产要素之间的价格变动就会影响商品的要素密集度。例如，X 商品属于劳动密集型商品，但是由于工资上涨，资本就会替代一部分劳动，随着替代比例逐渐提高，X 商品就有可能由原来的劳动密集型商品转变为资本密集型商品。由于每一个国家生产要素价格不同，就有可能出现这样的情况：资本丰裕而劳动稀缺的国家(例如美国)，由于劳动力价格昂贵而资本便宜，往往会在劳动密集型商品生产中(比如说玩具)使用更多的资本而非劳动，玩具在美国就变成了资本密集型商品；而在劳动密集型国家(其他国家)由于劳动丰裕而资本相对稀缺，劳动力便宜而资本昂贵，玩具生产中仍然使用大量的劳动，属劳动密集型商品，这样一来，要素密集度就发生了逆转。一旦要素密集度发生逆转，一种商品究竟是劳动密集型商品还是资本密集型商品，就没有一个绝对的标准。

如果存在要素密集度逆转，美国的进口商品在国外来说是劳动密集型产品，但在美国就有可能是资本密集型产品。由于里昂惕夫在计算美国出口商品的资本/劳动比率时，用的是美国的投入产出数据。对于美国的进口商品，用的也是美国进口替代品的资本/劳动比率，而不是美国进口商品的资本/劳动比率。这样一来，就有可能出现美国进口资本密集型商品，出口劳动密集型商品的情况，从而使得要素禀赋与比较优势的联系发生颠倒。

【示例】

> 同样是农产品，在美国由于资本比较丰富，所以就运用大量的机械进行耕作，表现为资本密集型商品；而在中国由于劳动要素非常丰富，因此采用手工作业的方式进行生产，表现为劳动密集型商品。
>
> 生产要素密集度的逆转在现实世界里确实存在，问题是它出现的概率有多大。经检验表明，在现实生活中，要素密集型逆转的发生概率极小，里昂惕夫对他所研究的资料进行定量分析，发现要素密集型逆转发生率只有 1%。因此，用要素密集型逆转来解释里昂惕夫之谜在理论上可行，但由于要素密集型逆转对要素禀赋理论并无实质性的影响，因而在实践上并无实际意义。

4. 贸易壁垒说

"贸易壁垒说"认为，里昂惕夫之谜的产生是美国贸易保护的结果。在赫-俄定理中，贸易被假定是自由的。事实上，包括美国在内的绝大多数国家或多或少对进口产品实行了限制措施，国际间商品流通受到限制，不完全符合要素禀赋理论解释的规律。在里昂惕夫的研究中，他如实地引用了原始的统计资料，没有剔除关税及其他贸易壁垒对美国贸易结构的影响。事实上，美国政府为了解决国内就业，制定对外贸易政策时有严重保护本国劳动密集型商品的倾向。如果实行自由贸易或美国政府不实行这种限制的话，美国进口商品的劳动密集程度一定比实际高。鲍德温的研究表明，如果美国的进口商品不受限制的话，其进口商品中资本和劳动之比率将比实际高5%。

另外，别的国家也可能对其进口的资本密集型商品进行较高的保护，这样会使得美国资本密集型商品的出口受到一定的影响。因此，有人预测，如果美国及其贸易伙伴之间相互开展自由贸易，则美国会更多地进口劳动密集型商品，出口资本密集型商品，这样一来，里昂惕夫之谜就不存在了。这一研究可以说在部分程度上对里昂惕夫之谜做出了解释。

5. 熟练劳动说

"熟练劳动说"是里昂惕夫自己的解释。他认为，美国的劳动要素与外国的劳动要素质量差别很大，美国的劳动力多是熟练的技术工人，而外国多为不熟练的一般工业劳动者；美国工人工资收入高，而外国工人低。例如，里昂惕夫认为1947年美国工人的劳动效率大约是其他国家的3倍，因此，在计算美国工人人数时应是实际人数的3倍，这样以劳动效率衡量，美国就成了劳动力丰富而资本短缺的国家。所以，美国出口的实际上是熟练劳动密集型产品或科技开发密集型产品，而不是一般的劳动密集型产品，产品性质完全不同。与此相关的一个问题是：如果把美国的人力资本因素折合成实物资本然后再计算资本/劳动比率，就可以破解里昂惕夫之谜。但后来里昂惕夫本人放弃了这种解释。

之后，美国经济学家基辛对这个问题继续研究。研究结果表明，资本丰富的国家倾向于出口熟练劳动密集型产品，资本较缺乏的国家倾向于出口非熟练劳动密集型产品；在进口产品方面正好相反。这表明发达国家在生产含有较多熟练劳动的产品方面具有优势，而发展中国家在生产含有较少熟练劳动的产品方面具有比较优势。因此，劳动熟练程度的不同是国际贸易产生和发展的重要原因。

【示例】

在中东各国获取同样数量的石油花费的成本比在美国就低得多，这样美国再生产这种资源密集型的商品就表现为资本密集型了。

6. 自然资源说

因素构成的差别可能导致里昂惕夫之谜。赫-俄定理中只有劳动、资本两种要素，没有自然资源等其他要素，而美国进口的许多产品属于自然资源性质的。而这些自然资源是其他商品的投入品，它的使用价值属于要素性质，不属于最终商品性质。各国自然资源的种类和数量很不相同。阿拉伯半岛富有石油，但几乎没有什么其他资源；日本只有很少的耕地，并且实际上没有矿藏和森林；美国有充裕的耕地和煤；加拿大有除热带特有资源以外的所有自然资源。各国自然资源禀赋不同,直接影响到产品中的资本/劳动比率。而实际上,一些产品既不是劳动密集型产品,也不是资本密集型产品,而是自然资源密集型产品。J. 瓦尼克认为,美国进口的60%~70%的商品是工业原料和初级产品,如大部分是木材和矿产品,这些产品在美国生产是高度资本密集型的,但在其他国家则是依赖大量劳动投入生产出来的。在里昂惕夫的统计分析中是用美国的标准来衡量进口竞争性行业的生产资料替代国外同类产品的生产资料的,所以,大量工业原料和初级产品属于资本密集型产品。而事实上,这些商品在国外是用劳动密集型技术生产出来的,这就可能导致里昂惕夫之谜的产生。

三、对里昂惕夫之谜的评价

综上所述,里昂惕夫对赫-俄定理的验证,不仅开创了用投入产出法一类经验手段检验理论假说的先河,大大推动了国际贸易的实证研究,而且第一个指明该理论学说与事实相悖逆,从而促进了战后各种各样贸易理论和见解的涌现。可见,里昂惕夫之谜的发现已成为战后国际贸易发展的基石。对该谜的种种解释,也没有从根本上否定赫-俄定理,而只是试图改变该学说的某些理论前提以适用实际情况。这表明,比较优势说仍是这些理论解释的内核。

本 章 小 结

本章主要介绍以要素禀赋论为发端的新古典国际贸易理论,其内容主要包括要素禀赋论、对要素禀赋论的扩展理论、里昂惕夫之谜以及对里昂惕夫之谜的各种解释。

要素禀赋论是在20世纪盛行一时的理论,是由瑞典经济学家赫克歇尔和俄林建立起来的,简称为赫-俄定理(H-O定理)。赫-俄定理与李嘉图理论存在两个基本的不同点:第一点是假设在劳动之外,存在第二种生产要素——资本;第二点是假设两个国家生产的技术系数完全相同。赫-俄定理的一般结论是:一个国家的生产和出口会偏向于在生产中密集使用其相对禀赋较多的要素的产品。

要素禀赋论提出之后,又有经济学家在此基础上对该理论进行了拓展,其中影响较大的是斯托尔帕-萨缪尔森定理和要素价格均等化理论。斯托尔帕-萨缪尔森定理的结论是:某一商品相对价格的上升,将导致该商品生产中密集使用的要素的实际价格或报酬上升,并使另一种生产要素的实际价格或报酬下降。而要素价格均等化理论的基本含义是:随着自由贸易的发生,两国间产品的价格将趋于均等,并将使得两国间要素的价格也趋于均等。

要素禀赋理论提出之后,里昂惕夫首次运用投入产出法对该理论进行了检验,首创用数据对理论进行检验的先河,结果发现美国的情况与要素禀赋论的结论不相符。按照要素禀赋论的观点,美国是资本充裕而劳动力相对稀缺的国家,因此应该出口资本密集型产品而进口劳动密集型产品,但是根据美国1947年和1951年的数据,出口的反而是劳动密集型产品而进口的却是资本密集型产品,由此提出轰动一时的里昂惕夫之谜。之后,许多经济学家纷纷对此提出了各种解释,如劳动者技能的差异、人力资本的差异、要素密集度逆转说、贸易壁垒说、熟练劳动说，自然资源说等，从不同角度对里昂惕夫之谜进行了一定程度的解释。

思 考 题

1. 简述要素禀赋理论的基本假设，并说明这些假设的必要性。
2. 要素价格均等化能够实现吗？请说明能或不能的理由。
3. 什么是要素密集型逆转？在什么情况下才会发生这种现象？

案例分析

日本和澳大利亚应出口哪种产品？

第五章 当代国际贸易理论

引导案例

意大利瓷砖行业的兴盛

【学习目标】

- 了解国际贸易新要素理论如何扩展了生产要素的内涵与外延。
- 掌握波特的国家竞争优势理论的主要内容。
- 掌握产业内贸易的测量方法及主要理论模型。
- 了解新经济地理学中有关国际贸易的主要结论。

第一节 国际贸易新要素理论

传统国际贸易理论仅仅把生产要素归结为土地、劳动和资本三种。随着现代国际经济的发展,西方经济学家赋予了生产要素以新的内涵,并扩展了生产要素的外延。他们认为生产要素不仅包括土地、劳动和资本,还包括技术、人力技能、研究与开发、信息、规模经济与管理等新型生产要素。同时,要素的国际移动、要素密集性的变化都使要素功能增加,从而使新要素理论更加充实。

一、要素的增长

1. 技术要素

传统经济学家通常把生产要素定义为生产过程的投入物,这样作为规定如何使用这些投入物的工艺规程或方式方法的技术就被排除在生产要素之外。但是,作为生产过程中的知识、技巧和熟练程度的积累的技术,不仅能够提高土地、劳动和资本要素的生产率,而且可以提高三者作为一个整体的全部要素生产率,从而改变土地、劳动和资本在生产中的相对比例关系,从这个意义上说,技术也是一种独立的生产要素。

技术作为生产要素可以看成是相关的生产要素的数量增加。使单位产品成本下降或同样投入能有更多产出的技术实质上等于生产要素供应量的扩大,就技术使劳动力及其他生产要素的生产率提高的程度而言,可以把技术看做这些生产要素按照各自的生产率提高的比例来扩大其供应量。和其他生产要素一样,技术也是可以流动的。但是,技术的流动又有其特殊性。一方面,由于技术往往依附于其他生产要素,这就使技术的流动难以独立进行,而且有时还会因此而影响其他要素的流动;另一方面,由于技术具有专门性,因此技术的流动不能像其他要素那样可以相对容易地进行重新配置和组合，而只能用于某种特定的生产过程。同时，由于技术是一种可以取得专利权使用费、特许证费、特许权费及利润等报酬的生产要素，其流动的代价较高且过程较复杂。和其他生产要素一样，技术要素要越过国界是相当困难的。其主要原因有：技术的支付费用高昂；发明者或拥有者的保守；政府对技术的管制；技术运用的条件与环境等。

技术作为生产要素在现代经济活动中的地位越来越重要。要素生产率的提高或要素的节约、商品成本和价格的降低、产品质量效能的优化、生产经营水平的提高、产品国际市场竞争力的增强等无一不是依靠技术水平的提高。当今国际经济竞争说到底就是技术水平的竞争。

2. 人力技能要素

西方经济学家认为，各国劳动要素生产率的差异实质上就是人力技能的差异。因此，人力技能也是一种生产要素，而且是越来越重要的生产要素。由于人力技能是人力投资的结果，因此人力技能又称人力资本。

主张人力技能要素的经济学家提出了人力技能理论。这种理论把劳动分为两大类：一类是简单劳动，即无须经过专门培训就可以胜任的非技术性的体力劳动；另一类是技能劳动，即必须经过专门培训形成一定的劳动技能才能胜任的技术性的劳动。要对劳动者进行专门培训，就必须进行投资。因此，体现在劳动者身上的、以劳动者的数量和质量表示的资本就是人力资本。由于人力资本投资持续时间不同、投资形式存在差别、投资领域不一致(亦即教育培训的具体内容和项目不同)等原因，造成了劳动力的质的差别，从而使人力资本作为一种特殊资本在生产过程中的效力不同。人力资本的投资形式通常包括：正规的学校教育；在职的岗位培训；合理的人员配置；必备的卫生与营养条件；休养生息的外部环境；以及与上述各项投资形式相关的其他投资形式。人力资本的投资和其他投资一样既需要时间也需要资源。人力资本投资的效果实际上就是人力资本效用发挥的程度。其估价方法主要有以下几种：一是以收入报酬计算。这种方法是以工资差别反映各劳动者的人力资本的差异，计算非技术或非教育劳动的工资差别，并以适当的贴现率将其折算为工资。比如美国经济学家凯能就以9%的贴现率将技能劳动超过非技能劳动的工资资本化，即把它作为实物资本的一部分，并和实物资本相加，得出资本总量，用以解决里昂惕夫之谜。二是以所有的要素报酬为基础，运用要素收入数据计算人力资本、实物资本和初级劳动的报酬，衡量人力资本的效果。这实质上也是以收入报酬估价人力资本的方法。三是以成本计算。这种方法把投在劳动者身上的全部教育、培训费用和所放弃的全部收益相加，得出人力资本的全部成本，用以衡量人力资本的效用及其差别。四是用以生产出口或进口产品的不同劳动集团的重要性为基础计算的技能指数来衡量人力资本的价值。

人力资本论者如基辛、凯能等认为，技能禀赋或人力资本赋予状况对国际贸易格局、流向、结构和利益等方面具有重要的影响作用。他们认为，资本充裕的国家往往同时也是人力资本充裕的国家，因此，这些国家的比较优势实际上在于人力资本的充裕，这是它们参与国际分工和国际贸易的基础。在贸易结构和流向上，这些国家往往是出口人力资本或人力技能要素密集的产品。他们在分析美国的情况时指出，美国最充裕的要素不是物质资本，而是人力资本，相对稀缺的是非熟练劳动。这就决定了美国贸易结构必然是出口劳动密集型产品占主体。比如最先进的通信设备、电子计算机等都属于技能密集型产品,而不再是传统的资本密集型产品。因此,用传统国际贸易理论的三要素论是无法说明当代国际贸易现实的。

3. 研究与开发要素

格鲁勃、梅尔塔、弗农及基辛等西方经济学家在注重技术要素作用的同时,进一步研究了推动技术进步的形式和途径及其与贸易的关系,提出了研究开发要素论。

所谓研究与开发要素,是指研制和开发某项产品所投入的费用。它不同于生产过程的其他形式的要素投入。研究与开发要素是以投入到新产品中的与研究和开发活动有关的一系列指标来衡量的。在进行国别比较时,可以通过计算研究与开发费用占销售额的比重、从事研究与开发工作的各类科学家和工程技术人员占整个就业人员的比例以及研究开发费用占一国国民生产总额或出口总值的比重等方法,来判断各国研究与开发要素在经济贸易活动中的重要性及其差别。

研究与开发要素对一国贸易结构的影响是显而易见的。一个国家越重视研究与开发要素的作用,这个国家投入到研究与开发活动中去的资金就越多,其生产的产品中知识与技术密集度就越高,在国际市场竞争中的地位就越有利。

基辛曾以美国在10个主要工业发达国家不同部门的出口总额中的比重代表竞争能力,分析研究与开发要素与出口竞争力的关系。结果表明,从事研究开发活动的高质量劳动力比重越大的部门,国际市场竞争能力就越强,出口比率就越高。这就证明了一个国家出口产品的国际竞争能力和该种产品的研究与开发要素密集度之间存在着很高的正相关关系。

格鲁勃和弗农也进行了类似的研究工作。他们将美国的19个工业部门依研究与开发投资占销售额的比重和科学家、工程师占全部从业人员总数的比重,由低到高依次排列。从中他们发现,居于前列的交通运输工业、仪器仪表工业、化学工业和非电子机器制造工业等工业部门的销售额占美国制造业销售总额的39.1%,它们的出口额占美国工业制成品出口总额的72%,它们的研究与开发投资额占美国研究与开发投资总额的89.4%。据此,格鲁勃、梅尔塔和弗农得出了美国工业中研究与开发投资相对较为集中,因而技术水平相对较高的工业部门,同时又是美国的主要出口和生产部门的结论。结合研究与开发投资在对外贸易结构中的地位与作用,格鲁勃、梅尔塔和弗农认为,美国正是由"研究与发展要素"(research and development, R&D)相对丰裕决定的在科学技术以及高科技产业上的比较优势,生产并出口"研究与发展要素"密集程度相对较高的高科技产品,同时进口"研究与发展要素"密集程度相对较低的其他产品。美国的对外贸易结构和商品流向符合要素禀赋理论的基本要求。

4. 信息要素

西方经济学家认为,在现代经济生活中,企业除了需要土地、劳动和资本这些传统生产要素以外,更需要信息。信息已经成为当代经济活动中必不可少的和越来越重要的生产要素。

作为生产要素的信息是指来源于生产过程之外的并作用于生产过程的、能带来利益的一切信号的总称。信息要素是无形的、非物质的,它区别于传统生产要素,是生产要素观念上的大变革。西方经济学家认为,股票是财产的象征符号。随着现代社会的发展,市在世界范围内的拓展以及各种经济贸易活动的日益频繁,社会每时每刻都会产生巨量的信息。这些信息都在不同的方面、不同的程度上影响社会经济活动,影响企业生产经营的决策和行为方式,甚至有时还决定着企业的命运。

一方面,信息是一种能够创造价值并能进行交换的无形资源。但是由于信息创造价值的能力难以用通常的方法衡量,其交换价值只能取决于信息市场的自然力量。另一方面,由于信息的强烈的时效性,信息交换也常常带有神秘的性质。由于信息是一种能够创造价值的生产要素,因此,信息利用的状况能够影响一个国家的比较优势,而改变一国在国际分工和国际贸易中的地位。

5. 规模经济与管理

规模经济是指随着生产规模扩大而发生的单位成本下降所带来的利益。西方经济学家认为,规模经济可以影响一国的比较优势,因而也是国际贸易的重要基础。

规模经济分为内部经济和外部经济。内部经济是指企业在扩大生产规模时由于采用效率更高的特种生产要素和进行企业内部的专门化生产而从企业内部引起的收益增加。外部经济是指企业在扩大生产规模后利用企业外部的各种有利条件而获得的利益。因此,这里的关键问题是,企业要取得规模经济利益,就必须扩大生产规模;而扩大生产规模又必须以广阔的国内市场为条件。由于规模经济能够导致单位产品成本下降,因此,规模经济和资源赋予一样也应该是国际贸易的基础。例如:假定甲乙两国资源赋予状况相同,从而生产要素的相对价格比例也一样,两国技术水平、消费偏好也不存在差异。从传统国际贸易理论的观点来看,甲乙两国是不可能发生国际贸易的。但是,如果甲乙两国对某些产品的国内需求水平存在差别,比如甲国 A 产品国内需求规模大,乙国 B 产品国内需求规模大,在这种条件下,两国仍然可以发生贸易关系。由于甲国 A 产品国内需求旺盛,企业定会扩大生产规模,因而产品成本下降,以至它能够向乙国出口。同理,乙国向甲国出口 B 产品。可见,规模经济也能影响各国生产成本和比较优势,从而影响着国际贸易格局和利益。

管理是指在一定的技术条件下保持最优地组织、配置和调节各种生产要素之间的比例关系。管理既可以看成是生产函数的一个单独要素,也可以看成是劳动要素的特殊分类。但是有一点是重要的,那就是管理是生产要素的补充而不是替代,它和其他生产要素之间不存在相互替代关系。

管理需求随生产规模扩大而增强。在现实经济活动中,管理通过相应的管理人员的工作而体现。西方经济学家认为,管理水平的差异说明了劳动生产率的差异。一般来说,经济水平落后的国家,管理要素都相对稀缺,表现在管理人员比重小和管理水平比较低等方面。哈比逊曾指出,20 世纪 50 年代埃及的工厂在工艺技术上和美国工厂基本类似,但劳动生产率仅为美国的 20%左右,其原因就在于埃及管理资源稀缺,管理方法落后。由于管理资源的丰缺影响到生产效率和生产成本,管理也就直接影响到一国的比较优势地位和对外贸易的各个环节。

二、要素密集性的变换

要素密集性变换也称要素密集反向,它是指同种商品在不同国家要素密集性特征是不同的。例如,一种商品在一国是资本密集型商品,在另一国则是劳动密集型商品。

按照资源赋予论的观点,无论生产要素的价格比例实际如何,由于各种商品的生产函数相同,某种商品总是以某种要素密集型方式生产出来的。也就是说,商品的要素密集性特征在各国是一样的。但是,霍德、纳亚及明纳斯则指出,由于各国事实上的生产技术、生产函数及要素价格存在差异,以价格表示的商品的生产要素密集性质就可能存在差异。明纳斯甚至认为,要素密集交换广泛存在于现实世界。他们认为,由于要素密集变换存在,里昂惕夫之谜就必然存在。比如,甲国是资本丰裕的国家,A产品资本密集度高于B产品,而乙国则是劳动丰裕的国家,而B产品资本密集度高于A产品,那么两国之间的贸易就会出现交换要素密集性质相同的不同产品,这样必有一国(如乙国)会出现里昂惕夫之谜。

西方经济学家认为,技术进步是导致生产商品的要素密集性特征发生变化的重要原因。一国要素密集性特征主要是由生产该种商品的技术条件决定的,因此,一国技术水平的变动将导致该国生产商品的要素密集性特征发生相应的变动。进一步说,技术水平的差异是导致要素密集性变换的重要原因。

技术进步对要素生产率的影响分为中性的技术进步和偏性的技术进步。这两种情况对要素密集性变换的影响是不同的。由于中性的技术进步对所有生产要素的作用相同,即可以把它看成是同比例地增加了全部生产要素的供应量或同等程度地节约了单位产出的各种生产要素的投入量,因此,中性的技术进步没有改变商品生产的要素密集性特征。但是,偏性的技术进步不同。由于它对各种生产要素的影响不同,因而改变了商品生产中原来的生产要素配置比例,导致了要素密集性特征的变化。具体地说,偏性的技术进步如果是劳动节约型,即技术进步偏向于劳动效率的提高,那么产品的劳动密集度将会降低或降低的速度和程度比其他要素高;偏性的技术进步如果是资本节约型,即技术进步偏向于资本效率的提高,那么产品的资本密集度将会降低或降低的速度和程度比其他要素高。上述要素密集度的降低可能只是量上的变化,也可能引起要素密集性质的变化。如果技术进步使产品中原来密集度就较低的那种要素的密集度进一步下降,或者使产品中原来密集度较高的那种要素的密集度下降,但没有下降到低于其他要素密集度的程度,那么要素密集性质没有变化;如果技术进步使产品中原来密集度较高的那种生产要素的密集度下降到低于其他要素密集度的程度,那么要素密集性质就发生了根本的变化。由于技术进步因素的影响是经常的,产品的要素密集特征的变化也具有普遍性。

由于生产函数、要素价格,特别是技术进步水平存在差异和经常变动,各国生产商品的要素配置比例以及要素密集特征也会产生变化,这就相对改变了一国的各种生产要素的供求关系和要素赋予状况,从而影响着该国对外贸易的各个环节。值得注意的是,一国要素赋予状况会在一定程度上影响该国要素密集交换的方向,这种影响是通过技术进步实现的。哈巴卡克指出,美国19世纪的技术发明主要集中于节约本国稀缺的劳动力方面,如能移动的零部件等;而英国则集中于节约本国稀缺的自然资源方面,如蒸汽机等。

三、要素的国际流动

传统贸易理论都是以要素在国际间缺乏流动为条件展开分析的。但是这一假定显然简化了现实中错综复杂的国际贸易关系,战后西方国际贸易理论详细地研究了生产要素流动及其与国际贸易的关系问题。

1. 劳动力要素的国际流动

劳动力流动是指劳动力在不同区域之间的位移。劳动力流动的历史差不多和人类历史一样漫长。劳动力的国际流动的形式分短期和长期两种。短期流动是指那些在国外寻求职业所产生的劳动力流动，它主要表现为各国劳动力市场上外籍工人的数量变动。长期流动是指移居所产生的劳动力流动，它主要表现为各国移民数量的变动。

劳动力的国际流动的产生主要在于经济方面的原因。主要有：第一，劳动力移动的收益与成本比较，这是劳动力迁移的最直接原因。劳动力移动的直接收益表现为移动后实际收入的增加和生活环境和水平的改善。劳动力移动的成本是指为迁移而付出的全部代价。主要包括交通运输费用和其他货币支出；迁移期间的工资和其他收入损失；为迁移而付出的其他非货币支出或牺牲，如社会、历史、文化、语言等方面的不适应。如果劳动力移动的收益明显大于成本，就构成了劳动力移动的现实基础。第二，经济周期的变化是劳动力移动的重要促成因素。处在经济周期不同阶段的国家对劳动力的需求强度存在明显的差异。劳动需要强烈，实际工资率将上升，因而吸引国外劳动力流入；反之，将推动国内劳动力外流。第三，劳动力赋予状况是劳动力移动的深层原因。劳动力资源丰富的国家，实际工资率相对较低，将引起国内劳动力外流；反之，将吸引国外劳动力迁入。由于劳动力禀赋状况难以在短期内改变，因此形成了劳动力流动的基本走向。如地广人稀的中东国家是劳动力资源丰富的其他亚洲国家的劳动力流入的集中地之一。当然，非经济因素如政治压力、民族传统、宗教信仰、自然灾害及战争等也会在不同程度上作用于劳动力的国际移动。

但是，劳动力的国际流动也存在着许多阻碍因素，如移居国政府的移民限额和苛刻的入境管制制度，原籍国政府的人才保护政策和出境限制等，这些因素使劳动力的国际流动的方向、规模和速度受到人为管制。因此，现实的劳动力的国际流动绝不是自由流动。

劳动力的国际流动的最直接和最主要的后果是改变了相关国家劳动力要素的供给数量即要素赋予状况，从而给劳动力输出国和输入国带来不同的经济影响。从劳动力输出国来看，劳动力输出不仅表现为本国劳动力资源供给量的绝对减少，有时还会改变本国原有的劳动力的构成和熟练程度。从劳动力输入国来看，劳动力的输入轻易地增加了本国劳动力资源的供给，而且常常能够提高劳动力整体的素质，因而有利于本国资源的合理配置和充分运用，强化了本国产品的比较优势地位。对于劳动力资源稀缺的国家来说，国外劳动力的迁入不仅使它们获得了意外的收获，而且从国外迁入的劳动力的技术水平和熟练程度往往较高，这更让劳动力输入国喜上加喜。

劳动力国际流动的另一个重要后果是劳动力要素价格趋于均等。如果满足劳动力要素自由流动的政策或制度条件，那么在各国存在实际工资率的差别的情况下，工资率低的国家的劳动力要素将向工资率高的国家移动，其结果是各种劳动力要素赋予状况都向相反的方向改变，因此，各国工资率趋于一致，即劳动力要素价格趋于均等化。当然，现实中各种各样的阻碍劳动力要素自由移动的因素的存在，使各国劳动力要素价格完全均等成为不可能。

有些经济学家如格鲁勃、司考特等人关于劳动的边际生产率的分析也值得注意。他们认为，只要两国存在劳动的边际生产力的差别，双方就具有移民的经济基础。如果劳动力的工资报酬等于他的边际产品,那么在他移居国外后,原籍国的情况没有改变,但世界总产值却增加了。因此,劳动力国际间的自由流动能够促进世界经济总水平的提高,劳动力的实际所得也因此增加。

2. 资本要素的国际流动

经济学家认为,资本要素是一种极为活跃的生产要素,资本要素的国际流动对国际经济贸易的影响远远超过劳动力要素的国际流动对国际经济贸易影响的程度和范围。

国际流动一般分为短期资本流动和长期资本流动两种形式。短期资本流动是指1年以内的借贷资本流动,它实际上属于影响各国货币量的国际融通资金。长期资本流动是指1年以上的资本流动,具体又包括两种形式:一种是借贷资本的流动,也称间接投资,主要是指股票、债券等金融活动;另一种是生产资本的流动,也称直接投资,主要是指投资设厂这类伴有经济权的资本流动。从现实的国际资本流动来看,长期资本流动由于更显著地起到了生产要素的国际移动的作用,因而对一国经济贸易的影响更大;而在长期资本流动中,直接投资由于集资本、技术和管理诸要素的国际流动于一身,对相关国家经济贸易的影响尤为突出,因而其地位越来越重要。

首先,按照西方经济学家的观点,资本要素的国际流动主要基于各国资本要素的禀赋状况。即使在不存在生产要素的国际流动的奥林理论中,资本要素也通过商品贸易这种间接流动方式改变着各国的要素禀赋状况。如果国际间资本要素是自由流动的,那么其流动的最直接原因就是各国资本要素的赋予状况。这是因为,各国资本要素的丰缺状况不同,各国资本要素价格也存在差异,或者说是各国资本收益也存在差异,各国资本追求高收益的结果必然引起资本要素的国际流动。另外,琼斯认为,由资本密集商品与非资本密集商品的相对价格比率所表示的贸易条件的变动也是促使资本流动的因素。

西方经济学家更注重对资本要素的国际流动的后果的分析。他们认为,资本要素的国际流动的最直接的后果是世界总产值和各国国民总产值的增加。

其次,国际资本流动相关国家内部各利益集团的影响又是不同的。对资本流出国来说,一方面,资本利率的国际差别的缩小意味着国内资本利率提高使资本所有者得益,使资本使用者受损;另一方面,由于资本的收入相对增加而使劳动的收益相对减少,因而不利于劳动。对资本流入国来说,一方面,外国资本的流入降低了资本所有者的收益而相对增加了资本使用者的收益;另一方面,由于资本的收入相对减少而劳动的收入相对增加,国内产生了有利于劳动的经济影响。

最后,国际资本流动还会导致国家最适当税收的产生。对资本流出国来说,为了减少由于资本大量外流而导致国际资本利率过度下降所产生的损失,它将会利用市场力量适当限制本国资本输出。

3. 要素流动与商品贸易的替代关系和互补关系

传统国际贸易理论表明:商品贸易可以替代要素流动,并使要素价格趋于均等。现代生产要素移动理论则试图说明相反的问题,即要素流动替代了国际贸易。西方经济学家认为,要素的流动直接改变了各国要素赋予状况,从而使各国相同要素的价格和成本差异缩小,两国各自的进口竞争产品的产出增加,而出口产品下降,贸易量萎缩。这就是所谓的"反贸易偏向"。由此我们还可以看出,要素流动规模越大,国际贸易动机越小,国际贸易量越小。蒙代尔曾经详细地阐述了资本流动替代商品贸易的过程。他认为，两国生产函数相同，资本流动便替代了商品贸易；如果资本流动起因于贸易障碍，那么资本流动本身没有什么特殊好处，只是起着替代贸易的作用；资本流动替代贸易的结果是缩小了贸易规模，即使其有反贸易偏向。

但是，一方面，要素流动和商品贸易之间的相互替代不可能是完全的。这主要是因为无论是要素流动还是商品贸易，总是存在着种种障碍，要素价格或商品价格都不可能真正达到一致。因此，两者依然有共同存在的基础。另一方面，要素流动和商品贸易之间还有相互补充的、不可替代的关系。这种关系的存在也使要素流动和商品贸易之间不可能完全取代对方，而必须是相互并存、相得益彰。从资本流动来看，如果资本是借贷资本，那么资本输入国进口能力将增加，资本输出国也开辟了新的产品销售市场和原料供应市场，贸易量就会扩大；如果资本是生产资本，那么资本输入国因而会获得先进的生产函数和更大的生产能力，如果这些资本使用在出口部门，贸易就会随之增加，事实上生产资本流动本身就是一种贸易行为。从劳动力流动来看，劳动力的国际流动往往意味着劳动力的更有效率的配置、世界边际劳动生产率的提高、产出的增加。如果这些部门是出口部门，那么贸易就会随之增加。

第二节 生命周期理论

一、技术差距理论

技术差距理论(theory of technological gap)是产品生命周期模型的基础,该理论以科学发明、技术创新的推广过程来解释国际贸易的发生和发展。它是美国经济学家波斯纳1961年在《国际贸易和技术变化》一文中首先提出的。

该理论把技术作为独立于劳动和资本的第三种生产要素，讨论技术差距或技术变动对国际贸易的影响。由于技术变动包含了时间因素，技术差距理论被看成是对赫-俄定理的动态扩展。

技术实际上是一种生产要素，并且实际的科技水平一直在提高，但是在各个国家的发展水平不一样。新产品总是在工业发达国家最早产生，然后进入世界市场。这时其他国家虽然想对新产品进行模仿，但由于同先进国家之间存在着技术差距，需要经过一段时间的努力才能实现，因而先进国家可以凭技术上的比较优势在一段时间内垄断这一产品的国际市场，在国际贸易中获得比较利益。但是随着新技术向国外转移，其他国家开始模仿生产并不断加以扩大，创新国的比较优势逐渐丧失，出口下降，以致可能从其他国家进口该新产品。

工业化国家之间的工业品贸易，有很大一部分实际上是以技术差距的存在为基础进行的。通过引入模仿时滞(imitation lag)的概念来解释国家之间发生贸易的可能性。在创新国(innovation country)和模仿国(imitation country)的两国模型中，创新国一种新产品成功后，在模仿国掌握这种技术之前，具有技术领先优势，可以向模仿国出口这种技术领先的产品。随着专利权的转让、技术合作、对外投资或国际贸易的发展，创新国的领先技术流传到国外,模仿国开始利用自己的低劳动成本优势,自行生产这种商品并减少进口。创新国逐渐失去该产品的出口市场,因技术差距而产生的国际贸易量逐渐缩小,最终被模仿国掌握,技术差距消失,以技术差距为基础的贸易也随之消失。

需求滞后指创新国出现新产品后,其他国家消费者没有产生需求到逐步认识到新产品的价值而开始进口的时间间隔。

模仿滞后指创新国制造新产品到模仿国能完全仿制这种产品的时间间隔。模仿滞后由反应滞后和掌握滞后所构成。

反应滞后指创新国生产到模仿国决定自行生产的时间间隔。

掌握滞后指模仿国从开始生产到达到创新国的同一技术水平并停止进口的时间间隔。

1963年,道格拉斯运用模仿时滞的概念,解释了美国电影业的出口模式。即一旦某个国家在给定产品上处于技术领先的优势,该国将在相关产品上继续保持这种技术领先的优势。1966年,盖瑞、胡佛、鲍尔利用模仿时滞的概念,解释了合成材料产业的贸易模式。即一个国家在合成材料出口市场的份额,可以用该国的模仿时滞和市场规模来解释。当他们按照各国的模仿时滞对国家进行排序时发现,模仿时滞短的国家最新引进新合成材料技术,并开始向模仿时滞长的国家出口,随着技术的传播,模仿时滞长的国家也逐步开始生产这种合成材料,并逐步取代模仿时滞短的国家的出口地位。对技术差距理论的经验研究,支持了技术差距论的观点,即技术是解释国家贸易模式的最重要的因素。

图5-1中,横轴表示时间,纵轴上方表示创新国生产和出口数量,下方表示模仿国生产和出口数量。t_0为创新国开始生产的时间,t_1为模仿国开始进口的时间,t_2为模仿国开始生产的时间,t_3为模仿国开始出口的时间,$t_0 \sim t_1$为需求滞后,$t_0 \sim t_2$为反应滞后,$t_2 \sim t_3$为掌握滞后,$t_0 \sim t_3$为模仿滞后。

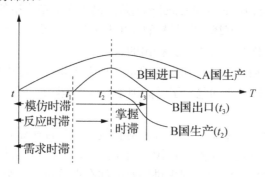

图5-1 技术差异与国际贸易关系图

技术差距理论论述了技术差异如何作为贸易开展的基础,解释了贸易中存在的现象,但是,它本身也有缺点——它并不能确定技术差距的大小,也没有给出技术差距产生与随时间推移而消失的原因。

二、产品生命周期理论

产品生命周期本身是市场营销中的术语。20世纪60年代中期,美国哈佛大学教授弗农以美国对外直接投资现象为对象,提出了跨国公司直接投资的产品生命周期理论。弗农的产品生命周期理论以产品生命周期中各阶段生产区位的变化来解释国际产业转移现象。该理论认为，美国企业对外投资活动与产品生命周期有关，企业的对外直接投资是企业在产品生命周期运动中，由于生产条件和竞争条件变动而作出的决策。

弗农把产品生命周期分为产品创新阶段、产品成熟阶段、产品标准化阶段。每一阶段都有许多不同的特点，这些特点可以从技术特性、产品要素特性、产品成本特性、进出口特性、生产地特性和产品价格特性进行考察。

1. 产品创新阶段

产品创新阶段(the phase of introduction)也称创世阶段，或新产品阶段。这一阶段上的特点是：从技术特性看，创新国企业发明并垄断着制造新产品的技术，但技术尚需改进、工艺流程尚未定型；从生产地特性看，由于新产品的设计和设计的改进要求靠近市场和供应者，因此新产品生产地确定在创新国；从产品要素特性看，这一阶段上产品设计尚需逐步改进，工艺流程尚未定型，需要科学家、工程师和其他高度技术熟练工人的大量劳动，因此产品是技术密集型的；从成本特性看，由于这时没有竞争者，因此成本对于企业来说不是最重要的问题，成本差异对企业生产区位选择的影响不大；从产品的价格特性看，这一阶段，生产厂商数目很少，产品没有相近的替代品，因此产品价格比较高；从产品的进出口特性看，制造新产品的企业垄断着世界市场，国外的富有者和在创新国的外国人开始购买这种产品，出口量从涓涓细流开始。

2. 产品成熟阶段

产品成熟阶段(the phase of maturation)的特点是：从技术特性看，生产技术已经定型，且到达优势极限，由于出口增大，技术诀窍扩散到国外，仿制开始，技术垄断的优势开始丧失；从生产地特性看，创新国从事新产品制造的公司，开始在东道国设立子公司进行生产；从产品要素特性看，由于产品大致已定型，转入正常生产，这时只需扩大生产规模，使用半熟练劳动力即可，因此生产的产品由技术密集型转变为资本密集型；从价格特性看，由于这一阶段是产品增长时期，产品有了广泛的市场，参与竞争的厂商家数很多，消费需求的价格弹性加大，厂商只有降低价格才能扩大自己的销路；从产品成本特性看，随着出口增加及技术的扩散，其他发达国家也开始制造创新国企业制造的新产品，由于其他发达国家不需支付国际间运费和缴纳关税，也不需要像创新国在创世阶段花费大量的科技发明费用，因而，成本要比创新国的进口产品低；从进出口特性看，东道国的厂商在本国生产新产品的成本虽然能够和创新国进口货相竞争，但在第三国的市场上就不一定能和创新国企业的产品相竞争，因为这些厂商和创新国企业一样要支付国际间运费和关税，而在开始生产中，却无法获得创新国企业所获得的规模经济效益。因此，在成熟阶段，创兴国虽然可能对东道国的出口有所下降，但对其他绝大多数市场的出口仍可继续，当然出口增长率要减慢。

3. 产品标准化阶段

产品标准化阶段(the phase of standardization)的特点是：从技术特性看，产品已完全标准化，不仅一般发达国家已掌握产品生产技术，就是一些发展中国家也开始掌握这种产品技术；从产品生产地的特性看，产品生产地已逐渐开始向一般发达国家，甚至发展中国家转移,范围在不断扩大;从产品要素特性看,这时的产品要素特性,由于劳动熟练程度已经不是重要因素(产品标准化造成的),因而更具有资本密集型的特点;从成本特性上看,由于其他国家的厂商产量不断增加,生产经验不断积累,加之工资水平也低,因此产品成本开始下降;从产品进出口特性看,其他国家的产品开始在一些第三国市场上和创新国产品竞争,并逐渐替代了创新国而占领了这些市场,当这些国家成本下降的程度抵补了向创新国出口所需的运费和关税外,还能与创新国的产品在创新国市场上竞争,则创新国的产品开始从出口转变为进口。

三、制成品生命周期理论

在产品生命周期理论基础上,弗农、赫希、威尔斯等人进一步分析了制成品国际贸易流向。弗农等经济学家认为,新产品的创新一般首先发生在美国。这是因为美国较高的单位劳动力成本引起了对复杂技术设备的需求;美国较高的收入水平决定了其对新产品的需求强度大于其他国家;美国该水平的技术、强大的研究与开发能力和丰裕的资本使其在新产品开发与生产上占优势地位。如图 5-2 所示,美国首先推出新产品,这样,工业制成品贸易的周期性运动便开始了。

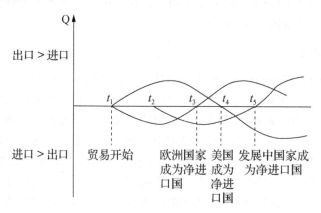

图 5-2 产品生命周期与国际贸易关系图

第一阶段,新产品处于创新时期,美国生产全部的新产品,并向欧洲出口。在这个阶段,新产品的生产技术为美国所垄断。随着生产规模的扩大,新产品的供给能力不断扩大,新产品的销售市场也从国内扩展到发达的欧洲国家。

第二阶段,新产品开始进入成熟阶段,欧洲开始生产新产品,美国仍控制新产品市场,并开始向发展中国家出口新产品。在这个阶段,新产品生产的技术差距在美国和欧洲发达国家之间逐步缩小,欧洲不断扩大新产品的自给能力。美国开始对外直接投资,以增强竞争力,同时向发展中国家出口新产品。

第三阶段,欧洲替代美国成为新产品的主要出口地。在这个阶段,欧洲国家开始成为新产品出口国,美国在新产品生产中的技术优势完全丧失,发展中国家的新产品需求市场开始为欧洲国家所控制。

第四阶段,新产品进入标准化阶段,美国成为净进口国,欧洲国家成为新产品的供给者，发展中国家在贸易保护政策下开始生产新产品。在这个阶段，欧洲生产规模急剧扩大，竞争优势明显，并彻底挤垮美国，发展中国家逐渐掌握新产品生产技术，并在高成本状态下开始自给。

第五阶段，欧洲的竞争优势下降，发展中国家成为净出口国。在这个阶段，因为新产品的生产已经完全标准化，欧洲国家的竞争地位削弱了，发展中国家则凭借其资源和劳动力优势，不断降低成本，扩大生产规模，并逐渐成为净出口国。到这里为止，制成品贸易完成了一个周期。

事实上，在第二、第三阶段时，美国又开始其他新产品的创新和生产了。也就是说，一个新的周期早已开始了。因此，制成品贸易表现为一种周期性运动。

制成品贸易周期与各国贸易地位演变我们还可以通过图 5-2 看出来。

在初始时刻 t_0，新产品刚刚由创新国(少数先进国家)研制开发出来。在初始阶段，也就是图 5-2 中的第一阶段，由于产品的技术尚未定型，生产规模较小，消费仅局限于国内市场。

到了 t_1 时刻，开始有来自创新国以外的需求，于是创新国开始进行出口。由于产品的品质和价格较高，进口国主要是一些收入水平与创新国较接近的其他发达国家。这里对应的是图 5-2 中的第二阶段。

随着时间的推移，进口国逐渐掌握了生产技术，能够在国内进行生产，并逐渐替代一部分进口品，于是进口开始下降。到了某一阶段(t_2 时刻)之后，由于一部分发展中国家的需求扩大，创新国的产品也开始少量出口到一些发展中国家。

到了 t_3 时刻，生产技术已成型，产品达到了标准化，由技术密集型转化为资本密集型。这时，来自发达国家的第二代生产者开始大量生产和出口该产品，原来的创新国随后(t_4 时刻)成为净出口国。

最后，当产品转变为非熟练劳动密集型时(t_5 时刻)，发展中国家成为净出口国。

事实上，同一种产品，在不同的产品生命周期上，各国间的贸易显出不同的特点，这些不同的特点来自不同类型的国家在不同阶段上具有不同的相对优势。创新国家工业比较先进，技术力量相对雄厚，国内市场广阔，资源相对丰富，在生产新产品和增长产品方面具有相对优势；国土较小而工业先进的国家，由于拥有相对丰富的科学和工程实践经验，在生产某些新产品方面具有相对优势，但是由于国内市场狭小，生产成熟产品缺乏优势；发展中国家拥有相对丰富的不熟练劳动，弥补了相对缺乏的资本存量的不足，因此生产标准化产品具有相对优势。相对于今天各国来说，都有自身优势，只要适当运用其优势，就可以获得极大的动态效益。

四、原材料生命周期理论

弗农在产品生命周期理论研究过程中以制成品为主，而梅基和罗宾斯在1978年将此理论运用于对国际贸易中占有重要地位的原料贸易的分析，提出了原料贸易周期说。

梅基和罗宾斯将原料周期划分为三个阶段：第一阶段是"派生需求上涨"时期。某种产品的需求大量增加会引起该种产品生产所需要的原料需求的增加，原料价格将大幅度上升。第二阶段是"需求和供给来源的替代"时期。世界上天然原料的供给开辟了更多的可供选择的来源，产品的原有原料将被相对较便宜的替代品取代。原料价格的上涨幅度缓慢下来，甚至出现实际下降的情况。第三阶段是"人工合成和研究与开发"时期。研究与开发最终引致人工代用品的发展，或者，出现了节约使用原料的重要方法。原料进入生命末期。

从原料贸易的流向来看，它呈现出与工业制成品贸易流向正好相反的过程特征。在第一阶段，少数具有自然优势的发展中国家是世界原料的主要供给者，而发达国家则是主要进口者。在第二阶段，其他发展中国家加速开发原料生产，便利用自己的劳动力优势逐渐取代原有的少数原料出口优势国家，成为国际市场原料的主要出口者。在第三阶段，发达国家的技术进步优势开始作用于原料，出现了合成原料，原料供应的优势从发展中国家转向了发达国家。这些发达国家还开始出口合成原料。

通过对原料贸易周期的分析，梅基还得出了以下一些重要结论。

第一，在原料贸易初期，发展中国家因为拥有对发达国家来说非常重要的原料而居主导地位，但在原料贸易末期，发达国家逐渐成为原料市场的控制者。

第二，技术突破既决定了在原料生命周期之初对天然原料需求的剧增，也决定了在其生命的晚期对天然原料需求的下降。

第三，全世界天然原料供给的最终耗竭并不意味着它的供应全部断绝。

第四，原料的贸易条件在原料周期的第一阶段随着需求的增加而改善，但在生命周期的后期，天然原料的贸易却随着人工合成原料和其他代用品的投产而下降。

第五，在处于将导致原料贸易终止的非常时期，对原料的替代的研究和开发具有特别重要的意义。因此，技术进步是对天然原料贸易的一种替代。

近百年来，橡胶、锡、工业钻石等世界主要初级原料的国际贸易模式及其演变过程基本上验证了原料贸易周期说的正确性。但是，梅基也认为原料贸易周期说不能一概而论，对不同原料应具体分析。

第三节　国家竞争优势理论

国家竞争优势理论是由迈克尔·波特(Michel E. Porter)在他的《国家竞争优势》一书中提出的，该理论从企业参与国际竞争这个微观角度来解释国际贸易现象，正好弥补了比较优势理论的不足，在赫-俄定理与产品生命周期理论的基础上，波特试图赋予国家的作用以新的生命力，提出了国家具有"竞争优势"的观点。

第二次世界大战后，世界经济中出现的产业全球化和企业国际化的现象，导致一些人认为企业的国际竞争已不具有国家的意义，跨国企业已成为超越国家的组织。但波特并不同意这种观点，他认为经济发展的事实是：几十年来，在某些特定的产业或行业中，竞争优势通过高度的当地化过程是可以创造出来并保持下去的，国民经济结构、价值观念、文化传统、制度安排、历史遗产等种种差别都对竞争力有深刻的影响。竞争全球化并没有改变产业母国的重要作用，国家仍然是支撑企业和产业进行国际竞争的基础。20世纪80年代母国的一些传统支柱产业，如汽车制造业的竞争力被日本和西欧国家超过，一些新兴产业也受到这些国家的强大竞争压力。如何提高国际竞争力是当时美国学术界、企业界和政府有关部门急需解决的一个问题。同时，经济全球化进程的加快，使国际竞争日趋激烈，获取企业、产业乃至国家的竞争优势已成为一个现实的迫切需求。

波特的国家竞争优势理论内容十分丰富，既有国家获取整体竞争优势的因素分析，也有产业参与国际竞争的阶段分析，以及企业具有的创新机制分析。波特的理论对于国际贸易有重要影响，下面就波特的主要理论进行说明。

一、"钻石"理论

波特认为，财富是由生产率支配的，或者它取决于由每天的工作、每一美元的所投资本以及每一单位所投入的一国物质资源所创造的价值。生产率根植于一国或地区的竞争环境，而竞争环境则产生于某一框架，这一框架在结构上如同一枚由四个基本面所构成的钻石，因而通常被称为"钻石"理论。"钻石"理论认为，生产要素、需求因素、相关和支持产业与国内竞争状态所构成的不同组合是一国在国际贸易中取得成功的关键决定因素。激烈的国内竞争对国际竞争成功具有特别重要的意义，从而获取国家整体竞争优势，如图 5-3 所示(Micheal E. Porer，1990)

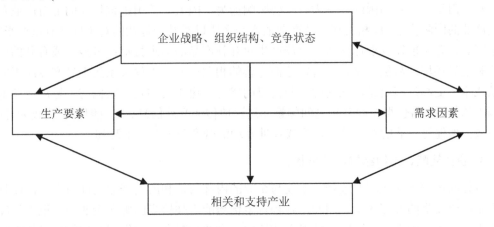

图 5-3　国家竞争优势的决定因素

1. 生产要素

波特把生产要素分为基本要素(basic factors)和高等要素(advanced factors)两类。基本要素包括自然资源、气候、地理位置、非熟练劳动力、债务资本等一国先天拥有或不需太大代价便能得到的要素；高等要素包括现代化电信网络、高科技人才、高经济技术等需要通过长期投资和后天开发才能创造出来的要素。对于国家竞争优势的形成而言，后者更为重要。在特定条件下，一国某些基本要素上的劣势反而可能刺激创新，使企业在可见的瓶颈、明显的威胁面前为提高自己的竞争地位而奋发努力，最终使国家在高等要素上更具竞争力，从而创造出动态竞争优势。但这种转化需要条件：一是要素劣势刺激创新要有一定限度，不可各方面都处于劣势，否则会被淘汰；二是企业必须从环境中接收到正确信息；三是企业要面对相对有利的市场需求、国家政策及相关产业。

2. 需求因素

一般企业的投资、生产和市场营销首先是从本国需求来考虑的，企业从本国需求出发建立起来的生产方式、组织结构和营销策略是否有利于企业进行国际竞争，是企业是否具有国际竞争力的重要影响因素。所谓有利于国际竞争的需求，取决于本国需求与别国需求的比较。一是需求特征的比较，包括：①本国需求是否比别国需求更具有全球性；②本国需求是否具有超前性，具有超前性需求会使为之服务的企业能相应走在其他同行业企业领导者的地位；③本国需求是否最挑剔，往往最挑剔的购买者会迫使当地企业在产品质量和服务方面具有较高的竞争力。二是需求规模和需求拉动方式的比较，当地需求规模大的某一产品有利于提高该行业的国际竞争力。而在需求拉动方式中，消费偏好是很重要的，一国国民的普遍特殊消费偏好容易激发企业的创新动力。三是需求国际化的比较。一国的需求方式会随着本国人员在国际上的流动而传播到国外，反过来本国人员在异国接受的消费习惯也会被带回国并传播开来。因此，只要一国对外开放程度越高，其产品就越容易适应国际竞争。

3. 相关和支持产业

对一国某一行业的国际竞争力有重要影响的另一因素是该国中该行业的上游产业及其相关产业的国际竞争力。相关和支持产业的水平之所以对某一行业的竞争优势有重要影响，其原因有：有可能发挥群体优势；可能产生对互补产品的需求拉动；可能构成有利的外在经济和信息环境。显然，是否具有发达而完善的相关产业，不仅关系到主导产业能否降低产品成本、提高产品质量，从而建立起自己的优势；更重要的是，它们与主导产业在地域范围上的邻近，将使得企业互相之间频繁而迅速地传递产品信息、交流创新思路成为可能，从而极大地促进企业的技术升级，形成良性互动的既竞争又合作的环境。

4. 企业战略、组织结构、竞争状态

良好的企业管理体制的选择，不仅与企业的内部条件和所处产业的性质有关，而且取决于企业所面临的外部环境。因此，各种竞争优势能否被恰当匹配在企业中，很大程度上取决于国家环境的影响。国家环境对人才流向、企业战略和企业组织结构的形成的影响都决定了该行业是否具有竞争能力。波特强调，强大的本地本国竞争对手是企业竞争优势产生并得以长久保持的最强有力的刺激。正是因为国内竞争对手的存在，会直接削弱企业相对于国外竞争对手所可能享有的一些优势，从而促使企业努力去苦练内功，争取更为持久、更为独特的优势地位；也正是因为国内激烈的竞争，迫使企业向外部扩张，力求达到国际水平，占领国际市场。

除了上述四个基本因素外，波特认为，一国所面临的机遇和政府所起的作用对国家整体竞争优势的形成也具有辅助作用。他主张政府应当在经济发展中起催化和激发企业创造能力的作用。政府政策和行为成功的要旨在于为企业创造一个宽松、公平的竞争环境。

二、"优势产业阶段"理论

任何国家在其发展过程中，产业的国际竞争都会表现出不同的形式和特点，因而，产

业国际竞争的过程会经历具有不同特征的发展阶段。波特的竞争优势理论特别重视各国生产力的动态变化,强调主观努力在赢得优势地位中所起的重要作用。他将一国优势产业参与国际竞争的过程分为四个依次递进的阶段。

1. 要素驱动阶段

要素驱动(factor-driven)阶段的竞争优势主要取决于一国在生产要素上拥有的优势,即是否拥有廉价的劳动力和丰富的资源。这种表述与传统的比较优势理论的表述是一致的,表明比较优势蕴含在竞争优势之中。在这一阶段,企业参与国际竞争的方式,只能依靠较低的价格取胜,所以,参与国际竞争的产业对世界经济周期和汇率十分敏感,因为这会直接影响产品的需求和相对价格。虽然拥有丰富的自然资源可以在一段时间内维持较高的人均收入,但要素推动的经济缺乏生产力持续增长的基础。

按波特的标准,几乎所有的发展中国家都处于这一阶段,某些资源特别丰富的发达国家,如加拿大、澳大利亚,也处于这一阶段。

2. 投资驱动阶段

投资驱动(investment-driven)阶段的竞争优势主要取决于资本要素,大量投资可更新设备、扩大规模、增强产品的竞争能力。在这一阶段,企业仍然在相对标准化的、价格敏感的市场中进行竞争。但随着就业的大量增加,工资及要素成本的大幅度提高,一些价格敏感的产业开始失去竞争优势。因此,政府能否适时适当地制定政策是很重要的,政府可以引导稀缺的资本投入特定的产业,增强承担风险的能力,提供短期的保护以鼓励本国企业的进入,建设有效规模的公用设施,刺激和鼓励获取外国技术,以鼓励出口等。

按波特的标准,只有少数发展中国家进入这一阶段。第二次世界大战后,只有日本和韩国获得成功。

3. 创新驱动阶段

创新驱动(innovation-driven)阶段的竞争优势主要来源于产业中整个价值链的创新,特别要注重和投资高新技术产品的研究和开发,并把科技成果转化为商品作为努力的目标。在这一阶段,民族企业能在广泛领域成功地进行竞争,并实现不断的技术升级。一国进入创新驱动阶段的显著特点之一是,高水平的服务业占据越来越高的国际地位,这是产业竞争优势不断增强的反映。高级服务业所需的人力资源及其他要素也发展起来,不仅服务的国内需求随着收入和生活水平的提高而大大增强,而且本国服务业进入国际市场,该国的国际竞争力也大大增强,政府直接干预程度越来越低。

按波特的标准,英国在19世纪上半叶就进入了创新驱动阶段。美国、德国、瑞典在20世纪上半叶也进入这一阶段。随后日本、意大利在20世纪70年代进入这一阶段。

4. 财富驱动阶段

在财富驱动(wealth-driven)阶段产业的创新、竞争意识和竞争能力都会出现明显下降的现象,经济发展缺乏强有力的推动,企业开始失去国际竞争优势。企业更注重保持地位而不是进一步增强竞争力,实力投资的动机下降,投资者的目标从资本积累转变为资本保值,有实力的企业试图通过对政府施加影响,以达到保护企业的目的。长期的产业投资不足是财富驱动阶段的突出表现。进入财富阶段的国家，一方面是"富裕的"，一些资金雄厚的企业和富人享受着成功产业和过去的投资所积累的成果；另一方面又是"衰落的"，许多企业受到各种困扰，失业和潜在失业严重，平均生活水平下降。这就提醒人们要居安思危，通过促进产业结构的进一步升级来提高价值链的增值水平，以避免被淘汰的厄运。

按波特的标准，英国在20世纪上半叶已经进入这一阶段。还有其他一些国家如美国、德国等在20世纪80年代也开始进入这一阶段。

三、创新机制理论

波特认为，一个国家的竞争优势，就是企业、行业的竞争优势，也就是生产力发展水平上的优势。一国兴衰的根本在于是否能在国际市场竞争中取得优势地位，而国家竞争优势取得的关键又在于国家能否使主要产业具有优势、企业具有适宜的创新机制和充分的创新能力。创新机制可以从微观、中观和宏观三个层面来阐述。

1. 微观竞争机制

国家竞争优势的基础是其企业内部的活力。企业不思创新就无法提高生产效率，生产效率低下就无法建立优势产业，从而国家就难以树立整体竞争优势。企业活动的目标在于使其最终产品的价值增值，而增值要通过研究、开发、生产、销售、服务等诸多环节才能逐步实现。这种产品价值在各环节上首尾相贯的联系，就构成了产品的价值链。价值链有三个含义：其一，企业各项活动之间都有密切联系，如原料供应的计划性、及时性和协调一致性与企业的生产制造有着密切联系；其二，每项活动都能给企业带来有形或无形的价值，例如服务这条价值链，如果密切注意顾客所需或做好售后服务，就可以提高企业信誉，从而带来无形价值；其三，不仅包括企业内部各链式活动，更重要的是，还包括企业外部活动，如与供应商之间的关系以及与顾客之间的联系。

2. 中观竞争机制

中观层次的分析由企业转向产业、区域等范畴。从产业看，个别企业价值链的顺利增值，不仅取决于企业的内部要素，而且有赖于企业的前向、后向和旁侧关联产业的辅助与支持。从区域上看，各企业为寻求满意利润和长期发展，往往在制定区域战略时，把企业的研究开发部门设置在交通方便、信息灵通的大城市，而将生产部门转移到劳动力成本低廉的地区，利用价值链的空间差，达到降低生产成本、提高竞争力的目的。

3. 宏观竞争机制

波特认为，一国的国内经济环境对企业开发其自身的竞争能力有很大影响，其中影响最大、最直接的因素就是：生产因素、需求因素、相关和支持产业以及企业战略、组织结构、竞争状态。在一国的许多行业中，最有可能在国际竞争中取胜的是那些国内"四要素"环境对其特别有利的行业，因此"四要素"环境是产业国际竞争力的最重要来源，如前所述。

第四节 产业内贸易理论

自 20 世纪 60 年代以来,国际贸易实践中也出现了许多新趋向,工业国家之间的许多贸易活动用传统的比较优势理论无法解释,主要体现在:①世界贸易的绝大部分是在要素禀赋相似的工业化国家之间进行的,且大部分贸易是产业内贸易,即相似产品的双向贸易。②不完全竞争市场的普遍发展。这种新的贸易倾向显然不能用传统的国际贸易理论来解释,而需要对其理论框架进行扩展或重构。于是一批经济学家从贸易实践出发,利用新的分析工具,尤其是借鉴了产业组织理论的重要模型,对国际贸易理论进行了新的发展,提出了一些有别于前人的贸易理论。他们将贸易理论与产业组织理论联系起来,从而从根本上把规模经济纳入了贸易产生的原因当中,并把不完全竞争作为理论的核心,于是国际经济学界产生了一种新的贸易理论——产业内贸易理论。

产业内贸易理论主要针对的是国际贸易大多数发生在发达国家之间,并既进口又出口同类产品的现象。产业内贸易理论有其理论的假设前提、相应的理论解释,对产品的同质性、异质性与产业内贸易现象进行解释,并提出了产业内贸易指数的计算方式。

一、产业内贸易的概念

产业内贸易是指一国同时出口和进口同种类型的产品,因此这种贸易通常也被称为双向贸易或重叠贸易。这个概念是相对于产业间贸易而言的,产业间贸易是指一国进口和出口的产品属于不同的产业部门,如出口初级产品、进口制成品等。

二、产业内贸易的类型

根据贸易产品的不同,产业内贸易可以分为以下两类:同质产品的产业内贸易与异质产品的产业内贸易。

1. 同质产品的产业内贸易

同质产品是指可以完全相互替代的产品,也就是说产品有很高的需求交叉弹性,消费者对这类产品的消费偏好完全一样。这类产品的贸易形式,通常都属于产业间贸易,但由于市场区位、市场时间等的不同,也会发生产业内贸易。

(1) 季节性贸易。有些产品的生产和市场需求具有一定的季节性,因此国家之间为了满足国内需求矛盾也会形成产业内贸易,例如,欧洲一些国家之间为了相互解决用电高峰而进行的电力"削峰填谷"的进出口。另外,一些果蔬的季节性进出口也属于此类。

(2) 相互倾销。不同国家生产同样产品的企业,为了占领更多的市场,有可能在竞争对手的市场上倾销自己的产品,从而形成产业内贸易。

(3) 跨国公司的内部贸易。跨国公司的内部贸易也称为公司内部贸易,指的是母公司与子公司或者子公司与子公司之间产生的国际贸易。由于统计上常常将零部件、中间产品以及加工产品都视为同样的产品,因此,跨国公司的内部贸易也会形成产业内贸易。

(4) 政府的外贸政策。如果一个国家政府在对外贸易政策中实行出口退税、进口优惠时,国内企业为了与进口商品竞争,就不得不以出口得到出口退税,然后再进口以享受进口优惠,这样一来就产生了产业内贸易。

2. 异质产品的产业内贸易

不同类型的异质产品引起的产业内贸易也不相同,分别为水平差异产业内贸易、技术差异产业内贸易和垂直差异产业内贸易。

(1) 水平差异产业内贸易。水平差异是指由同类产品相同属性的不同组合而产生的差异。烟草、服装及化妆品等行业普遍存在着这类差异。

(2) 技术差异产业内贸易。技术差异是指由于技术水平提高所带来的差异,也就是新产品的出现带来的差异。从技术和产品角度看,是产品生命周期导致了产业内贸易的产生。技术先进的国家不断地开发新产品,技术后进的国家则主要生产那些技术已经成熟的产品,因此,在处于不同生命周期阶段的同类产品间产生了产业内贸易。

(3) 垂直差异产业内贸易。垂直差异就是产品在质量上的差异。汽车行业中普遍地存在这种差异。为了占领市场,人们需要不断提高产品质量,但是,一个国家的消费者不能全部追求昂贵的高质量产品。为了满足不同层次的消费需求,高收入水平的国家就有可能进口中低档产品来满足国内低收入阶层的需求;同样,中低收入水平的国家也可能进口高档产品满足国内高收入阶层的需求,从而产生产业内贸易。

三、产业内贸易指数

一国产业内贸易的水平一般是用产业内贸易指数(index of intra-industry trade, IIT)来衡量。

目前使用最广泛的产业内贸易指数的测算方法是由格鲁贝尔和劳埃德提出的。用公式表示如下:

$$IIT = |X - M|/(X + M)$$

上式中,X 和 M 分别为某一特定产业或某一类商品的出口额和进口额,对 $X - M$ 取绝对值,$0 \leq IIT \leq 1$。当 IIT 越接近于 1,说明该国产业内贸易的程度越大;反之,当该指数越接近于 0,则说明该国产业内贸易比重越小。

有些学者和经济学家运用产业内贸易指数对发达工业国的 IIT 进行测算,发现自从 20 世纪 60 年代以来,所有发达国家的 IIT 数值不断上升,甚至有些国家一半以上的贸易都来自产业内贸易。

四、产业内贸易理论的基本内容

产业内贸易理论是以不完全竞争市场以及存在规模经济作为假设前提来进行分析的。产业内贸易理论分析的市场结构包括垄断竞争市场、寡头市场、垄断市场。规模经济是指在产出的某一范围内,平均成本随着产量的增加而递减。规模经济往往与规模报酬递增这一概念联系在一起,规模报酬递增是指生产过程中产出增加的比例大于要素投入增加的比例。当生产过程遵循规模报酬递增规律时,自然存在规模经济,反之亦然。所以,规模经济是指随着生产规模扩大,单位生产成本降低而产生的生产效率的提高。

产业内贸易理论引入不完全竞争的市场结构与规模经济,解释了产业内贸易产生的原因。其基本观点包括以下几个方面。

(1) 当代国际分工和国际贸易是由规模经济、产品差别化和要素禀赋等因素共同来决定的。国家间要素禀赋的相对差异不是国际分工形成乃至国际贸易产生的唯一根本原因。决定两个相似或相同国家同一产业内分工的根本原因是规模经济和产品差别化,各国的历史条件对国际间产业内分工格局具有重要意义。

(2) 在存在规模经济和不完全竞争的市场结构下,产业内贸易的潜在利益来源主要是规模经济的充分实现和供消费者选择的产品范围的扩大。

(3) 在产业内贸易情况下,自由贸易政策具有促进贸易规模扩大的效果,贸易量不再完全取决于国家间禀赋的差异程度。随着一国经济水平和收入水平的提高,消费者的需求会越来越多样化,从而出现了越来越多的差异化产品。在自由贸易情况下,各国会因为市场规模的扩大而专业化生产不同的差异化产品,产量较贸易前也会扩大;在需求方面,因为可消费商品的范围扩大有利于增加福利,各国将相互进口对方的差异化产品。这样,贸易量当然也会随之增加,此时,国家的相对规模和经济特征对贸易量有很大的影响,国家情况越是相似,产业内贸易量就越大。

(4) 由于产业内贸易与产业间贸易在利益来源和分配中存在差异,一国可以通过调整产业结构来强化产业内分工和贸易,并从中获益。产业内贸易不仅会使各国的社会福利得到改善,还可以保证各要素所有者从生产中获益,并有效地避免传统贸易中因要素价格趋于均等化而使稀缺要素所有者遭受利益损失的结果。

第五节　新经济地理学贸易理论

20世纪80年代,随着信息技术的不断进步,经济全球化和区域一体化迅速发展,企业跨越空间的能力大大加强,各国间和一国内部各区域间相互竞争、相互依存的关系也更加明显了。因此,以克鲁格曼为代表的经济学家们开始打破传统的国际经济学中的国家界限,从区位的角度讨论规模收益递增、外部性、比较优势等对产业的区位分布产生的影响,并从全球化的视角来分析经济主体的空间决策行为、要素资源在空间的流动,以及由此产生的集聚现象。

一、新经济地理的主要理论基础

1. 新贸易理论

传统的贸易理论是建立在完全竞争和要素不可流动的条件下。新贸易理论则是建立在不完全竞争基础上,为了解释产业内贸易而发展起来的,它在传统贸易理论的基础上有了新的突破:各国分工和专业化生产是为了利用其收益递增的优势;而分工在一定程度上受到历史条件的影响,具有"路径依赖性";由于不完全竞争和规模收益递增,各国可以制定策略性的贸易政策,创造比较优势,改变专业化模式。

2. 区位理论

1826年冯·杜伦在其名著《孤立国》中提出了著名的圈层布局论,奠定了区位理论的基础。100年之后,在继承和发展冯·杜伦理论的基础上,德国地理学家克里斯泰勒的《德国南部的中心地》以及勒施的《区域经济学》提出了中心区位理论。但是对新经济地理影响最大的还是哈里斯和普雷德在区位理论方面的贡献。哈里斯认为制造商会选择接近市场的地方建立工厂。为了说明这个问题,他利用"市场潜力指教"测量美国各县接近市场的程度,该指数实际上是各附近市场购买力的加权平均,其权重取决于该地区与市场的距离并与距离成反比。结果表明:美国工业集中地区都具有较高的市场潜力,而且生产的聚集能够自我加强,厂商选择离市场较近的地区进行生产;但同时接近市场的地区也是其他厂商会选择的地区。

3. 规模经济和外部性

新经济地理和传统的经济地理最大的不同之处就在于规模经济的引入。因此,要理解新经济地理,就要从规模经济和外部性开始,其中影响最深的当然要数马歇尔模型。该模型将规模经济看作是外部的,是由于劳动的专业化分工而引起的。马歇尔认为厂商之所以集中有三种不同的原因:首先,厂商的集中形成了劳动市场的集中和共享;其次,产业的集中能够降低投入品的获得成本;最后,集中还会带来技术的外溢。

二、新经济地理的基本理论

克鲁格曼1991年第一次试图用经济学的模型来解释哈里斯和普雷德所提出的观点。他利用D-S(Dixit-Stiglitz,指迪克西特和斯蒂格利兹建立的一个规模经济和多样化消费之间的两难冲突模型,简称D-S模型)的方法,建立了一个最简单的两个地区模型。

在这个模型中只存在两个行业:农业和制造业。农业是规模报酬不变的,制造业规模报酬递增;农产品没有贸易成本,而制造品的贸易存在运输成本。为了简化模型,他将生产要素分为专门从事农业生产的农民和专门从事制造业生产的工人,并且限制农民不能在两个地区之间自由流动,工人则是可以自由流动的要素。

在均衡的形成过程中,要受到"向心力"和"离心力"的影响。"向心力"是指使得制造业集中于一个地区的作用力,其作用与外部经济相似。向心力主要来自规模经济、运输成本和要素的流动性三个方面的互相作用。简单地说,规模经济和运输成本的存在使得厂商总是向聚集在靠近市场和供应商的地方进行生产;但同时靠近市场和供应商的地方也是别的厂商选择的地方。这样的一个不断循环的过程就造成了经济中的"聚焦"现象。而"离心力"则是那些阻止厂商聚集在一起的力量,例如农业生产受地理限制。

当运输成本较高的时候,很少有区域间贸易,工人的收入主要取决于当地的竞争,随着工人人数的增加,收入减少。此时的均衡就是制造业人口均匀分布于两个地区。当运输成本很低的时候,一个典型的厂商会在两个地区都销售其产品;但是如果它位于人口较多的地区，就会更加接近市场，因此也能提供更高的工资；反过来，工人由于接近市场，其工资能够转化成高的购买力。因此，在低运输成本的情况下，实际工资会随着人口的增加而增加。在此时，生产集中于两个地区的任何一个都是均衡的，因此，运输成本较低时存在三个可能的均衡。当运输成本是中等程度的时候，离心力和向心力旗鼓相当。如果两个地区的差异较大，向心力占优势；而当两个地区条件相似的时候，离心力占优势。

是否所有的均衡都能稳定存在？答案是否定的。当经济中具有很高的运输成本时，均衡只有一个——制造业在两个地区之间平均分布；若运输成本逐渐降低，经济会达到一种临界状态，这时对称分布的均衡不再稳定。只要某个地区的制造业少许增长就会导致几乎全部制造业集中于该地区，最后该区成为了制造业的"中心"。经济的这种自发调节过程，可能只依赖于一件十分偶然的历史事件，但历史并不是全部起作用的因素，在一定程度上，人们的预期也会影响经济的走向。克鲁格曼对历史与预期给均衡带来的影响进行了分析。他指出历史与预期究竟哪个起决定性作用，取决于三个参数：贴现率、外部经济的影响力大小和调整速度，如果贴现率很大、外部经济作用小或者调整速度很慢，历史会起决定作用。

三、新经济地理和国际贸易

目前，新经济地理研究的一个主要方向是以克鲁格曼和维纳布尔斯为代表的国际经济学家，致力于将新经济地理模型引入到国际贸易的研究中，分析国家之间差异的形成原因、聚集对经济的影响，等等。

1. 基本模型

1995 年克鲁格曼和维纳布尔斯建立了一个新经济地理国际贸易模型。为了体现国家和区域间的区别，该模型取消了劳动力具有流动性的假设，而加入了中间品贸易。这样一来，导致产业活动集中分布的不再是厂商和工人之间的联系，也不是厂商和消费者之间的联系，而变成了厂商和厂商之间的联系。而这种联系又进一步被解释为成本关联和需求关联。在其他条件相同的情况下，如果一个地区拥有较大的制造业部门，该地区便能为中间品提供较大的市场，这就使得这个地区能够吸引来更多的制造业厂商，这就是所谓的需求关联(其含义类似于后向关联)。另外，如果这个地区能够生产较别处更多的中间产品，那么该地区的最终产品生产成本就要比别处低，这就是成本关联(其含义类似于前向关联)，这两种联系使得厂商越来越多地聚集于该地。当运输成本降低到一定程度，世界经济就会自发地形成以制造业为中心、非工业化地区为外围的产业分布。

他们还进一步解释：如果制造业部门足够大，还会造成国家之间的工资差异。前向关联和后向关联会使得工业化地区的劳动力需求增大，而其他地区的工业逐渐衰落则会降低该地区对劳动力的需求。这样一来，成为制造业中心的地区实际工资会上升，而非工业的外围地区实际工资下降，全球的经济一体化导致了不平衡的发展。但是如果运输成本继续下降，厂商会逐渐失去由于接近市场和供应商所带来的前向关联和后向关联的优势。同时，外围的非工业化地区，由于具有较低的工资率从而具备了较低的生产成本。当运输成本降低到足够低时，外围地区低成本的优势将足以抵消远离市场和供应商带来的不便。此时，制造商将搬出中心地带，到外围地区进行生产，从而使得中心和外围地区的工资率差距逐渐缩小。所以随着贸易自由化程度的逐渐增大，各国的工资差异经历了一个由小到大再变小的过程。

2. 聚集与经济增长

1995年，克鲁格曼和维纳布尔斯迈开了经济地理迈向国际贸易的第一步，他们建立起了产业聚集和国际贸易之间的桥梁，这篇文章被后来的学者们认为是经济地理在国际贸易发展中的一个里程碑。1993年，帕格和维纳布尔斯在多产业的均衡方面又进一步深化，提出了聚集对经济增长的影响。他们从工业化的角度出发，分析产业聚集对世界经济的拉动作用。

他们将制造业的发展作为聚集的一个动力，而不再仅仅局限于运输成本的降低。我们已经知道，不完全竞争、运输成本和投入—产出关联之间的相互作用会刺激厂商在接近市场和供应商的地方生产。而这种聚集使得某些国家的工业化程度提高，同时也具有了较高的工资。如果工业化国家的制造业继续膨胀，会使得该国的工资过高，刺激厂商从该国转移到非工业化的外围进行生产。如果产业继续膨胀，外围国家也会逐渐变为工业化国家，进而厂商会继续向更加落后的国家转移。这种过程不断重复，工业化就犹如一股浪潮，从中心国家逐渐波及外围国家。在不同的行业中，产业间关联较弱的行业，处于上游位置的行业或是劳动密集度较弱的行业，在工业化的蔓延中会先行调整，然后再波及其他行业。

1997年鲍德温和福斯里德借助内生增长理论的分析方法，也提出了一种新的地理和贸易模型。这个模型中的循环因果涉及的不是要素的流动而是要素的积累，拥有较大市场的国家往往会进行较多的投资，而这些投资又进一步扩大了该国的市场。

3. 贸易政策与经济福利

鲍德温在1999年的存在聚集力模型论中认为，单边贸易壁垒的提高，有助于降低该国国内产品的价格，并指出聚集力的存在强化了贸易保护的降价效应。然而这种效应是一系列简化的假设结果。虽然单边贸易保护政策，从提高本国工业生产份额这个意义上说，可以促进本国工业化的发展，但这也并不是在任何情况下都会发生的，这需要一定的条件，其实贸易自由化也可以促进工业化的发展。帕格和维纳布尔斯(1997)首次对贸易自由化促进工业化发展的可能性进行了研究，指出单边自由贸易政策与进口补贴虽然在吸引外资的效果上较为接近，但是前者能够产生更高的经济福利。鲍德温和福斯里德(2002)详细分析了自由贸易协定所带来的经济影响，他们指出全球经济自由化有利于大国而不利于小国。在多边自由化过程中，最小的国家首先失去其所有工业，随着自由化的推进，其他国家依市场规模小于平均市场规模的程度，依次变为"边缘"国家。当贸易完全自由化时，所有工业将集中于市场规模最大的国家。如果这些国家之间取消贸易壁垒，就会形成很大的市场，从而引起投资创造和投资转移效应。而自由贸易协定的成立会使成员国的居民实际收入增加，非成员国的经济利益受损。而贸易集团的形成，也会产生一种自我强化的作用，从而导致一种"多米诺"效应，导致贸易自由化向全世界逐步扩散。

本章小结

随着现代国际经济的发展，西方经济学家认为生产要素不仅包括土地、劳动和资本，还包括技术、人力技能、研究与开发、信息、规模经济与管理等新型生产要素。同时，要素的国际移动、要素密集性的变化都使要素功能增加。

美国弗农教授的产品生命周期理论以产品生命周期中各阶段生产区位的变化来解释国际产业转移现象。该理论把产品生命周期分为产品创新阶段、产品成熟阶段、产品标准化阶段。企业的对外直接投资是企业在产品周期运动中，由于生产条件和竞争条件变动而做出的决策。

波特认为，生产要素、需求要素、相关和支持产业与国内竞争状态所构成的不同组合是一国在国际贸易中取得成功的关键决定因素；一国优势产业参加国际竞争的过程分为四个依次递进的阶段：要素驱动阶段、投资驱动阶段、创新驱动阶段和财富驱动阶段。

产业内贸易也称部门内贸易，即一国既出口同时又进口某种同类型制成品，其贸易对象是同一产业内具有异质性的产品。我们可以用产业内贸易指数来测量一国或地区的一个产业的产业内贸易程度。

随着信息技术的不断进步，经济全球化和区域一体化迅速发展，企业跨越空间的能力大大加强，各国间和一国内部各区域间相互竞争、相互依存的关系也更加明显了。以克鲁格曼为代表的经济学家们开始打破了传统的国际经济学中的国家界限，从区位的角度讨论规模收益递增、外部性、比较优势等对产业的区位分布产生的影响，并从全球化的视角来分析经济主体的空间决策行为、要素资源在空间的流动，以及由此产生的集聚现象。

思 考 题

1. 产品生命周期各阶段的特点是什么？
2. 内部市场的产业内贸易的特点有哪些？
3. 根据克鲁格曼(1991)建立的最简单的两个地区新经济地理模型，均衡的形成过程要受到哪两种力的影响？这两种力又是如何形成的？

案例分析

海尔的壮大

第六章 国际直接投资理论

引导案例

哥斯达黎加的战略性贸易与投资政策

【学习目标】

- 掌握垄断优势理论、产品生命周期理论、内部化理论和边际产业扩展理论的主要内容及优缺点。
- 掌握国际生产折衷理论的主要内容及优缺点。
- 了解小规模技术理论、技术地方化理论、技术创新和产业升级理论。
- 掌握竞争优势理论的主要内容。
- 了解麦克杜格尔的国际资本流动模型。
- 掌握双缺口理论和新经济增长理论的主要内容。

第一节 形成原因及决定因素

有关国家直接投资形成原因及如何被决定的理论,是沿着两个方向发展的,一是以产业的组织理论为基础,另一个是以国际贸易理论为基础。以产业组织理论为基础的 FDI(对外直接投资)理论,主要是垄断优势理论和内部化理论,以海默、金德尔伯格、巴克莱和卡森学者为代表;以国际贸易理论为基础的 FDI 理论,主要是产品生命周期理论和边际产业扩张论,以弗农和小岛清为代表。

一、垄断优势理论

1960 年美国学者海默在麻省理工学院完成的博士论文《国内企业的国际化经营:一项对外直接投资的研究》中首次提出垄断优势理论。20 世纪 70 年代,海默的导师金德尔伯格加以修正和发展,形成了现代 FDI 理论的基础——垄断优势理论,并从此推动 FDI 理论从传统理论中分离出来。西方学者常常将金德尔伯格和海默并列为垄断优势理论的创立者,并将该理论称为"海默-金德尔伯格模式"。

1. 垄断优势理论的主要观点

FDI 为什么会存在?它由什么来决定?垄断优势理论认为,FDI 存在的原因在于跨国公司自身和外在的两种因素,即跨国公司的垄断优势和外部市场的不完全性。外部市场的不完全是现实的、不可避免的,这种不完全市场导致了公司能够取得某种特定优势。这种垄断优势首先使跨国公司在国内获得优势,然后通过对外直接投资的方式在国际市场加以利用。换句话说,源于市场不完全性的垄断优势是跨国公司对外直接投资的决定因素。

造成跨国公司能够获得垄断优势的市场不完全性,垄断优势理论认为主要体现在以下几个方面。

(1) 产品和要素市场的不完全。产品市场的不完全是由于商品差异、特殊的营销技巧或价格垄断等因素造成的;而要素市场不完全则是由特殊管理技能、专利制度保护和信息不对称等原因造成的。

(2) 由规模经济所引起的市场不完全。规模经济是指随着厂商产量的扩大,单位产品的成本逐渐降低。规模经济使得大企业能够利用自身的生产规模获得垄断地位,逼迫达不到一定规模的中小企业退出市场。

(3) 由政府干预经济导致的市场不完全。一个完全竞争的市场是不需要政府干预的,政府只承担"守夜人"的角色。但现实世界中,完全没有政府干预的市场是不存在的,因此,市场总是不完全的,政府的干预力度越大,这种不完全性越明显。第二次世界大战后各国政府为了本国经济的发展,纷纷加强了政府对经济的干预力度。

(4) 由关税引起的市场不完全。完全竞争的市场中,商品和要素是自由流动的,但关税的存在可以阻碍这种自由流动,造成市场的不完全。第二次世界大战后,发达国家为保护特殊产业,实行战略性贸易,设置关税壁垒。发展中国家则由于刚刚独立,为保护幼稚产业,也不得不设置关税壁垒。由此,市场的不完全性增加。

一般来说,跨国公司相比东道国而言,其对东道国市场的熟悉程度、政治环境的适应能力、语言的运用技能等方面都处于劣势。很显然,跨国公司要在东道国市场取得竞争优势,就必须具有东道国企业所没有的优势,以便抵消自己的薄弱环节。不完全竞争市场正好赋予了跨国公司这种特定优势,以补偿跨国公司增加的成本和弥补风险增加的不利。垄断优势理论认为跨国公司的垄断优势具体表现在以下五个方面。

(1) 技术优势。跨国拥有的技术优势包括技术诀窍、管理组织技能和市场技能。跨国公司依赖技术优势可以占领更多市场,获得较高利润。

(2) 雄厚的资金实力。跨国公司拥有雄厚的资金实力,公司可以在内部各分支机构之间调动庞大的资金。同时,跨国公司由于良好的信誉,还能以较低的成本进行融资,从而能够迅速在全球捕捉有利的获利机会。东道国企业的自身资金实力比较有限,且融资成本高,处于劣势地位。

(3) 灵通的信息。跨国公司在软硬件上都保证了公司能够在全球范围内迅速获取信息,并能及时处理。软件的信息优势主要是其全球的网络机构和人才,而硬件的优势则是比较先进的通信和信息处理设备。

(4) 全球销售网络。跨国公司建立了自己独立的全资销售体系,并和国际包销商建立了比较稳定的关系,因此,能够低成本、便捷快速地销售自己的商品。

(5) 规模经济优势。跨国公司一般生产规模比较大,能够获得成本优势。这种成本优势一方面体现在跨国公司通过横向一体化扩大公司内部规模优势,另一方面,还通过纵向一体化形成聚集效应,产生外部规模优势。

总之,垄断优势理论认为,FDI 存在的原因是跨国公司具有东道国企业无法获取的特定垄断优势,而这种优势根源于市场的不完全性。

2. 垄断优势理论的发展

在海默的垄断优势理论发表后，20世纪六七十年代，西方学者都从市场的不完全性出发，发展和完善了垄断优势理论。代表性的有约翰逊的占有能力论、凯夫斯的产品差异能力论和尼克博克的寡占反应论。

(1) 约翰逊的占有能力论。约翰逊(1970)在发表的一篇论文《国际公司的效率和福利意义》中认为，跨国公司相比东道国企业的一个重要优势就是占有知识资产，知识转移是FDI产生的关键。知识包括技术、专有技术、管理与组织技能、销售技能等一切无形资产，它可以在若干地区同时使用，供给极富挑战性。跨国公司通过控制知识资产，从而降低边际成本，获得更高的利润。

(2) 凯夫斯的产品差异能力论。凯夫斯(1971)在他的论文《国际公司：对外投资的产业经济学》中，提出了产品差异能力论。凯夫斯认为，不同层次和不同地区的消费者对产品有着不同的偏好，而跨国公司可以利用自身的技术优势，生产不同的产品，来满足消费者的不同要求。此外，跨国公司还利用品牌优势，来影响消费者的心理，从而获得对产品价格和销售的控制。

(3) 尼克博克的寡占反应论。美国学者尼克博克(1973)发表了《寡占反应与跨国公司》，从寡占反应论的角度对垄断优势做了重要补充。他将对外直接投资划分为两大类：进攻性投资和防御性投资。进攻性投资是指寡头公司在国外建立第一家分支机构所进行的投资，防御性投资则是指其他寡头公司跟随进攻性投资，在同一地点所做的投资。

尼克博克认为在由少数几家寡头公司组成的企业或市场中，每个寡头公司的行动都会对其他寡头公司产生重大影响。在国际资本流动领域，同样如此，一旦对方采取对外直接投资，则实行跟进策略，以维护自己的市场份额。

3. 对垄断优势理论的评价

早期的国际资本流动理论以完全的竞争市场为前提，认为资本流动与资本的富裕程度、国际间的利率差和投资回报的利润差别导致了国际直接投资。但问题是既然是自由竞争，国际间贸易就可以赢利，为何还要进行直接投资？竞争使利率和利润趋同，直接投资的存在将不再必要，但为何直接投资仍然庞大？垄断优势理论正是在古典理论无法解释实践的情况下，放弃了完全竞争的市场假设，成为西方公认的开拓国际直接投资理论的重要里程碑。

垄断优势理论的突破在于：首先，它改变了国际直接投资理论研究的前提，摒弃了古典西方经济学中自亚当·斯密开始的以完全竞争为前提假设的经济学理论分析框架，从市场缺陷与国际直接投资之间的内在关联进行考察，创立了国际直接投资研究的全新体系，为以后的理论研究奠定了坚实基础。其次，它将国际直接投资与国际证券投资区别开来研究，明确指出不能用国际间利率差异来解释国际直接投资，这不仅突破了传统的国际资本流动理论的局限性，而且能较好地解释知识密集型产业的国际直接投资问题。

但由于垄断优势理论是以美国制造业等少数部门的国际直接投资为研究对象的，这一理论也有不足和局限性。具体表现在：其一，它是以战后美国制造业等少数部门的国际直接投资为研究对象的，是美国知识和技术密集型部门创办跨国企业的经验分析与描述，其理论缺乏普遍的指导意义，难以解释不具备垄断优势的发展中国家企业和服务性企业的境外投资活动。其二，它难以解释第二次世界大战后发达国家间的相互交叉投资的迅速发展。如果说以美国为代表的早期发达国家跨国公司运用自身独有的垄断优势对发展中国家进行正向投资验证了"垄断优势论"的话，那么，技术水平基本相当的发达国家之间的交叉投资就形成了对"垄断优势论"的挑战。其三，该理论无法解释为什么拥有独占性技术优势的企业往往要发展国际直接投资，而不是通过有偿的技术转让或出口来获得那些潜在的收益。其四，发展中国家之间的横向投资的出现也形成了对垄断优势理论的挑战。发展中国家之间的横向投资区别于发展中国家向发达国家的投资，是另一种在不存在垄断优势条件下的对外直接投资。其五，垄断优势理论只是对国际直接投资的起始解释，对后续的国际直接投资扩展行为没有做出解释。

二、内部化理论

内部化理论是 20 世纪 70 年代中期后形成的 FDI 理论，它是当代西方较为流行、较有影响的一般理论。该理论试图用交易成本的概念解释跨国直接投资的存在，代表性的学者有英国里丁大学学者巴克莱和卡森以及加拿大学者拉格曼等。

1. 内部化理论的主要观点

英国学者巴克莱和卡森于 1976 年出版的专著《跨国公司的未来》中系统提出了内部化理论。该理论将科斯(1937)的交易成本概念运用于国际直接投资领域，认为市场的不完全性导致了某些产品的特殊性质或垄断势力的存在，致使企业交易成本增加，而国际直接投资正是通过将外部市场交易转变为公司内部的交易，形成一个内部化市场来达到降低成本的目的。

中间产品流动是企业研发、销售、劳动者培训和金融管理等环节的纽带，对企业经营起着非常关键的作用。内部化理论中的市场不完全，主要是指中间产品市场上的不完全竞争。因此，它更强调中间产品市场的不完全是导致企业内部化的根本原因，这里的中间产品，不只是半成品、原材料，更为重要的是专利技术、商标、商誉、管理技能和市场信息等知识产品。知识产品以及市场结构具有以下特点。

(1) 知识产品耗时长、费用大。知识产品的形成需要耗费大量的时间，投入巨额资金。如果通过外部市场进行一次性交易，不足以弥补花费在研发上的费用，所以跨国公司更愿意通过内部化的方式使用，充分发挥知识资产的同时使用、重复使用的特点。

(2) 知识产品可以给拥有者提供垄断优势。知识产品的内部使用，可以长期使跨国公司保持技术优势，而技术的外部市场转让会削弱公司的竞争力。

(3) 知识产品的市场价格难以确定。由于知识具有共享的特点，复制成本低，但经济效益高，因此，很难对知识产品进行合理定价。再加上知识产品的独创性，交易时信息一般是不对称的，且具有不可比性，就更加增添了知识产品市场价格确定的难度。因此，知识产品的内部化交易方式就成为一种更可取的形式。

(4) 知识产品的外部市场可能导致额外的交易成本。知识产品的共性特点，使得它难以进行转让。效仿者可以用极为低廉的价格，来复制知识产品，从而导致企业遭受巨大损失。

中间产品的特点使得企业有强烈的市场内部化动机，知识产品尤其如此。跨国公司在实行中间产品内部化的过程中，会给公司带来更多收益。市场内部化的收益主要来源于除外部市场不完全所带来的经济效益。这些收益体现在以下五个方面。

(1) 统一协调内部相互依赖的各项业务所带来的经济效益。跨国公司实行内部化可以使公司不同时期的业务供需关系得到平衡，减小市场不完全造成的生产经营活动"时滞"所带来的影响。此外，跨国公司的内部化还可以协调不同地区的内部机构之间的供需关系，从而给公司带来较高的收益。

(2) 实行差别价格转移带来的收益。跨国公司实行内部化，可以采用不同于外部市场的内部价格，在横向一体化和纵向一体化中进行中间产品的转移，为公司带来收益。

(3) 消除买方不确定性带来的经济效益。跨国公司实行内部化，实际上将买卖置于同一所有权下，这就消除了市场交易中不同所有者交易的风险。

(4) 保持技术领先优势所带来的经济交易。跨国公司实行知识产品的内部交易，可以避免在市场交易中的知识外溢，保持技术领先优势，确保自身的市场份额，从而获得更高的收益。

(5) 避免政府干预带来的经济收益。公开市场交易容易受到政府的监督，增加税负等成本。但公司的内部化可以在内部市场中实行调拨价格，逃脱政府的干扰，节省成本，增加额外收入。

当然，市场的内部化也会给公司带来额外的成本，所以，跨国公司的内部化行为不是无条件的，只有在实行内部化后，额外收益超过了增加了的成本，跨国公司才会选择内部化。换句话说，跨国公司对外直接投资的发生，取决于内部化行为所带来的成本收益比。内部化理论认为内部化增加的额外成本主要体现在以下四个方面。

(1) 资源成本。跨国公司的内部化行为，会对市场进行分割，从而缩小了交易活动的规模，会导致规模不经济，资源配置上也不会达到最佳。

(2) 通信联络成本。跨国公司的分支机构遍布世界各地，为了公司内部的商业秘密，跨国公司必须建立独立的内部通信系统，从而增加额外的成本。

(3) 国家风险成本。跨国公司在东道国进行生产性投资，不可避免地受到东道国政治环境的影响，受到东道国政府的干预，严重的还会遭受国有化风险。

(4) 管理成本。跨国公司必须协调各地分支机构之间的管理监督，建立统一的管理监督机制，这就需要更多的人力、物力和财力，从而增加公司的成本。

2. 对内部化理论的评价

垄断优势理论从市场不安全和寡占市场结构出发，解释了跨国直接投资的存在，而内部化理论从内外部市场的差异出发来论述国际直接投资，说明国际直接投资是一定条件下内部市场优于外部市场的结果，这是国际直接投资理论的一个重要转折。内部化理论和其他国际直接投资理论相比有更好的解释能力，能在一定程度上解释第二次世界大战后各种形式的国际直接投资，包括服务性行业国际直接投资的形成和发展。尤其是它着重强调了技术保护对企业竞争的重要意义，从而使得理论的分析更加接近了现代企业的跨国投资实践。最重要的是，内部化理论对出口贸易和许可证安排也能在一定程度上加以说明。出口贸易往往容易受到贸易保护的限制，而内部化则可以避免东道国的歧视政策，通过对外直接投资绕开贸易壁垒；许可证安排对知识产品来说，容易造成技术外泄，妨碍跨国公司的垄断地位，对外直接投资而实现的内部化同样可以保持跨国公司的技术领先地位，从而获得更高的利润。此外，内部化理论还能解释发展中国家的对外直接投资行为和第二次世界大战后跨国公司的巨额研发资金投入。

当然，内部化理论也存在一定缺陷。内部化理论单纯从跨国企业的主观方面寻找其从事国际投资的动因和基础，忽视了国际经济环境的变化，这就使其具有片面性和局限性。在商品经济产生后，企业的内部化优势就已存在，而国际直接投资只是商品经济发展到一定阶段的产物，这表明内部化优势并非国际直接投资的初始动力。此外，该理论也不能很好地说明国际直接投资的区位选择。

三、产品生命周期理论

1996 年 5 月美国经济学家弗农在《经济学季刊》上发表了论文《产品周期中的国际投资和国际贸易》，提出了国际贸易和国际投资的产品生命周期理论。后来，弗农于 1974 年又对该理论进行了进一步发展和完善。

1. 产品生命周期理论的主要观点

弗农认为，垄断优势理论的分析只停留在静态阶段，应该将企业的垄断优势和产品生命周期以及区位因素结合起立，从动态的角度考察企业的海外投资行为。他把产品的生命周期分成创新、成熟和标准化三个阶段。在产品创新阶段，由于产品的特异性或垄断优势，价格的需求弹性低，企业有选择在国内生产的倾向，并向后发工业国家出口，以对外贸易的方式满足国外市场；在产品成熟阶段，由于技术的扩散和竞争者的加入，成本因素变得更为重要，同时为避免贸易壁垒、接近消费市场和减少运输费用，对外直接投资比产品出口更为有利，因而企业倾向于到海外需求类型相似的地区投资设厂，以增强产品的竞争能力；在产品标准化阶段，生产厂家所拥有的垄断技术因素已消失，竞争的基础变成了价格竞争，因此企业倾向于把生产业务转移到劳动成本低的发展中国家，随之产品的原创新国逐渐变成了进口国。

2. 对产品生命周期理论的评价

产品生命周期理论结合了国际贸易和国际直接投资这两种对外经济活动方式，阐明了在产品不同阶段选择不同方式和生产区位的动因，认为企业对外直接投资是产品出口方式的替代，是伴随产品生命周期运动展开的。该理论对技术垄断、生产成本和规模经济的作用做了清晰说明，既回答了企业为什么要到境外去投资和为什么能到境外直接投资，又回答了到什么地方投资的问题。产品生命周期理论较好地解释了战后美国企业向西欧各国进行直接投资的动因，并对发达国家处理对外直接投资、对外贸易和对外技术转让三者之间关系所遵循的原则做了很好的说明，得到了战前和战后一些国家对外经济关系的实践证明。

产品生命周期理论也有不少缺陷：第一，它是弗农实证研究美国特定时期国际直接投资的产物，并且局限于高度创新的制造业等行业，不适合解释其他类型的国际直接投资。第二，该理论中关于寻求低廉市场成本地区的观点也与现实不符。从 20 世纪 80 年代以后，跨国公司研发国际化日趋明显，跨国公司在市场经营上逐步打破了国家的界限，服务于一个统一的全球经营战略，许多跨国企业一开始就在国外研究开发、生产和销售新产品，或在国外生产标准化产品，或为了适应东道国市场需求而将其原来的产品改进或多样化，产品生命周期理论对此无法做出全面而科学的解释。第三，该理论将跨国公司的产品开发、市场营销渠道和市场竞争方法三个相互依存的决策程序人为分开，这与现实中成熟的跨国公司往往同时考虑这三项决策的实际不符。第四，该理论也未能分析可替代直接投资的方式，比如出售知识资产的可能性，因此，它不可能说明国际直接投资中涉及所有权方面的重要问题。第五，在国际分工越来越精细的条件下，同一产品的不同零部件甚至不同工序之间的分工，已成为推动跨国公司国际直接投资的重要因素，产品生命周期理论更难以解释这类国际直接投资行为。第六，由于经济全球化的加速，出现了越来越多的防御性的逆向投资和双向交叉投资现象，其中突出的是发展中国家对发达国家以及发展中国家之间的投资迅速增长，这一趋势也是产品生命周期理论无法解释的。

四、边际产业扩张理论

20世纪70年代中期后，日本学者在试图解释日本大规模对外直接投资时，发现垄断优势理论和产品生命周期理论无法得出令人信服的结论，从而提出了比较优势理论，也被称为边际产业扩张理论，它是由日本一桥大学教授小岛清提出来的。

1. 边际产业扩张理论的主要观点

边际产业扩张理论认为，边际产业就是投资国处于比较劣势的产业，但对于东道国来说，却是具有潜在比较优势的产业。该理论认为，日本式的对外直接投资不是取代贸易，而是补足贸易、创造和扩大贸易的，而美国则是逆贸易型的。该理论对这两种直接投资方式进行了解释：从边际产业开始进行投资，可以使东道国因缺少资本、技术、经营管理技能等未能显现或未能充分显现出来的比较优势，显现出来或增强起来，从而扩大两国间的比较成本差距，为实现数量更多、获益更大的贸易创造条件。而投资国将自己处于比较优势的产业进行对外直接投资，则会削弱自己的贸易优势，使利润大为降低。

边际产业扩张理论认为，边际产业是一个相对的概念，有些产业对投资国来说是比较劣势产业，但对东道国来说却是比较优势的产业；有些产业对东道国的大企业来说可能是优势产业，但对于中小企业来说却是比较劣势产业，因此，中小企业在这些产业中成为边际企业；如果同一企业中不同的部门的产业优劣势不一样，则产业处于劣势的部门称为边际部门。因此，边际产业扩张理论认为，投资国应该选择和东道国技术最接近的边际产业(边际企业或者边际部门)对东道国进行投资，从而充分利用东道国的比较优势，而又不影响投资国的优势产业，还能增加东道国收入，扩大与投资国的贸易。

2. 对边际产业扩张理论的评价

边际产业扩张理论从欧美学者对立的角度，用国际分工和比较利益理论说明了日本企业对外投资的情况。该理论能够很好地解释日本20世纪六七十年代对外直接投资的实践。

但是边际产业扩张理论也存在一些缺陷：第一，它是以投资国为研究对象，从宏观的角度来解释直接投资现象，忽视了跨国公司的主动性，因此，显得过于简单。第二，边际产业扩张理论无法解释 20 世纪 80 年代以后对外直接投资的实践，因为，随着日本企业垄断优势的增强和产业结构的变化，加上国际贸易保护主义日趋盛行，日本贸易替代性的对外直接投资逐步增加，许多大型企业纷纷加入了对外直接投资的行列，从而导致其投资方式越来越与美国趋同。第三，边际产业扩张理论仅以日本的对外直接投资为研究对象，对发展中国家益处不大，用该理论来指导发展中国家对外直接投资实践，具有很大的局限性，因为按照这一理论，发展中国家只能永远跟在发达国家后面调整产业结构，而不能取得后发优势。第四，这一理论仅仅符合日本前期大量向发展中国家投资的情况，而不符合后来向欧美国家投资的情况。第五，这一理论很难说明第三产业向外投资以及发展中国家向发达国家投资的情况。

第二节　综合与拓展

20 世纪 70 年代后期及 80 年代初，FDI 理论的综合和拓展主要有邓宁的国际生产折衷理论、国际投资发展阶段理论以及专门解释发展中国家对外直接投资的小规模技术理论、技术地方化理论、技术创新产业升级理论等。20 世纪 90 年代后，FDI 理论的最新拓展主要有针对发达国家的竞争优势理论和针对发展中国家的投资诱发要素组合理论。

一、国际生产折衷理论

英国学者经济学家邓宁在吸收俄林的要素禀赋理论、海默的垄断优势理论、巴克莱和卡森的内部化理论以及工业区位理论的基础上，采用折衷的方法和体系加以综合，提出了国际生产折衷理论。该理论在 FDI 理论中有"通论"之美誉，对大多数的国际直接投资有着较强的解释力。

1. 国际生产折衷理论的主要观点

国际生产折衷理论的核心内容是，企业从事海外直接投资是由该企业本身所拥有的所有权优势、内部化优势和区位优势三大基本要素共同决定的，因此，国际生产折衷理论又被称为 OLL(Ownership-Internalization-Location)模型。

国际生产折衷理论中的所有权优势，是指一国企业拥有或能够获得的、国外企业所没有或无法取得的资产及其所有权。所有权优势的观点承袭了海默—金德尔伯格理论的传统思想，具体包括：①技术优势。包括专门技术、专利和商标、生产诀窍、营销技能、研究与开发以及产品特异化能力等。②企业规模优势。表现为生产、研发和全球营销的规模优势。③组织管理优势。表现为大公司完善的生产管理体系、组织体系和销售体系以及人才优势等。④金融与货币优势。大公司拥有雄厚的资金实力和信用等级，因而具备融资的信用优势和成本优势。在这些优势当中，邓宁区分了可以通过市场转让的优势和不可转让的优势。

国际生产折衷理论中的内部化优势，是指为避免市场的非完善性而将企业所有权优势保持在企业内部所获得的优势。市场的不完全既存在于中间产品领域，也存在于最终产品领域，大致上可分为两种：第一种是结构性市场不完全，即由于竞争壁垒、交易成本高而导致的市场不完全；第二种是知识性市场不完全，即由于不容易获得或需要支付较高代价才能获得生产和销售的有关信息所导致的市场不完全。企业的资产或资产使用权可以转让，也可以通过内部化留在企业内部使用。内部化实际上就是利用自身资产进行对外直接投资，从这种意义上讲，内部化优势决定了企业对外直接投资的目的和形式。

源于巴克莱等人的内部化优势，说明了内部化目的在于保持和扩展垄断优势，还不能够充分说明 FDI 存在的原因，于是邓宁又引进了区位优势的概念。区位优势是指东道国固有的、不可移动的要素禀赋，如优良的地理位置、丰富的自然资源、潜在的市场容量等。在现实经济生活中，区位优势是由投资国和东道国的多种综合因素决定的。若东道国经济中的有利因素吸引外国投资者去投资，则形成直接区位优势；若投资国经济中的不利因素迫使企业到海外从事直接投资，则称为间接区位优势。概括而言，区位优势主要取决于劳动力成本、市场购销因素、贸易壁垒、政府政策、心理距离等。

OLL 模型中的所有权优势、内部化优势和区位优势三者是相互联系、相互关联的，国际直接投资是三因素的综合体现。一国企业所拥有的所有权优势越大，其资产内部化使用的可能性就越大，在国外利用其资产比国内使用就更便利，获利的可能性就越高，对外直接投资的可能性也就越大。但所有权优势和内部化优势并不必然导致对外直接投资，它们只是对外直接投资的必要条件，缺少了区位优势，对外直接投资仍然不会发生。OLL 模型可以说明企业这三种优势拥有的不同情况。它认为只有当企业三种优势都具备时，才能从事有利的对外直接投资。如果只有前两项优势而无区位优势，则会缺乏有利的投资场所，因而只能在国内利用优势进行生产然后出口；如果仅有所有权优势，则只能采取技术转移的方式。表 6-1 可以清晰地概括 OLL 模型。

表 6-1 OLL 模型拥有优势的不同组合说明

	所有权优势(O)	内部化优势(I)	区位优势(L)
对外直接投资	有	有	有
对外贸易	有	有	无
对外技术转让	有	无	无

2. 对国际生产折衷理论的评价

传统投资理论只注重资本流动方面的研究，而没有将直接投资、国际贸易和区位选择综合起来加以考虑。邓宁的国际生产折衷理论在一定程度上弥补以往理论学说的片面性和不完整性，比较成功地将国际贸易与对外直接投资理论融合在一起，说明了对外直接投资中垄断、内部化、产品周期、产品出口、间接投资、技术转让等国际经济中必须考虑的因素，从而更好地解释了对外直接投资行为。邓宁的国际生产折衷理论的提出，标志着国际投资理论进入了一个相对成熟和稳定的阶段，至今尚无一种理论可以取代它成为国际直接投资的一般理论。

但是国际生产折衷理论也存在一定的缺陷：首先，该理论将所有权、内部化、区位优势三种因素等量齐观，不加区分地进行分析，忽略了不同因素之间的矛盾关系对直接投资带来的影响，且缺乏动态变化，没有考虑到时间因素，这与形式多样、变化频繁的跨国投资实践是有较大差距的；其次，该理论的研究对象是发达国家的跨国公司，很难解释那些并不具备独占性技术优势的发展中国家企业的对外直接投资行为，尤其对计划经济体制国家的对外投资难以做出合理解释，也不能合理解释中小型企业的对外直接投资。

二、国际投资发展阶段理论

20 世纪 80 年代后，经济全球化的趋势不断加强，国际市场竞争日趋激烈，跨国公司已成为推进世界经济一体化的最重要的力量。跨国公司对外进行国际投资的实践需要理论上的进一步创新，为了修正折衷理论存在的缺陷，邓宁提出了投资发展阶段理论，从动态的角度解释各国在国际直接投资中的地位，将一国的净国际直接投资地位与其经济发展水平联系起来。

1. 国际投资发展阶段理论的主要观点

20 世纪 80 年代初，邓宁用一国的人均直接投资流出量、人均直接投资流入量、人均直接投资净流出量表示对外直接投资的水平，用人均国民生产总值表示一国经济发展水平，对 67 个国家 1967—1978 年间的有关资料进行了实证分析，结果发现可将一国的投资周期划分为以下四个阶段。

第一阶段，人均国民生产总值低于 400 美元。处于这一阶段的国家，几乎是最贫穷的状态，只有少量的外资进入，基本没有对外直接投资。造成这种情况的原因在于两个方面：一方面是因为这类国家缺乏投资国满意的区位，比如说国内的基础设施不好、市场狭小等。另一方面是因为这类国家经济、技术比较落后，没有形成足够的所有权优势和内部化优势，除了进行出口贸易外，没有能力进行对外直接投资。

第二阶段，人均国民生产总值位于 400~1500 美元。处于这一阶段的国家，对外直接投资仍然为负，但外资进入的规模不断扩大。处于这一阶段的国家由于实施进口替代战略，区位优势得到一定程度改善，但经济水平和技术能力仍然有限，不足以克服在东道国投资的障碍。

第三阶段，人均国民生产总值在 1500~4750 美元。处于这一阶段的国家，所有权优势和内部化优势得到很大改善，已经具备一些能够进行对外直接投资的部门，这些部门的存在使得对外直接投资大大增加。但由于在所有权优势和内部化优势方面薄弱的部门依然较多，它们吸引的外资抵消了上述部门的对外直接投资，因此，净对外直接投资依旧是负值。

第四阶段，人均国民生产总值在 4750~5600 美元。这一时期是国际直接投资净流出的时期。随着经济发展水平的提高，这些国家的企业开始具有较强的所有权优势和内部化优势，并具备发现和利用外国区位优势的能力。

投资发展阶段可以用国际生产折衷理论加以解释，如表 6-2 所示。

2. 对国际投资发展阶段理论的评价

邓宁的国际投资发展阶段理论从企业的微观基础出发进行宏观分析，将一国的吸收外资和对外直接投资能力与经济发展水平结合起来，认为一国的国际投资地位与人均 GDP 成正比关系。该理论动态地描述了国际直接投资与经济发展的辩证关系，说明跨国公司对外直接投资的比较优势不是一成不变的，在一段时间内可能会发生变化。国际投资发展阶段理论也可以用来解释发展中国家的对外直接投资实践。

表 6-2　经济发展阶段与国际直接投资的关系

发展阶段	国际直接投资流入	对外直接投资流出
第一阶段	外国所有权优势明显 外国内部化优势明显 本国不具备区位优势	本国不具备所有权优势 本国不具备内部化优势 外国区位优势不适用
第二阶段	外国所有权优势明显 外国内部化优势减少 本国区位优势加强	本国所有权优势较少 本国内部化优势很少 外国区位优势开始出现
第三阶段	外国所有权优势下降和更专业化 外国内部化优势可能上升 本国区位优势加强	本国所有权优势增加 本国内部化优势有限 外国区位优势上升
第四阶段	外国所有权优势下降和更专业化 外国内部化优势增强 本国区位优势减少	本国所有权优势增加 本国内部化优势增加 外国区位优势增加

但以下几个方面的因素也对国际投资发展阶段理论提出了挑战：第一，由于各国的具体情况不一样，即使是人均 GNP 相同的国家，也会在国际直接投资的变化上呈现不同的情况。第二，国家大小、政治体制的不同会使所有权优势、内部化优势和区位优势发生变化，而这种变化并不能单纯由人均 GDP 来解释。第三，对于发达国家之间的相互投资，国际投资发展阶段理论并不能很好地加以解释。

三、解释发展中国家对外直接投资的理论

20 世纪 80 年代，发展中国家，尤其是新兴工业化国家在国际直接投资领域增长迅速，扮演着越来越重要的角色，成为国际经济关系中不可忽视的现象。针对发展中国家的现实和特点，西方学者纷纷提出自己关于发展中国家对外投资的理论。

1. 发展中国家对外直接投资的主要观点

美国学者威尔斯(1983)用小规模技术理论专门针对发展中国家的对外直接投资提出了解释。该理论认为，发展中国家的市场不同于发达国家，发展中国家的市场相比发达国家来说，规模很小、市场需求有限。这种特点使得发展中国家不宜引进发达国家的先进技术，因为容易造成技术能力不能充分利用，从而闲置和浪费资源。而引进发展中国家的国际直接投资，由于投资国和东道国的相似性，确保了国际直接投资在东道国的实用性。小规模技术理论实际上说明了世界市场的多层次性和多元化，认为那些技术不够先进、经营规模不太大的发展中国家的企业仍然能够找到特定的区位，发展其投资的比较优势。

英国学者拉奥(1983)提出的技术地方化理论，认为第三世界跨国公司的技术特征虽然

表现为规模小、标准技术和劳动密集型，但这种技术不是对发达国家的被动模仿和复制，而是包含了创新活动的吸收与改进，具有某种"特定优势"。正是这种创新活动给引进的技术赋予了新的活力，给引进技术的企业带来新的竞争优势，从而使发展中国家企业在当地市场和邻国市场具有竞争优势。

英国里丁大学教授坎特维尔和托兰提诺(1990)共同对发展中国家对外直接投资问题进行了系统考察，提出了发展中国家技术创新和产业升级理论。该理论认为，发展中国家在吸引外资的时候，对引进的技术加以吸收、消化和改造创新，进而为本国企业带来新的竞争优势。该理论指出技术能力的提供是一个长期积累的过程，而且与该国对外直接投资的增长直接相关，并且进一步认为可以预测：发展中国家对外直接投资的产业分布和地理分布会随着时间的推移而逐渐变化，对外直接投资逐步从低级阶段向高级阶段发展——从资源依赖型到技术依赖型投资，显示出技术引进对本国产业转换和升级的推动作用。

2. 对发展中国家对外直接投资理论的评价

小规模技术理论、技术地方化理论、技术创新产业升级理论是专门针对发展中国家对外直接投资现象展开的研究，从而把跨国投资理论的研究对象从发达国家转到了发展中国家。如果说邓宁的投资发展阶段理论在动态解释对外直接投资的基础上，也能一定程度上解释发展中国家的对外直接投资，那么专门针对发展中国家的对外直接投资理论则从技术等角度更加细化地拓展了对外直接投资理论。

当然发展中国家直接投资理论也只是针对某些国家的直接投资现象，并不能对所有发展中国家的直接投资现象做出普遍解释，某些发展中国家为获得特定资源的战略性投资，如获得人力资本或者得到技术支持，往往对发达国家进行直接投资，这就很难用以上发展中国家直接投资理论做出解释。

四、20世纪90年代后国际直接投资理论的进一步拓展

20世纪90年代国际直接投资理论进一步完善，其中具有代表性的有美国哈佛大学商学院教授迈克尔·波特提出的竞争优势理论和其他一些学者提出的投资诱发要素组合理论。

1. 竞争优势和投资诱发要素组合理论的主要观点

波特的竞争优势理论，避免了跨国公司理论只注重对跨国公司成因和跨国公司存在机制的问题的研究，而加强对跨国公司的发展机制，尤其是对现有跨国公司的管理、国际竞争和战略影响的研究。

该理论的核心问题是国际竞争环境与跨国公司竞争战略和组织结构之间是动态调整及相互适应的过程。跨国公司的各种职能可以用价值链构成来描述，价值链是跨国企业管理其国际一体化生产过程中价值增值行为的方法。跨国公司战略是对不同活动的国际区位和对企业所控制的各类实体的一体化程度做出的选择，跨国公司的对外投资也是激烈的国内竞争导致的结果。波特的菱形动态模式指出了跨国公司对外投资应采取"先内后外"的顺序，具有理论创新意义。

投资诱发要素组合理论认为，任何类型的对外直接投资的产生都是由投资直接诱发要素和间接诱发要素产生的。直接诱发要素是指投资国和东道国拥有的各类生产要素，如劳

动力、资本、技术、管理及信息等，它们是诱发跨国公司对外直接投资的主要因素。投资国的企业如果只拥有这些生产要素方面的优势，则会通过对外直接投资加以利用，如果投资国的企业只拥有部分生产要素的优势，而东道国拥有另一些生产要素的优势，同样会诱发企业对外投资以利用东道国的生产要素。间接诱发要素是指生产要素之外的政策和环境因素。主要包括投资国、东道国和世界性诱发和影响对外直接投资的因素，如鼓励投资政策法规、东道国的投资环境和优惠政策、世界经济一体化的影响等。间接诱发要素在当今国际直接投资中起着越来越重要的作用，跨国公司对外直接投资的动因应建立在直接诱发要素和间接诱发要素的组合基础上。发达国家企业的对外直接投资诱发要素起主要作用，而发展中国家企业的对外投资更大程度上是间接诱发要素起主要作用。

2. 对竞争优势和投资诱发要素组合理论的评价

国家竞争优势超越一国比较优势而研究竞争优势，包含了细分市场、不同产品、技术差异等更多的竞争内涵。该理论在解释高科技小国企业创新以及政策环境对创新的影响方面，较其他理论更有说服力。但是该理论在解释需求环境方面，认为苛求的购买者更能促使技术创新，并不能解释实际情况。

投资诱发组合理论从投资国与东道国的双方需求、双方所需条件关联影响角度去阐述国际直接投资的决定因素，是对直接投资理论的创新。该理论强调东道国环境和国际环境对直接投资的影响，也克服了以往理论的不足。但该理论的静态分析，忽视了国际直接投资的发展过程，因而有一定的局限性。

第三节　国际直接投资的利弊分析和政府政策

一、国际直接投资的利弊分析

1. 对东道国经济发展的有利影响

流入的国际直接投资对东道国有四大好处。

(1) 资源转移效应。国际直接投资可以提供其他途径无法提供的资本、技术和管理经验，从而为东道国的经济做出经济贡献。东道国通过吸收国际直接投资，可以在一定程度上弥补资金缺口和外汇缺口，尤其是对资金短缺的发展中国家。东道国既可以通过外资企业的生产和销售直接获得生产所需要的硬件技术和技术信息，也可以通过当地国内企业的观察、模仿、学习的间接渗透使东道国获得生产创新技术产品的能力，掌握技术设计、技术发展和技术管理所需的知识。东道国企业可以学习外资企业的管理经验和管理方法，提高本国企业的经营管理水平。

(2) 增加就业效应。这表现在以下三个方面：①直接效应，即外资公司直接聘用东道国人员。②间接效应，即外资公司能够间接地增加就业机会，包括向它们的供货方、销售方及服务代理人直接创造就业机会和由于刺激了东道国的经济增长为东道国间接创造就业机会。据估算，在发展中国家，外资公司每聘用 1 名工人能间接创造 1～2 个工作机会。③促进就业质量的变化。这主要是针对发展中国家而言的。

(3) 国际收支效应。这表现在以下两个方面：①国际直接投资替代部分产品或服务的进口来改善东道国的国际收支往来项目状况。②当国际企业利用在东道国的子公司向其他国家出口产品和服务时也会给东道国的国际收支带来好处。

(4) 产业结构调整效应。20 世纪 30 年代初，日本学者赤松要提出"雁行模式"理论，20 世纪 90 年代小泽辉智在"雁行模式"的基础上发展出增长阶段模型。无论是"雁行模式"还是增长阶段模型都说明，直接投资的产业结构调整效应源于它能有效地开发东道国比较优势的特征。直接投资带入的一揽子资源，尤其是技术资源和管理技能不仅有助于东道国建立新的产业，而且使原有产业升级，使内向型的产业向出口导向型、更具国际竞争力的产业过渡或转移。

2. 对东道国经济发展的不利影响

流入的国际直接投资对东道国主要有三个方面的不利影响。

(1) 对竞争的不利影响。由于国际企业的实力往往大于本地企业，这样外资公司就会利用它们在资金、技术和管理方面的优势，占领东道国国内市场，从而造成外国公司对东道国市场的垄断。一旦垄断了市场，外资公司就会将价格提高到自由竞争时的价格水平以上，这将对东道国的经济造成损害。同时，由于跨国公司的垄断，使得东道国的幼稚工业不能够很好地成长，不利于东道国民族工业的发展。在并购过程中，大多数外资公司通过其所拥有的控制权取消原有企业的技术开发机构，而利用其本部的研究机构提供技术，大大削弱了东道国的技术自主开发能力，造成了东道国对国外技术的依赖。

(2) 对国际收支的不利影响。表现在：①国际直接投资最初带来的资本流入必然会伴随着后期出现的资本流出，因为外国的子公司总要把它们在东道国获得的收入汇回母公司，资本的净流出会导致一个国家的货币在外汇市场上贬值。②当外资公司从国外大量进口生产投入品时，将造成东道国的国际收支往来项目中借方数额的增加。

(3) 对环境的不利影响。环境污染转移型投资是国际直接投资的重要动因之一。通过对外直接投资将国内已经禁止或者严格限制生产的高污染产品转移到东道国进行生产，从而将环境污染转嫁给东道国。联合国跨国公司中心的研究表明，在发达国家对外直接投资中，尤其是在制造业对外直接投资中，化工、石油和煤炭、冶金、纸浆造纸这四大高污染行业所占比重相当之高。不但加重了当地的环境污染，而且增加了当地环境治理的负担。

3. 对母国的有利影响

流出的国际直接投资对母国的好处有以下几个方面。

(1) 外国子公司收入的外汇将给母国国际收支的资本项目带来好处。如果外国子公司能在投资地创造对母国的资本设备、中间产品和零配件的需求，国际直接投资也会给母国的国际收支的往来项目带来好处。

(2) 流出的国际直接投资对母国的就业也会有积极影响。与对国际收支的影响一样，如果外国子公司能在投资地创造对母国的资本设备、中间产品和零配件等的需求，则国际直接投资就会相应地给母国创造就业机会。

(3) 国际企业从国外市场学到宝贵的技能并将它们带回国内时，对母国的经济自然会有好处，这是一种反向的资源转移效应。

4. 对母国的不利影响

流出的国际直接投资在给母国带来以上好处的同时也相应带来了对母国的不利。

(1) 对母国国际收支的不利影响。如果对外直接投资的目的是在一个低成本的地点进行生产然后将产品返销到母国，那么母国的贸易状况就会恶化。如果国际直接投资替代了直接出口，这对母国的国际收支往来项目也将产生不利影响。

(2) 对资金短缺的国家来讲对外直接投资不能不算是一种打击。本来国内就缺乏资金用于国内的投资和发展，还要到国外市场上去投资，这对那些资金缺乏的国家而言无疑是雪上加霜。因此很多国家有时会采取税收政策鼓励本国公司在国内投资。

二、政府对国际直接投资的政策

20世纪70年代之后，大多数国家，不论是发展中国家还是发达国家，对于对外直接投资的态度出现了趋同现象，纷纷采取既利用又限制的方针。东道国政府对于对外直接投资的鼓励和限制政策清晰地体现了政府对国际商务的双重态度，即一方面采取多种鼓励措施，吸引外资进入本国经济发展急需的领域和优先发展部门；另一方面对外资又施以一定的约束，以限制其消极影响。总体来说，发达国家对外资多采取较自由放任的政策，鼓励的措施少，限制的措施也少；发展中国家对外资则多给予较严格的管制，鼓励的措施虽多，但限制的措施也多。

在国际直接投资格局中，大多数资本都来自发达国家。一般来说，发达国家大多是鼓励本国企业的对外直接投资的活动的。20世纪70年代以后，一些发达国家日益被国际收支失衡、失业增加等问题所困扰，对对外直接投资的态度也转向比过去更为审慎，有些政府甚至声称持中立态度。以新兴工业化国家为代表的许多发展中国家开始逐渐转变以前严格的控制态度，开放了部分行业的对外投资，并给予本国的国际企业，特别是中小企业以适当的支持。总体来看，发展中国家对于对外直接投资的控制仍是限制多于鼓励，而发达国家政府仍是鼓励多于限制。今后母国政府的对外直接投资政策也将像东道国的利用外资政策一样，逐渐趋向于一种鼓励和限制兼而有之的比较宽松的适当控制。

1. 东道国政府的鼓励性政策

东道国政府的鼓励性政策具体如下。

(1) 给予外国投资者国民待遇。发达国家一般给予外国投资者国民待遇，而发展中国家则很少给予外国投资者国民待遇。

(2) 放宽外汇管制，允许外国投资者将其在东道国的投资和获得的利润，以及外籍职工将个人收入，兑换成资本输出国本国货币或其他可自由兑换的货币并可自由汇出东道国。

(3) 保护外国投资，政府承诺一般不将已获批准的外国投资实行国有化。若基于国家安全和利益的需要对外国投资实行国有化时，必须通过法律程序，根据国际通行标准，给予合理的补偿。

(4) 财政及税收优惠。主要有税收优惠、关税减免及其他优惠。税收优惠具体的做法有：确定所得税的减免期；将某些收入排除在应纳税额之外；对出口商品实行特别的税收鼓励等。关税减免的做法有免除作为投资进口的设备或原材料的进口关税。

(5) 设立经济特区，提供比较廉价的土地、标准厂房和比较完善的基础设施与服务设施。这种做法在发展中国家比较普遍。

(6) 其他措施。如开放证券市场，允许外商使用本地信贷；减少技术引进方面的限制；提供受过培训的人力资源；帮助协调劳资关系；公正地解决争端；由政府出资建立必要的辅助设施，改善公共事业和基础设施条件；精简行政手续，提高涉外经济工作的办事效率等。

2. 东道国政府的限制性政策

东道国政府的限制性政策具体如下。

(1) 对外资的审批。东道国一般都在其外国投资法中规定，外资在进入东道国时必须经过东道国的事先批准。国际上对外国投资进行审批的做法主要有三种：一般审批制度、个别审批制度和公告审批制度。一般审批制度是东道国对在其境内的外国投资一律进行审批的制度。个别审批制度是指只对特殊的外国投资者或特殊的投资项目、行业和部门进行审批。公告审批制度有两种做法：一是以法令或公告的形式明确规定政府许可自由投资的领域，在该领域内的投资，只要符合法律规定的条件即可，无须事先审批，对公告以外的投资领域内的投资则一律进行审批；二是不仅将政府许可自由投资的领域加以公告，对政府要求进行审批的领域也加以公告。对外国投资进行审批，包括程序性审批和实质性审批。程序性审批是东道国的审批机构依照法定程序，对外国投资者提出的投资计划、方案、项目、投资者的资信、投资协议、合同、章程、可行性研究报告及其他文件是否齐备、是否符合法定的形式进行审查，在法定期限内，予以批准或不批准。实质性审批是东道国的外国投资审批机构按照一定的标准，根据外国投资可能对东道国的经济和社会整体利益产生的影响，来决定是否批准外国投资申请。

(2) 对投资范围的限制。外国投资的范围是指东道国允许外国投资的行业、部门。限制外资投资范围一方面可以将关系到国家安全和经济命脉的行业或部门保留在本国政府或国民的手里；另一方面又可以将外资引入急需发展的行业和部门。限制投资范围的措施有以下几种：①规定某些重要部门或行业不对外开放；②由政府或国内个别企业垄断某些重要部门；③对外国企业进入某些行业实行严格审批和规定特殊管理条例。总体来说，公共事业、军事工业、基础工业和主导工业部门是各国控制的重点。许多发展中国家对资源开采部门实行严格限制。

(3) 对投资比例的限制。许多发展中国家为了维护本国主权，防止外国资本操纵本国经济，规定了外国资本在一般行业中，只能参与兴办合资企业，其股权比例不能超过49%，只有面向出口的企业、开拓性工业、高技术工业和经济特区的企业才可持多数或全部股权。东道国的股权政策常常与投资范围限制政策配套进行。

(4) 利润汇回限制和资本撤回限制。有些发展中国家，主要是拉美国家，由于吸收的外国直接投资很多，加之本国的国际收支不平衡、外汇紧缺，对外资企业的利润汇回规定了一定的比例限制。利润汇回限制会影响外国公司前来投资的积极性，还迫使它们采用转让价格等隐蔽手段把利润转移出去。实行资本撤回限制，一般认为是很必要的，在发展中国家很普遍。

(5) 严格审查外国公司的技术转让。主要审查本国所付出的代价是否过高，外国公司对转让的技术在使用上是否规定了过多的限制。有些发展中国家进一步规定：技术转让必须同培训使用该技术的本国人员相结合；使用新技术所需要的原材料和零部件，凡东道国能供应的，必须就地购买，不能随技术同时进口；对转让的成套技术，将其构成部分逐项分析，其中有些单项已为本国掌握的就不再购买等。目的是推动本国的技术发展，减少重复引进和得不偿失的引进，提高引进效率。

(6) 其他措施。如限制外国投资者的经营管理权、雇佣限制、出口限制要求、本地成分要求、投资期限限制和本地化要求等。

3. 母国政府的鼓励性措施

母国政府的鼓励性措施具体如下。

(1) 税收方面的鼓励措施。为避免国际直接投资引起的双重纳税问题，母国一般采取税收抵免、税收饶让或税收豁免两种措施。

(2) 风险担保。自1948年美国率先实行海外投资保险制度以来，许多发达国家纷纷建立这一制度。海外投资保险制度是由政府机构或国有公司承保，承保的范围只限于政治风险，如征用险、外汇险、战争险等，不包括一般商业保险；承保的对象仅限于海外私人直接投资，不包括间接投资；重点在于保护海外投资者的财产利益不受损失，不在于事后补偿。

(3) 政府资助。包括提供投资情报、资金援助、技术援助等。

4. 母国政府的限制性措施

母国政府的限制性措施具体如下。

(1) 限制对外投资的流向和流量。主要服从于其对外政治经济目标。

(2) 限制高技术外流。对外投资总是伴随着技术的输出。大多数的投资国政府都鼓励输出已标准化的中间技术，对高技术的输出限制较严。

(3) 保护国内就业机会。对外投资对投资国就业的影响是双重的，由于经济衰退的现实和工会团体的压力，西方国家政府不得不制定一些限制资本外流、增加国内就业机会的措施。

(4) 保护投资国的税收收入。为防止各种形式的国际避税，一些投资国往往采取如下措施，防止本国对外投资者的偷税漏税行为：减少本国对外投资者使用"避税地"的可能性；缩小符合减税条件的国外税收范围；加强对本国对外投资者划拨价格的监督，制定"公平价格"，进行联合审计；与东道国签订避免双重征税的协定；了解本国对外投资者的业务实绩等。

本 章 小 结

20世纪60年代以前，对国际直接投资的理论解释是以要素禀赋理论为基础的国际资本流动理论。60年代后，相继出现了垄断优势理论、产品生命周期理论、内部化理论、边际产业扩张理论等理论流派。20世纪70年代后期，折衷理论尝试对上述流派进行综合，并形成了影响深远的国际直接投资的一般理论。80年代国际直接投资理论发展的一个重要标志是发展中国家跨国公司理论的崛起，出现了小规模技术理论、技术地方化理论、投资发展水平理论。90 年代投资诱发要素组合理论等新兴理论的崛起，标志着国际直接投资理论进入了一个崭新的阶段。

思 考 题

1. 垄断优势理论认为跨国公司的垄断优势具体表现在哪些方面？
2. 简述产品生命周期理论的主要观点及优缺点。
3. 简述边际产业理论的主要观点及优缺点。
4. 简述国际生产折衷理论的三大优势及其不同组合对跨国公司的影响。
5. 简述投资发展阶段理论的主要观点并做简要评价。
6. 简述几种发展中国家对外直接投资理论的主要观点。

案例分析

对外直接投资的事实和美国人的担忧

第七章 国际收支

美日贸易摩擦

【学习目标】
- 明确国际收支的含义与特性。
- 掌握国际收支平衡的概念。
- 了解国际收支平衡表的分析方法。
- 理解国际收支平衡的原因及调整政策。
- 明确国际储备的含义与管理。

第一节 国际收支概述

一、国际收支的含义

1. 国际收支概念的演变

国际收支的概念最早出现于 17 世纪初。根据当时的世界经济情况，国际收支只是被简单地解释为一个国家对外贸易差额。在这以后的很长一段时间，一直通行这种观点。到 19 世纪末 20 世纪初，随着资本主义国际经济交往的内容、范畴不断扩大，特别是国际资本的流动的重要性与日俱增，原来的概念显然已经不再适用。所以 20 世纪 30 年代国际金本位制度崩溃后，国际收支的含义扩展为一国的外汇收支，凡是国际经济交往中必须通过外汇收支进行清算的交易，都属于国际收支的范围。这就是目前所称的狭义的国际收支。第二次世界大战以后，国际收支的概念又有了新的发展，它包括一个国家一定时期内的全部经济交易。这一概念的含义很广，它把不涉及外汇收支的各项经济交易，如清算支付协定项下的记账、易货贸易也包括在内。这就是目前所称的广义的国际收支。现在世界上大多数国家都在使用广义的国际收支概念。

2. 国际收支的含义及特征

国际货币基金组织正是从广义的角度来界定国际收支概念的：国际收支是在一定时期内，一国居民对其他国家的居民所进行的全部经济交往的系统记录。它包括：第一，一个国家与其他国家之间商品、劳务和收入的记录；第二，该国货币性黄金，特别是提款权、债务的变化；第三，无偿转移。对于这个概念可以从以下几个方面把握。

（1）国际收支是一个流量概念。当人们提及国际收支时，总是需要指明它是属于哪一段时期的。这里的时期可以是一年，也可以是一个月或一个季度，完全根据分析的需要和资料来源的可能来确定。各国通常以一年为报告期。

(2) 国际收支所反映的内容是经济交易。所谓经济交易，指经济价值从一个经济单位向另一个经济单位的转移。根据转移的内容与方向，经济交易可以划分为五类：第一，商品、劳务与商品、劳务的交换，即物物交换；第二，金融资产与商品、劳务的交换，即商品与劳务的买卖；第三，金融资产与金融资产之间的交换；第四，无偿的、单项的商品、劳务的转移；第五，无偿的、单向的金融资产的转移等。

(3) 一国国际收支所记载的经济交易是该国居民与非居民之间发生的。这里所谓的居民，指在本地居住一年以上的政府、个人、企业和事业单位。在本地居住一年以上的外国企业、跨国公司视为本国居民。所谓非居民，指外国政府、外国在本国的代表机构，以及不在本国的个人和企业。一个国家的外交使节、驻外军事人员，尽管在另一个国家居住一年以上，但仍是本国居民，或居住国的非居民。至于一些国际性机构，如联合国、国际货币基金组织等是任何国家的非居民。

二、国际收支与国际借贷

在解读国际收支概念时，通常要注意国际收支与国际信贷的联系与区别。

在现实世界中，国家与国家之间进行的各种经济交往，如商品、劳务、资本的输出输入，多半会产生国际间债权债务关系。输出国获得一定的对外债权，输入国则负有一定的对外债务。国际间的这种债权债务关系称为国际信贷。显然，国际信贷是一个静态的概念，它具有在某一时点上产生和在某一时点上消失的特点。因此，国际信贷是指一个国家或地区在一定时点上的对外债权债务的综合情况，它是一个存量概念。而国际收支则表示一个国家或地区在某一特定时期内的对外货币收支的综合情况，它是一个流量概念。另外，国际借贷和国际收支两者所包含的范围也不一样，在国际经济交往中，如赠与、侨汇等无偿转移，都属于不发生国际借贷关系的交易，因而不包括在国际借贷中，但却一定包括在国际收支中。

但是，一个国家之所以会发生国际收支问题，是因为国际间的债权债务关系须在一定时期内结算清偿。由此可见，国际借贷是产生国际收支的原因。有国际借贷必然会有国际收支，二者是密切联系的。

第二节 国际收支平衡表

一、国际收支平衡表的概念

国际收支平衡表是系统地记录一定时期一个国家的各种国际收支项目及其金额的一种统计表。它是按照复式记账原理编制的。根据复式记账法，计入贷方项目的有货物和服务的出口、收益收入、接受的货物和资金的无偿捐助、金融负债的增加和金融资产的减少；计入借方项目的有货物和服务的进口、收益支出、对外提供的货物和资金无偿援助、金融资产的增加和金融负债的减少。

国际货币基金组织出版的《国际收支手册》第 5 版提供了国际收支平衡表的账户分类标准，各国可以根据本国具体情况对其进行必要的调整。

复式记账法要求同一笔经济交易同时计入借方和贷方，借方总额与贷方总额最终必然相等。因此，从国际收支平衡表上看，国际收支全部项目的借方总额与贷方总额必然相等，净差额为零。然而，这仅是形式上的平衡，是会计意义上的账面平衡，并不代表国际收支平衡。而要考察国际收支平衡与否，往往考察的是局部差额，如贸易差额、经常账户差额、资本账户差额、综合差额等。差额为贷方余额表示国际收支出现顺差，为借方余额则表示逆差。

二、国际收支平衡表的构成

国际收支平衡表包括的内容比较广泛，下面以我国国际收支平衡表为例说明国际收支平衡表的构成。我国的国际收支平衡表是在国际货币基金组织《国际收支手册》第 5 版基础之上编制而成的，包括经常账户、资本与金融账户、储备资产、净误差与遗漏等四大项，如表 7-1 所示。

表 7-1　2006 年度我国国际收支平衡表简表　　　　　　　（单位：百万美元）

项　　目	差　　额	贷　　方	借　　方
一、经常账户	249 866	1 144 499	894 633
A. 货物和服务	208 912	1 061 682	852 769
a.货物	217 746	969 682	751 936
b.服务	-8 834	91 999	100 833
B.收益	11 755	51 240	39 485
C. 经常转移	29 199	31 578	2 378
二、资本与金融账户	10 037	653 276	643 239
A. 资本账户	4 020	4 102	82
B. 金融账户	6 017	649 174	643 157
a.直接投资	60 265	87 258	27 020
b.证券投资	-67 558	45 602	113 159
c.其他投资	13 309	516 287	502 978
三、储备资产	-247 025	447	247 472
四、净误差与遗漏	-12 877	0	1 287

1. 经常账户

经常账户记录实际资源的流动，包括货物和服务、收益、经常转移三项。经常账户顺差说明实际资源向国外净转移，逆差反映实际资源向国内净转移。

（1）货物是指通过海关的出口货物，以海关进出口统计资料为基础，进出口均采用离岸价格计价，即海关统计的到岸价进口额减去运输和保险费用后统计为国际收支口径的进口，出口沿用海关的统计。服务包括运输、旅游、通信、建筑、保险、金融服务、计算机和信息服务、专有权使用费和特许费、各种商业服务、个人文化娱乐服务以及政府服务。

(2) 收益包括职工报酬和投资收益两部分。职工报酬指本国居民在国外工作(1年以下)而得到并汇回的收入以及支付外籍员工(1年以下)的工资福利。投资收益包括直接投资项下的利润、利息收支和再投资收益、证券投资收益和其他投资收益。

(3) 经常转移包括侨汇、无偿捐赠和赔偿等项目，包括实物和资金两种形式。贷方表示外国对本国提供的无偿转移，借方反映本国对外国的无偿转移。

2. 资本与金融账户

资本与金融账户包括资本账户与金融账户。资本与金融账户顺差表明资本净流入，反之则表明资本净流出。

(1) 资本账户包括资本转移和非生产、非金融资产交易。资本转移是指涉及固定资产所有权的变更及债权债务的减免等导致交易一方或双方资产存量发生变化的转移项目，主要包括固定资产转移、债务减免、移民转移和投资捐赠等。非生产、非金融资产交易是指不是生产出来的有形资产和无形资产的收买与放弃。

(2) 金融账户包括直接投资、证券投资和其他投资三项。直接投资是以投资者寻求获取在本国以外运行企业的有效发言权为目的的投资，包括在国外新建企业、利润再投资和超过一定比率的股权投资。证券投资包括股本证券和债务证券两大类证券投资形式。其他投资是指除直接投资和证券投资外的所有金融交易，分为贸易信贷、贷款、货币和存款、其他资产负债四项。

需要注意的是，通常所说的"资本项目可兑换"中的资本项目实际上是指这里的金融账户。因为在以前的国际收支账户分类中，资本项目相当于现在的金融账户，由于习惯，在很多场合还是沿用资本项目这一名称。

3. 储备资产

储备资产指中央银行拥有的对外资产，包括外汇、货币黄金、特别提款权和在国际货币基金组织的储备头寸。贷方余额说明储备资产减少，借方余额反映储备资产增加。

4. 净误差与遗漏

净误差与遗漏是基于会计上的需要，在国际收支平衡表中借贷双方出现不平衡时，设置的用以抵消统计偏差的项目。国际收支平衡表采用复式记账法，但由于统计资料来源和时点不同等原因，造成借贷不相等。如果借方总额大于贷方总额，其差额计入此项目的贷方，反之则计入借方。

第三节 对国际收支平衡表的分析

一、分析国际收支平衡表的意义

国际收支平衡表是重要的经济分析工具。它既是编表国也是非编表国进行经济分析的工具。从编表国来说，它可以利用平衡表逐项分析国际收入的来源与国际支出的去向，掌握本国国际收支的运动规律，还可以制定对策使国际收支状况朝着有利于本国经济发展的方向变化。对于非编表国来说，它也具有重要的意义与作用。这是因为：当今各国在经济、政治等各方面的联系日益密切，一国的对外交往及反映这些交往全貌的国际收支状况，都对本国经济的运转具有重要影响，一国为保障自己对外经济交往的顺利发展，必须了解外国的政治经济实力与对外经济政策的动向和世界经济的发展趋势，以便制定正确的对外经济政策。通过对国际收支平衡表的分析，有助于了解他国的经济实力，预测编表国的国际收支、货币汇率和对外经济政策的动向，以及世界经济与世界贸易的发展趋势。

二、国际收支平衡表的分析方法

国际收支平衡表的分析方法包括静态分析法、动态分析法和比较分析法。

1. 静态分析法

静态分析法是指对某国在某一时期(1年、1季或一个月)国际收支平衡表的有关项目所处情况及其原因进行分析的一种方法。具体来说是计算和分析平衡表中的各个项目及其差额；分析各个项目的差额形成的原因与对国际收支总差额的影响，从而找出国际收支总差额形成的原因。需要指出：在分析各个项目的差额形成的原因时，还应结合其他的有关资料，进行综合研究。这是因为各个项目的差额形成的原因是多方面的，只利用单一资料不能全面掌握和认识其实际情况。

关于经常账户中贸易收支的分析，我们知道，一国贸易收支出现逆差或顺差，是多方面因素共同作用的结果。其主要有：经济周期阶段的更替、财政货币政策的变化所决定的总供给与总需求对比关系的变动、气候等自然条件的变化、国际商品市场的供求关系的变化、编表国家出口商品的质量和生产成本的高低、编表国家货币的汇率水平与通货膨胀的高低。结合这些因素进行分析，有助于了解编表国贸易收支差额形成的原因。

关于经常账户中劳务收支与投资收益的分析，由于劳务收支反映编表国有关行业发达程度及其消长状况，而投资收益除决定于编表国输出输入资本的多寡以外，还受有关国家经济形势与金融政策等方面的影响，我们在分析这两项收支时，必须搜集和利用这些辅助性资料。

关于经常账户中单方面转移收支的分析，较为复杂的是官方转移收支的分析。官方转移收支包括经济援助与军事援助收支。但是，有些国家对军事援助和经济援助不作明确的划分，甚至还用各种各样的手法掩盖其真实情况。这会使这方面的分析发生困难。参阅其他有关资料，是解决这一问题的唯一办法。此外，在分析官方转移收支时，除考察具体数字外，还应考察其转移方向、影响和效果，以把握实质。

关于资本与金融账户中长期资本的分析，长期资本包括直接投资、证券投资、贷款、延期收付款信用和国际租赁等。一般来说，前三项是该账户的主要部分，直接投资对分析跨国公司具有重要意义，证券投资和贷款则反映对外债权和债务的关系变化。分析长期资本，除应注意流量与结构之外，还应从经济、金融与政治的角度分析其影响与后果。

关于资本与金融账户中短期资本的分析，短期资本项目包括银行、地方和部门借款、延期收付款和其他资本往来项目。20 世纪 90 年代后，短期资本在国际间的流动速度与规模都加大了，它们影响着国际汇率的变化，而且也对一个国家的经济、金融稳定产生越来越重要的影响。分析短期资本应着重研究短期资本在国际间转移的数量、方式与方向。

关于储备资产的分析，重点是国际储备资产的结构变化，其中主要是外汇储备的变化，因为黄金储备在国际货币基金组织的储备头寸与特别提款权的数量一般很少变动或不变动。

2. 动态分析法

动态分析法是指对某国若干连续时期的国际收支平衡表进行分析的方法。动态分析的必要性在于，一国某一时期的国际收支往往是同以前的发展过程相联系着的。因此，在分析一国的国际收支时，需要将静态分析和动态分析结合起来。对各个项目及其差额，以及总差额的分析，都要坚持这样的原则。

3. 比较分析法

比较分析法既包括对一国若干连续时期的国际收支平衡表进行的动态分析，也包括对不同国家相同时期的国际收支平衡表进行的比较分析。后一种比较分析较为困难，因为各国的国际收支平衡表在项目的分类与局部差额的统计上不尽相同而难以比较。利用 IMF(International Monetary Fund，国际货币基金组织)的资料有助于克服这一困难，因为它公布的若干主要指标，都是经过重新整理后编制的，统计口径一致，具有可比性。但是，这些资料较为粗略。

不难理解，动态分析法和比较分析法都是以静态分析为基础的。

第四节　国际收支调节

一、国际收支的平衡与失衡

如前所述，国际收支平衡表是按照会计学的借方与贷方相互平衡的复式簿记原理编制的，因而借方总额与贷方总额是相等的，其差额比为零。但这是人为形成的、账面上的平衡，并非真实的平衡。那么，如何判断一国的国际收支是否平衡呢？

西方经济学家按照交易的性质，把国际收支平衡表的各个项目划分为两种类型：一种是自主性交易或称事前交易，它是经济实体或个人出自某种经济动机和目的，独立自主地进行的。自主性交易具有自发性，因而交易的结果必然是不平衡的，不是借方大于贷方，便是贷方大于借方。这会使外汇市场出现供求不平衡和汇率的波动，从而会带来一系列的经济影响。一国货币当局如不愿意接受这样的结果，就要运用另一种交易来弥补自主性交易不平衡所造成的外汇供求缺口。另一种交易就是调节性交易。它是指在自主性交易收支不平衡之后进行的弥补性交易，因而亦称事后交易。一般而言，自主性交易所产生的借方金额和贷方金额相等或基本相等就表明该国的国际收支平衡或基本平衡；如果自主性交易所产生的借方金额与贷方金额不相等，就表明该国的国际收支不平衡或者失衡。一些著作中所说的线上项目实际是指自主性交易项目，而线下项目则是指调节性交易项目。

究竟哪些项目属于自主性交易，哪些项目属于调节性交易呢？人们普遍认为，经常账户和资本与金融账户中的长期资本项目属于自主性交易，而储备资产项目则属于调节性交易。至于资本与金融账户中的短期资本项目，看法就完全不同了：从一国货币当局角度来看，短期资本流动是它为弥补自主性交易收支不平衡，而向国外借贷或采取某种经济政策作用的结果，因而属于调节性交易；从短期资本交易的主体角度来看，他是出自为追逐利润等而自主地进行交易的，因而属于自主性交易。由于区分短期资本交易的性质在技术上较为困难，也就没有一个统一的衡量国际收支是否平衡的标准。人们往往根据所要分析的问题，而采用不同的差额，如经常账户差额、基本差额和总差额等。其中，总差额把全部短期资本都看成是线上项目。鉴于 IMF 和我国都采用总差额，我们可以把全部短期资本都看成自主性交易。

二、国际收支不平衡的成因

1. 经济周期

西方国家经济受资本主义基本矛盾——生产社会性与资本主义私人占有制之间的矛盾所制约，会呈危机、萧条、复苏和高涨的周期性变化。在再生产周期的各个阶段，由于生产、人均收入和社会需求额消长，会使一国的国际收支发生不平衡。由于生产与资本国际化的发展，主要西方国家经济协调周期阶段的更替会影响其他国家的经济，致使各国发生国际收支不平衡。这种由经济周期阶段的更替而造成的国际收支不平衡，称为周期性不平衡。

2. 国民收入

一国国民收入的变化，可能是由于经济周期阶段的更替，也可能是由于经济增长率变化所致。一国国民收入的增减，会对其国际收支发生影响：国民收入增加，贸易支出和非贸易支出都会增加；国民收入减少，则贸易支出与非贸易支出会减少。因此而产生的国际收支不平衡，称为收入性不平衡。

3. 经济结构

一般来说，一国的国际收支情况往往取决于其贸易收支状况。当世界市场的需求发生变化时，一国输出商品的结构如能随之调整，该国的贸易收支将不会受到影响；相反如该国不能按照世界市场需求的变化来调整自己输出商品的结构，该国的贸易收支和国际收支就将产生不平衡。由此而产生的国际收支不平衡，称为结构性不平衡。

4. 货币价值

在一定的汇率水平下，一国的物价与商品成本高于其他国家，必然对其出口不利而有利于进口，从而使其贸易收支和国际收支发生逆差；反之亦然。这种由货币内在价值的高低所引起的国际收支不平衡，称为货币性不平衡。

5. 偶发性因素

除以上各种经济因素外，政局动荡和自然灾害等偶发性因素，也会导致贸易收支的不平衡和巨额资本的国际移动，从而使一国的国际收支不平衡。由偶发因素造成的国际收支不平衡，称为偶发性不平衡。

上述是引起国际收支不平衡的几个基本因素。至于当今对有关国家国际收支有重要影响的国际游资在国际间的流动，乃是在上述因素影响下而发生的。

就上述各个因素来说，经济结构性因素和经济增长率变化所引起的国际收支不平衡，具有长期、持久的性质，而被称为持久性不平衡；其他因素所引起的国际收支不平衡，仅具有临时性，而被称为暂时性不平衡。

三、国际收支不平衡的影响

1. 国际收支逆差的影响

一国的国际收支出现逆差，一般会引起本国货币汇率下浮；如果逆差严重，则会使本币汇率急剧跌落。该国货币当局如不愿意接受这样的后果，就要对外币市场进行干预，即抛售外汇和买进本国货币。这一方面会消耗外汇储备，甚至会造成外汇储备的枯竭，从而严重削弱其对外支付能力；另一方面则会形成国内的货币紧缩形势，促使利率水平上升，影响本国经济增长，从而引致失业的增加和国民收入增长率的相对与绝对下降。从国际收支逆差形成的具体原因来说，如果是贸易收支逆差所致，将会造成国内失业的增加；如系资本流出大于资本流入，则会造成国内资金的紧张，从而影响经济的增长。

2. 国际收支顺差的影响

一国的收支出现顺差，固然可以增大其外汇储备，加强其对外支付能力，但也会产生一些不利影响：第一，一般会使本国货币汇率上升，而不利于其出口贸易的发展，从而加剧国内的失业问题；第二，将使本国货币供应量增长，而加重通货膨胀；第三，将加剧国际摩擦，因为一国的国际收支发生顺差，意味着有关国家国际收支发生逆差。国际收支顺差如形成于出口过多所形成的贸易收支顺差，则意味着国内可供使用资源的减少，因而不利于本国经济的发展。

一般来说，一国的国际收支越是不平衡，其不利影响也就会越大。虽然国际收支逆差和顺差都会产生不利影响，但相比之下逆差产生的影响更为险恶，因为它会造成国内经济的萎缩、失业的大量增加和外汇储备的枯竭，因而对逆差采取调节措施要更为紧迫。对顺差的调节虽然不如逆差紧迫，但从长期来看也仍然需要调节。

四、国际收支调节的政策措施

1. 外汇缓冲政策

所谓外汇缓冲政策，指一国政府为对付国际收支不平衡，把其黄金外汇储备作为缓冲体，通过中央银行在外汇市场上买卖外汇，来消除国际收支不平衡所形成的外汇供应缺口，从而使收支不平衡所产生的影响仅限于外汇储备的增减，而不致导致汇率的急剧变动和进一步影响本国经济。外汇缓冲政策的优点是简便易行，但它也有局限性，即它不适于对付长期、巨额的国际收支赤字，因为一国的外汇储备的数量总是有限的。这时，如完全依靠外汇缓冲政策，必将使该国招致外汇储备的枯竭；如该国为填补外汇储备的不足，而向国外借款，又会大量积累外债。

2. 财政货币政策

国际收支调节的财政货币政策具体如下。

(1) 财政政策。在国际收支出现赤字的情况下，一国政府宜实行紧缩性财政政策，抑制公共支出和私人支出，从而抑制总需求和物价上涨。总需求和物价上涨受到抑制，有利于改善贸易收支和国际收支。反之在国际收支出现盈余的情况下，政府则宜实行扩张性财政政策，以扩大总需求，从而有利于消除贸易收支和国际收支的盈余。需要指出，一国实行什么样的财政政策一般要取决于国内经济的需要。

(2) 货币政策。它是西方国家普遍、频繁采用的调节国际收支的政策措施。调节国际收支的货币政策主要是贴现政策和改变准备金比率的政策。货币政策通过影响金融市场利率，进而影响资本的流入和流出的规模，同时影响国内投资、消费需求和贸易收支，从而影响国际收支。如上所述，一定的财政、货币政策有助于扭转国际收支失衡的作用，但它也有明显的局限性，即它往往同国内经济目标发生冲突：为消除国际收支赤字，而实行紧缩性财政金融政策，会导致经济增长放慢甚至出现负增长，以及失业率的上升；为消除国际收支盈余，而实行扩张性财政金融政策，又会促进通货膨胀的发展和物价上涨的加快。因此，通过调整财政货币政策而实现国际收支的平衡，必然以牺牲国内经济目标为代价。

3. 汇率政策

汇率政策是在固定汇率制度下，一国通过汇率的调整来实现国际收支平衡的政策措施：当国际收支出现严重逆差时，实行货币法定贬值，以改善国际收支；当国际收支出现巨额顺差时，则在他国压力下实行货币法定升值，以减少和消除国际收支顺差。实行货币贬值，唯有在一定的出口商品国内供给弹性存在的条件下，才会产生改善贸易收支与国际收支的效果。另外，货币贬值一般具有加剧国内通货膨胀与物价上涨的作用，因而结合紧缩性财政货币政策来实行货币贬值，才能起到既改善国际收支，又不致加重国内通货膨胀的作用。

4. 直接管制

直接管制指政府通过发布行政命令，对国际经济交易进行行政干预，以求国际收支平衡的政策措施。直接管制包括外汇管制和贸易管制。直接管制通常能起到直接、迅速改善国际收支的效果，能按照本国的不同需要，对进口贸易和资本流动区别对待。但是，它并不能真正解决国际收支平衡问题，只是将显性国际收支赤字变为隐性国际收支赤字；一旦取消管制，国际收支赤字仍会重新出现。此外，实行管制政策，既为国际经济组织所反对，又会引起他国的反抗和报复。因此，西方国家在运用这项政策措施时较为谨慎。

当一国收支不平衡时，须针对形成的原因采取相应的政策措施。比如，如果国际收支不平衡是由于季节性变化等暂时性原因形成的，可运用外汇缓冲政策；如果国际收支不平衡是由于国内通货膨胀加重而形成的货币性不平衡,可运用货币贬值的汇率政策;如果国际收支不平衡是由于国内总需求大于总供给而形成的收入性不平衡,可运用财政货币政策,实行紧缩性政策措施;如果国际收支不平衡由于经济结构性原因引起,可进行经济结构调整并采取直接管制措施。

上述政策措施和政策选择的原则都不能从根本上消除当前各国在国际收支方面的不平衡状况,各国出台的政策措施也只能是部分地和阶段性地解决了国际收支不平衡的问题。

第五节 国 际 储 备

一、国际储备的含义和形式

1. 国际储备的含义

国际储备是指各国政府为了弥补国际收支赤字,保持汇率稳定,以及应付其他紧急支付的需要而持有的国际间普遍接受的所有流动资产的总称。狭义的国际储备只限于无条件的国际清偿力(即自有国际储备),而不包括有条件的国际清偿力(即一国潜在的借款能力)。通常所讲的国际储备是狭义的国际储备。

2. 国际储备的形式

国际储备的资产形式有多种,原则上只要是国际间可以接受的任何资产均可。不过,国际储备的资产形式通常为三种:货币性黄金、外汇和特别提款权。

(1) 货币性黄金。货币性黄金作为最终支付手段和世界货币,是通行的国际储备。在金本位和金汇兑本位货币体系时期,只有黄金和能兑换为黄金的货币才能成为国际储备,所以黄金储备历来是各国国际储备中最重要的部分。自20世纪70年代中期世界货币体系变革为纯信用本位体系后,虽然黄金通常已不再用作国际支付手段,但许多国家的国际储备中仍保留着一定数量的黄金储备,以备不时之需。

(2) 外汇。用作国际储备的外汇称为储备货币,它应当是能自由兑换为各国货币的所谓"硬通币"。第一次世界大战前,作为储备货币的货币主要是英镑,因为英镑与黄金等同使用。第二次世界大战前,储备货币主要是美元和英镑,因为它们能有条件地兑换黄金。第二次世界大战后布雷顿森林体系时期,储备货币则为美元独霸,因为布雷顿森林体系是以美元为中心的国际货币体系。20世纪70年代布雷顿森林体系解体后,虽然发生了美元危机,但由于美国在世界经济与国际贸易中的超强地位,美元仍是主要储备货币,但已不再是唯一的储备货币。在现行的纯信用本位的世界货币体系时代,外汇储备多样化,储备货币除美元外,还有欧元、日元、英镑和瑞士法郎等,但仍以美元为主,并且一国的国际储备中的外汇储备额通常也以美元表示。目前,世界各国的国际储备资产中,主要部分是外汇储备而非黄金储备。因此,一国外汇储备的多少代表了其国际储备的多少。

(3) 特别提款权。所谓特别提款权,是用作国际清算的一种信用资产,只能由各国央行持有。它本身不具有绝对的货币价值,而是由国际金融组织成员集体创设的国际清算工具,不受任何一国货币波动的影响,所以被认为是一种比较稳定的储备资产。

特别提款权是由国际货币基金组织于1970年1月创造和开始使用的。20世纪60年代末70年代初，美国黄金储备下降，各国对美元出现了信心动摇。美国和西欧各国为了减少对美元的压力和依赖，就创造了特别提款权作为一种新的国际清偿工具。它的主要作用，一方面是增加了成员国的国际储备资产，以满足不断增长的国际支付的需要；另一方面因其特殊的计价方法，使其汇率与任何一国的货币相比，都要稳定得多，从而减少了使用国的汇率风险。但是，特别提款权作为成员国的国际储备的一部分，仅由其中央银行持有，用于向其他成员国和基金组织购买外汇，赎回本币或偿还贷款，而不能像美元等外汇储备那样用于商业银行和非金融机构的金融交易，因此，特别提款权是一种特殊的国际储备资产。

二、国际储备的作用

在现代国际经济和金融交往中，国际储备具有如下一些重要作用。

1. 保持国际支付能力

如前所述，在各种各样的国际有形贸易和无形贸易以及资本转移过程中，时刻都伴随着大量的货币支付。但是，用作国际间支付手段的不能是本国的货币，而必须是国际间普遍接受的通用资产，也即国际储备资产。所以，任何国家的中央银行均必须持有一定规模的国际储备资产，以满足随时发生的国际支付的需要。

2. 支持本国货币的汇率稳定

国际储备中的外汇储备，是干预外汇市场的主要市场工具。如果本币汇率升值过快而不利于出口时，则可用抛出本币、增加外汇储备的方法来遏止本币的升值；反之，若本币汇率贬值过快而影响本国的金融稳定时，则可用抛出外汇、购买本币的方法来遏制本币的贬值。因此，保持一定规模的外汇储备，有助于稳定本国货币的汇率。

3. 为国际贷款提供信用保证

对一个国家而言，其国际储备的规模大小代表了其国际还款能力的强弱。若其国际储备规模较大，则它的国际还款能力就较强，向国外借贷就较容易；若其国际储备规模很小，那么它的国际还款能力就弱，向国外借款就不容易。

4. 争取国际竞争的优势

在现代市场经济竞争上，资产雄厚与否对竞争力强弱有直接关系。资产雄厚的竞争者，在经济竞争中竞争力就强。一国的国际储备实际上是该国所掌握的国际资产。所以，一个国家持有一定规模的国际储备，就具备了一定的国际竞争实力，能在激烈的竞争中立于不败之地。

三、国际储备的管理

对于一个国家来说，并非国际储备越多越好。过多的国际储备，会造成资金浪费，提高储备成本。而如何确定国际储备的适度量是一个较难把握的问题，这就需要加强国际储备的管理。一国的国际储备管理包括两个方面：一方面是对国际储备水平的管理，以求得适度的储备水平；另一方面是对国际储备结构的管理，以求得合理的储备结构。

1. 国际储备的规模管理

国际储备水平是一国在一个时点上持有的国际储备额同一些经济指标的对比关系。这些对比指标包括国民生产总值、国际收支总差额、外债总额、进口额度等。确定一国对国际储备的需要十分复杂，应当将该国持有国际储备的成本、对外贸易状况、借用国外资金的能力、各种因素对国际收支冲击的需要、经济调整的强度与速度、对外贸和外汇的管制程度、汇率制度与外汇政策、本国货币的国际地位等诸多因素综合起来考虑，而单从某个因素考虑是片面的。例如，IMF 曾采用几项客观标志来反映一国国际储备不足和对国际储备需要增加的情况：一是持续实行高利率政策。这表明，该国抑制资本外流和吸引外资内流，以增加储备和满足对储备的需要。二是对国际经济交易加强限制。这主要是由于储备不足，而加强对国际贸易与资本国际流动的限制。三是实施以增加储备为目标的经济政策，如奖励出口和限制进口、紧缩银根的政策等。四是汇率的持续性不稳定。五是储备增加的结构变化，如一国储备的增加，主要来自向国外借款，则表明该国储备不足。一般来说，最适度的储备量，是既能满足调节国际收支平衡的需要，又使储备总成本最小的储备量。国际货币基金组织和世界银行以 3 个月的进口额来估算确定国际储备额，可以作为适度储备的参考。

2. 国际储备的结构管理

一国持有的国际储备，除了在水平上要适度外，在结构上也要合理，以确保流动性、收益性和安全性。合理的国际储备结构，是指国际储备资产最佳的分布格局，也就是说使黄金储备、外汇储备、普通提款权和特别提款权之间，以及使外汇储备的各种储备货币之间保持适当的比例关系。

本 章 小 结

国际收支是在一定时期内，对一国居民和其他国家的居民所进行的全部经济交往的系统记录。它是一个流量概念，国际收支所反映的内容是经济交易，一国国际收支所记载的经济交易必须是该国居民与非居民之间发生的。国际收支平衡表是系统地记录一定时期内一个国家的各种国际收支项目及其金额的一种统计表。国际收支不平衡的成因主要包括经济周期、国民收入、经济结构和货币价值变化及偶发性因素等。国际储备是指各国政府为了弥补国际收支赤字和保持本国货币的汇率稳定而持有的国际间普遍接受的一切资产，也叫国家储备。其形式主要有三种：货币性黄金、外汇和特别提款权。国际储备管理包括两个方面：国际储备水平管理和国际储备结构管理。

思 考 题

1. 如何理解国际收支的含义?
2. 什么是国际收支平衡表?它的构成是什么样子的?
3. 如何判断一个国家国际收支是否平衡?
4. 试分析不同的国际收支调节政策的适用范围与效果。

案例分析

国际收支平衡表

第八章 国际货币体系

引导案例

七国集团货币合作

【学习目标】
- 掌握国际货币体系的概念、作用及类型。
- 掌握国际金本位体系、布雷顿森林体系、牙买加体系以及作为现行国际货币体系重要组成部分的欧洲货币体系的主要内容与特点。

第一节 国际货币体系概述

一、国际货币体系的概念

国际货币体系(international monetary system)是指在世界范围内确定的、调节各国货币关系的一整套国际性的规则和机构，以及国际间进行各种交易支付所采用的一系列安排和惯例。它旨在提供一种货币秩序或结构，以利于国际贸易和资本流动。

国际货币体系是以主导货币为中心的国际汇率、国际结算和国际储备的体系。所谓体系，是指某种有规则有秩序的整合体。纵观国际金融史，国际货币体系就是这样一个整合体，它既包括传统的约定俗成的国际货币惯例和做法(非正式约束)；也包括有法律约束力的关于货币国际关系的规章和制度(正式约束)；还包括在国际货币关系中起协调、监督作用的国际金融机构——国际货币基金组织和其他一些全球或地区性的多边官方金融机构。其中规章、制度、安排是国际社会自觉建立的，而惯例则是在历史发展过程中由人们约定俗成的。因此，国际货币体系的形成具有两种途径，它可以以国际惯例为主，这种体系在一个长期的缓慢的过程中自发形成，当越来越多的参与者共同遵守已经形成的某种程序或惯例时，国际货币体系就发展起来了，如国际金本位体系；也可以是以国际规则、安排为主，这种体系通过国家间协商可在一个很短的时间内人为建立，并签署具有约束力的法律条文或协定，如布雷顿森林体系、牙买加体系。

一般而言，传统的约定俗成的国际货币惯例和做法是基础，具法律约束力的国际货币规章制度是传统的约定俗成的惯例与做法的法律反映，而国际金融机构是在国际货币关系中起协调、监督作用的。在这种"三位一体"的架构下，国际货币体系几乎囊括了整个国际金融领域，具有基础作用，对国际汇率制度、国际收支协调、国际储备及国际结算、国际资本流动都产生重大影响。

国际货币体系是历史的产物。它与以货币为媒介的国际经贸往来是同时产生的。只不过，早期的货币体系主要不是依靠法律的强制力，而是依靠约定俗成的做法形成的。随着国际经贸往来的不断增长，货币的国际往来越来越频繁，参与的国家及货币种类也越来越多，国际货币体系的法律和行政色彩也相应增加，内容覆盖面日益广阔，因此，一种体系可以是习惯缓慢发展的结果，可以是某些法律文件和行政合作的结果，也可以是以上两个因素联合的成果。

二、国际货币体系的内容

国际货币体系主要包括以下内容。

1. 汇率制度的确定

汇率制度的确定，即各国货币间汇率的规定与调整机制。国际货币体系的核心是国际汇率制度的确定。各国政府为了本国的经济发展，维护共同的利益，往往就货币汇率的安排达成共识，从而形成一种为各国共同遵守的汇率体系，以防止不必要的竞争性的贬值。为此，各国之间的货币必须确定一个比价，并围绕汇率的确定规定：汇率确定的依据、汇率波动的界限、汇率调整的原则、维持汇率采取的措施及对同一货币是否采取多元化比价等。

2. 国际储备资产的确定

国际储备资产是国际货币体系的基础。为了应付国际支付以及平衡国际收支的需要，一国必须持有一定数量的为世界各国普遍接受的国际储备资产，所以一国政府应持有何种储备资产来满足国际支付和维持国际收支，是国际货币体系的一项重要内容。国际储备资产的确定，即使用什么货币作为国际间的支付货币，需要各国的认同。不同的国际间的支付货币，确定不同的国际储备资产，也就确定了不同的国际货币体系。

3. 国际收支的调节方式

只要存在国际间的货币往来，就会产生国际收支，国际收支不平衡必然会导致汇率的波动，进而影响国际货币体系。因此，当一国出现国际收支逆差时，各国政府采用什么方式弥补这一缺口，各国之间的政府措施如何互相协调，国际货币体系必须做出相应的安排。

4. 国际支付与估计结算原则的确定

在国际支付方面，是完全不加以限制，还是部分，甚至全部限制；国际间债权债务的结算采取什么方式，是自由的多变结算，还是有条件的双边结算等。

5. 国际货币事务的协调与管理

各国实行的金融货币政策，会对相互交往的国家乃至整个世界经济产生影响，因此如何协调各国的货币金融政策，通过国际金融机构制定若干为各国所认同与遵守的规则、制度，就构成了国际货币体系的重要内容。

三、国际货币体系的作用

作为国际货币关系的集中反映，国际货币体系构成了国际金融活动的基本框架。在这一框架下，各国之间的货币金融往来都要受到相应的国际货币体系的制约。国际货币体系在促进各国之间的经济与金融联系、协调各国之间的经济活动及促进世界贸易与世界投资的发展等诸多方面都具有重要作用。

(1) 确定国际清算和支付手段、形式和数量，为世界经济发展提供必要的充分的国际货币，并规定国际货币及其同各国货币的相互关系的准则。例如，当确定黄金或特别提款权为世界清算和支付手段的来源时，国际货币体系还必须就黄金或特别提款权与其他国际货币及各国货币的比价关系和兑换方式做出规定。此外，对黄金或特别提款权本身的定价方式、流动范围和方式等，也要做出具体的规定。

(2) 确定国际收支的调节机制，确保世界经济的稳定和各国经济的平衡发展。调节机制涉及三个方面的内容：一是汇率机制；二是对逆差的资金融通机制；三是对国际货币(储备货币)发行国的国际收支纪律约束机制。

在固定汇率下，一国将不得不经常性地采用财政政策、货币政策和管制政策来维持国际收支的平衡。因为国际收支的逆差，尤其是大幅度的顺差，将导致本国货币汇率的贬值；而国际收支的顺差，尤其是大幅度的顺差，将导致本国货币的升值。但是，固定汇率已经失去了理论上的调节国际收支的功能，为了维持汇率的固定，政府还不得不采取其他措施来维持国际收支的平衡。而在浮动汇率下，汇率波动本身就具有调节国际收支的功能。汇率的波动既反映了国际收支的状况，又能调节国际收支。国际货币体系的任务之一便是根据世界经济形势和各国经济的状况，确定世界范围的汇率制度。

确定资金融通机制，是指确定当某国发生经济收支逆差时，能在什么样的条件下从何处获得资金及资金的数量和币种，以弥补其国际收支逆差，避免采取不必要的调节措施或有损别国的政策。资金融通可在一定程度上替代国际收支调节，或缓和调节的程度。资金融通的数量大、条件松，则国际收支政策调节的必要性就下降；反之，可提供融通的资金数量小、条件严，则国际收支政策调节的必要性就增加。国际货币体系的任务就是要确定恰当的资金融通机制，使融资数量和融资条件相宜，以避免不必要的国际收支政策调节或拖延必要的国际收支政策调节。

当一个国家的主权货币能充当国际货币(或储备货币)时，它就能用输出货币(纸币)的方式来弥补其国际收支逆差。如果对国际货币发行国没有适当的约束机制，那它就可能为达到某种本国的目的而持续性地保持国际收支逆差、输出纸币。国际货币供应的持续增长，可能会引起别国甚至世界性的通货膨胀，破坏国际货币金融领域的稳定。因此，确定一项机制来约束国际货币发行国的国际收支行为，也是国际货币体系的任务之一。

(3) 确立有关国际货币金融事务的协商机制或建立有关的协调和监督机构。在早期，有关国际货币金融的事务多半通过双边协商解决。随着战后各国间经济联系的加强，参与国际货币金融业务的国家日益增多，形势日益复杂，程度日益加深，范围日益广阔，双边磋商已不能解决所有的问题。因此，有必要成立多边的带有一定权威性的国际货币金融机构，以监督各国的行为、提供磋商的场所、制定各国必须共同遵守的基本行为准则，并在必要时提供帮助。

四、国际货币体系的类型

国际货币体系三个最基本的分类依据是货币本位、汇率制度和历史阶段划分。

(1) 货币本位是决定国际货币体系的基础，它涉及储备资产的性质和保有形式。根据储备资产，可以将国际货币体系划分为金本位体系、金汇兑本位体系和信用本位体系。金本位是以黄金作为国际储备资产或国际本位货币；金汇兑本位是同时以黄金和可以直接自由兑换的货币作为国际储备资产；信用本位是只以外汇作为国际储备资产而与黄金无任何关系。

(2) 汇率制度是国际货币体系的核心。根据汇率体系的形态，可以将国际货币体系划分为固定汇率体系、浮动汇率体系以及介于这两者之间的可调整的管理汇率体系等。在实际中，上述两种划分往往是结合在一起的，形成金本位条件下的固定汇率体系、以美元为本位的固定汇率体系、以黄金和外汇作为储备的可调整的固定汇率体系或管理浮动汇率体系以及完全不需要保有国际储备资产的纯粹自由浮动汇率体系等。

(3) 历史阶段划分。上述任何一种划分方法均不能反映一种国际货币体系的全貌，通常的做法是同时以上述两个依据作为分类的标准，并按时间的先后，可将国际货币体系划分为国际金本位体系、布雷顿森林体系和牙买加体系。

第二节 国际金本位体系

一、国际金本位体系的概念与特征

1. 金本位制

(1) 金本位制的概念。这是一种以一定成色及重量的黄金为本位货币的货币制度。在金本位制度下，流通中的货币除金币外，常常还存在着可兑换为黄金的银行券及少量其他金属辅币，但只有金币才能完全执行货币的全能职能。

(2) 金本位制的形式。金本位制按其与黄金的联系程度又可以分为3种形式：金币本位制、金块本位制与金汇兑本位制。广义的金本位制包括上述三种形式，狭义的金本位制仅指金币本位制。金币本位制是最典型的金本位制，通常情况下，国际金本位制即指金币本位制。

(3) 金本位制的特点。
金本位制的特点如下。
① 金币本位制：流通中使用的是具有一定成色和重量的金币，金币可以自由铸造、自由兑换和自由输出输入。
② 金块本位制和金汇兑本位制：流通中使用的是可以兑换为黄金的纸币——黄金符号，纸币与黄金的兑换要受数量或币种的限制。与金币本位制相比，金块本位制和金汇兑本位制是较弱的金本位制。

2. 国际金本位体系

(1) 国际金本位体系的概念：在某一区域的国家普遍采用金本位制构成的有机整体。金本位制是国际金本位制的基础。只有当某一区域内的国家采用金本位制后，国际金本位体系才算建立。

(2) 国际金本位体系的特征。

国际金本位体系的特征如下。

① 黄金作为最终清偿手段，是"价值的最后标准"，充当国际货币。所以中央银行以黄金形式持有较大部分的国际储备，英格兰银行持有的资产几乎都是黄金；其他国家中央银行资产的较大部分也是黄金。

② 汇率体系呈现为严格的固定汇率制。由于汇率水平由铸币平价决定，因此价格水平保持长期稳定，汇率体系呈现为严格的固定汇率制。国际金本位体系盛行的 35 年间，英国、美国、法国和原联邦德国等主要资本主义国家间汇率十分稳定，从未发生过升值、贬值波动。

③ 这是一个松散、无组织的体系。国际金本位体系没有一个常设机构来规范和协调各国的行为，也没有各国货币会议宣告成立金本位体系，但是各国通行金本位制，遵守金本位的原则和惯例，因而构成一个体系。

从当时的历史发展来看，要使金本位体系的运行充分发挥作用，一般要求各国必须做到以下几点：一是以黄金作为货币或者货币的发行基础，即货币发行必须有充足的黄金储备；二是各国货币当局应维持本国货币的法定含金量，因此各国货币当局必须以固定的比价无限制地买卖黄金；三是货币自由兑换黄金，任何个人或机构都可以将其持有的纸币按照固定的比价购买黄金，或者以黄金兑换货币；四是各国发行的银行券应受黄金储备量的限制，并可以随时兑换黄金；五是任何个人或机构都能自由地将黄金输出和输入，对黄金和外汇的买卖没有任何限制。

二、国际金本位体系的沿革

1880 年为国际金本位体系的起始年。金本位制是 19 世纪初到 20 世纪初大多数资本主义国家实行的货币制度。1816 年，英国颁布了铸币条例，标志着金本位制在英国诞生。但金本位制并非国际金本位体系，前者是后者的基础，只有西方国家普遍采用金本位制后，国际金本位体系才算成立。因此，尽管 1816 年英国就颁布了铸币条例，实行金本位制，但通常认为 1880 年为国际金本位体系的起始年，因为这一年欧美主要国家都已实行了金本位制。这表明黄金的国际地位自动确立，也标志着国际金本位体系的形成。

随着国际贸易的发展，国际间资本流动的加剧，一方面，资本主义国家发展不平衡和经济实力的悬殊差异，较发达的国家通过贸易顺差的持续积累和其他特权，不断地积累黄金，另一方面，世界经济的发展要求世界货币数量也应相应增长，然而，世界黄金的产量跟不上世界经济的增长，使国际金本位制的物质基础不断削弱，在第一次世界大战爆发前的几年里国际金本位制出现了不稳定的因素。

(1) 绝大部分黄金为少数强国所占有，削弱了其他国家货币制度的基础。到 1913 年年末，英、美、法、德、俄(苏)5 国占有世界黄金存量的 2/3。

(2) 大量发行银行券(为了准备战争，政府支出急剧增长)，银行券兑换黄金越来越困难，破坏了自由兑换的原则。

(3) 各国纷纷限制黄金流动，黄金不能在国际间自由转移。在经济危机时期，商品输出较少，资金外逃严重，引起黄金大量外流，各国纷纷限制黄金流动。

由于这些不稳定的因素已使维持金本位制的一些必要条件逐渐遭到破坏，国际货币体系的稳定性也就失去了保证。因此，第一次世界大战爆发后，各参战国先后停止本币兑换黄金，禁止黄金跨国流动，国际金本位遂宣告瓦解。大战结束后，这些没有黄金准备的纸币大幅贬值，汇率波动剧烈，严重损害了国际贸易，国际货币体系已经不可能恢复到第一次世界大战前的国际金本位体系，因此，1922年，西方主要资本主义国家在意大利热诺亚城召开世界货币会议，讨论重建有生命力的国际货币体系问题，为了节约黄金的使用，会议建议采取金汇兑本位制或虚金本位制。

　　金汇兑本位制或虚金本位制的主要内容是：①货币单位仍规定有含金量；②国内不流通金币，以国家发行的银行券当作本位币流通；③银行券只能购买外汇，这些外汇可在外国兑换黄金；④本国货币同另一金本位国家的货币保持固定的比价，并在该国存放大量外汇或黄金作为平准基金，以便随时出售外汇来稳定外汇行市。

　　这是一种间接的货币与黄金相联系的本位制度。德国于1924年首先实行，奥地利、意大利、丹麦、挪威等30个国家随后也相继实行。除美国实行金本位外，英、法两国则实行金块本位制。在金块本位制下，国内没有黄金流通，银行券在一定条件下才能兑换金块。这样，以美元、英镑和法郎等储备货币占主要地位的国际金汇兑本位制开始出现，形成一种不受单一货币统治的货币体系，但采取金汇兑本位制的国家在对外贸易和财政金融方面要受到与其相联系的金本位制国家的控制和影响。金块本位制可以节省国内的黄金，金汇兑本位制既可节省国内的黄金，又可节省国际间的黄金。从节约黄金的观点来看，这个制度在一定时期内是成功的。由于货币用黄金越来越不能满足世界各国对国际清偿能力的需要，许多国家不得不在它们的储备中让某些与黄金有密切联系的主要货币占有一定的比例。在发生国际收支逆差时，一般先动用外汇储备，如果仍然不能平衡，就要使用黄金作为国际结算的最后手段。但与第一次世界大战前相比，无论是金汇兑本位制还是金块本位制，都是削弱了的金本位制度，很不稳定。因为：第一，国内没有金币流通，黄金不再起自发地调节货币流通的作用。第二，在金块本位制下，银行券兑换黄金有一定限制，这种限制削弱了货币制度的基础。第三，实行金汇兑本位的国家使本国依附于英镑和美元，一旦英、美两国的经济动荡不安，依附国家的货币也将发生动摇。所以这两种货币制度都没有稳固的基础。不过，从国际金本位制到国际金汇兑本位制的过渡，仍然是一种合乎规律的发展。在黄金生产不足的条件下，资本主义各国只能实行这种新型的金本位制，用英镑、美元和法郎等储备货币作为黄金的补充和世界货币的象征，否则就会限制国际贸易和世界经济的发展。但在国际金汇兑本位制下，货币实体和货币形式仍然是统一的，因为各种货币仍然同黄金保持着固定的联系，只是联系的方式不同罢了。

　　前面曾经指出，第一次世界大战后金汇兑本位制是在狭小的黄金基础上建立起来的一种国际货币体系，这种脆弱的国际金汇兑本位制，经过1929—1933年世界经济危机的袭击，终于全部瓦解。

　　(1) 1929年10月，生产初级产品的巴西、阿根廷、澳大利亚放弃金本位制。美国证券市场发生危机，拉开了世界经济危机的序幕。由于股票价格暴跌，物价下降，特别是原料价格暴跌，生产初级产品的巴西、阿根廷、澳大利亚等国遭受严重打击，出口剧减，国际收支情况恶化，黄金大量外流。这些国家不得不放弃金本位制。随后大危机的风暴席卷欧洲大陆。

(2) 1931年初，德国政府放弃了金汇兑本位制。奥地利因经济危机而发生金融危机，实力雄厚的奥地利信用银行倒闭。同年5月，德国因受奥地利的影响也发生金融危机，引发起大批银行倒闭。德国政府终于禁止黄金输出，并实行外汇管制，实际上它放弃了金汇兑本位制。

(3) 1931年9月，英国停止实行金本位制。同英镑有联系的一些国家和地区，也相继放弃金汇兑本位制。1921年，德奥两国的金融危机波及英国，而国际金本位制度是靠当时在世界经济事务中处于统治地位的英国来维持的。在20世纪初期，英国的统治地位已经开始削弱，它在出口商品市场和国际金融市场上遭受到美、法、德、俄(苏)等国的竞争和挑战，逐渐失去一部分管理国际货币秩序的特权。第一次世界大战后，英国由于战争的损失和国际收支的逆差，已从债权国变为债务国，黄金极为缺乏，1920年贵重金属储备只有1.17亿英镑，它一直是靠少量黄金维持金本位的。1929年世界经济危机爆发后，英国海外投资的收益急剧下降，航运业的收入也大大减少，国际收支发生严重困难。1931年5月，中欧两大银行倒闭，各国纷纷向英国兑换黄金，掀起抢购黄金的浪潮，伦敦市场受到很大压力。由于黄金大量外流，英国被迫于同年9月停止实行金本位制，同英镑有联系的一些国家和地区，也相继放弃金汇兑本位制。

(4) 1933年3月美国放弃金本位制度。随着世界经济危机的发展，1933年3月美国两次掀起货币信用危机的高潮，大批银行倒闭，大量黄金外流。美国政府不得不宣布银行暂时停业，停止银行券兑现，禁止黄金输出，最后也不得不放弃金本位制度，把黄金集中于国库，以美元纸币进行流通。当时英镑和美元是最重要的外汇储备，这两种货币都发生了问题。

(5) 1936年黄金集团放弃了金本位制。面对金块本位制和金汇兑本位制的困境，法国、比利时、瑞士、意大利、波兰等国组成黄金集团，仍想维持金块本位制和金汇兑本位制，但由于法国币值偏高，影响出口，致使国际收支恶化，而其他国家又受到经济危机与英镑、美元贬值的压力，黄金集团难以维持，至1936年也放弃了金本位制，整个国际货币体系也就全部瓦解了。20世纪30年代金本位制的崩溃，是资本主义世界货币体系的第一次危机。

三、对国际金本位体系的评价

1. 国际金本位体系的优势

1880—1914年是国际金本位体系的"黄金时代"，也是资本主义自由竞争的全盛时期，国际金本位体系作为迄今为止一种比较完善的国际货币体系，对于推动当时资本主义经济的高度繁荣和发展功不可没，因此被人们看做是一种理想的货币体系。金本位体系对世界经济发展的作用，主要表现在以下几个方面。

(1) 促进了商品生产与流通的发展。严格的固定汇率制便于生产成本核算及国际支付，且国际投资风险很小，因而推动了商品生产、国际贸易和对外投资的极大发展。

(2) 保持了汇率的稳定。在金本位制度下，决定两国货币汇率的基础是铸币平价，汇率波动受到黄金输送点的制约，其波动的幅度较小。相对稳定的汇率为国际贸易和资本流动创造了有利条件。

(3) 自动调节国际收支。国际金本位体系能够对国际收支不平衡进行自动调节,其调节机制如下:国际收支逆差(顺差)→黄金输出(输入)→物价水平下降(上升)→出口增加、进口减少(出口减少、进口增加)→国际收支顺差(逆差)→黄金输入(输出)。

任何国家都不会因国际收支失衡、黄金枯竭而放弃金本位制。基于此,国际金本位体系从1880年至1914年经历了35年的"黄金时代"。

(4) 有助于各国经济政策的协调。实行金本位制的国家一般情况下国内平衡服从于对外平衡,这样就从客观上创造了一个较为宽松的外部环境,使各主要资本主义国家更有可能协调其经济政策。

因此,今天仍有部分经济学家希望"复归"金本位体系。诚然,国际金本位体系在当时是一种最佳选择,对世界经济发展起了积极作用。但是在评价金本位体系时不应该忘记以下几个因素:在这个时期,世界政治经济局势稳定,没有战争和重大经济危机;黄金生产因金矿的不断发现,每20年增长一倍,黄金供应比较充足;英国有能力为各国提供商品和信贷,既满足生产发展的需要,又解决国际收支困难。正是这些因素的综合作用才造成了金本位体系的"黄金时代"。当这些因素随着时间的推移而消失时,金本位体系的缺陷就暴露无遗了。

2. 金本位制度的缺陷

金本位制度的缺陷具体如下。

(1) 黄金的增长速度远远落后于各国经济贸易增长的速度,由此造成的清偿手段不足严重制约了各国经济的发展,致使19世纪90年代中期的失业率高达15%。同时由于资本主义经济发展的不平衡,使得世界黄金存量的大部分越来越集中于少数强国手中,这不但影响了黄金的国际结算职能,也削弱了其他国家金本位货币制度的基础,同时造成了资本主义货币信用制度和国际金融领域的危机。所以,黄金供求的矛盾和分配的不平衡是金本位制崩溃的根本原因。

(2) 金本位体系的自动调节机制是有限的。各国政府不可能忽视本国经济发展对货币的需求而保持充分的黄金准备,或听任金本位体系的自动调节,而对经济采取完全自由放任的政策。当资本主义国家政府职能发展到一定阶段后,便不可能让国民经济完全任凭市场的摆布。从客观情况来看,一国经济情况错综复杂,内外经济政策相互牵制,它们通常利用国际信贷、利率及公开市场业务等手段来解决国际收支困难,而不愿意让黄金频繁流动。

第三节 布雷顿森林体系

一、布雷顿森林体系的建立

1. 西方国家内部经济格局发生变化

第二次世界大战彻底改变了世界政治经济格局,东西对峙,两种社会制度在政治、经济、文化、军事领域展开全面争斗,冷战促进了西方国家的团结合作。西方国家内部,前联邦德国、意大利、日本遭到毁灭性打击，英国、法国等老牌强国受到严重削弱，而美国却凭借第二次世界大战中的"租借法案"为盟国提供军火而一跃成为世界第一大国。1945年战争结束时，美国工业制成品占世界总额的一半，海外贸易占世界总额的 1/3 强，黄金储备从 1938 年的 145.1 亿美元增加到 1945 年的 200.8 亿美元，约占资本主义世界黄金储备的 59%，其海外投资超过了英国，成为世界上最大的债权国。美国依仗其雄厚的经济实力试图取代英国充当金融霸主，而英国不会轻易地拱手相送。第二次世界大战虽然极大地削弱了英国的经济实力，使英国的民用消费品生产不到 1939 年的一半，出口额不到第二次世界大战前的 1/3，海外资产流失超过 40 亿美元，外债高达 120 亿美元，黄金储备下降到 100 万美元，但是，英国在世界经济中的实力仍然不可低估，英镑区和帝国特惠制依然如故，国际贸易的 40%还用英镑结算，英镑仍然是主要的国际储备货币，伦敦依旧是最大的国际金融中心。因此，重建战后国际金融新秩序的重任必然由英美两国共同承担。

2. 怀特计划和凯恩斯计划

早在 1940 年第二次世界大战爆发之初，美国就提出以财政部长助理哈里·D. 怀特命名的"怀特计划"，1941 年英国财政大臣首席顾问约翰·M. 凯恩斯提出了"凯恩斯计划"，这两个计划充分反映了两国各自的利益以及建立国际金融新秩序的深刻分歧。

(1) 怀特计划。该计划的主要内容有：①主张存款原则，建议成立稳定基金，金额不低于 50 亿美元。②成员国在基金中的份额由黄金和本币构成，其多少取决于各国的外汇储备、国民收入和国际收支等因素，并决定该国在基金方面的投票权。成员国可以在自己缴纳的份额范围内向基金购买其他国家的货币。③基金组织的货币单位——"尤尼塔"(Unita)的含量为 137.142 格令，相当于 10 美元。Unita 可兑换黄金，也可在成员国之间相互转让。④各国要规定本币与 Unita 的法定平价，仅在必须纠正"国际收支基本不平衡"时，经基金组织同意才可调整平价，基金组织向成员国提供短期贷款来解决国际收支问题。⑤基金组织由董事会管理。

怀特计划明白无疑地昭示了美国的意图——凭借拥有的黄金和经济实力，操纵和控制基金组织，为谋求金融霸主地位铺平道路。

(2) 凯恩斯计划。该计划的主要内容有：①主张透支原则，按中央银行方式组建"国际清算联盟"，各国中央银行在国际清算联盟开户往来。②这些账户的记账单位"班柯"(Bancor)以黄金计价，其价值可由国际清算联盟适时调整。③成员国可以用黄金换取 Bancor，但不可以用 Bancor 换取黄金。④各国汇率以 Bancor 标价，未经理事会批准不得随意变动。⑤各国在国际清算联盟中的份额以第二次世界大战前三年进出口贸易平均额计算。⑥成员国发生国际收支逆差时，在 300 亿美元的额度内可以向国际清算联盟透支，而不必使用贷款方式。⑦国际清算联盟总部设在伦敦、纽约两地，理事会在两国轮流举行。

凯恩斯计划意在创造新的国际清偿手段，降低黄金的作用，受到多数国家赞同。

怀特计划和凯恩斯计划数易其稿，到 1943 年 4 月 7 日，美国首先抛出怀特计划，英国同日作出反应，公布了凯恩斯计划，引起了经济学界的巨大反映。1943 年 9 月 25 日—10月 9 日，由怀特和凯恩斯分别率领的两国小组在华盛顿召开了九次专题会议，经过双方的激烈争吵与相互妥协，于 1944 年 4 月正式发表了《关于建立国际货币基金组织的专家联合声明》，为建立新的国际金融体系奠定了理论基础。1944 年 7 月 1—22 日，第二次世界大战中的 44 个同盟国召开了"联合和联盟国家国际货币金融会议",通过了以怀特计划为基础的《国际货币基金协定》和《国际复兴开发银行协定》,总称布雷顿森林协定。布雷顿森林协定确立了第二次世界大战后以美元为中心的固定汇率体系的原则和运行机制,因此把战后以固定汇率制为基本特征的国际金融体系称作布雷顿森林体系(Bretton Woods System)。

二、布雷顿森林体系的主要内容

布雷顿森林体系的主要内容具体如下。

1. 建立了一个永久性国际金融机构

对各国的货币金融事务进行监督、管理和协调,以促进国际金融合作。由此,1946 年 3 月,国际货币基金组织(IMF)宣告成立,次年 3 月开始运行。该组织的主要职能是监督会员国货币的汇率,审批货币平价的变更,为国际收支逆差成员国提供融通资金,协调各国重大金融问题。

2. 建构了以美元为中心的固定汇率制

美元与黄金挂钩,其他货币与美元挂钩,构成了布雷顿森林体系的两大支柱。由于特定的历史环境,第二次世界大战后直至 1973 年,国际货币制度是以美元为中心的固定汇率制。当时的《国际货币基金协定》规定,IMF 会员国货币的金平价,应以黄金或 1944 年 7 月 1 日含黄金重量与成色的美元(当时金平价为 1 美元=0.888671 克纯金,即 1 盎司黄金的官价为 35 美元)表示,及各国货币均应以黄金,也就是以美元来表示,使各国货币钉住(peg)美元,与美元直接挂钩。该《协定》又人为地规定,各国货币汇率波动的官定上下限为黄金平价的±1%。当货币汇率接近官定上下限时,有关国家有义务在外汇市场进行干预,把货币的汇率控制在官定上下限以内。比如,1946 年英镑的金平价为 3.58134 克纯金,美元的金平价 0.888671 克纯金,根据纸币汇率确定的原理,两国货币的汇率为

$$3.58134 / 0.888671 = 4.03$$

即

$$1 \text{ 英镑} = 4.03 \text{ 美元}$$

根据 IMF 的规定,两国货币汇率波动的官定上下限为其金平价的±1%,则在美国市场上英镑汇率上下波动的界限应为 4.03±1%,即在 4.03+0.0403=4.0703 美元和 4.03-0.0403=3.9897 美元之内进行波动。这就是说,在美国市场上,英镑汇率上涨不得高于 4.0703 美元,如下降也不得低于 3.9897 美元,如果超过这一界限,美国货币当局就要出面干预,以维持汇率波动的界限。实际上,黄金美元本位制下汇率波动的界限常常超过了国际金本位制下的黄金输送点,但由于人为地规定了汇率波动的官定上下限不能超过货币平价的±1%(1971 年年底,扩大为±2.25),因此汇率波动的幅度还不致过于剧烈,可以说是相对固定的。

(1) IMF 向国际收支逆差会员国提供短期资金融通,以协助其解决国际收支困难。IMF 资金的主要来源是会员国认缴的基金份额,份额的 25%以黄金或可兑换黄金的货币(1976 年牙买加会议后改用特别提款权或外汇)认缴,其余 75%的份额以本国货币认缴。当会员国发生逆差时,可用本国货币向 IMF 按规定程序购买一定数额的外汇,将来在规定的期限内

以黄金或外汇购回偿还借用的外汇资金。

(2) 废除外汇管制。IMF 的宗旨之一就是努力消除阻碍多边清算的外汇管制，它要求会员国履行货币兑换的义务。IMF 协定的第 8 条规定会员国不得限制经常项目的支付，不得采取歧视性的货币措施，要在兑换性的基础上实行多边支付。但是下列三种情况可以例外：①IMF 不允许会员国政府在经常项目交易中限制外汇的买卖，但容许对资本项目实行外汇管制。②会员国处于战后过渡时期时，可以延迟履行货币可兑换性的义务。IMF 当初希望废除经常项目外汇管制的过渡期不超过 5 年，但实际上直到 1958 年末主要工业化国家才取消了经常项目的外汇管制，恢复货币自由兑换，即使在今天，IMF 所有会员国中，也只有部分国家遵守此项条款，外汇管制在发展中国家仍然相当普遍。③会员国有权对被宣布为"稀缺货币"的货币采取歧视性货币措施。

(3) 设立稀缺货币条款。当一国的国际收支持续出现大量顺差时逆差国对该国货币的需求将明显、持续增长，并会向基金组织借取该种货币。这就会使这种货币在基金组织的库存急剧下降。当库存下降到该会员国份额的 75%以下时，基金组织就可以将该会员国货币宣布为"稀缺货币"并按逆差国的需要进行限额分配，逆差国也有权对"稀缺货币"采取临时的兑换限制措施。这样，"稀缺货币"的发行国的出口贸易就可能受到影响，从而迫使其采取调节国际收支的措施。"稀缺货币条款"的目的是使国际收支顺差与逆差国一样，肩负起调节国际收支的责任。

与战前相比，布雷顿森林体系具有以下 3 个特点：①统一性。第二次世界大战后建立的以美元为中心的国际货币体系，几乎囊括了所有的资本主义国家。②严整性。它不是一个松散的国际货币体系，而是通过全面的规定来维持国际货币体系的正常运转。③约束性。布雷顿森林体系的建立和推行，主要依靠《国际货币基金协定》的有关条款和国际货币基金组织的业务来保障和维持。

三、布雷顿森林体系运转的基本条件

布雷顿森林体系是建立在第二次世界大战后美国雄厚的经济实力的基础上的，要维持该体系的正常运转，必须具备以下三个条件。

(1) 美国国际收支保持顺差，美元对外价值稳定。这是以美元为中心的国际货币体系的基础。如果不是这样，美国国际收支逆差严重，美元对外价值长期不稳，美元的中心地位就会从根本上丧失，从而危及国际货币体系的基础。

(2) 美国应具有充足的黄金储备。因为在布雷顿森林体系下，美国政府承担外国政府按官价用美元兑换黄金的义务。因此，只有美国具备充足的黄金储备，才能维护美元的信誉，平抑黄金价格；反之，则不能保证以官价用美元兑换黄金，会引起美元的信用危机，从而动摇国际货币体系的基础。

(3) 黄金价格维持在官价水平上。这一条是前两条的落实和具体体现。

毫无疑问，这 3 个条件的具备取决于美国的经济实力，从而直接影响着该体系的运转和美元的信用及地位。

四、布雷顿森林体系的瓦解过程及采取的补救措施

布雷顿森林体系是以美国国际收支顺差和黄金储备充足为基本条件而建立起来的,其运转与美国的信用、地位密切相关。第二次世界大战后至 20 世纪 50 年代末,美国黄金储备充足,人们对美元充满信心,很少有人想以美元兑换黄金,因此布雷顿森林体系能够顺利运转。但到了 20 世纪 50 年代末,由于西欧经济的恢复和日本经济的起飞,美国对外贸易面临严峻的挑战,加之美国忙于军备竞赛,财政开支过大,美国的国际收支已由顺差变为逆差。到 1960 年,美国对外流动债务(210 亿美元)首次超过了黄金储备额(178 亿美元),已不可能实现无限制地兑换承诺,使美元的国际信誉发生动摇。终于在 1960 年 10 月爆发了第一次美元危机,从而使布雷顿森林体系岌岌可危。所谓美元危机,是指由美国国际收支危机所引起的美国黄金外汇储备额急剧减少,美元汇率猛跌和美元信誉跌落,大量资本从美国逃走,国际金融市场出现抛售美元,抢购黄金与硬货币的风潮。美元危机得到缓和,布雷顿森林体系运转的机能才可以维持。因此,布雷顿森林体系的瓦解过程,美元危机是一条中心线索,就是美元危机不断爆发—拯救—再爆发直至崩溃的过程。

1960—1973 年的 13 年间,先后爆发了 11 次美元危机,其中有 4 次严重危机,每次严重危机均采取了一系列措施,但最终还是崩溃了。

1. 第一次美元危机及其补救措施

1960 年爆发了第一次比较大规模的美元危机。危机爆发前,美国的国际收支连年逆差,黄金储备大量外流,对外短期债务激增,到 1960 年,美国累计的短期债务已达 210 亿美元,而黄金储备下降到 178 亿美元,已不可能实现无限制兑换的承诺,人们对美元的信心开始动摇,终于在 1960 年 10 月爆发了第一次美元危机。为减缓美元危机,不致削弱布雷顿森林体系运转的基础,美国以及在美国的影响下的 IMF 先后采取了下述措施。

(1) 签订稳定黄金价格协定。危机爆发后,伦敦黄金市场金价猛涨,高出官价 20%,为保持官价水平,在美国的策划下,欧洲主要国家的中央银行于 1960 年 10 月签订了一项"君子协定":规定彼此以不超过 35.20 美元(包括手续费和运费)的价格买卖每盎司黄金,以稳定黄金价格和美元汇率。

(2) 签订《巴塞尔协定》。1961 年 3 月原西德马克和荷兰盾的公开升值,给美元和其他西方货币带来了巨大冲击。为减缓国际游资对外汇市场的冲击,维持美元汇率的稳定,参加国际清算银行理事会的八国中央银行在瑞士巴塞尔签订《巴塞尔协定》。规定各国中央银行应在外汇市场上合作,以维持此汇率的稳定;若一国发生货币危机时,其他国家要在一定时期保持该国货币的头寸,并提供黄金和外汇信贷,以维持各国外汇市场的稳定。这个协定的作用是企图通过相互支持来稳定主要货币之间的汇率,维持固定汇率制度。

(3) 建立黄金总库。1960 年 10 月美国为稳定金价,保卫美元,联合英国、法国、原联邦德国、荷兰、比利时、意大利、瑞士 7 国,建立黄金总库来平抑市价。八国中央银行按约定的比例共拿出 2.7 亿美元的黄金,其中美国占 50%,原联邦德国为 11%,英国、意大利、法国均为 9.3%;荷兰、比利时、瑞士均为 3.7%。英格兰银行为黄金总库的代理机构,负责维持伦敦黄金市场金价的稳定。

(4) 建构"借款总安排"。IMF 与 10 工业国家(美国、英国、法国、原联邦德国、意大利、比利时、荷兰、瑞典、日本、加拿大)于 1961 年 11 月在巴黎开会时签订了于 1962 年 10 月生效的 60 亿美元的"借款总安排",建议 IMF 如遇有货币危机时可以向上述 10 国借入金额为 60 亿美元的资金,贷给发生货币危机的国家。实际上主要是支持美国,缓和美元危机,维持国际货币体系的运转。参加"借款总安排"的 10 国也叫"十国集团"或"巴黎俱乐部"。

(5) 签订货币互换协定。为加强对外汇市场的干预,美国与 14 个西方主要国家的中央银行签订了"货币互换协定",通过短期货币互换,增强干预市场的能力。

2. 第二次美元危机及其补救措施

20 世纪 60 年代中期,因侵越战争的扩大,美国的财政金融状况恶化,国内通货膨胀加剧,美元购买力和它代表的金价日益脱钩,加之日、德等国的快速发展,其对外贸易不时出现逆差,使本来已存在的国际收支逆差更加严重,黄金储备下降到 121 亿美元,而外债上升到 331 亿美元,以致 1968 年爆发了第二次比较大规模的美元危机。应对这次危机的补救措施主要有以下两条。

(1) 解散黄金总库,实行黄金双价值。由于这次危机使美国的黄金大量流失,6 个月内损失黄金 34.6 亿美元,凭"黄金总库"和美国的黄金储备,已无力维持美元与黄金的固定比价。为此美国被迫采取应急措施,要求英国自 1968 年 3 月 15 日起关闭伦敦黄金市场,同时邀请黄金总库的成员国在华盛顿举行紧急会议,并发布公告:解散黄金总库,实行黄金双价制。

所谓黄金双价制,就是指两种黄金市场实行不同的价格制度。在官方之间的黄金市场上,各国中央银行仍然可以按每盎司 35 美元的官价向美国兑换黄金;而在私人黄金市场上美国不再按 35 美元官价供应黄金,听任市场金价自由波动。黄金双价制实际上意味着黄金-美元为中心的布雷顿森林体系的局部崩溃。

(2) 创立特别提款权。第一次美元危机爆发后,各国认识到了布雷顿森林体系的缺陷和危机的性质。为了摆脱这一困境,经过长期的讨论,基金组织于 1969 年创立了特别提款权,被称为"纸黄金",成为各国储备资产。创立特别提款权既是对黄金的一种节约又是对美元的一种补充。由于特别提款权等同黄金,减少了各国黄金储备的外流,而且特别提款权只能用于政府之间的结算,非政府的大量国际经济交往所发生的债权债务结算与支付,仍主要使用美元,因此特别提款权的创立,不会危害美元的地位。总之,特别提款权的发行,缓解了美元危机,维持了布雷顿森林体系的运行。

3. 第三次美元危机及其补救措施

第三次美元危机是 1971 年爆发的,此次危机比以往任何时候都激烈,外汇市场上抛售美元、抢购黄金和硬通货的风潮在 5 月、6 月两度迭起。

(1) 实行"新经济政策"。面对猛烈的危机,尼克松政府不得不于 1971 年 8 月 15 日宣布实行"新经济政策"。它的主要内容是:①停止外国中央银行按官价向美国兑换黄金,防止有限的黄金储备继续流失。②征收 10%的进口附加税,以限制美国进口,改善美国的国际收支和美元的地位。

"新经济政策"的推行意味着美元与黄金公开脱钩,布雷顿森林体系的两大支柱中的一根已经倒塌。

(2) 签订《史密森协议》。美元兑换黄金终止,国际金融市场处于极度混乱状态,为了挽救布雷顿森林体系,10国集团经过4个月的讨价还价和磋商,于1977年12月在美国首都华盛顿会议上达成了《史密森协议》。其主要内容是:①美元对黄金贬值7.89%,每盎司黄金官价由35美元提高到38美元。②美国取消10%的进口附加税。③调整一些国家的货币与美元的汇率平价,即根据其定值变化和美元贬值幅度,分别调整其对美元的汇率,其中:日元升值16.9%,原联邦德国马克升值13.6%,现瑞士法郎升值13.9%,荷兰盾和比利时法郎各升值11.6%,英镑和法国法郎各升值8.6%,意大利里拉和瑞典克朗各升值7.5%。这次汇率调整是战后国际货币体系走向牙买加体系的一个转折点,也是储备货币多样化的开始。④各国货币对美元汇率波动的幅度从过去按平价的1%扩大到2.25%,继续维持固定汇率制。

4. 布雷顿森林体系彻底崩溃

《史密森协议》虽然勉强维持了布雷顿森林体系,但美元同黄金的可兑换性则从此终止了。从这个意义上讲布雷顿森林体系的核心部分已经瓦解,国际货币体系已经不再是以黄金-美元为基础了。另外,《史密森协议》完全是国际货币体系危机的仓促产物,没有涉及国际货币制度的根本变革,平价的调整也是在非常小的幅度内进行的,反映了各国矛盾和斗争。加之协议之后,美国继续采取扩张性货币政策,美国的国际收支逆差继续扩大,通货膨胀进一步加剧。到1972年底,美国对其外短期债务已平至810亿美元黄金储备只能抵偿其1/8。于是1973年1月再一次爆发美元危机,出现大量抛售美元,抢购原联邦德国马克、日元、瑞士法郎和黄金的风潮,许多国家关闭外汇市场。1973年2月12日美国政府宣布再次贬值10%,每盎司黄金官价由38美元提高到42.22美元。

美元的再次贬值,并未能制止美元危机。因此,1973年3月西欧各国取消了本国货币与美元的固定比价,实行浮动汇率,欧共体实行联合浮动。这次危机促成了《史密森协议》的寿终正寝,布雷顿森林体系也随之彻底崩溃。

五、布雷顿森林体系崩溃的原因

布雷顿森林体系崩溃的原因具体如下。

(1) 布雷顿森林体系存在不可克服的内在矛盾,这是布雷顿森林体系崩溃的根本原因。在该系统下,美元既是一种国家货币,又是世界货币。作为一国的货币,美元的发行量受制于美国的货币政策和黄金储备数量。作为世界货币,美元的供应量又必须适应世界经济和国际贸易的需要。此外,作为世界货币,美元币值需要稳定,而美元币值要稳定,要求美国必须有足够的黄金储备而且美国的国际收支保持顺差。

因此,在布雷顿森林体系下美国与其他国家的外部均衡目标是完全不同的,美国的外部均衡目标体现为保证美元与黄金之间的固定比价和可兑换,这要求美国控制美元向境外输出;而其他国家的外部均衡目标体现为尽可能地积累美元的储备,以增加其国际清偿能力,这就要求美元大量向境外输出。显然,这两者之间是完全矛盾的,这种矛盾使得美元作为主要储备资产处于一种进退两难的状况中。为满足世界经济和贸易对国际储备资产的日益增长的需要，美元的供应量必须不断增长，而美元供应的不断增长，使得人们对维持美元与黄金间的可兑换性产生怀疑，即对美元的国际清偿能力丧失信心；反之，要维持各国对美元的信心，美国必须纠正其逆差(即减少美元供应量)，则其他国家就会因美元储备不足造成国际清偿能力不足。这种两难就是所谓的"特里芬难题"，即当美国国际收支处于长期顺差时，人们会愿意持有美元，但却很难得到它；而当美国国际收支出现持续逆差时，人们对美元的需求就会很容易得到满足，但此时却因对美元丧失信心而不愿再持有它了。第二次世界大战以后，美国国际收支持续顺差所形成的"美元荒"，到美国国际收支持续逆差所形成的"美元灾"，进一步发展为布雷顿森林体系危机和崩溃的历程，这就是这个体系内在的不可克服的矛盾发展的必然结果。

(2) 主要发达国家之间国际收支的极端不平衡。第二次世界大战以后初期，美国的经济、政治、军事力量跃居西方国家榜首，美国利用经济实力的强大和其他西方国家被战争削弱的时机，大肆向西欧国家、日本和世界各地输出商品，成为当时世界上最大的出口国，国际收支连年顺差，从而使美国黄金储备增加，美元币值稳定，因此这一时期布雷顿森林体系能正常运转。西欧各国因战争破坏战后重建需要从美国大量进口商品，而本身又没有多少商品向美国出口以换取美元，这样，战后初期西欧各国"美元荒"普遍存在。但随着时间的推移，到了20世纪50年代后，一方面由于西欧经济的恢复、发展和日本经济起飞，使美国对外贸易受到了挑战；另一方面由于美国实行对外扩张战略，导致美国出现巨额的海外军事开支和巨额的资本输出。因此，使得美国国际收支从20世纪50年代末以后由顺差转为巨额逆差。而其他一些发达国家的国际收支则由逆差转为顺差，从而引起美元大量外流，泛滥成灾。与此同时，美国的黄金储备又大量流失(出现抛售美元抢购黄金的风潮)，使美国丧失承担美元对外兑换黄金的能力，最终于1971年8月15日不得不宣布停止美元兑换黄金。

(3) 主要西方国家通货膨胀悬殊。由于西方国家通货膨胀率的悬殊，它们的实际利率不相等，从而加剧了资本在国际间的流动。在国际外汇市场上，对实际利率较高国家的货币的需求的增长，其汇率上涨；对实际利率较低国家货币的需求则会减少，其汇率下跌。这样，固定汇率势必难以维持。自20世纪60年代以来，币值较为坚挺的国家，为维持其货币与美元的固定汇率，而被迫投放本币，已深受通货膨胀之害(购进美元，售出本币，结果本币发行量增加，从而加重通货膨胀，若不干预外汇市场，则美元贬值加剧，结果国家的主要储备资产美元遭受贬值的损失)，它们不愿为此而继续做出牺牲。因此，西方各国在1973年春纷纷实行浮动汇率制。

由于两根支柱均已倒塌，布雷顿森林体系便彻底崩溃。

六、对布雷顿森林体系的评价

第二次世界大战前，国际货币关系极其混乱，各国为了增加出口不惜大打"货币战"和"汇率战"。布雷顿森林体系的建立结束了各个货币集团之间相互对立、相互进行外汇倾销和贸易保护的局面，稳定了国际金融的局势，促进了世界贸易和经济的发展，具体表现在如下几个方面。

(1) 它重新建立了国际货币秩序。实行以美元为中心的可调整固定汇率制度，消除了国际贸易和国际投资的汇率风险，为国际贸易和国际投资提供了有利的外部环境，极大地推动了国际贸易的发展和国际资本的流动，使战后的国际贸易和国际投资不仅比战前有较大提高，而且其增长率还超过了同期世界工业生产增长的速度。

(2) 它缓解了各国国际收支的困难，维持了各国经济的稳定、高速发展的态势。美国利用美元的特殊地位，通过国际贸易、国际信贷和投资等渠道，向世界大量发行美元，扩大了国际清偿能力，从而使世界经济增长迅速。

(3) 基金组织在促进国际货币合作和建立多边体系方面做了大量工作，促进了世界经济的稳定和增长，基金组织要求会员国取消外汇管制，在一定程度上为战后国际贸易和国际投资的发展消除了部分障碍。另外，国际货币基金组织不仅为各国提供应急贷款，而且还指导、协助各国进行国内经济政策调整，减少了国际收支不平衡对经济发展的不利影响。

可以说，布雷顿森林体系支撑了 20 世纪 60 年代资本主义世界的高速增长，因此，有人把这段时期称为资本主义世界的第二个"黄金时代"，但正如上文分析所述，由于布雷顿森林体系存在根本的内在缺陷，最终还是崩溃了。

第四节 牙买加体系

一、牙买加体系的创立

1973 年布雷顿森林体系崩溃之后，国际货币金融关系动荡不安，美元国际地位不断下降，出现国际储备多元化状况(如德国马克、日元开始成为各国的储备货币)，许多国家实行浮动汇率制，汇率波动剧烈，全球性国际收支失衡现象日益严重，建立新的国际货币体系刻不容缓，为此国际货币基金组织着手研究国际货币制度的改革问题。

1976 年 1 月，IMF"国际货币制度临时委员会"在牙买加首都金斯顿召开会议，并达成《牙买加协定》，同年 4 月，IMF 采纳了《牙买加协定》的主要内容，对《IMF 协定》进行了第二次修订，IMF 理事会通过了《IMF 协定的第二次修正案》，标志着牙买加体系的创立，从此，国际货币金融关系进入一个新的阶段，这一国际货币新格局被称为牙买加体系，即现行的国际货币体系。该体系实际上是以美元为中心的多元化国际储备和浮动汇率体系。

《牙买加协定》对布雷顿森林体系进行了扬弃。一方面，它继承了布雷顿森林体系下的 IMF，并且，基金组织的作用还得到了加强；另一方面，它放弃了布雷顿森林体系下的双挂钩制度。《牙买加协定》的主要内容如下。

(1) 浮动汇率合法化。成员国可以自由选择汇率方面的安排，IMF 同意固定汇率制与浮动汇率制并存；但成员国的汇率政策应受 IMF 的监督，以防止成员国采取损人利己的货币贬值政策。协定还规定实行浮动汇率制的会员国根据经济条件，应逐步恢复固定汇率体系，当世界经济具备稳定条件时，经 IMF 总投票权的 85% 多数投票通过，可以恢复稳定的可调整的汇率制度。这部分条款是将已实施多年的浮动汇率体系予以法律上的认可，但同时又强调了 IMF 在稳定汇率方面的监督和协调作用。

(2) 黄金非货币化。主要体现在以下几个方面。

① 废除黄金官价，各成员国中央银行可按市价自由进行黄金交易。
② 取消成员国之间，以及成员国与 IMF 之间需用黄金清偿债权债务的义务。
③ IMF 所持有的黄金应逐步加以处理，或在国际市场上出售或各成员国购回。
④ 黄金不再作为各国货币定制标准，即成员国货币不能与黄金挂钩，从而削弱黄金在国际货币体系中的作用。

(3) 扩大特别提款权的作用。在未来的国际货币体系中，提高特别提款权(SDRs)的国际储备地位，以便 SDRs 逐步取代黄金和美元而成为国际货币体系的主要储备资产。协定规定成员国不仅可用 SDRs 来履行对基金组织的义务和接受基金组织的贷款，各成员国也可以使用 SDRs 来进行借贷，从而扩大了 SDRs 的适用范围。

(4) 增加会员国的基金份额。会员国对 IMF 所缴纳的基金份额，由原来的 292 亿 SDRs 增加到 390 亿 SDRs，增加 33.6%。主要增加石油输出国组织份额所占比重，由 5%提高到 10%，以提高 IMF 的清偿能力，使 SDRs 成为主要的国际储备，降低美元的国际储备作用。

(5) 扩大对发展中国家的资金融通。主要措施有：
① 用 IMF 已出售黄金所得收益设立"信托基金"，以优惠条件向最贫穷的发展中国家提供贷款或援助，以解决他们的国际收支的困难。
② 扩大信用贷款额度，由占有会员国份额的 100%提高到 145%。
③ 提高基金组织"出口波动补偿贷款"，由占有会员国份额的 50%提高到 75%，以满足发展中国家的特殊要求。

二、牙买加体系的运作特点

概括起来，牙买加体系的运作特点主要有以下几方面。

1. 国际储备多元化

国际储备多元化突出表现为黄金非货币化，美元在诸多储备货币中仍占主导地位，但地位逐步削弱，而原联邦德国马克、日元的地位不断加强。与此同时，IMF 创设的特别提款权和欧洲货币单位(ECU)作为储备资产的地位也在不断提高。

在布雷顿森林体系下，国际储备主要是美元和黄金，外汇储备 90%以上是美元，结构比较单一。但是自 1973 年以来。其他一些货币，如原联邦德国马克、日元，特别是一些复合货币，如特别提款权和欧洲货币单位的地位不断上升。由于《牙买加协定》后美国的经济实力持续减弱，西欧、日本经济增长迅速，实力接近美国，以致美元在国际储备中的地位基本呈现下降趋势，在各国储备中所占比重明显下降；而德国马克、日元所占比重明显上升，许多国家的国际贸易和国际支付也开始改用联邦德国马克、日元等来计价和支付，国际储备货币和国际支付货币出现了多元化的态势。虽然美元的国际货币作用已有所下降，但至今还没有一种货币能取代美元；一直以来国际储备货币仍以美元为中心，这表现在美元在各国官方外汇储备中所占比重仍在 60%左右，国际贸易的 2/3 仍然用美元计价和结算。因此，在国际储备多元化的牙买加体系下，美元仍然是最重要的国际储备货币。

黄金自被"牙买加协定"宣布"非货币化"后，其货币作用逐渐消失，在国际储备资产中的地位开始下降。但是黄金仍然是主要的国际储备资产，世界储备中黄金仍占 25%，而且发达国家的黄金比重更高,黄金储备的 85%为发达国家所拥有。各国在发生国际收支逆差时,最终可以动用黄金储备来解决,在战争或重大动荡情况下黄金仍然是最后的清偿手段;另外,与外汇相比,黄金是最稳定的价值保值手段。

2. 汇率安排多元化——浮动汇率制与固定汇率制并存

整个汇率体系呈现两大趋势:一是区域集团内实行稳定的汇率制(对外实行联合浮动),包括欧共体及实行钉住汇率制的国家;二是主要货币之间汇率的巨额波动。在布雷顿森林体系下,由于汇率制度过分僵化,各国都得把稳定汇率放在对外经济政策的首位,国内经济政策目标要服从稳定汇率的需要。结果是在经济发展存在重大国别差异的情况下,处于劣势的国家在改善国内经济状况方面难有充分的回旋余地,经济总是在无法容忍的通货膨胀与衰退、失业之间摆动,汇率调节国内外资源配置的功能受到严重削弱,各国都希望汇率体系更为灵活。因此,牙买加体系趋向于汇率的自由安排。

随着世界各国经济联系的日益紧密、开放程度的不断提高和资本管制的逐步放松,国际间短期资本流动的规模和速度已大大提升了,各国国内外汇市场上的外汇供求波动也变得越来越紧密和剧烈。在这种情况下,当今汇率制度的趋势是,实行较为固定的汇率制度的国家越来越少,实行灵活的汇率制度的国家不断增多。具体表现在:第一,有管理的浮动汇率制度,特别是世界三大主要货币(美元、日元和德国马克)之间的浮动汇率制度,取代了布雷顿森林体系并且一直持续到今天。第二,其他一些规模较小的工业国家也都实行了浮动汇率,这主要指澳大利亚、加拿大、新西兰和瑞士。1992—1993 年,芬兰、意大利、挪威、瑞典和美国也相继采取了浮动汇率制度。第三,发展中国家采取的汇兑安排虽然多种多样,但是进入 20 世纪 90 年代之后,放弃较为固定的汇率制度,转而采用较为灵活的汇率制度的国家所占有的比重迅猛上升。

总之,汇率制度实践形式的多样性及向浮动的汇率制度转变的国际趋势是当今国际汇率体系的主要特点。

3. 依赖国际间的政策协调和国际金融市场解决国际收支问题

在牙买加体系下,各国的国际收支不平衡主要依赖国际间政策和国际金融市场来解决。从 1973 年 OPEC(Organization of Petroleum Exporting Countries,石油输出国组织)国家大幅度提高石油价格,国际金融领域动荡不定开始,到 20 世纪 70 年代后期西方国家的经济滞胀以及 20 世纪 80 年代初发展中国家的债务危机,贸易保护主义、南北差距的扩大以及全球的国际收支不平衡,这些严重影响着世界经济和贸易的发展。从全球化趋势看,解决国际收支不平衡问题更加复杂与艰巨。

在牙买加体系下,解决国际收支困难主要有四条途径。

(1) 强调利用国内经济政策消除国际收支不平衡。消除国际收支逆差,在政策上有两种选择:一是需求政策,即着眼于控制需求,实行紧缩政策,其主要手段有减少货币发行、提高利率、消减公共支出、增加税收,进而减少进口,达到国际收支改善;二是供给政策,即基本不控制需求而是靠增加供给代替进口,进而改善国际收支。

(2) 充分利用汇率机制平衡国际收支。通过汇率的适度调整平衡国际收支。逆差→外汇汇率上升、本币贬值→出口增加、进口减少→国际收支改善;反之则相反。如果世界各国听任汇率自由浮动,不采取任何干预措施,那么各国货币的汇率会由各自的供求关系决定其价值。但是，各国政府并不允许本国货币的汇率完全自由浮动，故各国的国际收支不平衡也并不是纯粹依靠汇率的变动来调节的，国内经济政策依旧起着很重要的作用。即使汇率随市场供求而变动，在实践中，它能否自动调节国际收支也必须依赖于其他条件。我们知道，如果进出口商品的需求和供给弹性都很小，那么就满足不了马歇尔-勒纳条件，因此也就无法采取本币贬值的措施来改善国际收支。

(3) 通过融资平衡国际收支。在牙买加体系下以 IMF 为中心，通过各国政府和商业银行，给逆差国提供贷款，成为平衡国际收支的一条重要途径。

(4) 加强国际协调。在牙买加体系下，国际货币合作及金融政策协调有两条渠道：①传统的国际货币基金组织(IMF)。IMF 每年召集一次成员国中央银行行长会议，磋商国际金融稳定、国际收支平衡、国际债务及国际银行业务等重大问题，交流各国的货币金融政策，并制定一些共同遵守的准则。迄今为止，国际货币基金组织在国际货币合作及金融政策协调方面仍然是最重要的国际金融组织，肩负着促进整个国际货币体系有效合作的中心责任。根据国际货币基金组织协定，它不仅向赤字国提供贷款，帮助赤字国克服国际收支困难，还应指导与监督赤字国和盈余国双方进行国际收支调整，以便双方对称地承担国际收支调整的义务。②西方七国首脑会议。西方七国首脑会议实际上是布雷顿森林体系崩溃的产物。布雷顿森林体系的崩溃和石油危机的冲击，使西方各国陷入一片混乱，而损人利己的短期行为终究会危害自身，基于共同的利益，西方七国首脑会议应运而生。一年一度的西方七国首脑会议，成为大国之间就共同关心的政治、经济问题交流看法，寻求他国对本国经济政策的理解和支持，协调相互矛盾和冲突的一种制度，它比 IMF 更易达成有效的政策协调，并能迅速地付诸实践，转而影响 IMF 的决策。由于七国的经济实力特别强大，因此对世界经济的影响非常深远。

三、对牙买加体系的评价

1. 牙买加体系的积极作用

牙买加体系是世界经济发展变化的产物，创立至今，经历了一系列重大变化，在克服各种危机，推动国际贸易、世界经济的稳定发展方面起到了积极作用。

(1) 打破了布雷顿森林体系的僵化局面(对外汇率政策——灵活性)。牙买加体系实行浮动汇率制，增加了各国对外政策的灵活性，在受到国外冲击时，可以通过汇率的变化来进行自动调节，不必实行紧缩或扩张的货币政策维持汇率稳定。浮动汇率制能够保持国内经济政策的连续性和独立性，能够更有效地保证国内经济政策目标的顺利实现。

(2) 解决了特里芬难题(国际储备多元化)。实行国际储备多元化，在一定程度上缓解了国际清偿能力的不足。当美国国际收支逆差时，美国可以自由地安排汇率，其他国家的货币就会充当国际储备货币，补偿国际清偿能力的不足，以维持国际货币体系的正常运转。

(3) 扩展了调节国际收支的渠道(用综合机制共同调节国际收支)。用综合机制共同调节国际收支，使国际收支的调节更迅速、更有效，也更加符合市场的运作规律，对世界经济的正常运转和发展起到了一定的作用。

2. 牙买加体系的缺陷

随着国际经济的发展变化，牙买加体系这一国际货币体系的弊端也日益暴露出来，从而要求建立国际货币新秩序。牙买加体系的缺陷表现在以下几个方面。

(1) 汇率体系极不稳定(汇率波动剧烈)。由于实行的是浮动汇率制，长期以来主要货币之间的汇率不断变化，成为引起国际金融市场不稳定的重要因素。汇率的频繁波动增加了汇率风险，从某种程度上说，这种体系不利于世界经济的发展。

(2) 大国侵害小国利益(缺乏国际清偿能力时，被迫接受外部强加的调整方案，在国际货币体系中缺乏发言权)。由于实行浮动汇率制，主要储备货币(不论是美元，还是德国马克或日元)的汇率经常波动，这对发展中国家是很不利的，主要储备货币国往往只顾自身的利益实行独立或联合起来改变汇率，而大多数发展中国家的汇率采用钉住制，使钉住它们货币的发展中国无论国内经济状况好坏都不得不重新安排汇率，承担额外的外汇风险，因此，发展中国家由于经济基础薄弱，它们在国际贸易和储备资金遇到重大困难时，往往成为各种外部冲击的对象，进而在缺乏国际清偿能力时，被迫接受外部强加的调整方案，在国际货币体系中缺乏发言权。

(3) 国际收支调节机制不健全。前述的四大调节渠道都有自身的局限性和副作用，如汇率机制运行不稳、利率机制的副作用等，因此都不是根本的解决问题的方法。亚洲金融危机和 1999 年美国贸易收支逆差持续扩大表明，牙买加体系自 1973 年创建以来，全球范围内的长期国际收支不平衡未得到根除。

四、对改革牙买加体系的建议

20 世纪 90 年代以来，正当全球经济一体化加快步伐的时候，世界范围内的金融危机此起彼伏，层出不穷。1994 年的墨西哥金融危机，1997 年的东南亚金融危机，以及此后的俄罗斯、巴西、阿根廷金融危机，其深度、广度及影响令国际社会十分震惊，也充分暴露出当今的国际货币体系存在着缺陷。改革现行国际货币体系的呼声日益高涨，许多发达国家和发展中国家都从各自的利益出发，提出了一些建议，各种建议的焦点集中在两个方面，即如何应付当前危机与如何改革国际货币体系。前一个问题比较具体，主要涉及的是危机的处理问题；解决的措施也很具体，如建立新的贷款机制、增加融资来源、求助资金的补充与分摊等。而后一个问题由于涉及各国的长远利益，因此分歧较大，只在一些原则性的方面达成一致。总体上对改革牙买加体系的建议可以分成两类。

1. 对现行的牙买加体系进行改造

在这一方面，所处的地位和关心的利益不同，国际货币基金组织、发达国家和发展中国家在如何改革货币体系上存在很大分歧。

发达国家的主张有如下几点。

(1) 确保资本输出的自由。

(2) 通过国际组织促使发展中国家遵守发达国家的做法，并制定了经济金融数据公布的标准；在银行监管方面，清算银行等也推行了发达国家的做法。

(3) 在发生金融危机时应尽可能地减少债权人的损失。但是发达国家也存在矛盾，它们都力图按照对自己最有利的方式进行体制设计，其中最主要的就是美、欧、日三大货币集团之间的争夺。

发展中国家则强调以下几点。

(1) 资本与金融账户的开放应该是渐进的、有序的。

(2) 应该加强对短期国际资本流动的管理。

(3) 国际组织紧急援助的条件应该有更多的灵活性。

(4) 债权人在债务重组方面应承担更多责任。

但是，由于实力方面的原因，发展中国家的声音比较弱，国际经济秩序基本上由发达国家主导。

国际货币基金组织方案的主旨是要加强基金组织在国际货币体系中的地位。1998年2月，基金组织总裁康德苏在该组织的年会上提出六点建议。

(1) 通过披露所有相关的经济和财政资料，对各国的经济政策进行更加有效的监测。

(2) 实行地区监测和政策协调。

(3) 由基金组织和世界银行制定金融系统的监管方案，对金融业进行更为有效的监督。

(4) 建立有效的债务处理方法，防止债务危机。

(5) 加强国际金融组织的作用，并增强其资金实力。

(6) 继续推进资本自由化。为了担负起上述责任，应当将目前基金组织的临时委员会升格为具有决策功能的委员会。

2. 建立新的国际货币体系

国际经济学理论界大多持这一观点，但又不完全相同，大致可以分为以下三类。

(1) 成立新的更有约束力的国际金融协调机构。持有这种观点的人认为，目前的国际金融市场缺乏完善的监管体系，各国之间缺乏有效的合作，所以不足以维持国际金融秩序。因此，各国应当让渡更多的主权，成立一个新的具有权威性的国际金融组织，负责对全球金融事务实施监督、仲裁和协调，解决债务危机、货币危机，并在法律上对各国具有绝对的约束力。

(2) 重新回到布雷顿森林体系。布雷顿森林体系以严格的汇率与国际收支纪律著称，而这正是牙买加体系所欠缺的，所以应当重新回到布雷顿森林体系，以维持国际金融市场的稳定。

(3) 实行全面的浮动汇率制。这种观点正好与第二种方案相反。持这种观点的人认为，亚洲金融危机之所以爆发，就是因为亚洲各国实行僵化的钉住汇率，如果早些实行浮动汇率，就不会出现这样的问题。

但是，建立新的国际货币体系千头万绪，成本巨大，而且牵涉到各国利益，有的甚至牵涉到经济主权问题，所以有关建立新的国际货币体系的改革方案，目前仅限于理论上的探讨，要得到真正的实现还有很长的路要走。

第五节　欧洲货币体系

欧洲货币体系是欧洲各国形成统一大市场后，建立在经济和货币联盟基础上的一种货币制度，是区域经济高度一体化的象征。它的代表性符号就是欧元。欧元的启动对现行的国际货币体系产生了重大影响。

一、欧洲货币体系的建立

欧洲货币体系(EMS)不仅是现阶段国际货币体系的重要内容之一，也是战后以来国际货币制度发展史中的一个重要组成部分。作为欧洲货币一体化的开端，欧洲货币体系源于 1950 年成立的欧洲支付联盟。进入 20 世纪 60 年代，成立于 1957 年的欧洲经济共同体在关税同盟和共同农业政策等经济一体化方面取得了很大的进展，于是开始推动货币一体化。1969 年 12 月，欧盟六国首脑在荷兰海牙举行会议，提出建立欧洲货币联盟的建议。1971 年 2 月 9 日，经欧盟六国部长会议通过，宣告成立"欧洲经济和货币联盟"。根据该会议精神，卢森堡首相兼财政大臣维尔纳于次年提出了"维尔纳计划"。该计划决定花 10 年(1971—1980 年)时间，分 3 个阶段实现欧洲货币一体化。该计划基本体现了后期欧洲货币联盟的内容。但是欧洲经济和货币联盟计划刚开始实施不久，国际金融市场就发生急剧动荡，布雷顿森林体系瓦解。成员国发展差异较大，在认识上开始出现严重分歧，欧盟内部尚未完全形成商品、人员、劳务与资本的自由流动，以及该计划在政治联盟还不稳固的情况下过度要求成员国让渡主权，最终导致计划不得不暂时搁置。但该时期为后来欧洲货币体系的建立做了必要的准备。

1977 年美元危机再次爆发，欧共体各国的汇率受到猛烈冲击，威胁到关税同盟、统一对外贸易政策和农业政策的巩固和发展，前联邦德国和法国为此提出建立欧洲货币体系的建议，试图以区域货币一体化来抗衡美元，以保证汇率的相对稳定。1978 年 11 月欧共体首脑在布鲁塞尔达成协议，决定 1979 年 1 月 1 日建立欧洲货币体系，后来由于法国和原联邦德国在农产品贸易补偿制度上发生争执，直至 1979 年 3 月 13 日欧洲货币体系才正式成立，其成员国包括法国、原联邦德国、意大利、荷兰、比利时、卢森堡、丹麦、爱尔兰等。英国未参加欧洲货币体系，但英格兰银行按规定认缴了黄金和外汇储备，参加欧洲共同基金。直到 1990 年 10 月，英国正式加入了欧洲货币体系的汇率机制。1984 年 9 月希腊加入了欧洲货币体系，1989 年 9 月又增加了西班牙和葡萄牙两位成员。EMS 扩大到 12 国。瑞典、芬兰、奥地利三国在 1995 年加入欧盟后也加入了欧洲货币体系。这样欧公共的成员国全部被纳入了欧洲货币体系的机制之内。欧洲货币体系的建立，标志着欧洲货币一体化进入了一个稳定发展的新阶段。

二、欧洲货币体系的内容

建立欧洲货币体系的目标是：在国际金融市场动荡不安的情况下，欧洲建立一个稳定的货币区，以完善的组织、统一的规则，进一步加强货币合作，促进统一货币的诞生，最终达到经济完全一体化。欧洲货币体系的内容主要有以下三个方面。

1. 创立欧洲货币单位

欧洲货币单位(Curopean Currency Unit，ECU)是欧元的前身，是欧洲货币体系的核心。它是由欧盟各成员国的货币按一定比重构成的一揽子复合货币。其定值方法则根据成员国的国民生产总值和在欧盟内部贸易所占的比重大小，来确定各国货币在欧洲货币单位中所占的比重，并用加权平均法逐日计算欧洲货币单位的内在值。

由欧盟成员国货币组成的欧洲货币单位，最初由 9 国货币组成，后来随着希腊、西班牙、葡萄牙的加入，变成了由 12 国货币组成。它是欧洲货币体系中心汇率的确定标准，也是欧盟官方信贷的尺度标准和欧盟同其他国家间经济往来的核算指标，并逐步发展为国际结算和国际储备货币。

2. 实行稳定汇率机制

欧洲货币体系在汇率方面，对内实行可调整的中心汇率，对外实行联合浮动。汇率运行机制是欧洲货币体系的核心，实现一个稳定的货币区，是该体系重要的目标。为达到此目的，欧洲货币体系实行稳定的汇率体系，主要通过以下两种机制来稳定成员国之间的货币汇率。

(1) 平价网体系。这是欧洲货币体系内部通过确定或调整成员国货币形成对 ECU 的一个中心汇率，然后确定成员国之间的双边中心汇率及其波动幅度的一套稳定汇率机制。在这一机制中，各成员国货币对 ECU 的中心汇率，是以"篮子"的方法计算出而形成篮子体系。成员国之间的双边中心汇率(也称格子体系)，是根据中心汇率计算得出。例如，假定欧洲货币单位的中心汇率为 1ECU=2.5106 马克，1ECU=5.7983 法郎，则马克与法郎的中心汇率为 1 马克=2.3095 法郎。成员国货币的波动可以围绕双边中心汇率在一定幅度内上下波动，如果一国货币对 ECU 波动的界限偏离幅度过大，或者汇率波动偏离双边中心汇率过大，该国的货币当局都有义务在外汇市场上进行干预。汇率机制参加国的汇率可以围绕两国的双边中心汇率上下波动±2.25%，意大利里拉较弱，波动幅度可达±6%(1990 年 1 月 8 日，波动浮动从±6%缩小到±2.25%，与其他成员国保持一致)。

(2) 干预办法。为维持汇率，保证平价网机制的稳定，除了维持原来规定的±2.25%的干预机制外，欧洲货币体系另外又规定了一种带有预防性的措施，即规定了各国必须进行干预的"警戒线"，又称做"临界干预点"：

$$警戒线 = 3/4 \times 允许的汇率波幅 \times (1-该国货币在 ECU 中的比重)$$

一旦货币波动超过警戒线，虽然未达到汇率机制规定的最后波幅界限，有关各国也要进行联合干预，这实际上就是在幅度内再加一条警戒线，用以约束双边汇率不超过规定的波动幅度。欧洲人把这一现象形象地称为"响尾蛇"。

当一种货币的汇率波动超过警戒线时，有关政府当局应积极采取干预措施。各国进行干预通常有 3 种办法：一是各国中央银行相互支持或向欧洲货币基金申请贷款。二是在国内实行相应的紧缩或扩张政策。弱币国紧缩银根，提高利率；强币国则放松信贷，降低利率。三是调整中心汇率。在上述两种干预措施不奏效时，则允许成员国调整中心汇率，下浮货币贬值，上浮货币升值，达到新的稳定。中心汇率的调整是控制汇率波动的直接和最后手段。

3. 建立欧洲货币基金

1973 年创立的欧洲货币基金为欧共体的共同储备，向成员国提供信贷，以提供干预市场、稳定汇率以及平衡国际收支的资金。国际清算银行为其代理人。1979 年 4 月，基金根据各成员国缴纳的 20%的黄金和 20%的美元外汇储备来发行 ECU。各成员国中央银行可用这些储备干预市场，进行相互借贷和作为结算手段。到1981年，欧洲货币基金的总额达到730亿美元，合540亿ECU，为扩大欧洲货币合作基金的贷款能力，加强对货币市场的干预，发挥了很大的作用。欧洲货币体系成立后，保持和加强了三种信贷：一是极短期资金融通信贷，期限是45天，可延长到三个月；二是短期货币支持信贷，期限三个月，可延长到九个月；三是中期财政援助信贷，为期2~5年。从多年来欧洲货币体系的运行来看，欧洲货币基金确实促进了各成员国货币汇率稳定，为成员国内部贸易的增长、经济政策的协调提供了帮助。

三、欧洲货币体系的作用

欧洲货币体系的作用具体如下。
(1) 欧洲货币单位的地位得到提高，用途不断扩大。
欧洲货币单位自创建以来，国际地位不断提高。在国际金融市场上，它的地位仅次于美元、日元、德国马克和英镑，列居第五位，在国际债券市场上居第六位，成为一种公认的、成功的一揽子货币。欧洲货币单位的官方用途不断扩大：编制共同体统一计算标准；作为成员国货币汇率波动幅度的标准；规定共同体各国农产品的统一价格；作为向成员国提供信贷的计值单位；作为对外提供经济援助和信贷的计值标准；作为官方各种经济往来的记账单位和清偿手段；充当欧洲货币体系储备资产的主要形式。另外在私人用途方面也发展迅速。
(2) 促进了共同体经济的发展。
1979年以来，欧洲货币体系经受住了严峻的考验，促进了汇率的稳定和经济的发展。成员国货币间的汇率变化自1979年以来大大下降，成员国的通货膨胀率自1979年以来显著下降。欧盟成员国在国内生产总值、工业生产、出口贸易、消费物价等方面的差距逐渐缩小。汇率的稳定促进了外贸的发展，使欧共体成为世界上最大的贸易集团，其贸易额相当于世界贸易总额的1/3。
(3) 为国际货币制度改革提供了经验。
欧洲货币体系是国际货币体系改革中一个重要的里程碑，并为国际货币制度改革创造了一套比较完整的经验和提供了一个比较完善的模式。欧洲货币体系的主要经验是：协调与自律相统一。欧洲货币体系令人瞩目的成果，是由各成员国货币当局经常磋商、集体决策和联合行动共同创造的，充分反映了各成员国在执行共同规则和重视自行管理方面的和谐与统一。欧洲货币体系以欧洲货币单位为核心，以欧洲基金为稳定器，确保联合浮动汇率制度。这对内增强了成员国与成员国货币的地位，对外则增强了对国际市场动荡的抗衡能力。干预点和境界线设立，有助于及早采取措施和实施外汇市场干预、联合干预。通过各成员国之间的合作，促进各成员国联合干预，避免了一国干预的势单力薄。

四、欧洲货币体系的进一步发展和欧元的产生

受欧洲货币体系所获成就的鼓励，欧盟各国决定将欧洲货币一体化推进到一个新的阶段。1985年6月，欧盟执行委员会通过了《欧洲一体化文件》和《完成内部市场》的决议，

决定在 1992 年底之前建立欧洲统一大市场，实现商品、劳务、资本、人员四大自由流动，其中《欧洲一体化文件》正式将货币联盟作为其发展目标之一。1986 年，欧盟 12 国外长签署了《单一欧洲法案》，修改并补充了《罗马条约》，为建立欧洲统一大市场确立了法律基础，从此，欧洲经济一体化进入了新的阶段。1989 年 4 月，欧盟执委会主席雅克·德洛尔(Jacques Delors)提出了《关于实行经济与货币联盟的报告》，就进一步实现欧洲货币一体化的具体内容及实施步骤作了阐述。明确指出，货币联盟的最终目标之一就是建立单一欧洲货币，并决定自 1990 年 7 月 1 日实行该计划。其中，欧洲统一大市场在货币一体化方面的目标主要有：①大市场内各种金融市场实现充分一体化，资金在各成员国间流动完全不受限制。②大市场内各成员国货币实现完全的、不可逆转的自由兑换。③实现成员国间经济政策，特别是货币政策的充分协调一致，并最终实行统一的欧洲经济政策。④缩小成员国间货币汇率变动的幅度，逐渐实现完全固定汇率制，最终以单一的欧洲货币取代各成员国货币。⑤建立一个共同的货币管理当局，作为各国货币政策的协调机构。德洛尔计划分三个阶段实行经济与货币联盟。

第一阶段的主要任务是加强货币与财政政策的合作，消除阻碍共同体内部资本自由流动的一切障碍。为此从 1990 年 6 月开始，撤销成员国的外汇管制，尽量避免汇率的重组，争取所有成员国以同等条件加入欧洲货币体系的汇率机制。

第二阶段的主要任务是进一步协调各国的经济政策，继续充实欧洲货币基金，将货币决策权由各国逐渐移向欧共体，建立欧洲货币机构，集中行使宏观经济政策，减少汇率的波动。

第三阶段，成员国汇率完全稳定，欧洲会议享有约束成员国财政和其他经济政策的权力，建立单一货币和欧洲中央银行，并由欧洲中央银行统一行使干预外汇市场和公开市场业务的权力。

为了推动欧洲货币一体化的发展，1991 年 12 月，欧共体 12 国领导人在荷兰小镇马斯特里赫特共同签署了《马斯特里赫特条约》(简称《马约》)，就建立内部统一大市场后进一步建立政治联盟和经济与货币联盟达成协议。《马约》的签订，标志着货币一体化建设的最高目标——货币联盟的启动，相对于欧洲货币体系的建立，它的产生具有更深刻、更广泛的政治经济意义，标志着欧共体从初级的经济一体化向高级的经济与货币联盟迈进。

《马斯特里赫特条约》为经济与货币联盟的发展提出了具体的时间表。《马约》规定经济与货币联盟分三个阶段实施。

第一阶段，从 1990 年 7 月至 1993 年底，完成德洛尔计划第一阶段的任务，实现资本的自由流动，使所有欧共体成员国都以同一条件加入欧洲汇率货币机制，扩大欧洲货币单位的应用范围。

第二阶段，从 1994 年开始，成员国要调整经济政策，使一些主要经济指标达到欧共体规定的标准，缩小成员国在经济发展上的差距。建立未来欧洲中央银行的雏形——欧洲货币局，最早于 1997 年但不晚于 1999 年 1 月 1 日前发行欧洲单一货币——欧元。

第三阶段，从 1999 年初至 2002 年 6 月底，建立欧洲中央银行体系，成员国之间实行不可逆转的固定汇率制，引进欧元，各国货币退出流通。但是 1992 年欧洲货币体系受到前所未有的冲击，差点陷入崩溃的境地。1993 年 1 月 1 日，欧共体建成统一大市场，基本上实现了没有国界限制的商品、劳务、资本、人员四大自由流动。1993 年 11 月，《马斯特里赫特条约》生效，欧洲经济与货币联盟(简称欧盟)正式取代了欧洲共同体，欧盟的中心问题是统一欧洲货币。

根据《马约》和欧盟的有关规定，欧元从发行到完全取代欧盟成员国的货币，分三个阶段进行。

第一阶段从 1999 年 1 月 1 日起，欧元以 1∶1 的比价取代欧洲货币单位，欧元各参加国货币与欧元之间确定永久性的固定汇率，成员国货币之间的汇率也完全固定；欧洲中央银行正式成立，采用单一的货币政策与汇率政策，为了保证欧元与成员国货币固定汇率的顺利执行，对成员国货币发行进行一定的监控。

第二阶段从 2002 年 1 月 1 日开始，在这一阶段欧元纸币和硬币开始进入流通领域，各成员国的货币与欧元的兑换工作开始进行。欧元纸币和硬币逐渐取代各成员国的货币。

第三阶段从 2002 年 7 月 1 日开始，各成员国货币退出历史舞台，完成欧元完全取代原成员货币的进程，欧元作为欧盟内唯一的法定货币流通。实际上，在欧洲各国内部，欧元取代各国原来货币的速度非常之快，在三个月前就已有多数国家完成了欧元对各国原纸币和硬币的替代过程。

作为欧盟内唯一合法的通货，欧元具有如下两个特点。

(1) 欧元是跨主权国家创造的信用货币。其信用来自人们对欧盟内高效率的协调能力、经济实力和经济增长潜力所赋予的信心。

(2) 欧元的缺陷在于货币政策与财政政策的分离。欧洲中央银行拥有统一的货币政策决策权，而财政政策掌握在各国主权政府手中，货币政策与财政政策的分离不能保证经济政策总是协调一致。

五、欧元启动对世界经济及政治的影响

1. 欧元的产生对欧盟经济的影响

欧元的诞生是欧洲自强的必由之路，是区域经济一体化的需要，是欧洲货币体系发展的必然结果。欧元的产生，降低了汇率风险，促进了欧洲经济的发展，具体表现在以下几个方面。

(1) 有利于成员国之间贸易的扩大，从而促使欧盟经济的发展。

欧盟国家贸易总额的 60%是在区内完成的，统一货币后成员国间汇率大战的情况将不复存在，企业和个人将不再承受区内货币汇率波动的风险，从而可扩大贸易总额。总之，欧元的诞生提供了公平竞争的机会，将进一步扩大、统一市场的内部流通，在刺激贸易扩大的同时促进成员国经济的增长。一方面，西欧国家之间今后不需要进行货币兑换，每年要节省大量的汇率保值和换汇费用；另一方面，欧盟组成统一的中央银行，其外汇储备金额应低于现在各成员国外汇储备总额，原因是欧盟国家之间的贸易由外部贸易转变为内部贸易，而内部贸易不需要外汇储备，这样就可以节省一笔可观的资金，把这笔资金用于投资，无疑将拉动经济的增长。

(2) 有利于抵御国际游资的冲击，增强欧盟平衡国际金融市场震荡的能力。

据国际清算银行的估计，1997 年国际外汇市场的日交易额达到 15 000 亿美元，国际数千家对冲基金掌握的资本大约为 3000 亿美元，理论上对冲基金可以支配数百万亿美元的资

金，与规模巨大的国际游资相比，各国的国际储备水平逐渐显得微不足道，这就使得各国在干预外汇市场、捍卫本国货币方面越来越感到力不从心。1992年9月中旬，在国际游资的冲击下，英镑市场大量抛售，汇率顿时下跌20%，只得宣布退出欧洲货币体系的汇率稳定机制，意大利也因同样的原因退出了汇率稳定机制，同时欧盟不得不把成员国汇率的波动幅度扩大到±15%，5年间保持汇率稳定的努力功亏一篑。欧盟实施货币统一后，西欧国家统一使用欧元，各成员国的经济趋同，可以减少货币动荡对经济产生的负面影响，从外部各个击破成员国汇率防线的问题也不复存在。

(3) 抗衡美元，稳定汇率。

欧元诞生前，欧洲货币集团以德国马克为核心，但马克没有足够的实力与美元分庭抗礼，美国的货币政策对西欧的经济复苏具有很大的压力。欧元诞生后，欧盟成员国之贸易成为内部贸易，对外汇储备的要求大幅度降低，抛售美元在所难免；欧盟统一货币也将极大增加其他国家对欧元的需求，减少美元储备，形成欧元、美元和日元三足鼎立的储备格局。欧元诞生后，抗衡美元的能力逐步提高，美元的地位相对削弱，欧元成为世界主要的贸易、投资和储备货币之一。

(4) 增强欧洲意识，提高欧洲在世界经济和政治中的影响。

欧洲一体化的进程实质上分为两个部分：经济一体化和政治一体化，二者相辅相成，相互影响。欧元的诞生为欧盟一体化的发展和长期扩张奠定了更好的发展基础，可以迅速提高欧洲经济在世界经济中的影响；欧元的实施将成为欧洲政治联合的强大基础，并在此基础上为欧盟提供强有力的保障，从而提高欧盟在世界经济舞台上的地位；欧元的诞生增强了欧洲意识和作为欧洲人的认同感，并将增强欧盟各国的凝聚力。

2. 欧元的产生对国际货币体系的影响

欧元的产生对国际货币体系的影响具体如下。

(1) 欧元产生后，成为国际货币体系中最重要的币种之一，并形成了崭新的汇率制度。

从国际货币发展史上看，民族国家甚至殖民地一般也持有本币，中心货币无法取代有关国家本币的地位与作用。无论是金本位，还是黄金-美元本位制、美元本位制，时至今日，多元化的国际储备货币、美元及其他各种国际储备货币，从来就无法取代民族国家的本币。欧元诞生后，欧盟的汇率制度也是一种既新颖又特殊的机制。国际金融史上的汇率制度一般可分为两大类，即固定汇率制和浮动汇率制，而欧盟的汇率制度是介于固定汇率制和浮动汇率制之间的混合型汇率制度。欧元成为欧盟的唯一货币，成为奉行单独浮动的区域经济组织的单一货币，这无疑是十分崭新的一体化组织的汇率。

(2) 对美元在国际金融格局中的主导地位直接提出了挑战，成为与美元、日元抗衡的重要货币。

在现行货币体系中，美元处于中心地位。世界上约有2/3的进出口贸易、1/2以上的国际商品交易、83%的国际金融交易用美元来结算和支付；美元仍是世界各国干预外汇、金融市场的重要手段。然而，美国经济在世界经济中所占比重却不断缩小，国民生产总值仅占全球总额的21%，在贸易领域所占比重仅为18%。显然，美元主宰国际金融格局的地位与美国的综合实力间发生了极大的偏离，这一点不为欧洲所赞同和忍受。欧洲要按照自己的意愿影响全球化，但是单凭某一国无法做到这一点。欧元产生后，成为欧盟唯一法定的货币，行使区域国际货币的职能，大大提高了欧元的国际支付能力，成为国际外汇市场上仅次于美元的第二大支付货币。欧元的产生使国际储备结构发生了巨大变化，欧元在国际储备资产中的地位和比重逐步增加。原欧洲货币单位储备如德国马克储备、法郎储备、荷兰盾储备、英镑储备大多转为欧元储备。另外，由于欧元在欧盟内外的国际贸易、国际投资、国际信贷等方面的特殊作用，欧盟将减少外汇储备，尤其是美元储备。欧元的诞生使欧洲作为一个整体同美元抗衡，加强了欧盟的地位和作用，提升了欧洲的竞争力，对美元的主导地位直接提出了挑战。

(3) 欧元的出现及其发展，大大加剧了全球的货币集团化趋势。

欧洲是区域经济集团化的发源地，欧盟一体化的进程推动了其他区域经济集团化的浪潮，特别是欧元区的出现，将其推进到一个新阶段。其推进的力量在于：

首先，压迫效应。欧元的诞生，欧盟货币一体化对经济一体化的推动，欧盟成员国经济的进步，必然对其他区域经济一体化组织产生压力，使其为了在多元化的世界经济及货币体系中谋求一席之地，加快货币一体化的步伐。

其次，示范效应。欧盟货币一体化和欧元的问世，给全球各地的区域经济组织提供了许多可以借鉴的经验。

最后，欧元的诞生标志着国际金融开始进入重大调整阶段，为现行国际货币体系改革创造了条件，为世界货币的发展起到了示范性的作用。汇率制度多样化、黄金非货币化以及国际政策协调艰难，是目前牙买加体系之所以被称为"非体系"的重要原因。欧元因为具有汇率稳定、跨国界的协调及统一的中央银行这三大优势，所以直接对这一"非体系"提出了挑战。并且统一的欧元将是人类历史上第一次可用于非官方结算的跨国界信用本位币的一种创造，它的诞生和发展，为将来统一世界货币的创造提供了宝贵的经验。

六、欧元的产生对国际金融市场的影响

欧元的产生对国际金融市场的影响具体如下。

(1) 欧洲货币资本市场获得了一个千载难逢的发展机遇，市场规模日益扩大。

欧元的产生，促使欧洲货币市场向纵深方向发展，推动金融创新的进一步深入。欧元产生后，成为银团贷款、发行国际债券和票据以及从事远期、期权、掉期、套期、利率互换等金融衍生业务的工具。大量资金可以自由地在区域内不同国家的债券市场和股票市场之间转移，使欧洲货币资本市场容量迅速扩大，交易量上升，市场的流动性大大提高。

(2) 国际金融中心地位发生相对变化，国际金融中心格局逐步演变。

欧元区内各国虽然拥有一些国际金融中心，但一直以来以"众星捧月"的格局著称：伦敦是欧洲金融市场的核心，法兰克福、巴黎、米兰、布鲁塞尔等由于所在货币区域的经济金融实力和国际地位不强，历史上也没有独特的地缘优势，因此无缘成为占主导地位的国际金融中心，只是欧洲金融市场的次级中心。欧元诞生后，由于德、法是欧盟的"发动机"，因此其金融中心地位会相对上升，而法兰克福是欧元区中央银行所在地，故其金融中心地位将得到迅速提高。随着欧元区国家总体经济金融实力壮大，欧元区证券交易所的联合和购并日益高涨。最为典型的是1999年9月，欧洲八大证券交易所总裁在布鲁塞尔的会议上，一致同意建立一个泛欧洲的、统一的证券市场，并签署了建立共同电子交易平台系统的协定。证券市场的联合，大大推动了欧元市场一体化的进程。

七、欧元的产生对世界政治的影响

欧元的产生对世界政治的影响具体如下。

(1) 对传统的国家主权提出了挑战。

金融是一国经济的命脉，而货币则不仅是一国经济主权的象征，还是一国经济政策操作的核心。在世界经济全球化条件下，欧洲多个国家在平等互利的基础上，在政治主权没有合并的前提下，在区域集团利益的驱使下，主动提出放弃本国货币，创造了一个共同的货币，这是人类历史上一个伟大的创举。从传统的国家主权来说，欧元区各国放弃本国货币，统一使用欧元，这是对各国经济主权的一次重大让渡，各国因此丧失用货币政策调节经济的权力。但从各国经济发展长远利益看，欧元区各国获得的是超过本国领土疆界数十倍的货币疆界，为本国经济发展获得了前所未有的空间、更加充裕的生产要素和更多的市场份额。

(2) 对国际货币基金组织协调能力的挑战。

在特别提款权问题、发展中国家问题、基金贷款条件问题上，国际货币基金组织的能力早已引起人们的质疑。可以肯定的一点是，欧洲货币联盟作为同样的跨主权国家的国际货币机构，尽管它也将面临许多困难，但在保证欧元稳定方面将发挥更完善的协调功能。另外，用一个声音说话的欧洲，使国际货币基金组织在协调西方发达国家内部立场问题的难度更大。

本 章 小 结

国际货币体系是指在世界范围内确定的、调节各国货币关系的一整套国际性的规则和机构，以及国际间进行各种交易支付所采用的一系列安排和惯例。它旨在提供一种货币秩序或结构，以利于国际贸易和资本流动。国际货币体系主要包括五个方面的内容：汇率制度的确定；国际储备资产的确定；国际收支的调节方式；国际支付与国际结算原则的确定；国际货币事务的协调与管理。

第二次世界大战后建立的国际货币体系又称为布雷顿森林体系，其基本内容可概括为美元与黄金挂钩、各国货币与美元挂钩的"双挂钩"制度。该体系对当时的世界经济起到过积极的作用，但本身却存在着致命的缺陷，这一缺陷被称为"特里芬难题"。当前的国际货币体系是牙买加货币体系，它是对布雷顿森林体系进行改革的结果，主要内容是国际储备多元化、汇率制度多元化及国际收支调节方式多样化。

在经济全球化的今天，现行国际货币体系的运行出现了一些问题，主要表现为：①主要工业国家全部采用浮动汇率制，汇率体系极不稳定；②大国侵害小国利益；③缺乏有效的国际收支调节机制。国际货币体系的改革主张包括：在现行的牙买加体系上进行调整和改造；建立新的国际货币体系。欧洲货币体系是欧洲各国形成统一大市场后，建立在经济和货币联盟基础上的一种货币制度，是区域经济高度一体化的象征。欧洲货币体系的主要内容有三个方面：创立欧洲货币单位、实行稳定汇率机制、建立欧洲货币基金。欧洲联盟各成员国达成的《马斯特里赫特条约》是欧洲货币一体化的里程碑，也是国际货币体系发展演变过程中的一个重要事件。欧元1999年1月1日成功启动对现行的国际货币体系产生了重大的影响。

思 考 题

1. 什么是国际货币体系？它包括哪些内容？
2. 布雷顿森林体系的主要内容是什么？
3. 布雷顿森林体系正常运转的基本条件是什么？简要说明其崩溃原因。
4. 牙买加体系的特点有哪些？它的优势和缺陷表现在哪些方面？
5. 简述欧洲货币体系的主要内容。
6. 欧元诞生的影响有哪些？从中可以得到哪些启示？
7. 结合国际货币体系的演变过程，分析一个稳定的国际货币体系必须具备的条件。

案例分析

国际货币体系

第九章 国际金融市场

引导案例

创新是金融市场发展的灵魂

【学习目标】
- 了解欧洲货币市场的产生、发展及其对世界经济的影响。
- 明确国际金融市场的性质、特征及作用。
- 掌握国际金融市场上的主要活动及相应的金融工具。

第一节 国际金融市场的概念和分类

一、国际金融市场的概念

在世界经济一体化的格局下,国家之间发生着非常频繁的国际金融活动,这些活动都是在国际金融市场上进行的。一般而言,国际金融市场是资金在国际间进行流动或金融产品在国际间进行买卖和交换的场所。从另一个侧面来说,它是政策的制定者、金融中介和私人市场参与者进行博弈的场所。这一场所极可能是固定的有形场地,也可能是无形的计算机网络系统。

国际金融市场与国内金融市场有很大的区别:首先,参加者范围不同。国内金融市场的金融业务只限于一个国家的居民参加,而国际金融市场的业务活动涉及许多国家的居民。其次,交易的范围不同。国际金融市场的业务活动不受国界的限制,而国内金融市场的业务则限于本国领土之内。再次,使用的货币不同。国际金融市场可以使用多种货币,而国内金融市场则一般使用本国货币。最后,市场管制和干预程度不同。国际金融市场的业务活动很少或不受所在国政府的政策、法令的管辖和约束。

二、国际金融市场的分类

可以根据不同的标准对国际金融市场进行分类,具体如下。

首先,按经营业务的范围来计划,国际金融市场可以分为货币市场、资本市场、外汇市场和黄金市场。

其次,按市场管辖程度划分,国际金融市场可以分为境内市场与境外市场。境内的国际金融市场是国内金融市场的对外延伸,如外国居民在本国金融市场上进行的筹资活动。这类交易一般使用市场所在国发行的货币,并受到该国金融市场上的惯例与政策法令约束。境外市场又称离岸市场,交易的货币一般不是由市场所在国发行的,如发生在伦敦的美元借贷业务。这一市场基本上不受任何一国内政策法令的管理,在利率、业务惯例上具有自己的特点,是国际金融市场的核心。

最后,从金融地理上看,世界金融市场分为五大区域:西欧区(伦敦、巴黎、法兰克福、苏黎世、卢森堡);北美区(纽约、芝加哥、多伦多、蒙特利尔);亚洲区(东京、中国香港和新加坡);中东区(巴林、科威特);中美洲与加勒比海区(开曼群岛、巴拿马)。

三、国际金融市场形成的条件及发展趋势

1. 国际金融市场形成的条件

国际金融市场的形成与发展,必须具备一定的条件。具体如下:

(1) 稳定的政局。国际或国内政治、经济局势的稳定,是国际金融市场赖以生存和发展的前提。

(2) 完善的金融制度与金融机构。任何一个国家或地区,只有具备完善的金融制度,具有足够数量且较集中的银行和其他金融机构,才能迅速周全地处理国际金融业务。这是国际金融市场产生和发展的基础。

(3) 实行自由外汇制度。这意味着很少实施外汇管制或没有外汇管制,外汇资金可以自由流入与流出,才能形成频繁的国际资金交易。

(4) 优越的地理位置,现代化的交通、通信手段和其他相配套的服务设施。

(5) 具有一支既懂国际金融理论,又具有国际金融实践经验的专业队伍。

2. 现代国际金融市场的发展趋势

1980年以来金融市场的发展呈现出如下新的趋势:从金融市场的内部发展看,市场要素有了空前发展和变化;发展中国家纷纷建立金融市场;金融市场较为发达的国家出现了国际化和全球一体化趋势;出现证券趋势;金融创新日新月异。具体如下:

(1) 金融市场的确定性被经常波动的市场所代替。除了通货膨胀的不确定性(对实际和名义价格的影响)日益增强,更伴随着汇率、利率和商品价格的不确定性,不仅其水平而且价格变动的速度和幅度都相当剧烈。1973年布雷顿森林体系固定汇率的崩溃和更加自由的国家经济政策,使战后稳定的金融市场出现了第一次大震动,国际金融市场的游戏规则发生变化,通过国际贸易的利得可能会因为汇率的变动而荡然无存,市场上不可预计的利率和汇率的波动使借款人和投资者面临前所未有的风险。

(2) 不断扩展的金融衍生工具。回顾20世纪60年代,私人投资者、融资企业和政府可选的金融工具是有限的,主要有银行信贷、以本国货币计值的债券和普通股以及远期和期货等。1990年以来,金融市场对价格波动性的增强作出了反应,人们开发金融工具和财务策略来管理金融价格的波动所引起的风险,通过资产组合免受某些价格波动的冲击,金融工具变得更丰富和复杂。通过"金融工程"设计,一家需要固定汇率美元贷款的公司有多种不同的方法来获得这种基本形式的融资。该公司可以在本国或离岸金融市场上发行以其他国家货币(如英镑、日元或者欧元)计值的固定汇率或者浮动汇率的债券,然后订立货币互换合约,从而得到所期望的固定汇率的美元贷款。20世纪70年代,期货期权及其衍生工具的出现,到1990年,它们的名义价值已经达到同期现货市场总价值的5~10倍;到

1999 年，流通中的互换合约的名义价值已经超过了 450 000 亿美元。

(3) 国际金融市场内部和市场之间竞争日益激烈。国际金融市场格局发生着渐进变化。自布雷顿森林体系建立以来，凭借美国强大的经济和政治力量，美元便建立了全球性金融霸权地位。半个多世纪以来，尽管美元在国际支付和储备资产体系中的份额有所下降，但目前仍然高达 60%左右。依靠这种地位，美国获得了大量的"铸币税"收入，可以通过输出美元不断占有别国的实际经济资源，还可以允许巨额经常账户逆差的存在。美国在国际金融市场上一直处于支配国地位，金融资产的美元化使得美元成为生产中的支配货币。但现在这两者的地位因 1999 年欧洲经济与货币同盟推出的欧元的竞争以及全球其他地区货币一体化进程的发展而发生了改变，美元的金融霸权地位将会面临更多的挑战。伦敦、东京、法兰克福、新加坡和其他新兴市场作为一级市场——证券发行中心、二级市场——证券交易中心成为强有力的竞争者。

(4) 欧元的启动对国际金融市场产生了广泛影响，首先有助于国际金融市场的稳定；其次对外汇市场的交易币种结构产生较大的影响；最后将对欧元债券市场产生重大的影响。

四、国际金融市场的作用

国际金融市场的作用具体如下。

(1) 促进国际贸易和投资。

通过国际金融市场的融资、结算、资金调拨等方式，在世界范围内运作资金，把闲置资本转化为投资资本，调剂余缺，促进生产和资本的国际化。

(2) 调节国际收支。

国际金融市场在国际收支调节中具有显著的作用。跨国银行在国际金融市场上的国际贷款调节了由于某些原因引起的不平衡。如 1973 年发生原油价格上涨和能源危机时，许多国家出现了国际收支逆差和失调，而石油输出国积累的"石油美元"通过国际金融市场缓和了这些国家的失调现象。

(3) 提高世界资金和资源配置效率。

国际金融市场使各国货币和资本市场紧密地联系在一起，促进了国际金融市场一体化的形成，资金向利润率高的国家和地区流动，从而积极推动了国际分工体系的发展。

国际金融市场对世界经济也存在一些消极影响：资本的人为操纵使得投机活动频繁，使得国际金融市场更加动荡；利率和汇率波动加大，使得投资和贸易管理更加复杂和困难，国际金融市场成为通货膨胀和经济衰退的传导途径；资本在各国间的迅速流动，使得国家货币政策的决策和贯彻缺乏自主独立性。

第二节　国际货币市场和国际资本市场

一、国际货币市场

1. 国际货币市场的概念

国际货币市场又称短期资金市场，是 1 年或 1 年以下的短期资金融通市场。传统的国际货币市场是主要发达国家在国内货币市场的基础上发展演变而来的,这些市场在满足国外短期投资需求的基础上,逐步发展成为国际货币市场,是一国货币市场的对外部分。

2. 国际货币市场的构成

国际货币市场的构成具体如下。

(1) 短期信贷市场。短期信贷市场由两部分组成:一是一国银行对他国企业的短期信贷;二是银行间的同业拆借,后者最为重要。19 世纪 60 年代伦敦银行间的英镑资金拆借市场,成为国际上著名的银行同业拆借市场,由该市场决定的拆借利率成为国际信贷利率的基础。

(2) 短期证券市场。这是国际间进行短期证券交易的场所,期限一般不超过 1 年,交易的对象是 1 年期内的可转让流通的信用工具。短期证券市场的交易工具主要是信用工具,典型的有国库券、银行定期存单、商业票据和银行承兑票据等。

(3) 贴现市场。票据贴现是收款人或持票人未到期的银行承兑汇票或商业承兑汇票向贴现公司或银行申请贴现,银行按票面金额扣除贴现利息后将余款支付给收款人的一项银行授信业务。票据一经贴现便归贴现银行所有,贴现银行到期可凭票直接向承兑人收取票款。票据贴现作为一种高效实用的融资手段,具有以下特点:贴现业务能为客户快速变现手中未到期的商业票据,手续方便、融资成本低。客户可预先得到银行垫付的融资款项,加速公司资金周转,提高资金利用效率。

3. 国际货币市场的主要金融工具

国际货币市场的主要金融工具大体可分为两类:一是与银行有关的市场信用工具;一是非银行的信用工具。主要包括国库券、银行承兑汇票、商业票据、大额可转让存单、银行同业拆借和回购协议等。这些工具的交易买卖均构成各个单一市场,都是货币市场的重要组成部分。

(1) 国库券:国库券是一国政府财政发行的借以应付国库短期财政需要的短期债务凭证。期限一般为 3~12 个月,因为它是政府发行,以财政收入作为保证,所以风险很小,加上国库券期限短、流动性强,所以成为短期投资的最好工具。

(2) 银行承兑汇票:银行承兑汇票是银行在商业汇票上签章承诺付款的远期汇票,是由银行承担付款责任的短期债务凭证,期限一般在 180 天以内。银行承兑汇票多产生于国际贸易,一般由进口商国内银行开出的信用证预先授权。银行承兑汇票以银行信用为基础,信誉较高,持有人可以在到期前进行贴现,也可以在二级市场上转售。

(3) 商业票据:商业票据是非银行金融机构或大企业为筹措资金而发行的短期无担保的商业票据。企业发行商业票据的主要原因是其筹资成本比银行贷款低。由于商业票据是一种无担保的短期债务凭证,发行者没有对投资者提供任何担保品,作为违约事件的保障,因此只有信誉很高的大企业才能发行商业票据。商业票据一般面额大,而且是整数;期限为 1~270 天不等。

(4) 大额可转让存单(CD):大额可转让存单是银行发行的注明存款金额、期限和利率,具有可转让性质的定期存款凭证。持有人在到期时向银行提取本息,也可以在到期前转让变现。这种存单的特点是:面额大,期限固定,不记名,可以自由转让,利率与银行同业拆借利率大体相等。

(5) 银行同业拆借：是指银行为弥补交易头寸或存款准备金的不足而相互之间进行的短期资金借贷。银行同业拆借的特点是：无须提供担保品，仅凭信用；主要以在中央银行的存款这种即时可用资金为交易对象，期限按日计算，通常为隔夜拆借，即期限只限1天；利率由市场资金供求状况决定，经双方协商，一般低于优惠贷款利率。

(6) 回购协议：是在买卖证券时出售者向购买者承诺在一定期限后，按预定的价格购回该证券的协议。交易大多是在商业银行间进行，回购协议的期限短，一般为1～3个月，也有6个月甚至1年的。因所承担的证券多是政府发行的，故安全性大。

二、国际资本市场

1. 国际资本市场的概念

国际资本市场也称长期资金市场，一般是指从事期限在1年以上的资金交易的场所。国际资本市场的形成主要源于企业发展中对长期资本的需求，因此，其与货币市场比较有以下几个特点：资金融通期限长；资金融通量大；流动性差、风险大。

2. 国际资本市场的构成

国际资本市场的构成具体如下。

(1) 中长期信贷市场(banks medium and long term loan)。中长期信贷市场是国际银行提供中长期信贷的场所。期限一般分为1～5年的中长期信贷和5年以上的长期信贷。借贷资金主要用于固定资产更新、中长期建设。其业务主要包括：商业贷款、出口信贷、政府贷款和混合信贷等。

① 商业贷款。它是适应第二次世界大战后工业生产和国际贸易中商品结构的变化而产生的一种中长期贷款。这种贷款必须有实物资产和有价值证券作为抵押品，按资本市场的供需关系决定的利率收取利息。

② 出口信贷。它是资本输出带动商品输出的信贷方式。这种信贷得到了出口方政府的支持和利息补贴，一般以借款人购买贷款过的商品为条件。其主要有卖方信贷和买方信贷。所谓卖方信贷是出口国银行向本国出口商提供信贷，基本做法是：进出口双方成交后，外国进口商支付15%的现汇，其余85%由出口商与本国银行签订中长期贷款合同，从贷款中支取，并向外国进口商发货，给予延期付款的商业信用。进口商则按延期或分期付款的条件向出口商支付货款，出口商以收到的货款偿还银行贷款的本息。所谓买方信贷是出口方银行向外国进口商或进口国银行(继而再转贷给进口商)提供的贷款。基本做法是：双方成交后，进口商先向出口商支付15%的现汇，其余85%的货款，由出口国银行给予中长期贷款，用以向出口商支付货款，在约定的贷款期限内，由进口商或进口国银行向出口国银行偿还贷款本息。

③ 政府贷款。它是政府间的对外经济援助性的贷款，特点是利率低，期限长。但贷款的数量不大，附带条件较多。这主要是西方国家对发展中国家提供的一种双边政府贷款。西方国家提供政府贷款时，一般考虑的条件是：第一，同本国在政治上、经济上有密切联系的国家；第二，在战略上和外交上需要争取、扶持的国家；第三，可为本国提供重要资源和能源的国家；第四，可以带动本国的商品输出和资本输出的国家；第五，偿还能力强，

使用贷款有成效的国家。

④ 混合贷款。它是将两种不同利率的贷款合并使用在一个贷款项目上的贷款。在当代，一些西方国家政府为了支持本国商品的出口，常以低利率对本国出口方或外国进口方予以政府贷款。要是借款人既使用了对方银行提供的买方信贷，同时又获得了出口国政府的贷款，就可以把这两种贷款合并起来使用，这就叫混合贷款。使用这种混合贷款的项目，有的是在两国贸易合作项目下设定的，有的是通过单项申请批准的。从目前情况看，混合贷款一般用于经贷款国政府批准的合同项目。

(2) 证券市场。证券市场是证券发行与流通的场所。证券市场按其交易的对象可分为债券市场和股票市场，其中最为主要的是国际债券市场。债券市场按市场功能可分为一级市场和二级市场。一级市场又称初级市场、发行市场，是发行人出售新证券、投资者购买新证券的场所。二级市场又称流通市场，是投资者转让已发行证券的场所。证券市场按其组织形态可分为有形的场内市场和无形的场外市场两大类。场内市场为交易所市场，是在交易所内由会员以公开竞价的方式集中进行证券交易的市场；场外市场可分为柜台市场、第三市场(是指在场外市场从事已在证券交易所上市证券交易的市场)和第四市场(是指投资者直接进行证券交易的市场)。下面主要对国际债券市场作简要介绍。

① 美国债券市场。美国债券市场又称扬基债券市场，一度是世界上最大的外国债券市场，但1969—1974年期间美国征收利息平衡税后，市场的发展受到很大的限制。发行扬基债券必须遵照美国1933年证券法的规定注册，并符合美国证券委员会公告的要求，如债券在纽约证券交易所上市，还根据1934年的证券交易所法申请注册。美国债券市场的特点如下：一是发行额大，流动性强。20世纪90年代以来，平均每笔扬基债券的发行额大体都在7500万～15000万美元之间。扬基债券的发行地虽在纽约证券交易所，但实际发行区域遍及美国各地，能够吸引美国各地的资金。同时，又因欧洲货币市场是扬基债券的转手市场，因此，实际上扬基债券的交易遍及世界各地。二是期限长。20世纪70年代中期扬基债券的期限一般为5～7年，而到20世纪80年代中期后则可以达到20～25年。三是债券的发行者为机构投资者，如各国政府、国际机构、外国银行等；购买者主要是美国的商业银行、储蓄银行和人寿保险公司等。四是无担保发行数量比有担保发行数量多。五是由于评级结果与销售有密切的关系，因此非常重视信用评级。

② 英国外国债券市场。英国在1979年10月以前，长期实行外汇管制政策，因此外国债券市场并不存在。1979年10月，取消外汇管制后，英国的债券市场开始向外国借款人开放，丹麦政府当即在伦敦债券市场上发行了第一笔外国债券，总额为7500万英镑，年利率为13%，2005年到期。这笔债券被称为"猛犬债券"(bull-dog bounds)，因而英国债券市场又称为"猛犬债券市场"。此后，许多外国政府、国际机构相继在伦敦发行债券，英国的债券市场便逐渐活跃起来。由于英国投资者不习惯估计国外风险，因而不愿意购买资信较差的债券，所以到英国发行债券的发行者主要是各国政府和国际机构。另外，所发行的债券几乎都是一个到期日的固定利率债券。债券有记名式，也有不记名式。利息每半年支付一次，没有利息预扣税。不过，总的来说，猛犬债券市场在英国债券市场所占份额不大，而且也没有欧洲英镑债券发展得快。

③ 日本外国债券市场。日本的外国债券叫武士债券。日元债券最初是1970年由亚洲开发银行发行的，1981年后数量激增。日本公募债券缺乏流动性和灵活性，不易作美元互

换业务，发行成本高，不如欧洲日元债券便利。目前，发行日元债券的筹资者多是需要在东京市场融资的国际机构和一些发行期限在 10 年以上的长期筹资者，再就是在欧洲市场上信用不好的发展中国家的企业或机构。武士债券可以是记名式，也可以是不记名式，两种形式可以自由转换，债息收入免收预扣税，期限一般在 5~15 年之间。其初次发行由承销辛迪加办理，外国金融机构可以参加进去。非居民投资者在初级市场上只能购买新发行额的 25%，但二级市场上没有这种限制。

④ 德国外国债券市场。德国外国债券市场是世界上第三大债券市场，在欧洲占首位。原联邦德国资本市场是世界最自由的市场，本国和外国的投资在资本交易上不受任何限制，外国投资者可以在任何时候把原联邦德国马克调出，本国投资者亦可把资金转移到外国而不受限制。在德国，国内债券、外国债券的区别不像其他市场那样严格，外国债券、欧洲债券与国内债券的区别仅在于非居民购买国内债券要交 25%的利息。马克欧洲债券和马克外国债券的区别则在于：倘若销售国际债券的银行辛迪加只是由德国银行经营，这种债券就是马克外国债券；如果辛迪加成员包括非德国银行，就叫作马克欧洲债券。

⑤ 瑞士外国债券市场。瑞士是目前世界上最大的外国债券市场，瑞士法郎外国债券的发行方式分为公募和私募两种。瑞士银行、瑞士信贷银行和瑞士联合银行是发行公募债券的包销者。私募发行由牵头银行公开刊登广告推销，并允许在转手市场上转让。但是迄今，瑞士政府不允许瑞士法郎债券的实体票据流到国外，必须按照瑞士中央银行的规定，由牵头银行将其存入瑞士国家银行保管。

⑥ 国际租赁市场。租赁是出租人提供不具法律所有权的资产使用权的一种安排。在现实经济中，众多制造企业不仅从事设备的生产和销售，还从事日常租赁；银行也大量从事租赁业务。此时的租赁实际上就成了一种资金融通的方式。目前，美国、英国和德国是世界上最主要的租赁市场所在地。

第三节 欧洲货币市场和欧洲债券市场

一、欧洲货币市场

1. 欧洲货币市场的形成与发展

(1) 欧洲货币市场的性质。欧洲货币市场的前身是欧洲美元市场。当非居民将美元资金以存款形式存放在美国境外的其他国家的商业银行或美商业银行时，欧洲美元就形成了。银行吸收了境外美元后，进行放贷，于是就形成了欧洲美元市场。此时的欧洲美元市场是以伦敦为中心的。欧洲美元市场发展到 20 世纪 60 年代后，在这一市场上交易的货币不再仅限于美元，德国马克、瑞士法郎等货币也出现在这一市场上。同时，这一市场的地理位置也扩大了，在亚洲的新加坡、中国香港等地也出现了对美元、德国马克等货币进行借贷的市场，这样原有的欧洲美元市场便演变为欧洲货币市场，在这里"欧洲"不再是一个地理上的概念，而有了境外的意思。所谓"欧洲货币"，就是指在货币发行国境外流通的货币，如欧洲美元等，而经营欧洲货币的银行以及市场，就可称为欧洲银行及欧洲货币市场。

(2) 欧洲货币市场的类型。欧洲货币市场按其与在岸市场的关系可分为三种类型。第一种是一体型，即在由本国居民参加交易的在岸业务与非居民间进行交易的离岸交易之间没有严格的分界，在岸资金与离岸资金可以随时互相转换。伦敦和香港即属此类型。第二种是分离型，即在岸业务与离岸业务分开。分离型的市场有助于隔绝国际金融市场资金流动对本国货币存量和宏观经济的影响。美国纽约离岸金融市场上设立的国际银行设施，日本东京离岸金融市场上设立的海外特别账户，以及新加坡离岸金融市场上设立的亚洲货币账户，均属此类。第三种是走账型或簿记型，即这类市场没有或几乎没有实际的离岸业务交易，而只是起着其他金融市场资金交易的记账和划账作用，目的是逃避税收和管制。中美洲和中东的一些金融中心即属此类。

(3) 欧洲货币市场的成因。欧洲货币市场产生和发展的根本原因在于第二次世界大战后，世界经济和科学技术革命的迅速发展促进了国际分工以及生产国际化和资本流动国际化的发展，这使得传统意义上的国际金融市场不能满足需要，借贷关系必须进一步国际化。而从当时的具体情况来看，欧洲货币市场的产生，主要是因为以下几个方面共同作用的结果。

首先，20世纪50年代，前苏联及东欧国家担心它们在美国的美元资金会被冻结，因此将这部分美元转存到欧洲各国尤其是英国银行。而当时英国政府正需要大量资金以恢复英镑的地位和支持国民经济的发展，故准许伦敦的各大商业银行接受境外美元存款和办理美元借贷业务，于是欧洲美元市场便出现了。欧洲美元市场得到进一步的发展是与客观条件及这一市场自身特点有关的。

其次，1958年以后，美国国际收支开始出现赤字，并且规模越来越大，于是美元资金大量流出国外，这为欧洲美元市场提供了大量的资金。为防止国际收支进一步恶化，美国政府采取了限制资本流出的措施，这迫使美国境外居民的美元借贷业务转移到欧洲美元市场上来，美国银行也相应地在欧洲开设了许多分支机构，这些都刺激了欧洲美元市场的发展。

再次，在20世纪70年代之后石油的两次大幅提价也大大促进了这一市场的发展。一方面，石油输出国手中积累了大量的所谓"石油美元"，需要寻求出路，这些美元投入到欧洲美元市场使这一市场的资金供给非常充裕；另一方面，发展中国家中的非产油国的国际收支纷纷出现赤字，它们都转向欧洲美元市场上借入资金以弥补赤字，这使得这一市场上资金需求也增加了。

最后，欧洲美元市场的发展与这一市场自身的优势也是分不开的。西方学者认为："把存款人和借款人都吸引到欧洲美元市场上来的关键因素，过去是，现在仍然是欧洲美元市场上存款利率与贷款利率之间的利差比美国市场上小"。造成欧洲美元市场具有这种利率上的优势的原因是多方面的。第一，在国内金融市场上，商业银行会受到存款准备金以及利率上限等管制与限制，这增加了它的营运成本，而欧洲美元市场上则无此管制约束，同时也可以自主地确定利率，不受"利率上限"之类措施的限制，因此在欧洲美元市场上活动的银行便能提供更具竞争力的利率。第二，欧洲美元市场在很大程度上是一个银行同业市场，交易数额很大，因此手续费及其他各项服务性费用成本较低。第三，欧洲美元市场上的贷款客户通常都是大公司或政府机构，信誉很高，贷款的风险相对较低。第四，欧洲美元市场上竞争格外激烈，这一竞争因素也会降低交易成本。第五，与国内金融市场相比，欧洲美元市场上因管制少而创新活动发展更快,应用得更广,这也对降低市场参与者的交易成本有明显效果。

2. 欧洲货币市场的主要业务

欧洲货币市场的主要业务具体如下。

(1) 短期信贷业务。这是欧洲货币市场最早的业务活动。迄今占有重要的地位,它是指从事信贷期为1年以内的欧洲货币市场借贷业务。这种业务虽然是在银行之间进行的,但大多数是由银行与非银行金融机构的资金交易引起的。

欧洲货币市场短期信贷资金来源主要有:银行间存款、非银行存款、一些国家的中央银行和政府的存款、国际清算银行的存款、石油输出国的存款及派生存款等。其中,欧洲银行间存款是主要的资金来源。欧洲货币市场短期信贷需求主要有商业银行、跨国公司和其他工商企业、国家和地方政府等。其中商业银行是该市场上最大的借款人。

欧洲货币市场短期借贷业务的特点是:第一,借款期限短。最短为1天,最长不超过1年,以为期3个月最为普遍。第二,借贷灵活方便。一般不需要担保,也不签订合同,通过电话或电传即可成交,客户可任选币种。借款地点、借款额度也可在一定程度内由借款人决定。第三,借款额度较大。该市场的存款人和借款人都是一些大客户,每笔交易很大。存款起点为10万美元,借款起点为50万美元,1000万美元的借款也司空见惯。第四,利率比较合理。该市场以伦敦银行同业拆借利率为基础,再加上一个附加额,存款利率略高于国内市场,借款利率则略低于国内市场,利差很小。且存、贷利率没有最高幅度的限制。

(2) 中长期信贷业务。中长期信贷业务指1年以上的欧洲货币借贷业务。该市场的资金来源有:接受的短期欧洲货币存款、银行间借款、发行的中长期欧洲票据、发行的欧洲货币存单及利用本国总行的资金。该市场的资金需求者主要是大跨国公司、各国政府、中央银行和国际机构。

欧洲货币市场的中长期业务活动的主要特点是:第一,借款期限较长,一般为2~3年,也有的是5、7、10年,有的借款期限可达到20年,近年来还有延长的趋势。第二,借款金额巨大,通常每笔交易在2000万~5000万美元之间,也有1亿~5亿美元的,以至10亿美元的交易。第三,贷款方式以银团贷款为主。第四,实行浮动利率,一般是每3个月或6个月根据当时市场的利率水平重新调整一次,借款人除支付利息外,还要支付管理费等各项费用。

3. 欧洲货币市场的经营特点

欧洲货币市场是一种完全国际化的市场,是国际金融市场的主体。由于它经营的是境外货币,因此,具有许多与在岸金融市场所不同的经营特点。这些特点可归结为以下几点。

首先,市场范围广阔,不受地理限制。尽管欧洲货币市场是由现代化网络联系而成的全球性统一市场,但也存在着一些地理中心。这些地理中心一般是由传统的金融中心城市发展而来,例如伦敦、纽约、东京等,它们所在国家经济发达,有充足的资金来源,历史上一直是资金的主要交易场所,这些金融中心具有稳定的经济、政治环境,有良好的通信和金融基础设施,有熟练的金融业经营人才,有官方给予的自由经营条件和优惠措施。它们在20世纪50年代后期以来,相继经营欧洲货币的金融业务,成为具有国内金融中心、对外金融中心和欧洲货币中心三重功能的国际金融中心。20世纪60年代以来，巴哈马、巴林、中国香港及新加坡等若干具有特殊条件的城市形成了新的欧洲货币中心。它们与老的国际金融中心不同，这些新型金融中心是利用降低税收、减少管理制度等一系列优惠措施吸引国际资金在此交易、中转，成为跨国公司、跨国银行的良好避税地。世界范围内，大约2/3的欧洲货币市场资金在传统的和新兴的国际金融中心流通。

其次，交易规模大，交易品种多，币种繁多，可满足各种需要，金融创新极其活跃。绝大多数欧洲货币市场上的单笔交易金额都超过了100万美元，几亿或几十亿美元的交易也很普遍。欧洲货币市场上交易的币种除美元、日元、德国马克等传统的主要国际货币外，瑞士法郎、英镑、加拿大元等币种的交易也很多，以发展中国家货币为交易币种的也并不少见，近年来还出现了以特别提款权和欧洲货币单位为交易币种的交易，这些交易使欧洲货币市场与外汇市场联系非常紧密。欧洲货币市场上的交易品种主要是同业拆放、欧洲银行贷款与欧洲债券。欧洲银行贷款既有固定利率贷款，也有浮动利率贷款，并且短、中、长期贷款都有。

再次，有自己独特的利率结构。无法定准备金，存款利率高，放款利率低，利差小，对存贷者有较强的吸引力。欧洲货币市场利率体系的基础是伦敦银行同业拆放利率(London inter-bank offerd rate,LIBOR)。伦敦银行同业拆放利率同各国的利率有一定的联系，但又不完全相同。它除与各国市场利率相互影响外，还受欧洲货币市场上供求关系的影响。一般来讲，欧洲货币市场上存款的利差比各国国内市场存贷款的利差要小，这一利率上的优势使欧洲货币市场吸引了大批客户。

最后，经营自由，无管制，资金不受管辖，流动周转快，竞争力强。由于一般从事非居民的境外货币借贷，它所受管制较少。欧洲货币市场的飞速发展使其对国内外经济产生了巨大影响，但是它不受任何一国国内法律管制，也不存在对这一市场专门进行管制的国际法律，因此这一市场上的风险日益加剧。国际间对以欧洲货币市场为核心的国际金融市场的监管采取了以这一市场的主体——商业银行为具体目标的监管方法，于1975年2月在国际清算银行的主持下，成立了监督银行国际活动的协调机构——巴塞尔委员会。巴塞尔委员会就银行的国际业务活动制定了一系列规则，其中1988年通过的《巴塞尔协议》最为重要，它最主要的内容是规定了经营国际业务的银行的资本与风险资产的比率至少应达到8%，其中核心资本与风险资产之比至少为4%。《巴塞尔协议》在各国协调对欧洲货币市场进行监管上迈出了重要一步，但还有更多的工作要做。

二、欧洲债券市场

1. 欧洲债券市场的概念及历史沿革

欧洲债券是指发行人在本国之外的市场上发行的、不以发行国所在地国家的货币计值，而是以其他可自由兑换的货币为面值的债券。欧洲债券市场则是指欧洲债券发行和交易市场。该市场是在20世纪60年代与欧洲美元市场一起形成和发展起来的。1961年2月1日在卢森堡发行了第一笔欧洲债券，不过20世纪70年代以前，欧洲债券市场的发展并不迅速，只是在20世纪70年代后半期才得以迅速发展。欧洲债券市场规模从1963年的1.48

亿美元到 1988 年的 1757.60 亿美元，1993 年的 4020 亿美元，直到 1999 年欧洲债券总量达 11 000 亿美元。

2. 欧洲债券的种类

欧洲债券的种类具体如下。

(1) 固定利率债券。亦称普通债券。这种债券的期限一般为 5～10 年，利息固定，票面利率根据发行时的市场利率决定，每年付息一次，利息免税。

(2) 浮动利率债券。这是指在债券的有效期内，债券利率随市场利率波动而波动的债券。通常是 3 个月或 6 个月按伦敦银行同业拆借利率或其他基准利率调整。由于利率适时调整，使投资者可免受利率波动带来的损失，因此利率动荡时期特别具有吸引力。

(3) 零息债券。这是一种不支付利息而是以低于债券面值折价发行的债券。

(4) 可转换债券。这是指可以在指定的日期，以约定的价格转换成债券发行者的普通股票或其他可转让流通的金融工具的债券。

(5) 附有认购权证的债券。这是指一种在债券发行时，给予投资者在一定期限内按一定比例认购公司发行的一定数量的权利债券。认购权证分为股票认购权证和债券认购权证。

3. 欧洲债券市场的特点

欧洲债券市场具有如下特点。

(1) 欧洲债券市场是个自由而又具有弹性的市场。在欧洲债券市场上发行债券等有价证券，不需要经市场所在国的官方批准，也不受任何国家法律的约束，同时，在利率、汇率等方面也具有较大的弹性，这是其他证券市场所无法比拟的。

(2) 欧洲债券市场为借款人和投资者提供了较大的选择性。欧洲债券种类繁多，除上述 5 种债券外，从币种来看，它还包括欧洲美元、英镑、德国马克、日元、法国法郎、瑞士法郎等不同货币面值债券，借款人可以根据各种货币的汇率、不同的利率和期限，选择发行对自己有利的债券。投资者则可根据各种债券的收益情况，选择购买任何一种债券。这是在任何一个国家的外国债券市场上都无法做到的。

(3) 欧洲债券的发行费用低、税收优惠。在欧洲债券市场上发行债券的费用大约是面值的 2.5%，债券的利息收入不纳所得税，债券以不记名的形式发行，可以保存在投资者的所在国以外，逃避国内所得税。这些对投资者具有较大的吸引力。

(4) 欧洲债券市场具有安全性和流动性。欧洲债券市场的主要借款人是各国政府、国际组织和跨国公司，这些借款人一般来说具有极好的资信，对投资者来说是比较安全的。同时，欧洲债券市场拥有一个活跃的二级市场，可使债券的持有人比较容易地转让债券取得现款，从而保证了债券的流动性。

4. 欧洲债券发行程序

欧洲债券市场不受政府的管制，能比较容易地在 3 周内募集到资金。欧洲债券的发行有公开发行和非公开发行两种。公开发行是指在一个公认的证券交易所上市、交易；非公开发行债券手续比较简单，费用也较低，通常由大机构买下，然后在较小的范围内发行。欧洲债券发行程序大体如下。

(1) 决定发行债券的种类及期限。根据欧洲债券市场的行情，决定发行固定利率债券还是浮动利率债券,抑或多重货币债券、可转换债券。

(2) 选择牵头经理行。债券发行人应选择一家实力雄厚、有较强组织能力、经验丰富、信誉卓越的国际性大银行作为牵头经理行。牵头经理行组建发行管理集团辛迪加、承销团。

(3) 编制有关发行文件。由发行人提供必要的资料,由发行管理集团主办者辛迪加负责编制债券募集和销售的必备文件,其主要包括:发行说明书、认购承销合同、代销合同、财务代理人合同等。

(4) 决定发行条件及确定债券的数额、利率、期限和偿还方式等。

(5) 推介发行人。由牵头经理行召集发行管理集团成员和承销团,向其推介发行人,并通过发行管理集团成员和承销团,进一步向公众推介发行人及债券。

(6) 签约。正式签订发行合同、认购合同、代销合同,分发债券认购数量、代销数量。

(7) 交割。债券和现金交换,借款者伺机卖出债券,取得现金。

(8) 上市。将公开发行的欧洲债券在证券交易所上市。

本章小结

国际金融市场是资金在国际间进行流动或金融产品在国际间进行买卖和交换的场所。从另一方面来说,它是政策制定者、金融中介和私人市场参与者进行博弈的场所。从经营业务的范围看,国际金融市场分为货币市场、资本市场、外汇市场和黄金市场;从金融地理上看,国际金融市场分为西欧区(伦敦、巴黎、法兰克福、苏黎世、卢森堡)、北美区(纽约、芝加哥、多伦多、蒙特利尔)、亚洲区(东京、中国香港和新加坡)、中东区(巴林、科威特)和中美洲与加勒比海区(开曼群岛、巴拿马)五大区域。

国际货币市场是1年或1年以下的短期资金融通市场。国际货币市场由短期信贷市场、短期证券市场和贴现市场等构成。国际货币市场的主要金融工具大体可分为两类:一是与银行有关的市场信用工具;一是非银行的信用工具。主要包括国库券、银行承兑汇票、商业汇票、大额可转让存单、银行同业拆借和回购协议等。

国际资本市场也称长期资金市场,一般是指从事期限在1年以上的资金交易场所。其由中长期信贷市场、证券市场和国际租赁市场等构成。中长期信贷市场主要包括商业贷款、出口信贷、政府贷款和混合信贷等。证券市场按其交易的对象可分为债券市场和股票市场,其中最为主要的是国际债券市场。

欧洲货币市场的主要业务包括短期信贷业务和中长期信贷业务。欧洲债券市场是指欧洲债券发行和交易的市场。欧洲债券的种类包括固定利率债券、浮动利率债券、零息债券、可转换债券和附有认购权证的债券等。

思 考 题

1. 什么是国际金融市场?
2. 国际货币市场与国际资本市场有什么区别?

3. 欧洲货币市场的经营特点有哪些?
4. 欧洲债券有哪些种类?
5. 欧洲债券市场有什么特点?

案例分析

安提瓜岛——一个典型的避税港型离岸金融中心

第十章 企业的国际化战略

引导案例

国际商用机器公司(IBM)的经营战略

【学习目标】
- 掌握战略与企业的关系。
- 掌握企业在全球竞争环境下的机会与威胁。
- 掌握企业从全球扩张中获利的四个途径。
- 掌握在全球市场竞争的企业通常要面对的两大压力。
- 掌握企业在国际市场参与竞争所采用的四种基本战略。

第一节 战略与企业

一、价值创造与企业战略

任何企业的根本目标是盈利。如果企业的产品价格高于产品的生产成本，那么企业就会赢利。为了做到这一点，企业必须生产那些消费者认为有价值的产品。因此企业从事的是价值创造活动。消费者愿意为某种产品支付的价格反映了消费者对产品价值的判断。

企业战略最突出的目标就是使企业的长期盈利能力最大化。盈利能力(profitability)表示为 $ROI = \pi / I$，而利润 profit：$\pi = TR - TC = PQ - CQ$，因此单位利润 $\pi / Q = P - C$。

可见，两种基本条件决定企业的利润 π：顾客估计的该企业商品价值 V 和企业的生产成本 C。我们称 $(V - C)$ 为企业所创造的价值增值(value added)。价值增值由两部分组成：企业的利润 $(P - C)$ 和消费者剩余 $(V - P)$。$(V - P)$ 取决于市场上竞争压力的强度：压力越大，企业让给消费者的剩余就越多；反过来，压力越小，企业所得的利润 $(P - C)$ 就越多。但总而言之，当企业在更低的成本上为其客户创造出更多的价值 $(V - C)$ 时，企业才会有更高的利润。

专注于降低生产成本的战略称为低成本战略，专注于提高产品吸引力的战略称为差异化战略。波特认为，低成本战略和差异化战略是企业创造附加值并获得行业内竞争优势的两种基本战略。按照波特的看法，超级赢利能力青睐能创造超额价值的企业，价值创造方法是压低企业的成本结构，或者(并且)以某种方式使产品差异化，这样消费者对其估价更高，更愿意付出一个溢价。

要具有比竞争对手更优异的价值创造，不一定要求企业在行业内具有最低的成本结构，或者创造出消费者眼中最有价值的产品。不过，它的确要求企业的产品价值 (V) 与产品成本 (C) 之间的缺口要大过竞争对手的这个缺口，如图 10-1 所示。波特教授引入了价值链的概念。价值链将一个企业分解为战略性相关的许多活动。企业正是通过比竞争对手更廉价或更出色地开展这些重要的战略性活动来赢得竞争优势。一定水平的价值链是企业在一个特定产业内的各种活动的组合。这些活动可分为基本活动与辅助活动。

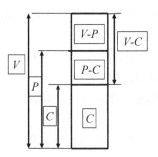

V=产品对于客户的价值(consumer value)
P=单位价格(arket price)
C=单位成本(cost of production)
V-P=消费者剩余(consumer surplus)
P-C=单位利润(profit margin)
V-C=单位价值创造(value added)

图 10-1　企业的价值创造

二、价值链与竞争优势

人们经常将企业看成是由一系列价值创造活动所构成的价值链，企业可以在链条的每一个环节中实现价值增值。这些价值创造活动包括以下几方面。5 个基本活动：内部后勤、生产经营、外部后勤、市场销售、服务；4 个辅助活动：采购、技术与开发、人力资源管理、企业基础设施，如图 10-2 所示。例如，研发可以增加产品的功能性，使产品对消费者更具吸引力；另外，研发可以导致更有效的生产技术和流程，于是降低生产成本 C。再如，生产可以通过更有效地进行来使成本更低，也可以通过生产更可靠和质量更高的产品来增加产品价值 V。品牌营销、售后服务、物流管理、人力资源等各个环节莫不如此。

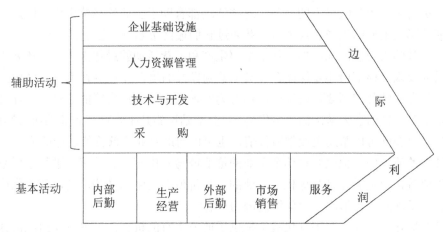

图 10-2　企业价值链与竞争优势关系图

1. 基本活动

涉及任何产业内竞争的各种基本活动有 5 种类型。每一种类型又可依据产业特点和企业战略划分为若干显著不同的活动。

(1) 内部后勤。与接收、存储和分配相关联的各种活动，如原材料搬运、仓储、库存控制、车辆调动和向供应商退货。

(2) 生产经营。与将投入转化为最终产品形式相关的各种活动，如机械加工、包装、组装、设备维护、检测、印刷和各种管理活动。

(3) 外部后勤。与集中、存储和将产品发送给买方有关的各种活动，如产品库存管理、原材料搬运、送货车辆调度、订单处理和生产进度安排。

(4) 市场销售。与提供一种买方购买产品的方式和引导他们进行购买有关的各种活动，如广告、促销、销售队伍、报价、渠道选择、渠道关系和定价。

(5) 服务。与提供服务以增加或保持产品价值有关的各种活动，如安装、维修、培训、零部件供应和产品调整。

有效率的生产可以减少价值创造的成本并可通过提高产品质量而增加价值，这些活动都有利于高价定位。有效率的营销一方面能够帮助企业降低成本；另一方面可以帮助企业根据消费需要定制产品并使企业的产品与竞争者的产品区分开来而增加产品价值。

2. 辅助活动

各种价值辅助活动可以被分为四种基本类型。与基本活动一样，每一种类型的辅助活动都可以根据产业的具体情况划分为若干显著不同的价值活动。辅助活动为生产和营销等主要活动提供投入。

(1) 原材料管理部门控制着生产所需的材料，在整个价值链中的传输——从采购到生产直至最后的销售。如果支持性活动的效率高，也有助于降低价值创造的成本。另外，一个有效的原材料管理部门可以对进入生产过程的材料的质量进行监控，这种活动有助于企业提高产品质量，从而最终为高价定位创造条件。

(2) 研究开发部门则负责新产品和新工艺的开发。技术开发有助于降低生产成本并且能够生产更有用、更具吸引力的产品，这些活动都有助于企业的高位定价。因此，研究开发活动能够影响主要的生产和营销活动并通过它们最终影响价值创造活动。

(3) 有效的人力资源部门拥有从事主要生产和经营活动的最佳人选。它还要满足对支持性人员的要求。该部门还要保证企业员工受到良好的培训并且得到相应的报酬。

(4) 信息系统部门则要保证管理层拥有为实现效率最大化所需的信息。除此之外，该部门还负责开发以信息为基础的竞争优势。企业基础设施几乎囊括了企业的所有其他活动。有效的基础设施既可以帮助企业创造价值，也可以帮助企业降低价值创造的成本。

在波特的研究中，他已经将单个企业的价值链与其供应商、销售商进行了联系，形成了产业价值链，而随着经济全球化，企业的九种价值活动中的某些活动，随着供应商与销售商扩展到了国外，也形成了全球价值链的概念。

经济全球化为企业采取国际化战略提供了前所未有的机会。世界贸易组织的建立及地区经济一体化进程，贸易自由化与对自由市场竞争概念的普遍接受，政府管制的进一步放松，所有的这一切都为国际经济活动的迅速增长和跨国公司的不断发展提供了巨大动力。

第二节 全球竞争环境下的机会和威胁

一、全球竞争环境下的机会

对企业来说，采取国际化战略、参与全球竞争主要存在以下几个方面的重大机会。

1. 实现规模经济

假如企业有较大的收入和资产基础，它的全球扩张会自动地增加运营规模，这种收入和资产基础的增加潜在地使企业实现了规模经济。

规模经济的实现提供了多重利益：一个优势是固定成本的扩展，比如对更大规模产品进行研究和开发，这方面的例子包括波音公司在很多国家销售的商用飞机和微软公司在多个国家销售的操作系统。另一个优势是降低了研究开发成本和运营成本，例如甲骨文公司等在人才丰富的印度所建立的软件开发公司。最后一个优势是通过积聚采购获得更大的砍价实力，例如麦当劳在全球不断增加所拥有的加盟店数量，就能够对设备和供给有更多的采购，这样就增加了与供应商讨价还价的能力。

2. 延长产品的生命周期

我们知道，产品和产业一般要经历导入期、成长期、成熟期和衰退期四个阶段的生命周期，但是本国市场上处于成熟阶段的产品却有可能在其他国家和地区有巨大的需求潜力，因此，公司持续性的国际化过程将导致产品生命周期的延长。

根据国际产品生命周期理论，由于制造业生产过程经历着由发达国家向发展中国家转移的轨迹，当一些产品在发达国家已经成为成熟产品时，在发展中国家却有可能处于成长期，因此具有巨大的需求潜力。同时，即使是在发达国家已处于成熟期的产品，由于生产基地转移到劳动力价格、生产成本相对便宜的发展中国家，故在发达国家市场上，这些产品的价格将出现下降趋势，这也会刺激发达国家消费者的购买欲望，无形中使产品生命周期得到延长。

近十年来，美国的可口可乐和百事可乐等软饮料生产商为了获得美国本土无法实现的增长水平，一直在积极地寻找国际市场。类似的，戴尔等个人电脑厂商为了缓解美国市场的增长饱和状况，也在搜寻外国市场。世界范围内的汽车产业也处于密集的竞争状态，通用和福特等企业已经在拉美地区投资了数十亿美元，以努力夺取这个地区正在成长的市场份额。

3. 降低比较成本，优化资源配置

以下两个例子中的全球化定位决策是基于降低成本方面的考虑：①耐克公司决定在中国、越南和印度尼西亚等亚洲国家生产运动鞋；②很多跨国公司为了获取低成本劳动力，决定在美国南部至墨西哥边界从事生产经营。这些生产经营称作组装工厂，按照当地的人力资源和其他资源、运输工具与物流、政府鼓励和当地税收结构，这种定位决策可以影响成本结构。

公司经营效率是由其产出价值与投入成本之间的比率决定的，公司的竞争优势在于通过提供比竞争对手更高质量的产品和服务，或在相同时间中通过较低的成本投入提升其产品和服务的价值。在全球竞争环境运行中的跨国公司，可以利用国家的差异性，将生产转移到劳动力成本较低的国家，从而获得比较成本优势和竞争优势。如TCL公司将其电视机生产线转移到越南进行生产，一方面是为了使生产基地与目标市场紧密相连；另一方面也是为了获得劳动力成本的比较优势，提升公司竞争力。微软公司将其亚太地区研发中心建立在中国，一方面是因为中国本身就是微软公司最大的目标市场之一；另一方面也是因为中国有许多高素质计算机软件研究人才，雇用这些同样水平研发人才的成本要比在美国的花费低得多，这同样能使微软获得比较成本优势。

跨国公司或全球公司能够在全球范围内进行最佳资源配置，以最低的成本为全球顾客提供最大价值的产品和服务。这种全球化范围内的资源配置过程，使得跨国公司能够将传统的比较成本和贸易优势转化为全球竞争优势。

4. 分散风险，创造战略协同

跨国公司以统一的全球战略为纽带，将散布在世界各地的分公司或合作伙伴连为一体，在平衡全球化与本地化的过程中，形成公司的战略协同优势。这种战略协同优势可以共享资源，分散风险，形成不同的战略层次，达成"东方不亮西方亮"的经营效果。

给定美元与日元间汇率的不确定波动，福特和丰田公司成本竞争的一个重要基础在于管理货币风险的灵活性。这些竞争者管理货币风险的一种方式是把生产制造中的高成本因素在全世界一些精心挑选的区位中进行扩展，诸如此类的定位决策能够影响企业所有层面的风险，包括货币、经济和政治风险。

5. 强化技术创新

微软公司决定在英国的剑桥建立一所公司研究实验室，这项定位决策主要受建立和维持世界级优秀的价值创造活动这一目标所支配，这项战略决策可以让微软公司获得杰出的技术和专业人才。在全球竞争环境下的定位决策可以影响获取急需的人才、企业学习和成长的速度、内外活动协调的质量等。

全球竞争环境强化了世界范围内的技术和管理创新活动，提升了全球各种产业的技术发展水平。不仅如此，全球化经营使企业的创新视野更加宽阔，创新资源日益多样，这都进一步促使企业在研发领域进行更大的投入。据研究，自20世纪90年代以来，世界级跨国公司在跨国领域中投入的不断增长正是全球技术创新周期明显缩短的主要原因之一。

二、全球竞争环境下的威胁

全球竞争环境在给企业提供了巨大利益和机会的同时，也伴随着潜在的威胁和风险。以下几个方面在企业进行国际化环境分析时值得注意。

1. 政治局势不稳定

对一个全球组织来说，一些国家在政治上的动荡或动乱是最不稳定和不确定性的风险来源，其结果常常导致公司损失资产及现在与未来的盈利，因此所有的企业在准备开展国际化战略和全球市场竞争时,都必须对政治风险进行审慎的评估。社会不安定、军事骚乱、游行示威以及暴力冲突和恐怖主义等因素,都会给全球竞争环境带来严重的威胁。高风险的国家对多数商务活动缺乏吸引力,少数的例外是军需品和反间谍服务。出于某种战略考虑和短线业务的原因,即使一个国家在政治上不稳定,企业也有可能仍然在这个国家从事经营活动。例如,虽然伊拉克在 20 世纪 90 年代一直受到联合国的全面制裁,而且美国始终对伊拉克进行战争威胁,即从跨国经营活动的角度看伊拉克属于政治风险水平非常高的国家,但是仍然有些公司在伊拉克进行业务活动。这时,需要重点分析的是在充分评估政治风险的基础上,如何确定市场进入模式、合同协议的性质、具风险性的资产价值以及长期资产投资的水平等。在东道国政治高度不稳定的时候,跨国公司常常选择产品出口的市场进入模式,强调短期合同协议及资源投入。

2. 法律问题

当一个公司在全球范围内从事企业经营时,如果东道国的法律不健全,缺乏行政、立法或司法的支持,或者法制建设仅仅处于初级阶段,那么公司就会面临许多法律方面的问题,它们或许包括合同、技术转让、知识产权等方面的法律问题。

例如,由于许多国家存在着盗版软件产品,微软公司损失了数十亿美元的收入。由于缺乏知识产权法律保护所导致的产品复制不断增长,智力资产丰富的企业已经遭受了巨大的财务损失。

3. 政府干预

国家独立与经济改善作为一个国家政府的目标,有可能导致一种保护主义和限制性的政府政策,这些政策包括:关税和其他进口障碍与控制;对利润汇出的限制;对合资公司股份的限制;一些地区性的特殊要求,如关于聘用当地劳动力的比例要求等。

由政府干预所形成的这些政策或法律要求,将会使来自国外的公司在该国市场上与本国公司相比处于劣势地位。

4. 币值波动

许多经济变量如通货膨胀、利率特别是汇率会对一个公司的全球业务赢利性产生重要影响。1995 年,当墨西哥比索大幅贬值时,在墨西哥从事经营活动的许多跨国公司发现,由墨西哥低劳动力价格带来的公司收益变得不可靠了。

同时在多个国家经营的公司必须密切注视本国货币与东道国货币的比率,在处理海外业务时,即使一个微小的汇率变动也能导致生产成本或净利润的重大差异。例如,当美元对别国货币升值时,在外国的美国商品对顾客来说就更昂贵。同时,美元升值对拥有海外分支业务的美国公司会产生负面影响,原因在于,来自海外的利润必须以更高的汇率兑换为美元,用美元衡量的利润量减少了。假设一家美国企业在意大利从事商业活动,如果这个企业在意大利的运营中心拥有 20%用里拉计算的利润,当里拉对美元贬值 20%即美元对里拉升值 20%时,意大利中心的收入在兑换为美元后利润全部消失了(假定该中心没有使用"套期保值"方式来化解货币风险)。

应该注意到的一个重点是,当汇率波动受到政府有意干预时,这一行为的宏观经济效能对企业的跨国竞争更加不利。例如,在 1997 年,泰国在人为地努力维持了几个汇率后,突然决定将泰铢贬值,从而使得泰铢与他国货币相比基本毫无价值可言。而在 1998 年,俄罗斯不仅将卢布贬值,还决定不承兑国外债务。

5. 管理风险

管理风险可以看做是进行全球竞争的企业管理者在国外市场遇到不可避免的差异,而又必须做出回应时所面临的挑战和风险。这些风险表现为不同的形式:文化、习俗、语言、收入水平、消费者偏好、分配体系等。

国家间的文化差异对管理者造成了独一无二的挑战,即使是非常明显的标准化产品,也存在着某种程度的本地化适应过程。例如,在一系列面向意大利度假者的广告中,可口可乐公司经理将埃菲尔铁塔、帝国大厦和比萨斜塔印在了大众熟悉的可乐瓶上,迄今效果良好;但是,当雅典卫城帕特农神庙的大理石柱子出现在可乐瓶上时,希腊人愤怒了。为什么会这样?因为希腊人把雅典卫城视作"圣石",政府官员宣称帕特农神庙是一种"国际文明象征","任何侮辱帕特农神庙的人就是侮辱国际文化"。结果可口可乐公司为此广告进行了道歉。

三、全球竞争环境下的机会与威胁分析

在确定全球竞争环境中公司所面临的机会和威胁时,产业结构分析是最重要的步骤。我们知道根据迈克尔·波特的 5 种竞争作用力模型,在一个具体国家或地区之内进行产业结构分析的主要因素如下所示。①新进入者的威胁。对于一个产业来讲,进入威胁的大小取决于呈现的进入壁垒加上准备进入者可能遇到的现存守成者的反击。②现有竞争者间争夺的激烈程度。发生这种争夺或者因为一个或几个竞争者感到有压力,或者因为它们看到了改善自身处境的机会。③替代产品与服务的威胁。广义地看,一个产业的所有公司都与生产替代产品的产业竞争。④买家讨价还价的能力。买方的产业竞争手段是压低价格、要求较高的产品质量或索取更多的服务项目从而获利。⑤供应商的砍价能力。供应商们可能通过提价或降低所购产品或服务质量的威胁来向某个产业中的企业施加压力。对这样一些公司外部产业环境的机会和威胁进行确认后,再与公司内部的优势和劣势即价值链的各个环节如市场营销能力、生产制造能力、研究开发能力、人力资源状况等进行结合而做出战略判断。

在全球竞争条件下,还需要根据钻石模型,考察目标国的其他几项条件,来进行企业实施国际化战略时机会与威胁的认定。

要素条件:指该国在生产要素方面的状况,例如熟练劳动力或基础设施如何,这些都是在给定产业中进行竞争所必需的;

需求条件:指关于该产业所提供的产品或服务,母国市场的需求本质如何;

相关与支持性产业:指该国有没有具备国际竞争力的上游产业或其他相关性产业;

企业战略、结构和竞争对手:该国关于企业如何创立、组织和经营的治理状况,以及国内竞争对手的特征。

此外如图 10-3 所示,还需要进行分析的有目标国政府的举措和作用,和存在于目标国的机会,即在国家环境与企业竞争力的关系上,还有机会和政府两个变数:产业发展的机

会通常要等基础发明、技术、战争、政治环境、国外市场等出现重大变革或突破时出现；而各层次政府部门通过法律法规、教育制度、保护措施、经济政策等，也对钻石体系造成重大影响。

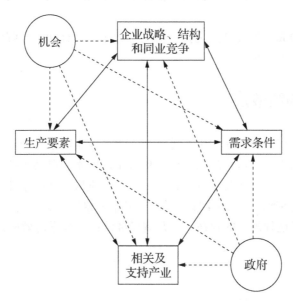

图 10-3　完整的钻石体系

第三节　如何从全球扩张中获利

进行国际扩张的企业会有哪些不同于国内运营企业的获利途径呢？全球运营能够用以下几种纯粹国内企业所不能及的方式增加自己的赢利：①把一个个价值创造活动在全球范围内分散到能最有效实施的地方；②从一个中心点服务于全球市场从而降低成本；③把母公司的特殊技术或能力转移应用到新市场；④将在海外经营中开发出的有价值技术转移到全球网络中的其他企业。

一、利用区位经济

国际贸易理论告诉我们：由于各国要素成本上的差别，某些国家可能在某些产品的生产上具有比较优势。这对于在激烈竞争的全球市场中为生存而奋斗的企业意味着什么呢？这意味着：如果贸易壁垒和运输成本允许的话，企业通过把每一种价值创造活动的实施，都放置于最适合的地区，将会获得可观的利益。区位经济指企业由于在全球最佳地点从事某项价值创造活动而获得的经济优势。在这样的地方，当地的经济、政治、文化和要素成本等因素，都有利于该项生产活动的进行。

国际企业可以对此的应用是：建立价值创造活动的全球网络，将价值链的各个环节分散在认知价值被最大化或创造成本被最小化的地方。例如，通用汽车的 Pontiac LeMans 汽车主要在美国市场销售，但是在德国设计，因为通用认为德国子公司的设计师具有最适合这项设计的技术；关键零部件在日本、中国台湾和新加坡制造，因为那里有利的要素条件——相对低成本的熟练劳工有比较优势；在韩国组装，是因为那里有低廉的装配劳动力；在英国进行广告构思，是因为通用公司相信那里的专门广告代理公司，最能策划利于汽车销售的广告活动。

当然，引入运输成本和贸易壁垒会使情况复杂化，这有助于理解美国企业经常把制造企业转移到墨西哥而不是东南亚。

二、实现经验曲线效应

经验曲线效应指在某种产品的生产过程中，生产成本随累计产量有规律地下降。一系列的研究表明，每当累计产量增加的时候，单位生产成本会以某种特定的模式下降。这一关系是在飞机制造业中被首次观察到的，在那里每次飞机机体的累计产量翻番时，单位成本通常下降到原来的80%。图10-4描述了生产成本和累计产量之间的这种经验曲线关系。有两个因素可以解释这种规律的存在：一是规模经济；二是学习效应。

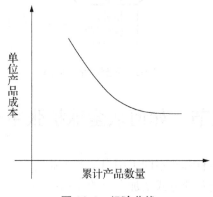

图10-4　经验曲线

1. 规模经济

规模经济是指由于生产大量的产品而取得单位成本的下降。规模经济的最重要原因是把固定成本分散到大量产品上；另一个原因是有能力使用专业化的设备和人员。经验曲线的战略意义是：使经验曲线尽快向下移动的关键是尽快提高单个工厂的产量；一旦企业确立了低成本地位，就可以对新的进入者和小规模对手形成障碍。

2. 学习效应

学习效应来自边干边学的成本节省。当个人学会了完成某一特定任务的最有效方法时，劳动生产率就会随着时间提高；当管理部门学会了如何更有效地管理新的经营时，管理效率也会提高。这些最终都导致生产成本的下降。

三、转移核心能力

核心能力是指某一企业内部所具有的、竞争者无法轻易赶上或模仿的技能。这些技能可能存在于生产、营销、研究开发、人力资源、物流等诸多管理活动和价值创造环节中，它们往往体现在其他企业所无法轻易赶上或模仿的产品之中。因此核心能力就成为企业竞争优势的基础。例如，丰田在汽车制造和精益生产方面有核心能力；沃尔玛在企业信息系统和物流管理方面有核心能力；MTV在制作有线电视音乐节目上有核心能力；宝洁、强生具有开发和销售快速消费品的核心技术；花旗、美林具有金融管理的核心技术……

对这些具有核心能力的企业而言，全球扩张使它们能够在更大的市场中施展自己的才干，提供自己有竞争力的产品，赚取更多的利润，也进一步发挥企业价值创造的潜力。当企业拥有的才干和提供的产品最具特色、当消费者认为产品物有所值、当国外市场具有相似才干和产品的竞争者寥寥无几时，企业利用全球扩展战略创造价值的潜力将是最大的。具备独特和宝贵技能的企业通过把自己的技能和产品投放到国外市场可以获得巨额利润，因为在那里东道国当地的竞争者缺乏类似的技能和产品。

全球无处不在的麦当劳，它的核心能力是什么？是精美的菜式吗？显然，即便是喜爱它的消费者们也不会这样认为。麦当劳于1955年建立，到20世纪80年代，美国快餐市场显示饱和迹象，麦当劳的反应是迅速向海外扩张。它的海外连锁店比例是：1980年为28%，1986年为40%，1990年为60%。目前全球有28 000家麦当劳连锁店，而全美有13 600家。麦当劳快速地扩展海外市场，并取得良好业绩，其海外销售收入在2000年为210亿美元，占400亿美元总收入的53%；2007年和2008年的海外销售收入分别为228亿和235亿美元，占总收入的60%。

事实证明，麦当劳经营快餐业的才干在法国、德国、中国及巴西等千差万别的国家中，和在美国一样有价值。由于当地的竞争者不具备这些技能和产品，也就意味着不具备进行竞争的能力，在这种情况下，麦当劳转移核心能力的战略极大地提高了自己的赢利能力。

具体来说，麦当劳进行成功海外扩张的一个关键因素是周密的计划。在典型模式中，麦当劳会花十几个月对某个市场的首家餐厅进行周密的选址，文化、法规、房产、政府关系、人员和供应等都详尽考察。麦当劳国际化战略的另一个关键是管理技术的输出。对店级操作程序进行严格控制的特许经营制度，使麦当劳向每个餐厅狂热地灌输相同的文化和标准化的操作，并对员工进行严格的挑选和培训。这些，就是麦当劳的核心能力。

麦当劳并未放缓国际扩张的脚步，管理层认为，海外市场平均每50万人有1家麦当劳餐厅，而美国市场平均每2.5万人就有1家麦当劳连锁店，所以计划继续高速海外扩张，中国的麦当劳连锁店在2008年已达1000家，2009年已继续开张175家。

四、获得全球学习的好处

"转移核心竞争力"中暗含的观点是：技术在母国开发出来，然后转移到海外子公司。但现实显示：技术创造并非公司总部的专利；对于大量成熟的跨国公司，有价值的技术开发常常发生在海外分支机构。例如，惠普公司将前沿喷墨打印机设计和生产权力分散到新加坡，因为是新加坡雇员的出色设计找到了更好地降低成本的方法。现在惠普把新加坡等子公司看成生产和设计技术的重要来源，这些新技术可以被应用到企业全球经营网络的其他部分中。

在麦当劳公司中，海外特许经销商也常常是宝贵新点子的源泉，例如荷兰餐厅发明了可以搬移的预制组装餐厅，现在被广泛用做户外活动临时餐厅；瑞典人想出了加大尺寸的冷藏柜；新加坡人新创了卫星店，现在已经在美国的医院和体育场很常见。

第四节 全球竞争的两大压力

在全球市场竞争的企业通常要面对两种竞争压力：成本降低的压力和对当地需求进行响应的压力。这两种压力把互相冲突的需求摆在企业面前：成本降低的压力要求企业把生产活动放在最有利的地区，向全球市场提供标准化的产品；对当地需求进行响应的压力要求企业提供的产品和营销策略在各国都有所不同，但是按照各国差别定制产品使产品缺乏标准化，并可能包括大量的重复流程，因而会提高成本。

例如图 10-5 中，企业 A 面对的成本降低压力高，当地需求响应压力低；企业 B 面对的成本降低压力低，但当地需求响应的压力高；更多的企业处于企业 C 的位置，既要面对成本降低的高压力，又要面对当地需求响应的高压力。在全球标准化和当地响应率之间寻找恰当的平衡，对许多跨国企业来说都是一个主要的战略挑战。

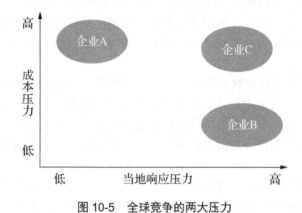

图 10-5 全球竞争的两大压力

一、成本降低的压力

在全球竞争市场，国际企业常常面对成本降低的压力。应对成本降低的压力要求企业努力去降低其价值创造的成本，通过在全球最优地区大量生产标准化的产品，来实现区位经济和经验曲线效应。

例如，一个制造商可能在世界上任何最优地区大量生产标准化的产品，以实现规模经济、学习效应和区位经济；或者某个企业可能向低成本的国外供货商外购某些职能，以降低成本。所以，许多美国计算机公司从印度外购电话客户服务职能，可以雇用那里会英语的高素质技术人员，而其公司却比美国公司小。像银行这样的服务业，也可能通过把一些后台服务职能如信息处理，转移到工资较低的发展中国家以应对成本压力。以同样的方式，像沃尔玛这样的零售商，也可使其供应商降低成本。沃尔玛对供货商施加的降价压力，被认为是北美制造商将生产转移到中国的主要原因。

成本降低的压力在某些产业尤其剧烈，这些产业中不同国家的消费者的兴趣和偏好类似，即拥有统一的需求，于是商品的非价格因素很难有显著差别，价格是主要竞争工具。大多数工业品(化工原料、石油、钢铁、糖、半导体芯片)和一部分消费品(计算器、个人电脑、液晶显示屏、汽车轮胎等)都是如此。对于主要竞争者都在争夺低成本区位经济的行业、生产能力持续过剩的行业，以及消费者很强大并面对低转换成本的行业，成本降低的压力也很激烈。近年来世界贸易和投资环境的宽松促使了更大范围的国际竞争，也增加了成本降低的压力。

二、对当地需求响应的压力

对东道国当地需求进行响应的压力，则要求企业对不同的国家提供差异化的产品与营销策略，以满足各国不同的消费者兴趣与偏好、基础设施与传统习惯、分销渠道、竞争条件等，以及政府政策产生的多样化需求。这一压力一般来源于以下原因。

1. 消费者的兴趣与偏好不同

例如，"MTV板球技巧"可能吊不起美国观众的胃口，但它是印度频道的重要节目。就拿茶这种全球性饮料来说，英国人通常在清淡的茶中加入牛奶，而沙特阿拉伯人喜欢在浓茶中加入许多糖；沙特人喝茶要趁热喝，而美国人基本上将茶视为夏天的清凉饮料，喝时加冰块。即便是在手机这样现代化的行业，不同国家的消费者使用偏好也存在重大差异：美国人往往把手机只看做通话的工具，并不十分注重手机多样化的先进功能，这同亚洲和欧洲形成鲜明对照，因为在这里，手机的短信和上网功能要受欢迎得多——因为他们花在乘汽车或火车上的时间较多，而美国人更多的时候在开车，腾不出手来做这些。

2. 基础设施和传统习惯差异

例如，在北美和日本，家用电器是110伏的低压设置，但在欧洲和中国，220~240伏的高压设备才是标准的，因此家用电器制造商必须根据基础设施的这一差异来进行制造。再比如传统习惯的影响，制造在英国和中国香港行驶的汽车，方向盘一定要在右侧，因为该国机动车沿公路左侧行驶；而制造在中国行驶的汽车，方向盘一定要在左侧，因为中国的机动车沿公路右侧行驶。基础设施的差异并非都源于历史，有些是近期才有的，例如在移动通信业的技术标准中，GSM是欧洲通用的技术标准，为欧洲人所熟知，但CDMA是美国通用的技术标准，广泛地使用在北美地区。

3. 分销渠道

各国的分销体系差异很大，既有环节较少的美国式宽短型分销渠道，也有环节烦琐的日本式窄长型分销渠道。

4. 东道国政府的要求

由于经济民族主义的存在，东道国政府对外资企业常常有原材料国产化比例的要求，这就造成了跨国公司在全球生产中无法采取完全标准化的战略，而必须对当地特殊需求做出响应。

当地需求响应的压力，意味着国际企业要全部实现区位经济和经验曲线效应是不太可能的。首先，它不可能仅由一个单一的低成本区位来服务于全球市场、通过生产全球标准化的产品并将其在全球销售来取得规模经济，产品必须符合地区条件的需求阻碍了这一战略的贯彻。例如，汽车制造商们已经发现世界各地的消费者所要求的汽车类型是不同的，同时各国存在针对该项产品的严重贸易壁垒，为了做出响应，本田、丰田以及福特等公司已经在各地区建立设计和生产场所。

同时，对当地需求响应的压力表明，把同企业核心竞争力相关的全部技术和产品从母国转移到另一个国家是不太可能的，常常要根据当地条件做出一些让步。哪怕是被描述成全球标准化产品"招牌"的麦当劳，也将自己的菜谱进行了调整，以迎合不同国家在口味和偏好上的差异。例如，巴西餐厅中的亚马逊浆果软饮料，马来西亚和新加坡餐厅中的牛奶和冰淇淋中加榴莲调味，耶路撒冷不卖奶制品的"洁净食物"餐厅，印度餐厅中羊肉制成的"土邦汉堡"……

第五节　跨国经营的战略选择

出于成本降低压力和当地需求响应压力的不同，企业采用四种基本战略在国际环境中参与竞争：国际战略、多国战略、全球战略、跨国战略。每种战略的适用性取决于降低成本压力和对当地需求进行响应压力的程度大小。

一、国际战略

采用国际战略的企业通过把有价值的产品和技术转移到缺乏这些产品技术的国外市场来创造价值。大多数国际企业通过把国内开发的独特产品转移到新兴海外市场来创造价值，因此它们往往把 R&D 集中在国内进行，在各个有业务的主要国家建立制造和营销系统，调适它们可能采取的一些本土化措施，但这通常非常有限。

总部设在大的技术领先国家的跨国公司常常采用这一战略，主要是利用母国创新来提高海外子公司的竞争地位。国际产品生命周期理论描述了这些公司的战略动机和竞争姿态，至少在起初，它们的国际化进程主要依靠将产生于母国的新产品、新程序或新战略转移到海外欠发达市场。这一方法在美国的跨国公司中很常见，例如卡夫、辉瑞和通用。

在大多数采用国际战略的企业中，总公司对销售和产品战略保持严格的控制。麦当劳、IBM、沃尔玛、微软等是典型的国际型公司。例如，微软开发其产品的核心设计都在华盛顿州的雷德蒙德校园内进行，并在那里编写了大多数的电脑程序。公司允许各国子公司制订它们自己的营销和分销策略，并且改造产品的某些方面，但仅仅是为了顾及一些最基本的地区差异，如语言和字母系统等。

虽然这些公司从它们创造和利用创新的能力中建立了相当的优势，但是许多跨国公司却既没有成本和效率优势，也没有当地适应能力。因为它们并没有取得采取全球战略的公司所具有的集中化和大规模经营所带来的效率，也没法取得多国战略公司所具有的地方自治和本地化运营的高度响应性。

当企业拥有有价值的核心能力而国外市场的当地竞争者又缺少这种能力，并且企业所面临的当地需求响应压力和降低成本压力都比较弱时，采取国际战略是有效的。在这种情况下，国际战略能够给企业带来丰厚的利润。然而，当地区调适的压力较大时，采取国际战略的企业将输给那些更加重视产品和营销战略本地化的企业。不仅如此，由于生产设施的重复性建设，采取国际性战略的企业将付出较高的经营成本。因此当成本压力较高时企业采取这种战略就不合适。

二、多国战略

采用多国战略的企业以获得最大的当地需求响应为方向。该战略的显著特征是：不断根据客户要求调整产品和销售，以适合各国不同的条件；常常在每一国都建立一套完整的价值创造系统。

多国战略的方法主要通过关注国家的差别来实现其主要的战略目标。公司采用这一方法，常常通过差别化的产品或服务，对在消费者偏好、产业特征和政府法规方面的国别差异做出反应，来提高它们的经济效率。这使得公司产生了许多"在哪里，为哪里"的创新。这个过程要求子公司要识别当地需求，又要使用它们拥有的当地资源对这些需求做出反应。

许多欧洲公司，如联合利华、帝国化学工业公司、飞利浦、雀巢传统上沿用这一战略。在这些公司里，资产和资源历史上广为分散，海外子公司允许独立开展从研究开发、生产制造到售后服务等范围宽泛的活动。它们的自给自足总是伴随着相当的地方自治。但是，在这些独立的国家单位对当地环境拥有相当高的灵活性和响应性的同时，不可避免地存在着这样的问题：在利用其他国家或单位的知识和能力方面低效和无能。

与采用国际战略企业相同的是，多国战略型企业也倾向于把在本国所开发的技能和产品向海外市场转移。然而，与国际战略型企业不同的是，多国企业广泛地调整它们的产品和营销战略，使它们适应不同的国别条件。它们往往在有业务的主要国家建立一整套的价值创造活动，包括生产、营销和研究并发。因此，它们通常难以通过经验曲线效应和区位经济来实现其价值。所以，许多多国型企业的经营成本比较高。同时，它们在利用企业内部的核心能力方面往往也不甚理想。

当企业当地需求响应的压力较大而降低成本的压力较小时，采用多国战略是最有意义的。该战略的弱点是：由于生产设施的重复性建设所造成的高成本，这种战略不宜在那些成本压力很大的行业中使用。这种战略的另外一个缺点是容易发展成总公司大权旁落的"子公司自治"，很多多国型企业最后发展成由独立的各国子公司组成的松散型联盟。例如，20世纪70年代末，实行多国战略的飞利浦公司，没能将自己的V2000-VCIZ制式确定为行业标准，重要原因就是它的美国子公司竟然拒绝采用该制式,而购买了松下公司生产的VHS制式VCR并贴上自己的标签。这样经过一段时间以后，公司就丧失了把核心技能和产品向全球各子公司转移的能力。

三、全球战略

采用全球战略方法的公司主要依赖于提高全球效率，它们采用一切方法来为它们的产品获得成本和质量上的最佳定位。采用全球战略的企业把重点集中在获得经验曲线效应和区位经济上,以便通过成本降低来提高赢利能力。也就是说,全球企业采用低成本战略。

这一直是许多日本公司如丰田、佳能、小松、松下等采用的经典方法。然而,这些公司和其他一些公司已经发现,这种效率的获得常常伴随着在灵活性和学习能力方面的损失。例如,为获取全球规模的集中制造,导致国家间的大量运输,进而增加了进口国政府政策干预的风险。同样,通过集中研究开发来获取效率的公司也常常发现,它们在全球化运营中利用外国子公司创新的能力受到制约。

全球企业往往不会根据当地需求调整其产品生产和销售策略,因为这样会提高成本;相反,它们更愿意在全球范围内销售标准化产品,并把生产、研发和销售活动集中在几个最有利的地方进行,从而获得区位经济和规模经济的最大好处。它们还倾向于利用自身的成本优势来支持在世界市场上强有力的定价策略。

当降低成本的压力很大而当地响应压力很小的时候,这种战略最为有效。这些条件在许多工业品行业中越来越普遍。例如,在半导体工业中全球标准的形成已为标准化的产品创造了巨大需求,因此,像英特尔、德州仪器和摩托罗拉公司都采用全球战略。然而,这些条件在许多消费品市场中尚不存在,在这些行业中当地需求响应的要求仍很高(例如,食品加工等产业)。对当地需求进行响应的压力很大时,这种战略是不适宜的。

四、跨国战略

Christopher Bartlett 和 Sumantra Ghoshal 指出,在当今的环境下竞争状况如此激烈,以至于要在全球市场上生存,企业必须利用基于经验的成本节约和区位经济,它们必须在全球网络中转移核心能力,但与此同时,企业还必须关注对当地需求进行响应的压力。因此他们将跨国战略作为唯一切实可行的战略提出。

采用跨国战略的公司认识到,每一种传统方法——国际战略、多国战略、全球战略——都是不完整的,虽然每一种方法都有其优点,但没有一个能反映全部含义。为了获得全球竞争优势,成本与收益必须同时管理,效率与创新同样重要,并且创新可以在组织的许多不同部门产生。跨国公司应该集中于利用每一个目标-方法组合,来同时提供效率、灵活性和学习能力。

为了实现这一雄心勃勃的战略方法,跨国公司必须采取不同于传统的国际公司、多国公司和全球公司的结构,重新对公司的资产和能力进行组合。全球公司倾向于集中所有的资源——不论是将其集中于母国,还是其他低成本的海外所在地——以获取存在于每一经营中的规模经济;多国公司将它的资源分散在不同国家的经营中,以使其能够对当地需求做出反应;国际公司则倾向于集中那些对发展创新极为重要的资源,而分散其他资源,以使其创新适应于全球。但是,跨国公司必须创造一个更为精致而多样化的资产和能力组合。

它首先决定哪些重要的资源和能力最好被集中在母国运营,不仅是为了实现规模经济,而且要保护特定的核心竞争能力,及提供对全体管理人员的必要监督。例如,基础研究常常被看做是一种能力,与核心技术一起放在母国,以保证战略的安全性和竞争能力的集中性。出于多种原因,财务职能和国际管理发展职能可以被集中用于支持高层管理者控制这些关键的公司资源中。

一些其他资源也可以集中使用,但并不限于在母国。这种资产组合方式可以被称为中心外集中,而不是分散。生产劳动密集型产品的世界规模的制造工程可以建于低工资国家,如墨西哥或中国;一项特别技术的提高可能要求在日本、德国或美国集中相关的研究开发资源与活动。这种灵活的专门化或中心外集中,在带来规模经济收益的同时,还给公司带来了接近低成本和稀缺资源的灵活性,以及适应国家政治利益需要的响应能力。这种方法还适用于具体业务活动,例如索尼为了充分利用金融市场,曾将其金融业务迁往伦敦。

一些其他资源最好在地域或地区基础上进行分散。基于潜在的规模经济小于从更高程度的差异化和市场响应性中获得的收益,或基于创造灵活性和为避免依赖单一设施的风险,当地的生产经营设施不仅能防范汇率变化,也能减少后勤和协调成本。表10-1总结了支持各种不同战略途径的资产和能力组合的不同点。

表10-1 国际、多国、全球和跨国公司的战略导向和资产能力组合

	国际公司	多国公司	全球公司	跨国公司
战略导向	通过全球范围的分散和适应来利用母公司的知识和能力	通过强大的随机应变和开拓性的运营建立灵活性,以对国家差别做出反应	通过集中化、全球规模运营建立成本优势	同时发展全球效率、灵活性和全球范围的学习能力
资产和能力	核心竞争资源集中,其他则分散	组合分散化和一定程度的自足	集中化和全球规模化	分散化、相互依赖以及专门化

跨国战略的适用情况是:较高的成本降低压力、较高的当地需求响应压力和在多国网络内部转移技术的显著机遇。当企业面临高的降低成本压力与高的地区响应压力,并在各营运点的多国全球网络中存在充分利用有价值技能的巨大机会时,跨国战略具有意义。跨国战略能对应多种全球扩张获利途径:区位经济、经验曲线效应及全球学习。现实中也有很多跨国企业正从其他战略向跨国战略演变,例如,本来采用典型多国战略的飞利浦公司和联合利华公司,在企业中加入了跨国战略的组织结构和行为方式;本来采用最典型全球战略的宝洁公司,也对当地需求进行了或多或少的响应。但该战略的弱点则是,试图同时取得低成本和产品多样化的优势,这并不容易,两种压力提出了互相矛盾的要求。

卡特皮勒公司是实行跨国战略的一个较成功案例。20世纪80年代,卡特皮勒既面临着日本小松这样的低成本竞争对手带来的成本压力,又必须响应各国建筑方式和政府条令变化带来的差异性需求。为了应付成本压力,卡特皮勒重新设计了产品,使之能多种同样的零配件;并投资兴建了几个坐落在有利地区的大型配件厂,以便满足全球需求和实现规模经济。为了响应当地需求,几个主要工厂中分别增加了当地产品的特征,按当地需求完成最终产品。到1997年成效显著,产品差异明显并人均产量翻番,夺取了实行全球战略的小松和日立公司的市场份额。

本 章 小 结

进行全球扩张的企业具有四种不同于国内运营的获利途径:把一个个价值创造活动在全球范围内分散到能最有效实施的地方;从一个中心点服务于全球市场从而降低成本;把

母公司特殊技术或能力转移应用到新市场；将在海外经营中开发出的有价值技术转移到全球网络中的其他企业。

在全球市场进行竞争的企业通常要面对两种竞争压力：成本降低的压力和对当地需求进行响应的压力。这两种压力要把互相冲突的需求摆在企业面前。

出于成本降低压力和当地需求响应压力的不同，企业采用四种基本战略在国际环境中参与竞争：国际战略、多国战略、全球战略、跨国战略。

思 考 题

1. 企业从全球扩张中获利的四个途径是什么？
2. 在全球市场竞争的企业通常要面对哪两大压力？
3. 企业在国际市场上参与竞争，主要采用哪四种基本战略？这几种战略分别怎样和全球竞争的两大压力以及全球扩张的四种获利途径进行对应？

案例分析

联想计算机公司的总体战略

第十一章 国际企业组织构建

引导案例

"三位一体本土化":海尔的国际企业组织结构

【学习目标】
- 了解有关企业组织结构的一些基本理论。
- 了解国际企业组织结构的演变过程。
- 掌握国际企业组织结构的基本类型、特点和国际企业管理体制中控制机制的转化。

第一节 企业组织结构及其基本理论

一、企业组织结构的概念

1. 什么是组织

所谓组织,是指为了达到某些特定目标,经由分工与合作及明确不同层次的权利和责任制度而构成的人的集合。这一定义包含三层意思。

(1) 组织必须具有目标,没有目标的组织是不存在的,目标是组织存在的前提。

(2) 没有分工与合作也不能称为组织,分工与合作的关系是由组织目标限定的。

(3) 组织要有不同层次的权利与责任制度,这是由于分工之后,就要赋予每个部门乃至每个人相应的权利和责任,以便于实现组织的目标。

2. 企业的组织结构

结构是一个系统的构成形式,是系统内部一定性质、一定数量的各个要素按照一定的关系进行排列组合的方式。组织具有整体性,任何组织都是由许多要素按一定的联结形式排列组合而成的。一个组织除了有形的物质要素外,在各个构成部分之间,实际上还存在着一些相对稳定的关系,即纵向的等级关系及其沟通关系、横向的分工协作关系及其沟通关系,这种关系就构成了无形的构造——组织结构。现代管理理论创始人巴纳德(Barnard)也说过:"组织结构就是有意识地加以协调的两个或两个以上的人的活动或力量的协作系统。"可见,组织形态反映组织成员之间的分工协作关系,体现了一种分工和协作的框架。

所谓企业的组织结构,就是研究企业组织这一系统的构成形式,即目标、协同、人员、职位、相互关系、信息等组织要素的有效排列组织方式。简言之,就是把企业的目标分解为职位,再把职位综合为部门,由众多的部门组成垂直的权力系统和水平的分工协作系统的一个整体机构。组织活动的主要功能是建立一个可以协调企业内各种活动的体系，并且在企业内部所有的人员之间建立起权利与责任关系。

二、企业组织结构的基本理论

1. 古典组织结构理论

从 20 世纪初到 50 年代后期，在组织结构理论领域中，占支配地位的是古典管理理论，它的组织结构理论称为"古典组织结构理论"。该理论包括由泰罗(Taylor)等人创立的科学管理理论、亨利·法约尔(Henri Fayol)的行政管理理论和马克斯·韦伯(Max Weber)发展起来的官僚模型理论。古典组织结构理论的主要贡献在于第一次运用科学的方法将组织问题结构化、理论化与科学化。该理论认为，所有的组织活动都应由统一规定的事无巨细的计划和制度来支配。

(1) 泰罗的科学管理理论。该理论体现着组织理论的早期萌芽，其组织理论思想主要有：设置计划部门，实行职能制和实行例外原则，提倡科学管理，主张实行专业化和标准化分工，按职能来设置组织结构。

(2) 法约尔的行政管理理论。该理论的主要组织理论有：从组织管理过程的角度提出了管理的 5 项基本职能；从组织职能角度提出了管理的 14 条基本原则；提出了建立层级组织的管理幅度概念，研究了企业职能机构的设置，提出了直线职能制的组织结构模式；提出了解决组织内部管理效率问题的"法约尔桥"思路。

(3) 韦伯的理想的行政组织体系理论。"组织理论之父"马克斯·韦伯是德国著名的社会学家和组织学家，他对组织理论的主要贡献是：提出了以"官僚模型"为主体的"理想的行政组织体系"，认为官僚组织是理想的组织形式；提出法定的权威是构建组织的基础，缺失了权威的组织不可能统一行动和实现共同的目标；合法的权威基础有三种纯粹形式——法定的权威、传统的权威和神授的权威，但只有法定的权威才是官僚组织的构建基础。

古典组织结构理论主要是针对组织内部的分工和活动安排来进行研究，这一理论体系为组织内部分工的合理化与活动安排以及组织内部制度建设提供了良好的理论指导。古典组织结构理论用科学性、准确性、严格性和普遍性来解释组织结构变化的原因，理论的重点放在对组织管理基本原则的概括和分析上。所有古典组织理论的共同出发点都是为了提高企业组织的管理效率。

2. 新古典组织结构理论

在 20 世纪 30 年代出现的新古典组织结构理论广泛地接受了古典组织结构理论的观点，同时又吸取了心理学、社会学关于"群体"的观点，强调社会集团对组织效率的重要性，并对古典组织理论的一些主要缺陷进行了重要的修改。新古典组织结构理论以人的行为为中心，注重人在组织中的重要作用，主张通过沟通和共同影响来促进普通员工参与组织的管理。该理论包括梅奥的人际关系理论和巴纳德的组织理论。

(1) 梅奥的人际关系理论。梅奥(Myao)通过霍桑试验得出的结论是：职工是"社会人"而非"经济人"；企业中存在着"非正式组织"；新型的领导能力在于提高职工的满足度；

存在霍桑效应等。

(2) 巴纳德的组织理论。巴纳德提出了社会系统学派组织结构理论，他认为社会的各级组织都是一个协作的系统，即由相互进行协作的个人组成的系统，这些协作系统是正式组织。

新古典组织结构理论中具有代表性的理论成果还包括：马斯洛的需求层次理论；赫茨伯格的双因素理论；麦克莱兰的激励需求理论；麦格雷戈的"X理论-Y理论"；波特和劳勒合作提出的波特-劳勒模式。新古典组织结构理论的特点是在集权与分权的关系上，相对地主张分权，使组织成员能更多地参与决策以提高组织成员的积极性；从组织形式看，倾向于扁平型的组织结构，主张部门化。新古典组织结构理论有时也称为人际关系组织结构理论，因为其组织理论主要来自心理学、社会心理学与社会学，该理论用感情和人的行为来解释组织结构变化的原因。

3. 组织结构权变理论

20世纪60年代初，系统学派和权变学派的组织结构理论开始出现，其代表人物有钱德勒(Chandler)、卡斯特和罗森茨维克等人。他们主张用系统和权变的观点来考察组织结构，把组织看做是一个开放、动态的社会技术系统，认为管理者必须根据情况的变化不断调整组织结构，不存在普通使用的最好的组织结构设计。这就是"组织结构权变理论"。组织结构权变理论认为一个组织与其他组织的关系以及与环境的关系依赖于具体的情景，拒绝接受古典组织理论关于"全能"原则与结构的观点，认为组织应具有一定的适应性。因此该理论逐渐成为主流，并成为组织结构领域的一个统一理论范式。组织结构权变理论用管理者对各种影响组织结构权变因素的主观选择来解释组织结构变化的原因，认为管理者是组织结构变革的主导力量。

组织结构权变理论最著名的观点是由美国经济学家钱德勒提出的关于组织结构与战略关系的理论。钱德勒在1962年发表的《战略与结构：美国工业企业历史的篇章》一书中提出了组织服从战略的理论。钱德勒根据多家美国公司的发展历史的研究，提出企业的经营与发展战略决定着组织结构类型的变化。他提出企业不能从现有的组织结构的角度去考虑经营和发展战略，而应根据外部环境的要求制定相应的战略，然后根据制定的战略来调整企业原有的组织结构。只有这样，企业的战略才能得到组织上的保障，真正达到预期的目标。这就是著名的"组织结构跟进战略"论断，即"钱德勒命题"。该理论的科学性已在许多企业中得到了证实。钱德勒"战略—组织结构理论"的重点首先是战略决定组织结构，而这又取决于企业内部的条件。同时，组织结构对战略又有促进和制约的作用，这种作用也要经过一段时间才能逐渐显现出来。

除战略这一最重要的影响因素以外，组织结构权变理论还认为外部环境、工业技术、企业规模等权变因素也对企业的组织结构产生影响。

4. 环境决定组织结构理论

自20世纪70年代中期以来，组织结构理论又取得新的长足进步。汉南、弗里曼等人提出了全体生态理论，麦耶尔(Meyer)等人提出了制度组织理论，帕弗尔(Pfeffer)等人提出了资源依赖理论，这三个理论模式的一个共同观点认为，组织环境是组织结构的主要决定力量，而并非管理者主导了组织结构的变革。

5. 组织经济学理论

以科斯(Coase)、张五常、威廉姆森(Williamson)等人为代表的新制度经济学派是组织经济学理论的创建者，他们用制度理论和交易费用理论对组织结构进行了新的研究。新制度经济学认为，企业是一组权力交割的集合，企业内部的组织结构是一种制度框架或制度安排，它是规范企业内部资源配置和权力交割的游戏规则。新制度经济学的制度理论和交易费用是路罗拉对组织结构作出的研究成果，是组织结构理论的一大突破。他认为组织结构是一种制度安排，组织结构的变迁是为了降低交易费用这一动因下企业制度演变的结果。

另外，威廉姆森还根据钱德勒的考证，将企业内部管理的组织形态分为 U 型、H 型和 M 型三种基本结构。U 型结构是单元结构的简称，它是指按照职能划分组织单位，并由最高经营者直接指挥各职能部门的体制，也称作职能部制结构。M 型结构是多事业部结构的简称，也称作事业部制结构。这种企业由若干个按产品或地区组建的事业部构成，而每个事业部又建立自己的 U 型结构，因而 M 型组织结构实际上是 U 型组织的复合体。H 型结构是对控股公司体制的简称，它是一种相对松散、扁平的组织形式。

6. 学习型组织结构理论

1990 年，彼得•圣吉(Peter Senge)博士出版了《第五项修炼——学习型组织的艺术与实务》一书。圣吉博士融合了其他几种出色的理论、方法与工具，发展出了学习型组织的蓝图。圣吉博士认为，企业组织持续发展的精神基础是持续学习，并详细论述了建立学习型组织所需的五项修炼，即自我超越、改进心智模式、建立共同愿景、团体学习和系统思考。其中，系统思考是五项修炼的核心。通过五项修炼，培养弥漫于整个组织的学习气氛，进而形成一种符合人性的、有机的、扁平化的组织，即学习型组织。他还分析了学习型组织的一些重要特征，如组织成员拥有一个共同愿景，组织具有"以地方为主"的扁平式结构等。

第二节　国际企业组织结构形式及选择

一、国际企业组织结构的演变

哈佛大学跨国企业研究项目组通过对美国、欧洲、日本的跨国企业进行调查研究以后，指出国际企业随着其海外生产经营活动的不断增加与扩大，其组织结构演变的基本轨迹是先在企业销售部下设出口部，然后经由母子结构阶段、国际部阶段，最后进入到全球性组织结构等几个阶段。

1. 初级阶段

该阶段是企业国际化过程的初级阶段，企业国际化经营尚未开始或刚刚起步，这时企业产品是通过出口部来管理其海外经营业务，完全可以应付刚刚起步的企业出口部业务。一般来讲，企业在这一阶段上不是自营出口，主要是通过国内外进出口商或代理商进行。企业与这些代理商的关系是一种较为宽松的正式关系，彼此之间通过合同或其他的契约形式相互约束。如果企业经营重点放在产品的出口上，那么它还可以进一步在国外建立销售、服务和仓储机构。

2. 早期生产阶段

在早期生产阶段，企业以各种经营形式在海外建立了制造性的生产机构，在当地生产销售其产品或产品的零部件。其目的是增强企业在国际市场销售产品的竞争能力，特别是绕开进口国的关税壁垒和非关税壁垒的限制。此时，出口部已不能胜任全部的经营管理工作，这就促使企业在国外设立子公司，就地生产和销售。企业这时才演变为真正意义上的国际企业。母子结构是早期国际企业所普遍采用的组织形式。为了有效地管理海外的生产经营活动，企业也开始在原有的国内组织结构的基础上设置国际事业部，沟通与协调母公司与海外子公司的运行活动。

3. 生产过程标准化阶段

随着企业在海外子公司数量的增加、生产规模的不断扩大以及多种经营的发展，各子公司之间就会出现利益冲突，因此要求企业在国内事业部的基础上，建立一个相对独立的部门，统一管理国外各子公司的组建及投资、生产、销售等业务活动，协调各子公司的经营活动，由此产生了国际事业部。该结构使企业彻底摆脱了出口部的管理方式，负责海外的研究开发、生产制造以及市场营销等。但是，当企业的海外业务进一步扩大时，国际事业部的管理模式也不能胜任，开始出现管理上的矛盾现象，需要更新的管理组织形式进行替代。

4. 产品创新与多种经营发展阶段

随着海外生产的产品品种的不断增加，产品系列的不断深化，企业经营范围不断地多样化，企业单独依靠国际事业部来管理其在世界各地的业务会有相当大的困难。为此，企业需要重新调整组织结构，按照产品或地区设置相关的管理机构，以便有效地发挥各个方面的积极性。与该阶段相对应的组织结构为全球性产品或地区结构。

5. 全球性合理化管理阶段

在按产品或地区设置企业的组织结构以后，企业会发现，随着生产经营业务的进一步扩大，企业在组织结构的协调方面会遇到很大的困难，各部门彼此之间常常各自为政，难以沟通。为了更合理有效地管理企业的全球性生产经营活动，企业会考虑运用矩阵式组织管理结构来管理这些庞大而复杂的经营业务。

上述的发展过程只是一般性的描述，而不是每个国际企业都必须经过的必然阶段。在现实的经济活动中，有的企业国际化发展较快，经历了较多的阶段；有的企业国际化过程较慢，往往停留在最初的几个阶段上；有的企业甚至由于自己各方面规模的限制，只能采取国际化过程中的前两个阶段的组织形式来设计自己的组织结构。

二、国际企业组织结构的类型

国际企业的组织结构在长期的发展过程中，根据国外业务的范围和本公司的特点，在公司发展的不同阶段采取与之相适应的组织管理形式，主要出现过以下几种结构形式。

1. 出口部结构

出口部结构是企业在国内组织结构的基础上，在销售部下设立的一个出口部，全面负责企业产品的出口业务，并在国外建立销售、服务机构和仓储设施。此时，国际企业在国外活动的规模较小，以商品输出为主，国外业务在整个企业的经营活动中占的比重不大。出口部结构如图11-1所示。

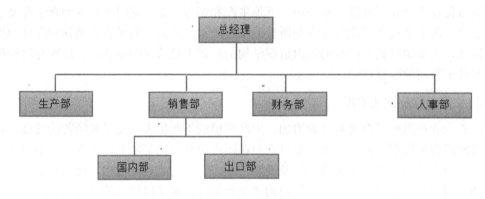

图 11-1 出口部结构

1) 优点

出口部结构的主要优点有以下几个方面。

(1) 有一个统一的对外机构来引导和协调企业的对外经营。
(2) 通常有专人负责产品销售，有利于了解国际市场行情。
(3) 企业除赚取生产利润外还可赚取销售利润。

2) 缺点

出口部结构的主要缺点有以下几个方面。

(1) 出口部起初隶属于销售部，部门权力有限，横向协调困难。
(2) 国际企业仍以母国市场经营观念为主。
(3) 简单的出口结构难以适应企业发展起来的综合性业务的要求。

2. 母子公司结构

母子公司结构是一种直接由母公司的董事会及总经理管理国外子公司的组织结构。这是国内企业走向跨国经营时的一种过渡形式。国外的子公司是为适应母公司业务需要而设立的，可直接向母公司汇报经营情况。母公司对子公司的经营不负直接责任。母子公司之间关系比较松散，只注重财务上的联系。母公司经营权一般集中于公司的总经理，母子公司之间最重要的联系方式是个人访问，即母公司总经理对国外子公司进行的定期与不定期的考察，这种考察带有非正式监督的色彩。母子公司结构如图11-2所示。

1) 优点

母子公司结构组织形式主要有以下几个优点。

(1) 子公司的自主权较大，独立负责决策，可据经营环境的变化而迅速调整经营策略。
(2) 可以充分利用东道国的生产要素，为东道国提供就业机会，减少当地对国际企业的抵触与反对政策。

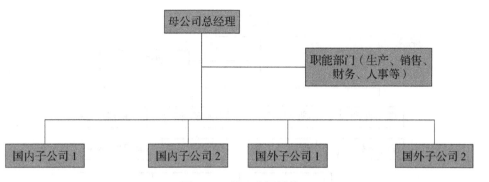

图 11-2 母子公司结构

(3) 子公司专注于开拓国外市场，能够与东道国政府和其他经济组织合作。
(4) 可获得在当地直接经营所具有的好处，如可以缩短决策时间、较低的运输成本等。

2) 缺点

母子公司结构的主要缺点有以下几个方面。
(1) 各子公司间的协调比较困难。
(2) 母子公司之间关系松散，子公司的活动往往会被母公司所忽略。
(3) 各子公司的决策往往只着眼于本公司的局部利益，而不能兼顾公司的整体利益。
(4) 子公司往往不能及时了解母公司的信息，不能及时得到母公司在资源、技术、人员等方面的支持，各子公司也很难分享彼此的信息。

3. 国际(业务)部结构

当国际企业的国外子公司达到一定数量和规模后，管理的复杂性和要求大大提高，母子公司结构就不再适应经营活动规模的需要，需要设立一个国际(业务)部来管理协调全部的国际性活动，由此产生了国际(业务)部。这种组织结构在第二次世界大战前已经出现，到了 20 世纪 60 年代初期，这种结构已成为美国大型国际企业的主要形式。国际(业务)部是由企业副总经理负责、直接受企业总经理领导的统管母国以外一切业务的部门。国际(业务)部的主要职责是：制定跨国经营的政策与策略；负责出口、技术转让与国外直接投资业务并负责协调各经营实体的跨国经营活动。国际(业务)部可以利用各种金融方式为子公司筹措资金，充当各子公司交流经验的中介机构，还可以利用转移价格方式减轻子公司的赋税。此外，由于国际(业务)部的业务由母公司的副总经理直接负责，因此子公司与母公司的联系比较密切，这种联系涉及计划、财务、销售、研究开发等许多方面，母公司与子公司之间的关系不再像母子结构那样属于非正式接触，而转变成一种正式的联系。国际部组织结构如图 11-3 所示。

1) 优点

国际(业务)部组织结构的主要优点有以下几个方面。
(1) 提供了一个集中管理海外全部业务的机构，可以集中企业的国际经营知识与人才，不但提高了企业的国际经营能力，而且对国内经营部门也是极有价值的。
(2) 可以协调国外各子公司间的联系，便于母公司有效地了解和控制国外子公司的经营活动，获得比单个子公司的独立活动更多的利益。

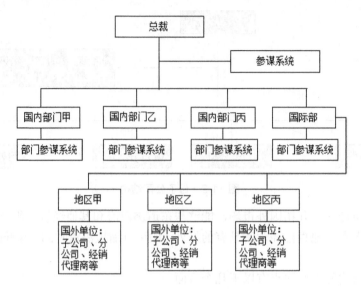

图 11-3 国际部组织结构

(3) 能够克服生产部门只注重国内市场产品策略的局限性,可以从全球产品策略观点来统一筹划生产。

(4) 统一筹措资金,减少利息负担,又可以通过价格转移降低企业的赋税。

(5) 各子公司间资源可以共享。

2) 缺点

国际(业务)部组织结构的主要缺点有以下几个方面。

(1) 国际(业务)部往往设有自己的研究和工程技术人员,在国内、外业务中容易与其所依靠的生产部门发生矛盾冲突。

(2) 由于统一由国际部制定国外市场的销售策略,往往会限制子公司针对当地情况而灵活决定。

(3) 国际(业务)部不可能拥有大量的关于子公司所在国的信息,不能有效地指挥、协调子公司开展业务,影响了子公司的效率。

(4) 当国外生产经营规模扩大时,国际(业务)部的协调能力会制约国外经营活动的发展。国际(业务)部结构适合产品品种有限,海外销售较国内的出口销售小;地理上不太分散,对国外市场影响力不大,需谋求产品的适应性并采取不同的市场营销策略;制造方面的经济规模有限的国际企业。

4. 全球性组织结构

随着国际企业在国外进一步发展到全球性的规模,面临的竞争日趋激烈,这就迫使企业必须选择最适合的全球化的经济模式,在全球范围内寻找最佳的资源并进行资源的全球配置,这就需要企业总部将决策权集中到上层,从全球的角度将国内外业务统一起来,这便产生了全球性组织结构。它可以使国际企业总部从全球的角度来协调整个企业的生产和销售,统一安排资金和利润分配。

美国的国际企业在 20 世纪 60 年代中期以后逐步改用全球性组织结构。欧洲各国的国际企业由于国内市场小,对海外市场的依赖度高,需要加速扩大海外市场,因而在组织结构上就绕过国际(业务)部这种组织形式而直接采用全球性的组织结构。

全球性组织结构与国际(业务)部结构相比,有两个显著特点:一是在这种组织结构中,把国内和国外的经营决策权都集中在公司的内部,总部不再是只管或主管国内经营决策。避免了以国内部门导向、国内市场导向、国际与国内两部门管理组织形式所引起的结构性冲突。二是把这两者结合为一个整体,总部任何部门都是按世界范围来设置的,既管理国内分支机构,又管理国外分支机构,这样就给国际企业实施全球战略提供了组织保证。

全球性组织结构又可以分为以下几种具体的形态。

1) 全球性职能组织结构

全球性职能组织结构是根据生产、技术、营销、财务等职能,在母公司总布置下设立若干分部,各分部之间相互依存并由总部协调相互之间的关系。在这种组织结构下,公司总部确定全球目标和策略,由各副总裁控制的职能部门分别支持本职能部门国内外的一切事务,如图11-4所示。

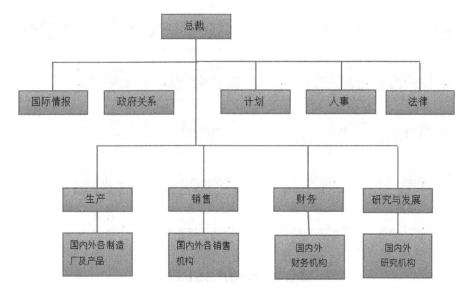

图 11-4　全球性职能组织结构

(1) 全球性职能组织结构的优点表现在以下几个方面。

① 主要体现在管理效能上。它可以使企业总部的高层管理者将侧重点放在企业内部管理上,做到企业各业务职能专业化,能对企业经营活动进行统筹安排、全面协调、严密监控。这种组织结构的机构较少重复,有利于协调各部门的利益关系,避免以各子公司为利润中心的冲突发生。

② 职能与职责清楚,不易产生推诿。

③ 总部的控制与协调性较好。

(2) 全球性职能组织结构的缺点表现在以下几个方面。

① 不易管理,各职能部门分别对应各自公司,可能会造成多头管理、互相推诿扯皮现象的发生。

② 容易造成生产和营销脱节,各部门因为本位主义的影响造成相互之间的沟通困难。

③ 总裁独自负责整个企业的经营决策,负担过重。

全球性职能组织结构的适用条件大多是产品市场的地区范围和需求数量比较平稳，经营产品品种很少，且是标准化产品的国际企业。

2) 全球性产品组织结构

随着产品品种的增多，产品系列深化，国际企业把经营的重点放在产品市场和技术诀窍上，按产品设置管理部门，负责协调产品在全球范围内的一切业务活动。每一产品部的负责人由公司总部相应的副总经理担任，负责该产品的全球经营，并直接向企业总经理汇报工作。企业的整体经营目标与战略由总部统一制定，总部是国内经营与国外经营的统一决策中心。在部门的划分上，国际企业可以从两种角度加以考虑：一是按不同产品的类别设立部门；二是按照产品的不同加工程度或不同加工工序设立部门。全球性产品组织结构如图11-5所示。

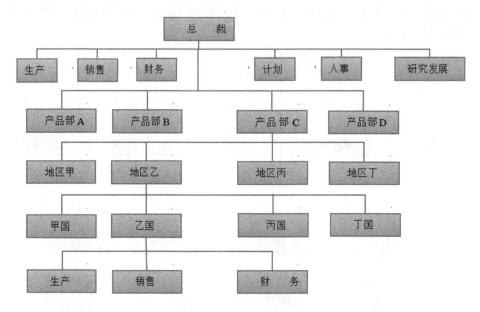

图 11-5　全球性产品组织结构

(1) 全球性产品组织结构的优点表现在以下几个方面。

① 国际企业把全球作为目标市场，各产品部将主要精力集中在产品的市场开发上，能较快发现有利的市场机会，及时组织资源，充分地利用产品信息，促进新产品的研究开发，提高产品的技术优势，保证了企业各种产品在全球范围内的竞争优势。

② 促进产品生产和市场营销的统一，避免国内业务与国际业务之间的冲突，利于全球性产品策略的实施。

③ 有利于企业在全球范围内进行同类产品的标准化生产和进行企业内部的技术转移，在全球范围内实现低成本生产。

(2) 全球性产品组织结构的缺点表现在以下几个方面。

① 它使整个企业的组织结构过于庞大，它意味着企业随产品种类不同而在一个特定地区可能设置多个机构，造成机构的重叠和管理人员的浪费。

② 不利于有效地配置企业的各种资源，难以协调某一地区各个产品部门之间的工作。

③ 难以发挥有国际经营业务经验人员的作用，产品部门的高级主管一般来自国内

部门。

④ 各产品部作为一个利润中心，会导致各子公司追求最大利润，而对公司总战略有所忽视。

全球性产品组织结构适用于产品多样化、技术研究开发较多、规模庞大、生产技术要求高、消费市场又较为分散的具有全球生产经营活动经验的国际企业。

3) 全球性地区组织结构

全球性地区组织结构是按照地区设立分部，由母公司副总经理担任各地区分部经理，负责企业在某一特定地区的生产、销售、财务等业务情况，而总公司负责制定全球性经营目标和战略，监督各地区分部执行情况。其努力的重点是以最有效的方式、低成本地生产出高质量的产品，以赢得区域内的竞争优势和最佳的绩效。全球性地区组织结构如图11-6所示。

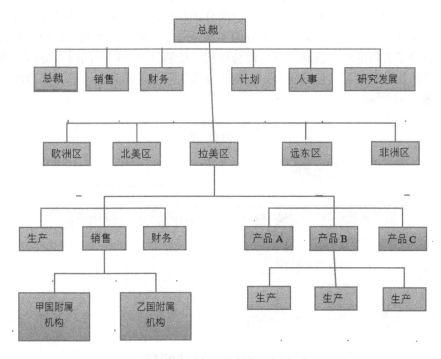

图 11-6　全球性地区组织结构

(1) 全球性地区组织结构的优点有以下几个方面。

① 以地区为单位，使国际企业能针对不同国家和地区的特点，做出针对性很强的决策，将公司的战略任务分配到各个地区，有利于简化企业最高领导层对全球业务的管理。

② 有利于地区内各职能部门之间的互相协调，使企业能有效地根据不同市场的需要做出不同的市场营销策略。

③ 当企业决定向该地区范围内某一新东道国投资和拓展业务时，有利于子公司独立进行与东道国政府及企业间的协调。

(2) 全球性地区组织结构的缺点有以下几个方面。

① 各地区分部在管理上存在不一致性。各地区分部都从本地区的利益出发，不利于

企业整体经营战略的实施，各地区之间在生产标准和转移价格上的矛盾也很难解决。

② 各地区间沟通比较困难，与总部的沟通也比较困难；当企业生产多样化程度稍有加深时，该结构会阻碍地区间的新产品、新技术的转让以及各地区间的生产协作。

③ 容易造成企业内部在人员和机构上的重叠，从而大幅度增加企业的管理成本。

这种结构主要使用在那些产品高度标准化、成熟化以及产品线较少、生产技术接近、市场条件相似的国际企业。

4) 全球性混合型组织结构

上述三种全球性组织结构是按照单项功能加以划分的，全球性混合型组织结构是一种将它们加以综合的组织形式。随着国际企业经营活动日益复杂化，单独采用某一种形式的全球性组织结构难以适应大型国际企业内部管理的需要，这就需要将某几种全球性组织结构合并起来。全球性混合组织结构有多种类型，较常见的是产品分部和地区分部并列结构，称为产品—地区型。在这种混合结构中，产品分部和地区分部都由副总经理负责，国际企业的总部负责从全球范围来协调各产品分部和地区分部的活动，以取得各种产品的最佳地区合作，管理子公司的经营活动。这种混合结构，能够针对不同产品或劳务的具体特点进行不同程度的决策和控制，能够使集中决策和分散决策有机结合在一起。全球性混合型组织结构如图11-7所示。

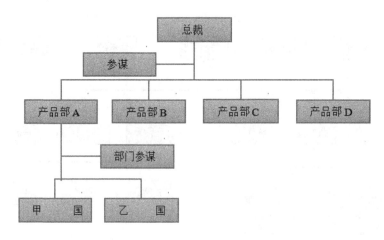

图 11-7　全球性混合型组织结构

全球性混合型组织结构的优点是可以根据企业的特殊需要，灵活地调整组织结构，弥补单向结构造成的经营管理上的不足。缺点是组织结构不规范，部门之间差异过大，难以协调与管理，不利于树立企业的总体形象。混合型组织结构适用于产品系列较多，顾客要求特殊的国际大型企业。

5) 全球性矩阵式组织结构

随着企业生产经营规模进一步扩大，产品系列不断增加，地区分布更加广阔，各项经营业务实行交叉，国际企业需要考虑采用矩阵式组织结构，在更明确权责关系的前提下，一些子公司往往要受到两个以上部门的控制，企业的各项经营业务实行交叉控制与管理。该结构的特点有三：其一，各子公司受两个以上部门控制，需分别向这些部门报告工作；其二，各部门之间的关系平行，各部门分头进行工作，制定本部门的经营策略；其三，由国际企业的总部对各部门工作进行协调，并制定总的经营战略。全球性矩阵式组织结构如图 11-8 所示。

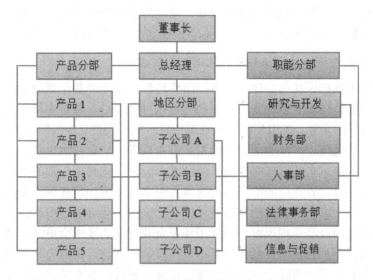

图 11-8　全球性矩阵式组织结构

(1) 全球性矩阵式组织结构的优点有以下两个方面。

① 有利于综合考虑企业在各地区的生产经营环境与产品生产销售状况，促进各个系统、各个部门之间的合作与协调，充分利用分部门的信息与知识经验，发展企业产品。

② 企业有更强的应变能力，能够应付复杂多变的国际市场环境，有利于各部门工作的相互协调，能较好地实施国际企业的全球性战略。

(2) 全球性矩阵式组织结构的缺点有以下两个方面。

① 容易形成多重领导，相互牵制，造成经营决策的迟缓，并难以协调。

② 管理成本较高，组织的稳定性差。

全球性矩阵式组织结构一般适用于企业规模非常大、实力雄厚、产品多样化程度高、产品竞争激烈的国际企业，以及地区较为分散的大型国际企业。

三、国际企业组织结构的选择

国际企业不是一个只有国外经营业务而无国内市场活动的空心企业。因此，在考虑选择适当的组织结构时，应涉及国内和国外、企业内和企业外的各种因素。为了使国际企业能在复杂多变的环境中有效地经营，其组织结构的设计应尽可能使"产品""地区"和"职能"三者达到最佳组合。由于进行组织结构设计时涉及的因素非常多，几乎难以穷尽，这里仅就其中一部分主要因素作出分析。

1. 国际经营在企业经营中的地位

国际企业在构建组织结构时，要分析当前与未来国际市场的相对重要性。如果国际企业目前在国外的业务只有不到 10%，建立出口部结构就可以完成工作；随着国际业务量的增多，如企业预计在未来几年内国际业务将增长到 25% 以上，则可采用国际部的组织形式，这有利于分清国外市场和国内市场的职责,有利于集中使用为数不多的精通国际业务的人力,有利于公司上层机构加强对国外业务的管理和控制。当公司国际业务进一步扩大后,此时则可进行全球性组织结构的选择和设计,以适应企业快速增长的需要。可见,企业必须根据国内市场和国际市场的相对重要性以及企业的发展战略进行结构设计。

2. 企业所处的发展阶段及从事国际化经营的经验

国际企业须正确把握其在全球经营中的演变过程,从而使其全球战略行之有效。从国际企业组织结构的整体演变过程来看,那些已经在国际市场上经营多年,已拥有一个熟悉国际业务的管理层的企业,在组织结构面临调整时,与那些刚刚步入国际市场的企业相比,肯定会做出不同的选择。再从单个企业的发展进程来看,当企业规模较小,处在刚刚开拓国际市场的起步阶段,企业可以将国内外经营结合起来,选择出口部的形式;当企业在国外的经营趋于成熟时,管理层的组织结构决策将更多地考虑如何在整个国际经营活动中,协调各部门的工作,以获得更大的整体利益,从而采用国际部的组织形式;而当企业的国际经营活动超过其国内经营规模时,国际市场对企业产品的要求会更高,竞争会更激烈,其组织结构的选择将与企业的产品性质及市场特点紧密结合,采取各种类型的全球性组织结构。当然,并非所有的国际企业的发展都依据这一模式,也有的国际企业跨越一个或几个阶段,很快就达到很高层次的组织结构阶段。

3. 企业的产品性质和市场特点

在谋求公司最有长远利润的目标下,国际企业的组织结构应适应产品的性质及市场特点。如国际企业经营产品种类少,地区相对集中,适合于采用全球性职能结构;如产品种类少,但经营地区广泛,各地区特色鲜明,差异显著,营销渠道差异性不大且地区营销经验较丰富的企业,适合于采用全球性地区结构;如产品种类多、技术要求高、市场分散且要求较高的企业,则适合于采用全球性产品结构,以便于生产部门向营销人员提供技术和服务方面的支持,更有效地进行国际竞争;若企业仅着眼于某国或某地区市场,则可采用传统的出口部或国际部组织结构。

4. 企业管理人员的能力

国际企业的各级管理人员的数量、素质以及人才开发与应用与组织结构相配套。各种全球性组织结构都有不足之处,有的是组织结构本身固有的缺陷,而有的则是缺乏称职的管理人员。所有的全球性组织结构都要求管理人员具有丰富的国际业务知识和经验,否则就会阻碍这种结构功能的实现。因此,只有拥有较多上述人才的企业,才有可能建立这种全球性组织结构。至于建立混合型和矩阵式组织结构,更是要求管理人员具有较高的素质和协调能力。企业必须根据自己的人才力量考虑组织结构的选择。

5. 企业的管理特色和经营风格

国际企业的组织结构应与其管理特色及经营风格相一致。管理特色及经营风格主要表现在国际企业的母公司总部与各子公司之间的协调和控制方式上。不同的管理特点与经营风格对于母公司同子公司之间的关系有不同的要求,有的倾向于加强总部的集权控制,它们通常采用国际部或全球性职能组织结构形式,欧洲的许多国际企业就属于这种类型;也有的倾向于分权管理,注重正规控制,则采用全球性产品组织结构或区域组织结构,例如美国的一些国际企业即是如此，其中一些规模大、历史长的企业可选择全球性矩阵结构，而一些保守性的国际企业，多采取有利于统一控制的全球性职能分布结构。

6. 企业的总体战略

企业设置组织的目的，是加强对生产经营活动的有效管理，为实现企业总体战略提供一种组织上的保证。因此，设计与实施一种组织结构，其基本出发点是企业预期实现总体战略。一个好的战略是综合分析企业外部环境与内部条件各方面因素后，根据企业自身的资源和能力制定出来的，反映出企业发展的需要与目标。因此，也可以这样说，能够在一定时期内保持特定的战略得以实现的组织形式，就是成功的组织结构。例如，企业大部分产品处于生命周期的增长阶段，而且国外市场环境也适于该企业发展，企业便可采取全球性产品组织结构，以促进自己的产品向海外发展，进一步扩大经济规模，在国外赢得某种竞争优势。

7. 企业的风险承受力

风险承受能力强的企业，往往采用较为分权化的组织结构，给下级更多的权力和空间去施展才能，开拓发展；而风险承受能力弱的企业，则担心和害怕失败，往往采用集权式结构，以加强总部的控制能力，防止下级的越轨行为。

8. 企业对组织结构自我调整的能力

任何组织结构都不会一成不变。在总体战略制定以后，企业的组织结构为了不断适应外部环境与内部条件的变化，在相当长一段时间内，都可能发生变化。这就要求组织结构必须有一定的灵活应变能力，能够随时进行调整或微调。但是针对企业组织结构的重大调整常常会打乱现有的工作关系，而这必将影响许多管理人员的利益，从而使他们产生对变革的反感甚至抵触。比如，国内部经理可能不愿意公司新成立一个国际部来分享其中的权力，有较大的地区自主权的经理可能不愿意公司加强资金的集中控制等。因此，企业在进行组织结构变革时，必须冲破这些阻力。这就要求企业的高层领导者有坚定的决心和充分的能力，并能够采取正确的措施和手段。一般来讲，变革多是从小规模的非正式行动开始，渐渐完成的，很少突然间进行大规模组织变革，因为那样将难度大得多。在注重和考虑企业自我调整能力的同时，还应看到，这种调整是企业的一种主动行为，而不是被迫适应外在条件变化的一种盲目行动。因此，在具有调整能力的同时，还需要企业组织结构具有相对稳定的抗干扰能力。只有两者充分结合，组织结构才能在实现企业总体战略方面真正发挥支持功能。

9. 组织的简明、适用和创新

根据国际企业设置组织结构要符合其总体战略这一基本要求，国际企业在考虑组织设计时应尽可能地使其简明和适用。所谓简明，就是简单明了，是为了使组织内部各部门、各单位之间的关系透明度高，便于理解，从而有利于迅速决策并及时付诸实施。所谓适用，是指不要过分追求外在形式，只要能够保证企业生产经营活动的正常运行即可。这样要求的目的除了节省开支，减少不必要的浪费外，更主要的还是为了减少失误。因为，越是复杂的组织结构，便越容易产生失误。在西方被奉为管理学大师的德鲁克就曾说过，一个简单而又能完成任务的组织结构便是最好的。而为了达到最大程度的简明和适用，企业的组织结构就不能因循守旧，照搬别人的经验，必须根据企业自身的条件，不断创新，设计出更符合需要的组织结构。从企业组织结构发展演变的过程也可以看出，现有的每一种形式都是符合当时生产经营活动的需求下创造出来的。这就要求企业的管理人员首先具有更新的思想，能够适应环境的变化，并对环境的变化作出正确而及时的反应。

总之，为加强对国际企业的控制，任何一种组织结构的设计，都必须从实际出发，处理好"得"与"失"的关系。例如，国际企业可以放弃一些职能部门的集权，以获得更多的产品和地区的分权；或是放弃一些产品协调，以获得更多的地区协调；还可以放弃一些地区协调，以获得更多的产品协调等。目前这也是不同的国际企业在寻求协调相互依存的业务的同时，实现分权的最佳办法。

第三节　国际企业的组织控制与协调以及变革与创新

国际企业为了使组织能够灵活运行，势必要将部分决策权授予海外建立的分支机构。在分析组织控制之前，现就海外分支机构进行阐述。

一、海外组织机构的设计

国际企业在海外设立的分支机构，按其法律形式，可分为分公司和子公司两种，这两种形式有其不同特点。

1. 分公司

分公司是指总公司根据需要在国外直接设置的分支机构。从法律意义上讲，分公司只是母公司不可分割的一个组成部分，不是一个独立的法律实体，不具有法人资格；它是母公司的派驻机构，由母公司授权开展业务，自己没有独立的公司名称；其债务由母公司负无限责任，其资产也全部属于母公司；分公司在经济上也没有独立性，全部的生产经营活动都由母公司统一指挥。

既然母公司与分公司同为一个法律实体，因此，有些母公司觉得在海外机构要发生亏损，常会采用分公司的形式，以减少母公司的整体所得税。分公司虽然在海外经营，仍受总公司所在地(母国)的外交保护。它在东道国公众心目中的形象也是外国公司，如果母公司是一个声誉良好的大公司，则分公司就越容易被东道国接受。由于分公司不能被视为当地公司，因此在民族主义潮流高涨的环境中开展业务，不如当地公司有利。它从东道国撤出时，只能出售其资产，而不能转让其股权，也不能与其他公司合作。

国际企业在外国设置分公司主要有以下几个特点。

(1) 设置程序简单。分公司不是独立的法人，因此在设置上只需以总公司的名义向所在国有关管理部门申办，无须专门注册，只要经东道国政府批准即可。

(2) 管理机构精练。分公司在所有的生产经营决策上均服从于母公司，不需要过多的管理部门与层次，只需保证顺利地执行母公司的决策即可。

(3) 分公司不具有独立的财务报表。分公司自己不具有资产负债表，其收益与亏损都反映在母公司的财务报表上，亏损可由母公司税收栏中扣除，而且直接分摊总公司的管理费用。

(4) 母公司必须为分公司清偿全部债务。分公司的资本全部来源于母公司，母公司对分公司的债务负连带责任。所以在特殊情况下，东道国的法院还可以通过诉讼代理人对母公司实行审判权。

(5) 母公司的商业秘密有被泄露的风险。母公司在设置分公司时，东道国的有关部门往往会要求其公开全部的经营状况，这对母公司保守商业秘密是极为不利的。

(6) 分公司缺乏相应的独立性。母公司对分公司具有完全的控制权，分公司缺乏相应的独立性，其激励机制不足。

分公司的组织模式适用于一些银行、保险等行业的海外扩张。如跨国银行业的海外分行是最重要的国际营业机构，其资产负债业务远远大于其他机构的业务。其利润是跨国银行海外利润的主要来源，较大的分行同总行国际部一样，各种机构齐全，业务面向全球，接受国际存款，以总行资本额为基础进行国际贷款、国际投资，提供国际金融服务。

2. 子公司

子公司是指母公司根据业务发展的需要，根据东道国法律在当地申请、登记、注册而成立的独立的法人组织。从经营形式上看，子公司可以是母公司的独资企业，也可以是合资企业。子公司是独立法人，可以有自己的公司名称和章程，有独立经营权；子公司财务独立，自负盈亏，可自主支配企业的资源；子公司可公开发行股票，并可独立贷款，分公司则往往需总公司担保才能在东道国借款；子公司停业撤出时可出售股票，或与其他公司合并，或变卖资产，或回收投资；子公司在东道国注册登记，须受东道国法律管辖，不受母公司政府的外交保护；有时容易与东道国的利益发生矛盾，如有东道国的股份参与，也易受牵制。

1) 子公司的方式

子公司如采用合资经营，主要有两种方式：一是有限责任公司，二是股份有限公司。

(1) 有限责任公司(limited liability company)。所谓有限责任公司，是指依照东道国公司法或有关法规注册成立，由一定人数的有限责任股东组成的股票不上市的公司，全体股东以出资额为限对公司债务承担有限责任。有限责任公司又叫有限公司，最早出现于19世纪的德国，这种公司比较适合中小企业的发展需要，因而在西方国家得到广泛采用。有限责任公司和公司债券不能公开募集，股票不得在交易所上市；其股份转让受到限制；股东人数一般在50人以下。具体来讲，有限公司具有如下法律特征。

① 有限责任公司等股东人数有一定的上限。股东可以是自然人，也可以是法人，其人数一般规定在50人以下(德国除外)，如日本的有限责任公司法和英国的有限公司法明确规定股东人数上限为50人。

② 有限责任公司不能公开发行股票及募集股份，其股东的出资金额以股份权利证书形式加以确认(也叫股单)，这种权利证书或股单与股票不同，属于非有价证券，更不准上市买卖。

③ 有限责任公司的股东对公司的债务只承担以其出资额为限的有限责任，这一点和承担无限连带风险的无限公司的股东有本质上的不同，因而避免了无限公司股东负无限连

带风险的最大弊病。

④ 有限责任公司股东权利的转让须经公司批准并且还受到其他严格的条件限制。此外，本公司股东具有对所转让股份的优先认购权。

⑤ 有限责任公司的设立条件比股份有限公司宽松得多，手续和程序都较简便，而且许多信息资料可以不公开，因而其保密性要比股份公司好。

有限责任公司由于综合了"资合"(资本信用)和"人和"(股东个人信用)的双重优点，特别适合于中小工商企业的发展。在西方国家中，其数量已超过股份有限公司和无限公司而居于首位。当然，有限责任公司的最大缺点在于无法利用股票市场积聚大量资本，所以，当公司业务发展到一定规模之后，都要向有关部门申请注册改为股份有限公司。

(2) 股份有限公司(limited liability company by share)。所谓股份有限公司，是指按照东道国公司法或有关法规注册成立，并由有一定人数下限的(没有人数上限)有限责任公司股东组成，可以对外公开发行股票的典型法人组织。股份有限公司由于具有通过股票市场广泛集资的最大优点，适合中大型企业发展的实际需要，因而在西方资本主义国家得到了迅速发展，成为国际企业，特别是跨国公司的主导形式。股份有限公司的萌芽最初于16世纪出现在欧洲资本主义最发达的英国和荷兰；到了17世纪，其法律构架和组织形式已经完全成熟，逐渐被欧洲大陆的德国和法国所采用；从19世纪起，股份有限公司已经成为世界性的占统治地位的公司形式。尽管在公司绝对数量中，股份公司并不占首位，但在各国经济总量中却居于主导地位，目前西方主要国家中的资本和技术密集型产业，如制造业、采掘业、大型高技术产业，以及服务业中的大型贸易、金融、航运、流通企业大都采用股份有限公司的形式。归纳起来，股份有限公司具有如下主要优点。

① 股份有限公司是典型法人组织形式。它通过对外公开发行股票和债券，可以广泛地吸收社会的小额分散资金，在较短时间内形成巨额资本和强大的生产力，因而具有其他公司和企业形式所没有的优越性。

② 股份有限公司的股东人数只有下限，没有上限，因而其股东人数众多(例如，石油巨子埃克森公司在1980年时其员工总数为17万人，其股东人数却高达88万人)，大量的股东个人所掌握的股份只占公司股本的极少部分，即使最大的股东，其股份也往往只占公司股本的少部分而已。例如洛克菲勒家族目前只掌握普通股的1%而已。因此，公司的规模虽然很大，所面临的可能风险也更大，但对于每个股东来说只以其拥有的股份金额对公司债务负有限责任。股份有限公司这种分散风险的机制，有利于广泛吸收社会大众的闲散资金，大大增强其集资与融资的功能。

③ 股份有限公司有责任向广大投资者披露信息，任何投资者都可根据这些信息决定是否购买该公司股票而成为股东，在公司经营不善、业绩不良时随时将股票出售，有利于形成"优胜劣汰"的宏观约束机制，使公司经营者在压力下努力工作，改善管理，不断提高公司的竞争力水平。

④ 在股份有限公司的发展过程中逐步实现了公司所有权与控制权的两阶段分离。第一阶段是所有权与控制权的初步分离；第二阶段除了所有权与控制权实现了彻底分离之外，控制权本身又进一步裂变为决策权与管理权。

股份有限公司的局限性在于它本身除了具有设立程序复杂烦琐、信息披露的规定使得公司的某些秘密难以保护等缺点之外，最大的问题在于股份高度分散化所带来的广大股东

"以脚投票"代替"用手投票",公司内部的治理功能不能正常发挥,所有权、控制权和管理权的三权制衡机制失去平衡,"内部人控制"问题日益严重,经理阶层的经营行为倾向短期化等严重问题,从而使股份公司的效益和竞争力不断下降。因此,股份有限公司内部的治理问题,成为西方企业界和管理学界关注的焦点,也成为我国改革传统企业体制建立现代企业制度的难点之一。

2) 子公司的特点

国际企业在外国设置子公司主要有以下几个特点。

(1) 子公司是独立实体。子公司在东道国依法注册成立,具有法人资格,有民事行为能力,在东道国经营受东道国的法律保护。

(2) 子公司的资本不完全依赖母公司。子公司的资本不一定完全来源于母公司,子公司可以有较多的资金来源渠道,充分利用东道国的资金市场和当地资金。

(3) 子公司独立承担债务。子公司在海外从事经营活动的过程中独立承担债务责任,可减少母公司的资本风险,母公司对子公司的债务负有限责任。

(4) 子公司受东道国的限制少。子公司常有当地资本的加入,在东道国易被接受,也可使子公司具有当地公司的形象,在经营业务上也很少受东道国的限制。

(5) 子公司有独立的财务报表。子公司亏损不体现在母公司的财务报表中,子公司独立纳税,享受东道国的优惠政策;子公司不能直接分摊母公司的管理费用,不能将亏损转移给总公司负担。

(6) 子公司在国外注册登记的手续比较复杂,需要经过严格的审查程序。

3. 分公司与子公司的选择

国际企业在选择国外组织结构的设置时,需要从企业的实力、社会形象、预期的经营状况和所在国的法律,综合加以考虑,采用更为适合的组织机构形式。

一般来讲,企业实力雄厚、国际知名度高,可以选择分公司的形式,以利于借助母公司的名誉,打入国外新的市场。同时,如果预期企业在国外的机构在初期时会有亏损,则需选择子公司,以减少总体的亏损。但是,如果所在国的法律对分公司的形式有较严格的限制时,则需要考虑采用子公司的形式。

总之,国际企业需要从上述因素出发,综合分公司与子公司各自的利弊,以实现企业总体目标为目的,选择最适合企业利益的国外组织机构形式。

二、国际企业的组织控制与协调

国际企业为了使组织能够灵活运行,势必要将部分决策权授予各子公司,从而产生了集权与分权问题。这是国际企业组织控制中最尖锐的问题。一方面,国际企业需要通过集中决策来指导分散在全球的子公司;另一方面,海外子公司又要求一定的自主权以适应东道国的要求。

1. 国际企业的管理体制

国际企业的管理体制有以下三种类型。

(1) 以母国为中心的管理体制。在这种体制下，国际企业的一切方针、战略决策以及策略措施等，都由企业总部统一决策，各子公司按照母国总部的要求，统一步骤、统一行动，企业总部将其经营计划和方案以命令方式下达给子公司，国外子公司按照总部制定的方针、政策、计划进行生产经营活动，其业绩用企业总部的会计体系和母公司的流通货币进行考核评价。该体制的母公司的目标高于一切，任何子公司的活动都必须为实现母公司的目标服务。母公司领导直接听取子公司的汇报，协调各子公司的业务活动。这种管理体制的优点是便于企业统筹安排生产和销售，便于资金的筹措与配置，有利于提高国际企业的整体效益。其缺点是：权力过于集中，下属各子公司缺乏自主权，很难适应多变的国际市场环境。

(2) 多元中心的管理体制。这是只是以各子公司为中心的分权管理体制。由于国际市场环境的复杂多变，国际企业需要给其总公司以更多的自主权。在多元中心的管理体制下，国际企业总部仅对重大方针、政策、战略、规划、标准以及投资、财务等有权决定，各子公司是实现利润的独立核算单位，有关生产、技术、销售、供给等问题由各子公司自由决策，企业聘用的子公司经理以当地人为主，子公司的业绩根据东道国的标准衡量，用东道国的货币及结算制度评价。在这种体制下，子公司拥有较大的经营自主权，可以独立地捕捉市场机会以适应环境的变化。运用该体制，最典型的例子是美国通用汽车公司。该公司采用这种体制已经有70多年了，这一体制已为发达国家许多跨国公司所仿效。其组织体制的基本原则可概括为：政策制定与行政管理相分离，分散经营与协调管理相结合，在分散责任的前提下实行集中控制。这样，既可分清责任，又可从协调管理中得到效率和效益，从分散经营中得到主动性和创造性，从而实现在统一的政策范围内各子公司行使最大的自主权，有利于公司的发展。

(3) 全球中心的管理体制。这种管理体制将集权和分权结合在一起，国际企业的战略决策及关键性经营决策由总部统一制定，具体的经营活动与管理活动由各子公司自主进行。国际企业总部与子公司的关系是在保证企业总部有效控制的前提下，给子公司较大的自主权以调动其积极性。这种体制与母国中心的管理体制相比有更多的分权，与多元中心体制比，有较多的控制权。全球中心的管理体制淡化了企业的国籍性，而更多着重于适应全球的经营活动。现已为越来越多的国际企业所采用。

随着企业规模的进一步扩大，全球中心管理体制成了许多国际企业的选择。一方面，可以通过合作，使母公司与子公司的经营目标充分实现，双方积极性得以释放；另一方面，也照顾了母国和东道国的利益，缓解了国际性的经济矛盾与政治矛盾。

2. 国际企业的集权与分权

国际企业的管理体制说到底是一个集权与分权的问题。即：哪些决策权应集中在母国的总部？哪些决策权应分散在各自公司？由于母公司与海外子公司相距甚远，联络不便，各国经营环境差异又很大，母公司很难对子公司的日常经营活动进行有效的监督和控制。因此，在企业国际化以后，不仅在组织结构上需要作适当调整，在管理形态与决策过程中，也需要适当分权，以使海外子公司的经理人员在复杂多变的环境中，不需请示即可及时、迅速地采取富有针对性的应变措施。

1) 集权与分权的优缺点

(1) 国际企业的集权。国际企业的集权体现在以母国总部高层领导人为中心的集中控制上。企业的最高决策机构是董事会，企业的最高行政领导是总经理，总经理对董事会负责。母公司为了提高经营资源在各子公司之间的配置效率，必须强化对各子公司的控制，使其相互协调，从而降低成本并且可以节约开支。由于电子计算机和通信技术的发展，更助长了集权式管理的倾向。

但是集权式的缺陷也是明显的。首先，它使子公司经理人员缺乏工作上的动力和满足感，很容易产生强烈的挫折感，士气低落，发展下去可能导致子公司经理人员对在其自行决策范围内的问题亦缺乏积极的表现。其次，需要在母公司与各子公司之间进行大量的沟通，费时费钱，又难免因信息失真而导致决策失误，或正确的决策却无法被适当地执行等情况的发生，更可能因时间延误导致获利机会的丧失，无法提高决策的效率。总之，集权式管理体制无法提供现代企业在复杂多变的经营环境中所需的迅速决策与弹性的应变措施。

(2) 国际企业的分权。国际企业的分权体现在以企业的各个部门或子公司为独立的利润中心，各部门和各分公司对于原材料选购、成本控制、产品设计制造以及销售具有一定的自主权。事实上，由于国际企业规模庞大，管理的复杂性与动态性程度提高，母公司必然将许多管理权限下放给子公司。分权可以激励子公司经理的创造性与成就感，使其发挥全部潜力，致力于组织目标的达成。

但是分权一定要适度，过度的分权首先会使企业内部各项决策发生矛盾，各部门之间缺乏应有的相互配合，参谋人员的重复雇用，各部门只注重局部利益而缺乏对企业整体利益的考虑。其次，当国际企业增加海外子公司的决策权时，总部的经理人员便会丧失一部分因职权下放而带来的利益引发争权的冲突。因此，除非企业能明确地将母公司与子公司的权限界定清楚，否则极易发生双方在研制开发等方面的重复投资，造成经营资源的浪费。

尽管集权与分权各有利弊，国际企业的高级管理人员在进行组织设计上，仍尽可能将决策权分散，以激励各子公司经理人员的积极性，并加强对环境的应变弹性。但为了协调国际企业整体的运作，实现其全球战略目标，母公司仍有保留足够控制权的必要。然而母公司究竟应保留哪方面权力，保留多少才能在整体协调和环境应变之间取得适当的均衡，并没有现成的答案，应根据企业的发展阶段、产品和市场特点等诸多因素，采取不同做法。

2) 影响集权与分权的因素

对于国际企业来说，集中与分散，并不是非此即彼，在有些决策必须集中的同时，其他决策却可以分散。因此，在一个国际企业的组织结构中，集权与分权是同时存在的，并非完全对立。通常说的集权和分权，只是指对于集权与分权更偏向哪一方。国际企业是选择集权模式还是选择分权模式往往要考虑以下因素。

(1) 企业的历史及规模。若企业历史悠久，国外业务规模较大，往往偏重于集权模式；若企业的分支机构设置的时间较长，各子公司实力雄厚则分权的可能性较大。

(2) 经营效率的要求。若企业产品规模经济性明显，其产品设计、制造工艺、项目投资、研究开发的决策关联性大，国际企业将其各子公司进行专业化分工，协同生产，以期降低制造成本、保证质量、提高市场竞争力时，这种全球性的生产统一调配政策将提高各子公司之间的相互依赖程度。因为任何子公司的生产决策都会对其他子公司产生重大影响，母公司势必采取集权式管理，以协调各子公司的决策，由此，采取集权模式可能性大。若决策的时效性强，需现场决策方能获得最佳效益的经营项目，则采用分权模式较好。

(3) 对国外投资企业的控制力。国际企业在海外的子公司若是合资企业，当地股东基于本身的利益，往往会产生与母公司相悖的意见，对国际企业的全球战略行动产生牵制作用；如果该子公司是刚从当地收购的，母公司对当地业务、经营状况及经理人员还不太了解，无法加以充分的指导，自然只采取分权式管理。

(4) 市场环境的差异。若子公司所在的东道国市场环境与母国的市场环境相似、消费者偏好等方面也类似，则意欲采用集权模式；若东道国的市场环境与母国的市场环境差异较大，消费者偏好等方面也各不相同，则国际企业的产品必须在各国制订不同的营销计划，此时母公司须对子公司采取分权模式，以适应当地消费者的特殊偏好。当国外市场竞争激烈时，许多国际企业为了应付当地市场的急剧变化，也往往采取分权式管理。

(5) 产品的种类。产品多样化程度低的公司一般采用集权式管理，因为产品线狭窄，任一产品对企业经营都具有举足轻重的影响，从而对任何影响子公司销售额及利润的决策均予以特别关注。当然，也因为产品线的狭窄为母公司的集权管理提供了便利。相反，多重产品线的国际企业，不仅面临地理上的分散，还须应付多重产品种类之间的差异，所以多采用分权式管理。若产品多样化程度高，市场集中，且国内外业务依存度较低，应采用分权模式，反之应采取集权模式。

(6) 国外子公司经理人员的素质和数量以及母公司高级主管的管理哲学。母公司在考虑对各子公司分权时，首先要考虑国外子公司经理人员的经营管理能力。如果子公司经理人员素质不高且数量不足，母公司对其缺乏信任，则考虑采取集权式管理；反之，则采用分权式模式。此外，国际企业对管理形态的选择与母公司高级主管的管理哲学密切相关，倾向于独裁思想的管理者，较偏好于集权式管理；更倾向于民主思想的管理者，则较偏好于分权式的管理。另外还有一些因素会影响到母公司与子公司之间的关系，例如子公司的最高主管在母公司管理阶层的地位及他与母公司主营人员的私人关系等，亦可能影响国外子公司的自主程度。

(7) 竞争环境状况。一方面市场竞争越激烈，就越需要标准化产品和市场集中化来降低成本，这就意味着程度较高的集权；但另一方面子公司所处环境的不确定性也越大，从而又要求适时降低集权的程度。

(8) 资本投入情况。母公司对子公司的资本投入越高，分公司决策的集权程度就越高，子公司的经营自主权就会相应缩小；反之，则分权程度就高。

3) 集权与分权的均衡

国际企业在进行组织设计时，必须处理好集权与分权的问题。集权与分权并非完全对立，而是要在两者之间寻求一个最佳组合，但不同的决策由不同阶层的经理人员负责，所以在进行选择时，国际企业面对的常常不是单个因素或变量，而许多变量对选择结果的作用方向往往不一致甚至相互矛盾，因此，有关集权和分权的处理是对多种因素平衡的结果。

结合以上关于集权与分权问题的论述，在具体的实践中，基本有如下判断。

一般来看，财务始终受到母公司的严格控制，为了达到规模经济，采购、生产、研究开发也大多采用中央集权制，从控制的角度来看，影响子公司的生存发展的重大决策，最好还是由母公司把握。

在实际运作中，一般国际企业大都由母公司决定财务政策和重要的财务计划，而由子公司自理例行的财务决策。财务操作细节由子公司的财务主管就地解决，只有少数极重要的问题，须迅速同母公司洽商，由母公司做最后决定。例如子公司的资本结构、不动产交易、一定额度以上的借款及规避外汇风险等问题，最好由母公司进行处理；而在授权范围之内的借贷，可由子公司财务主管自行决定。只有这样，才能使国际企业在全球范围内最低成本地调度资金。

在人事政策上，也相当集权，所有子公司重要管理职务的升迁都必须经过母公司总部的严格审查。

在营销策略方面，许多国际企业均赋予各子公司比较适度的自主权，而仅为分散在世界各地的子公司提供一些指导原则。在当地的广告策划方面，各国盛行的广告媒体有相当大的差异，因此虽然国际企业常采用集权方式制定广告策略，但是大多数仅仅对国外分支机构提供指导性方针。

适当地集权与分权，有助于国际企业适应复杂多变的经营环境，但是这一工作无法遵循静态的授权原则。任何企业都不可能采取绝对的集权，也不可能采取绝对的分权，集权或分权只是程度上的差异而已。

三、国际企业组织变革与创新

世界上的一切事物都是不断发展、变化的，没有哪一种组织结构能使企业长盛不衰。随着国际企业从事跨国经营活动不断深入以及国际市场竞争的日趋激烈，企业必须根据各种环境因素的变化及时调整组织结构，选择适宜的组织结构是国际企业经营成功的保证。以下主要就信息技术对组织结构带来的变化进行论述。

1. 信息技术革命对国际企业组织结构产生的影响

信息技术革命对国际企业组织结构产生的影响可以归纳为以下两方面。

(1) 在信息技术发展的初期，企业的信息系统多限于企业内部，往往是封闭式的。而现在信息网日益大规模化，它逐步超越企业、产业、地区的范围，甚至跨越国界，这就使得企业的管理者、技术人员以及其他的组织成员，比较容易打破企业之间、产业之间、地区之间，甚至国家间的壁垒，进行各种信息交流，共享信息资源。企业的经营活动将越来越不受时空的局限，因而，企业组织的界限不再像过去工业经济时代那样清晰可辨。与其说企业是一个存在于某一地理位置，由人、厂房、设备、资金等构成的实体，不如说它是一个由各种要素和技能组成的系统。企业作为一个大的现代信息传递网，能够比较容易地使自己企业中的某一要素或某几种要素与其他企业系统中的某一种要素或某几种要素相结合，形成高层次的技能，形成新的生产力。如近年来，国外的许多制造企业将自己的工作重心放在产品开发和设计等关键工序上，而将加工组装等工序委托给外部企业。

(2) "多对多式"的信息传递方式与组织的水平化。现在发达国家信息传递方式已经由单向的"一对多式"向双向的"多对多式"转换。互联网的建成使得各信息处理之间的关系，不再是纵向的主从关系，而是水平的对等关系，信息处理的主体既是信息的接收者，同时也是信息的发出者，传统的自上而下的所谓"金字塔"使得阶层组织已经越来越难以适应这种变化。建立在新的信息传递技术之上的企业组织，将越来越通过水平低等的信息传递来协调企业内部各部门、各小组之间的活动。组织形态正在从"阶层化"向"水平化"

的方向转变。

2. 国际企业的组织变革

国际企业在现代信息技术革命的推动下，组织内部信息交流渠道日益通畅，管理协调与控制的手段也日益先进。从外观上表现为并购、跨国战略联盟浪潮及研究与开发的全球化趋势，从内部看其组织结构也发生了深刻的调整与变革。

(1) 信息时代的组织结构再造——变"扁"和变"瘦"。随着信息时代微电子技术的发展、信息处理技术的进步，加快了信息的收集、传递和处理，缩短了组织的高层与基层之间的信息传递距离，提高了决策的速度，生产指令可以一步到位。现代企业需要的是能迅速、明确领会高层管理者意图的工人，工人不再只是简单地执行自金字塔顶层下达的命令。一线作业人员与各级管理人员的界限模糊化。现代企业需要改变传统纵向管理机制，以最新的信息技术为后盾，寻求低成本、高效率、重人性、讲团队、精干、灵活、机动，而又能实现规模经济优势的新体制，让传统的组织结构变"扁"和变"瘦"。

所谓"扁"，就是指形形色色的纵向结构正在拆除，中坚管理阶层被迅速削减。据观测，美国现在一般公司的管理层有 11～13 层，今后将会减少 1/3 左右。而中间层管理人员将会削减 10%～14%。比较理想的组织是，在最高层只保留一个精干的高层经理小组，以发挥在财务、人事等方面的辅导作用。目前，世界上许多跨国公司都在进行着这方面的组织改造，力求压缩中间管理层次，使信息流更加快速、通畅。所谓变"瘦"是指组织部门横向压缩，将原来企业单元中的辅助部门抽出来，组成单独的服务公司，使各企业能够从法律事务、文书等各种后勤服务工作中解脱出来。

(2) 国际企业的新型组织结构——全球网络组织结构。网络组织结构由两个部分组成：一是战略管理、人力资源管理、财务管理与其他功能相分离而形成一个由总公司进行统一管理和控制的核心；二是根据产品、地区、研究和生产经营业务的需要形成组织的立体网络，这一网络具有柔性特点，网络中各机构的重要性随项目性质而变化。网络组织结构是由矩阵型组织结构发展而来的，但在内部关系的处理上要简单得多，它保持了单向的责任链，一个核心控制点只有一个经理，管理的网络流程路径变短，有适度的集中性，从而保证了整个系统运行的效率。它着眼于建立丰富的有感召力的公司远景目标，着眼于有效的管理过程而不仅仅是结构上的设计，更关注于发展员工的能力。

现代国际企业这种网络化的组织结构，意味着一个个大企业正成为小企业的集合，它的中心负责全局战略计划的制订和提出，并将各个部门、子公司联络起来。网络上的各个联络点，往往具有充分的自主权，可以视如一个个小企业，它们又与其他网络建立着某些经营业务上的关系。一些巨型国际企业在加强了本公司内部价值链上各点联系的同时，推动了国际企业与其他国际企业、关联企业、分包商、供应商等非本公司成员之间在价值链上的横向和纵向联系，从而形成了国际企业的大网络结构，这也是进入 21 世纪国际企业组织结构发展的一个必然趋势。

(3) 新型组织结构下的管理体制——横向管理体制。随着组织结构重造的进程，国际企业的组织管理正逐步转向横向管理体制。网络结构能有效地实现知识的交流和才能的发挥，企业由上下级之间实行命令和控制转向以知识型专家为主的信息型组织。现代公司的组织协作需要大量的专家通过高效率的信息传输途径来传达指令，互通信息，使公司内的沟通更加透明。由于较多的横向协调关系取代纵向关系，公司管理的民主化程度进一步提高,各环节专家们从新产品的研究开发到推向市场销售,都始终处于一个网络中而密切合作。这样的组织结构,既保证了总公司总体经营战略的实施,又提高了公司运作的灵活性。总公司在对下属实施有效管理和控制的同时,又最大限度地激发了各子公司的主观能动性,增强了它们的责任感,充分体现了"分散经营、集中调控"的管理原则。

本 章 小 结

国际企业组织结构的演变过程也是企业国际化过程不断深入的体现,各种组织结构类型都有其存在的价值和意义。要熟悉每种组织结构的特点以及适用范围。

在企业国际化以后,不仅在组织结构上需要做适当调整,在管理形态与决策过程上,也需要适当改变,因此需要了解国际企业的组织管理体制和控制模式。

随着国际企业在海外规模的扩大、产品的种类的增多、市场的扩大,为了使组织能够灵活运行,势必要将部分决策权授予各子公司,因此要把握集权与分权的平衡。

思 考 题

1. 国际企业组织结构的演变经历了哪几个阶段?
2. 国际企业组织结构主要有哪几种类型?分别适用于什么条件?
3. 子公司与分公司有何不同?国际企业如何在它们之间进行选择?
4. 国际事业部组织结构的优缺点有哪些?
5. 影响国际企业集权与分权的因素有哪些?
6. 试述信息技术革命对国际企业组织结构产生的影响。

案例分析

壳牌公司组织结构的调整

第十二章 跨国企业的市场营销

引导案例

世博营销：海尔擎引国际化营销

【学习目标】
- 掌握国际营销的特点。
- 掌握国际营销调研的流程。
- 掌握国际目标市场的决策。
- 掌握国际营销的组合策略。

第一节 跨国企业的市场营销概述

跨国企业的营销市场绝不是仅仅局限在本国市场的范围，而是以全球市场为经营目标，面向世界市场做出自己的生产、经营决策。因此，跨国企业的市场营销突出表现为国际营销的行为。由于国外市场的环境要比国内市场的环境更加复杂，因此跨国公司在进行国际营销活动时，要清醒地认识到国际市场营销和国内市场营销的环境区别，充分地考虑到国际市场营销的各种可控和不可控的影响因素。这样，才能针对国际市场的环境，制定有效的国际营销策略，提高自己的企业竞争力。

一、国际营销的含义

国际营销是企业通过满足国际市场的需要，以实现自己的战略目的而进行的多国性的市场营销活动。国际营销是企业超越国界的市场营销活动，是国内营销活动在国际市场上的延伸。根据美国著名市场营销学家菲利普·科特勒(Philip Cateora)在其所著权威教科书《国际市场营销学》一书中的定义，国际市场营销是指"对商品和劳务流入一个以上国家的消费者或用户手中的过程进行计划、定价、促销和引导，以便获取利润的活动"。

可见，营销的概念、过程和原则具有普遍性，不管是进行国内营销的企业还是进行国际营销的企业，其目标都是通过定价、分销和促销合适的产品以获取利润；那么，它们所开展的营销活动究竟区别在哪里呢？在于开展营销活动的环境差异。来自海外市场的一系列的陌生问题和为应付各种不确定因素所制定的策略产生了国际营销的特殊性。因此，尽管营销的概念和原则具有普遍适用性，实施营销计划的环境却因国家或地区的不同而大不相同，不同的环境所产生的种种问题是国际营销人员关心的主要问题。

国际营销之所以吸引人，就是因为它比国内营销更具有挑战性，即必须在市场不可控制的因素(人口、经济、政治、法律、社会文化和竞争环境等)框架中，操纵企业可控制的因素(即产品、定价、分销、促销等)，制订和执行营销计划，实现企业目标。

二、国际营销与国内营销的区别

尽管国际营销是国内营销在市场上自然地延伸，它们的主要区别在于国际营销活动是在一个以上国家进行的。这个差别表面看起来很小，但隐含了国际营销活动的复杂性和多样性。

(1) 营销环境的差异性。各国在经济、政治、文化等方面都存在一定的差异，因此市场需求千差万别，要求营销决策应因地制宜。

(2) 营销手段的多样性。国内营销的营销手段主要是针对一些可控的因素，而国际营销的营销手段相对更加地复杂、更加地多样。

(3) 营销系统的复杂性。国际营销系统的参与者既有来自本国的，又有来自东道国的，还有来自第三国的，它们比国内营销更为复杂。

(4) 营销管理的困难性。国际营销活动中需要对各国的营销业务进行统一的规划、控制与协调，使母公司与分散在全球各国的子公司的营销活动成为一个整体，实现总体利益最大化，因此，与传统的国内营销活动相比国际营销的管理活动更加困难。

(5) 营销过程的风险性。由于国际营销环境的差异和管理更加复杂，国际营销与国内营销相比具有更大的风险性。

三、国际营销的影响因素

通常，国际营销活动不仅要面临国内的各种可控和不可控因素的影响，还会面临国外环境的各种不可控因素的影响(见图 12-1)。因此，对于国际营销人员而言，他的任务要比国内营销人员的任务更加复杂，因为他必须面对至少国内和国外两个层次的不可控制因素的影响。

1. 可控因素

在国际营销的活动中，营销经理可以综合运用产品、定价、分销渠道和促销等手段，不断地调整跨国企业的各种资源的配置，不断地满足消费者的需求，来实现产品的价值，获得预期利润。因此，产品、定价、分销渠道和促销手段这四个因素是跨国公司可以直接控制的因素，也是跨国公司为了适应不断变化的市场环境、满足消费者的需求或者实现公司的战略目标，在国际经营活动中经常使用的调控手段。

2. 国内不可控因素

国际营销活动的国内不可控因素主要是指一些影响跨国企业的跨国营销活动的成败而营销人员又不能直接控制的国内因素，主要包括国内的政治力量与法律和法规、经济形势和竞争结构。

在跨国公司的国际营销活动中，国内的对外政策和相关法律对企业国际营销的成败有着直接的影响。例如，因为国际政治因素，美国长期对古巴、伊朗和朝鲜等国进行经济制裁，这就直接导致了对于美国的跨国企业，不论这些国家的市场有多强的吸引力，都不得不放弃在这些国家进行营销的计划。

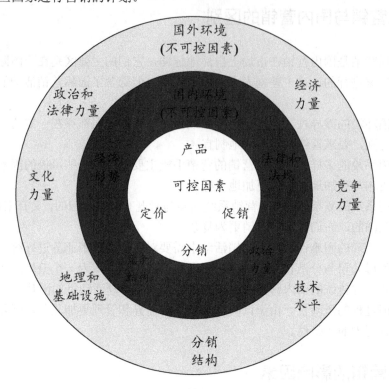

图 12-1 国际营销的影响因素

国内经济形势是另一个不可控的重要因素，对跨国企业在国际市场上的营销行为具有深远的影响。一方面，国内的经济形势直接影响了跨国企业的国内市场营销，从而间接地影响跨国企业在国际市场上的营销决策；另一方面，国内的经济形势也可以通过汇率和利率直接影响跨国企业的国际营销行为。如果本币相对于外币升值，由于出口产品的标价升高，跨国企业的直接出口数量会减少；但同时由于国外资产的标价变低即本国货币的购买力增加，跨国企业的对外直接投资额会上升。同时，利率也会对国际营销有直接的影响。由于资本的逐利性，资本倾向于流向收益率更高的地方，因此，如果本国货币利率偏低也会引起跨国企业的对外直接投资额上升。

国内竞争状况对国际营销活动亦有深刻的影响。例如，柯达公司在美国胶卷市场一直具有绝对统治地位，多年来积累的丰厚利润为它向海外市场进军提供了充足的资本，国内市场的高枕无忧也使管理层有时间和精力制订雄心勃勃的国际扩张计划。然而，富士胶卷一连串动作改变了这一局面：富士在美国市场耗资 3 亿美元建立工厂，同时降低产品售价，赢得了 12% 的市场份额，竞争格局的改变使柯达公司又不得不把主要精力和财力放回美国。可见，国内竞争状况影响着公司的国内和国际计划，国外环境的限制和国内环境的影响相互交织、不可分割。

3. 国外不可控因素

国际营销人员的任务比国内营销人员的更复杂，原因就在于他们面临着国内和国外两个层面的不确定性。在本国经营的企业可以轻而易举地预测商业形势，调整企业决策，但是，国际营销计划的制订却常常涉及大量国外的不可预见的政治、文化和经济冲突。如图 12-1 外环所示，国外的不可控因素主要存在于以下几个方面：政治和法律力量，经济力量，竞争力量，技术水平，分销结构，地理和基础设施，文化力量。

首先，正如同国内经营一样，企业首先面临着政治风险的问题。而且跨国公司的"外国公司身份"往往会使跨国企业受到东道国的歧视和不公正的待遇，从而给恰当评估和预测国际经营动态环境增加了难度。在事实上，很多东道国的企业或者政治家会打着保护本国民族工业或者保护国家经济安全的旗号，给政府施压，迫使跨国企业遭遇一些不公正的政策待遇或者不平等的法律条文。例如，可口可乐公司曾在印度政府要求公开秘密配方的压力下，被迫撤出印度市场，使可口可乐公司遭受巨大的损失。2011 年由于利比亚爆发内乱，中国被迫从利比亚进行撤侨，中国在利比亚承包的大型项目一共有 50 个，涉及合同金额是 188 亿美元，这些企业的项目将遭受重大的损失。利比亚事件为我国跨国企业走出去的"风险的评估和控制"敲响警钟，在签约前，要加强对当地各种风险的研究和分析，特别是对政治和法律的风险尤其要做好研究和分析，提前做好紧急预案。

同样地，法律风险也是跨国企业在国际营销过程中对企业的经营活动有直接影响的重要因素。一般地，在市场经济发达的国家里，政治和法律的透明度比较高，争议各方可以利用已有的法律程序和通过适当的手续解决争议，风险相对较小；而在一些市场经济不完善、法律和法制不健全的国家，法律体制可能正在演变之中，如果企业不了解该国的基本法律运行制度，可能受到不公正的待遇，给企业带来损失。

除政治和法律力量外，其他的诸如经济力量、竞争力量、技术水平、分销结构、地理和基础设施、文化力量也都会在跨国企业的国际营销活动中产生影响。不同的国家，其不确定性的影响又会各不相同，这就要求我们认真研究每个国家的不可控因素。尽管营销任务基本相同，但可能采取不同的解决方法，这是市场环境发生变化的结果。因此，由于政治气候、经济发展所处阶段、技术水平和其他文化变量等方面存在差异，一种战略在一个国家可能收效显著，而在另一个国家则可能行不通。

四、国际营销观念

根据指导跨国企业开展国际业务活动的国际导向差异和对国际市场的不同态度，国际营销观念可以概括为以下三种国际营销管理导向：国内市场延伸观念、国别市场观念和全球营销观念。

1. 国内市场延伸观念

国内市场延伸观念是指跨国企业优先考虑国内市场的业务，国外市场被看做是国内市场的延伸，来解决企业过剩的产能，获得额外的利润。在这种观念下，跨国企业一般以国内为导向，用与在国内销售一样的方式将产品销售给国外客户，不会针对国外市场主动调整营销组合方案。出口企业的国际营销观念多为国内市场延伸观念。

2. 国别市场观念

国别市场观念主要是指跨国企业意识到国家市场的不同，分别针对不同的国家制订相互独立的营销计划，分别采取不同营销策略的营销观念。持有这种观念的跨国企业一般会充分考虑到国家市场的不同，针对每一个市场调整自己的产品，并制定本地化的定价和分销决策。因此，不同市场的特殊性要求本地的营销投入和控制，因此，跨国企业的控制权要下放，一般多中心的企业是此类观念的典型代表。

3. 全球营销观念

以全球营销观念为指导的公司通常称为全球公司，它的营销活动是全球营销，它的市场范围是整个世界。实施全球营销策略的公司追求规模效益，开发具有可靠质量的标准化产品，以适中的价格销往全球市场，即相同的国家市场组合。全球营销观念的关键是其前提，即"世界市场趋同"，寻求以近乎相同的方式满足市场需求和欲望。因而，在世界范围内构成对同一产品具有相似需求的重要细分市场。依据这一导向，公司尽其所能试图在全球范围实施标准化。一些决策在全球范围内普遍适用，而另一些决策则需考虑当地影响。整个世界被视为一个市场，企业制定全球营销策略。通常可口可乐公司、福特汽车公司、通用汽车公司等全球公司采取的就是全球营销观念。

五、国际营销的发展阶段

根据跨国企业的国际营销的参与程度，国际营销一般可以分为五个发展阶段。通常情况下企业是按照顺序由低到高逐一经历的，但也不乏从中间某一阶段开始或者同时处于几个阶段的情况。从国际参与的第一阶段到最高阶段，国际营销活动的复杂性不断增加，企业管理层走向国际化的决心也不断加大，这样的决心会影响后面将要谈到的具体营销策略。

1. 非直接对外营销阶段

在这一阶段，公司并没有主动地寻找或培养国外客户，公司的产品可能会直接销售给找上门来的外国客户，甚至可能是在自己并不知情的情况下由国内的贸易公司销售到国外。尽管如此，随着公司的国际营销订单的增加，企业对国际营销的兴趣一定会逐步增加。

2. 非经常性对外销售阶段

这一阶段通常是指企业很少打算或者没有打算不断地进行对外销售，企业的对外销售是由生产水平和需求的变化所产生的暂时过剩导致的。由于这种过剩是暂时的，当国内的需求增加时，企业就会取消对外销售活动。因此，在这一阶段，企业的组织结构和产品很少因外销而发生变化。但是，这类公司一般不能和客户维持长期的业务关系，因此，在现实中数量不多。

3. 经常性对外销售阶段

在此阶段，企业有固定的生产能力使产品在国外市场连续销售，企业雇用国内外的进出口贸易中间商，或者在重要的外国市场建立自己的销售子公司来进行销售。随着海外需求的增加，企业逐步加强针对外国市场的生产能力，并调整产品系列以满足国外市场的需要。海外利润不再被看成是在国内利润的基础上的"额外收益"，公司整体目标的实现依赖于国外销售额和利润。

4. 国际营销阶段

在此阶段公司全面地参与国际营销活动。公司在全球范围内寻找市场，有计划地将产品销往各国市场。不仅如此，公司还在境外建立生产基地进行生产，成为国际公司或跨国公司。在这一阶段的跨国企业，可以停留在这一阶段，也可以改变观念使自己成为一家全球公司。

5. 全球营销阶段

在这一阶段，公司将整个世界(包括国内市场)视作一个整体，这个大市场是公司的营销对象。这一点与处于第四阶段的跨国公司或国际公司不同：跨国公司或国际公司把包括国内市场在内的世界看做一个个的国家市场，它们各有各的特征，需要制定各不相同的营销策略；处于第五阶段的全球公司则根据各个国家市场的共性制定策略，通过经营活动的标准化使收益最大化，它的整个经营、组织结构、资金来源、生产和营销等都从全球角度出发。全球营销阶段发生的最深刻变化在公司的市场导向和计划方面。

人们经常使用"全球公司"和"全球营销"这两个术语来描述此阶段公司经营范围和营销管理导向。全球营销中企业的国际经营业务说明，随着市场全球化、世界经济相互依赖，以及越来越多的来自发达国家和发展中国家的企业加入竞争行列，争夺世界市场的竞争日趋激烈。

第二节 国际营销调研

国际营销调研是指企业运用科学的方法，有目的地、系统地收集、记录一切与特定的国际营销有关的信息，对所收集到的信息进行整理、分析，寻找并把握目标市场变化的规律，为跨国企业的国际营销决策提供可靠依据的活动。在营销环境存在重大差异的国际市场环境中，调研的重要性十分突出。

一、国际营销调研的意义

国际营销调研是国际营销中的基础，是跨国企业准确了解不同国家顾客需求特征的前提，对跨国企业进行国际营销活动有着重要的意义。国际市场与国内市场相比风险性和不确定性都会增大，因此，跨国企业将其经营的地域范围扩展至国际市场，就更需要当前的精确的信息，而国际营销调研正是企业获得这些所需信息的重要手段。企业只有充分利用营销调研的手段和方式，才能识别环境中存在的机会和威胁，才能据此制定有效的营销策略，保证国际营销的成功进行。国际营销调研的进行主要有以下三个意义。

(1) 有助于企业发现国际营销机会，开拓潜在的国际市场。随着国际市场竞争环境日益复杂，企业必须通过规范、科学的营销调研才能及时、准确地了解和把握海外市场信息，有效地规避市场中的风险，并成功地发掘市场中的机会。

(2) 为企业进行国际营销组合决策提供依据。企业通过国际市场调研可以掌握国际市场现实和潜在需求的变化，比如可以准确地发现消费者对产品品种、规格、型号、功能以及交货期、售后服务方面的需求，为设计、开发、生产和销售产品提供更为准确、科学的依据。

(3) 可以促使企业调整营销方案。国际营销调研能够及时地反映国际市场的变化、评价国际营销活动的效果，并为调整营销策略提供依据。一方面，跨国企业可以通过国际营销调研及时获取国际市场的信息和情报，对国际营销策略进行必要的评估和修正，以保证企业国际营销活动的正常运转。另一方面，跨国企业可以通过国际营销调研，来分析和预测国际市场的发展趋势，掌握国际营销活动的规律，为以后的营销战略与策略的计划、实施和调整做好准备。

二、国际营销调研的范围

国内市场调研与国外市场调研的基本区别在于国外市场调研的范围更广。根据所需信息，国际调研可分为三种类型：一是有关国家、地区或国际市场的一般信息；二是通过把握特定市场或国家的社会、经济、消费与工业发展趋势预测未来营销要求所必需的信息；三是做出有关产品、促销、分销与定价决策及制订营销计划所需的信息。

一般地，在国内进行市场调研时，重点放在第三类，即收集具体市场信息，因为其他资料通常有二手资料可以利用。国内公司的市场调研部门通常不会收集有关本国的政治稳定性、文化特性及地理特点等方面的信息，但是这些信息对于跨国企业正确评价国外市场却是必需的。国际营销调研的范围一般包括以下两个方面。

1. 国际营销的宏观环境

宏观市场营销环境是指那些作用于微观营销环境，并因而给企业造成市场机会和环境威胁的主要社会力量，包括人口、经济、自然、科学技术、政治法律及社会文化等因素。

国际市场营销调研的经济因素主要包括有关经济增长、通货膨胀、商业周期趋势及诸如此类的一般性资料；其分部产品的赢利性分析；具体行业的经济研究；海外经济分析；国际企业营销目标国家的主要经济指数等一些资料信息。

国际市场营销调研的社会与政治因素调研主要是指从非经济角度对影响其跨国企业的分部业务的有关情况做总体的考察。除了显而易见需要考察的内容外，考察的对象还包括生态、安全、闲暇时间及其对企业分部业务的可能影响等信息。

技术环境调研也是国际营销宏观环境调研的重要部分，一般对与跨国公司分部业务有关的东道国市场技术的现状做出总结，再由产品部门进行仔细的分类研究。

2. 国际营销的微观环境

国际市场营销的微观环境主要是指跨国企业做出有关产品、促销、分销与定价决策及制订营销计划所需的信息。国际市场营销的微观环境一般主要包括产品的市场机会调查、产品调查、海外消费者行为调查、价格调查、产品销售渠道调查、出口业务调查、促销调查以及竞争对手情况调查等方面的内容。这部分与国内市场营销调研的内容有很多相似的地方。

三、国际营销调研的流程

由于时间、成本及当前技术手段的限制,市场调研人员进行调研时不得不有所放弃。调研人员必须在现有限制条件下努力争取最精确、最可靠的信息。调研取得成功的一个关键是要系统地、有条理地收集和分析资料。一般的国际营销调研的流程都由以下六个步骤组成。

1. 确定调查目标

国际调研过程的第一步应该是明确调研问题,确立具体的调研目标。在制定调研课题、确定调研的目的时,要有针对性地选择具有全面意义的问题进行调研,目标要明确、具体,中心要突出,主次要分明。这一步骤中的主要困难是如何将一系列经常显得模糊不清的商业问题转化成严格定义、可以实现的调研目标。

2. 设计调研方案

设计调研方案,是跨国企业明确调研问题、确立调研目标的具体细化。调研方案要具体、明确,应强调调研的目的、确定资料的来源、设计调研方法、选择调研工具、制订抽样计划、确定信息收集方法等内容。

(1) 确定资料来源。资料的来源一般可以分为企业内部资料和企业外部资料。企业内部资料是指企业自身所拥有的各种信息。企业外部资料范围很广,通常有四种基本的调研数据:被调查者数据、类似情况、实验数据和间接数据。

(2) 设计调研方法。国际调研方法是指调查人员获得调研信息的方式。常用的国际调研方法有三类:案头调研、实地调研和委托调研。

(3) 选择调研工具。在国际营销调研中问卷和仪器可以作为调研工具,问卷是主要的调研工具,仪器在营销调研中很少使用。

(4) 制订抽样计划。绝大部分的国际营销调研都不是针对全部样本的调研,需要进行抽样。一般地,抽样计划主要考虑抽样的单位、抽样规模和抽样程序三方面的内容。

(5) 确定信息收集方法。国际营销信息的收集主要通过询问法、观察法、试验法和资料分析法四种途径进行信息的收集。其中,询问法主要又包括邮寄调查问卷、电话访谈和面谈访问。观察法包括时间序列观察研究、横断面观察研究和时间序列与横断面观察综合研究,这种方法常用于商品需求调查和了解市场竞争状况的营销调查。试验法则主要有新产品试销、试用试验和展销试验。资料分析法是主要从数据的发展趋势和相关性分析进行定量分析的常用方法。

3. 实施调研方案

在制定完国际营销的调研方案之后,就要进入调研方案的实施阶段。调研方案的实施阶段是调研方案的落实过程,通常包括收集信息资料、信息资料的编辑整理两个方面的工作。

(1) 收集信息资料。营销调研的资料收集阶段是调研工作中投入最大也是最容易出错的阶段。资料收集包括间接资料收集和直接资料收集。在这一阶段,特别需要注意的是,如果是进行实地调研，必须对实地调研的时间、预算、人员和进度提前进行安排，并有效地执行这些安排，保证实地调研的有效进行。

(2) 信息资料的编辑整理。数据资料的编辑整理是对收集到的数据资料进行检查和筛选，并在此基础上进行编辑、编码和分类，从而确保国际营销调研结果的准确性，也为对信息资料进一步进行统计分析奠定基础。

4. 分析调研数据

分析调研数据主要是对所收集的信息资料进行统计和分析。市场调研所使用的数据分析技术方法很多，常见的数据分析技术有多元回归、判别分析、因子分析、集群分析、联合分析和多维排列等，在实际中跨国企业应注意根据需要选用。

5. 撰写调研报告

在对国际营销调研信息资料进行统计分析得到结论后，一般要将所得到的结论按照简明、客观、易懂的原则撰写成一篇规范的调研报告，以便为跨国企业的决策者提供参考。

在实际中，国际营销调研报告没有通用格式，但是大多数调研报告都包括以下一些内容：标题页、摘要、内容目录、表格或图示目录、正文、总结和附录。而其中调研报告的正文部分是核心，主要包括调研项目介绍、调研方法、调研结论和调研报告的局限性。

在撰写调研报告中，值得一提的是报告的数据展示问题。一方面，国际营销的调研报告尽可能使用准确的调研数据，并选择饼形图、条状图、线状图等适当的图表形式来展示数据；另一方面，还应特别注意图表与文字的说明关系和图表数据来源的说明等细节。这样，才能使所撰写的调研报告的内容既丰富又严谨。

6. 反馈调研结果

调研报告的完成并不能代表国际营销调研的成功，只有调研结果成功地传递给决策者，为决策者的决策提供参考，才能达到国际调研的目标。因此，反馈调研结果是十分关键而且易于被忽视的一个环节。国际营销的调研团队，不仅要将调研报告反馈给跨国企业的决策者和调研的发起部门，而且还要尽可能详细地说明调研报告的适用范围和局限性，特别是注意对调研的问题的解决程度要进行全面的分析和反馈。

尽管调研计划中的步骤对所有国家都很相似，但是由于各个国家的文化与经济发展的不同，跨国企业自身的资源和能力也有着很大的差别，国际营销调研在具体实施过程中会出现一定的差异和不同。不同的国家不同类型的跨国企业不必拘泥于以上的步骤，可以结合自己企业的环境、企业自身以及问题本身的特点，制订能够有效解决并适合自己企业的国际营销调研计划。

四、国际营销调研的基本方法

跨国企业的国际营销调研的基本方法有案头调研、实地调研和委托调研。

1. 案头调研

案头调研又称为间接调研、办公室调研、文献调研，是对现有的，由他人所搜集、记录、整理和积累的资料，即二手资料、间接资料，进行再搜集、整理和分析，从而间接地获得对自己有用的信息并加以利用的活动。

(1) 案头调研的优缺点。案头调研具有很多优点，主要是：节省费用；缩短调研时间；超越时空限制；搜集信息方便、自由、迅速。同时，案头调研也具有一定的局限性，主要体现在：时效性较差；某些市场资料匮乏；调研的信息可靠性不稳定等。

(2) 案头调研的资料来源和收集渠道。案头调研资料可以从企业内部和企业外部获得。对于从事国际市场营销的跨国企业而言，除了从本国政府和相关科研机构获得外部资料外，还可以从下列渠道获得较为有价值的案头调研的间接资料：国际性组织；外国政府的有关机构；各种商会机构；出版社和研究机构；银行和证券商；消费者组织；其他跨国公司等。

2. 实地调研

实地调研是指市场调研信息资料直接来源于国际市场，从而取得第一手资料的调研方式。实地调研与案头调研的主要区别在于：实地调研是直接资料，案头调研是间接资料。实地调研所得到的直接资料来源于两种方式：一种是调研人员亲自到现场进行调查从而收集到资料；另外一种方式是通过调查问卷方式等直接从被调查者处获得资料。实地调研主要有询问法、观察法、实验法和抽样调查法。

(1) 询问法。询问法是指通过个别访问、电话调查或者问卷调查的方法获得国际营销调研的第一手数据的调研方式。

(2) 观察法。观察法是指调研人员直接到现场，通过工具、仪器或直观方法，观察被调查对象的行为、表情，从而进行调研资料收集的调研方法。

(3) 实验法。实验法是因果关系调研中经常使用的一种行之有效的方法，它是指在控制的条件下对所研究的现象的一个或多个因素进行操纵，以测定这些因素之间的关系。实验法来源于自然科学的实验求证，现在广泛应用于营销调研，是市场营销学走向科学化的标志。国际营销调研实验法一般可以分为实验室调查和现场实验。

(4) 抽样调查法。从选择范围看，调查可分为两大类：一是以总体的全部个体为对象的全面、普遍调查，即普查；二是以总体的部分个体为对象的非全面调查。后者又可分为三种：选择总体中占较大比重或重要地位的个体即重点单位作为对象的重点调查；选择总体中有某方面代表性的个体即典型单位作为对象的典型调查；采用一定的抽样方法从总体(母体)中抽选出部分个体即样本作为对象的抽样调查，即抽查。

与普查和重点调查、典型调查相比，抽样调查省时、省力、省费用，有较强的代表性、客观性，在现代营销调查中得到了日益广泛的使用。当然，抽样调查的代表性误差即抽样误差总是客观存在和不可避免的，在一定范围内也是允许和可以控制的。

3. 委托调研

在国际市场营销中，委托调研又称为国际市场营销调研代理业务，是指企业通过委托有关国际市场调研机构为之进行情报收集与分析而开展的市场调研活动。委托调研与企业自行开展国际市场调研相比较，由于具有熟悉当地的市场，在语言等方面沟通障碍小；由调研机构承办的调研项目所提出的调研结论往往比较客观、中立，有利于进行科学决策；与企业组织现场调研相比，成本低等优点，在跨国企业的国际营销中有着广泛的应用。

(1) 调研代理的选择。目前市场营销调研机构可以分为两类：一是企业内部的市场调研机构；二是专业的市场调研机构。专业市场调研机构通常包括市场调研公司、广告公司的调研部门和咨询公司三种类型；此外，还有一些国家政府机构设立的调研部门。针对众多的国家市场调研代理公司，在指定调研代理公司时，当然要进行慎重的选择。一般来说先要认真研究调研代理公司的技术能力和资信状况，必要时请其提供以往所作的调研项目，以便于从其客户处了解该企业的技术能力和资信状况，另外还可以通过调研项目建议书的形式，请其设计出调研计划草案，进行严格审核。

(2) 调研代理合同。通常一份调研代理合同应包括以下条款：市场调研范围和调研方法条款；支付条款；调研项目预算条款；参与调研人员条款；最后期限条款；调研报告条款。

(3) 与调研代理的合作。选定调研代理后双方必须本着平等互惠、相互信任的原则开展工作。委托方须提供的合作一般包括说明调研目标、提供本企业的各种必需的情况、与调研代理共同制订调研方案等。调研活动全过程，委托方都要进行必要的监督。调研过程中，应及时了解工作进度和调研成果，并与标准相对照，如有出入应及时与调研代理进行分析和查找原因，协商对策，及时纠正偏差。调研结束后应要求调研代理及时提交调研报告，以便及时为企业决策提供信息支持。

五、国际营销调研中的问题

跨国企业进行国际调研的目标是为管理层提供正确决策所需的准确信息和资料，但是由于国际市场不管市场调研人员搜集到的是二手资料还是原始资料，在传递和理解上要比国内营销调研更加困难。一方面，在进行原始资料搜集时，被调查对象的表达能力和回答的愿意程度、缺乏人口统计资料造成的取样代表性问题以及语言障碍造成的理解差异，都会引起对调查结果的曲解；另一方面，在搜集二手资料时，信息的歪曲会导致资料的可靠性和可比性方面的限制，如何识别这些问题并进行科学防范，成为众多跨国企业在进行国际营销调研时越来越关注的问题。

1. 原始资料收集过程中存在的问题

原始资料收集过程中存在的问题具体如下。

(1) 样本数据的可得性。实地调研中的样本数据的获得是调研的关键。国际营销的调研通常需要跨越国界，了解陌生国家的市场信息，许多国家样本的抽取存在很大的局限性，比如缺乏抽取样本的线索，甚至许多国家的电话号码簿、街道索引、人口统计资料、街区资料等统计数据也是残缺不全的。同时，国际营销调研还会经常面临对于一些交通、通信设施落后的国家和地区调研人员无法通过邮寄、电话、网络等方式进行调研的情况。这些都对跨国企业的国际营销调研的样本数据的获得有着直接的影响，是在制订调研方案时必须慎重考虑的问题。

(2) 调查对象传达观点的能力。能否表达对某一产品或概念的态度与观点取决于被调查对象能否发现该产品或概念的益处与价值。如果被调查对象不懂得产品的用途，或者该产品在某个国家销售和使用不普遍，或者消费者很难购买到该产品，则被调查对象很难形成对该产品的需求、态度和看法。

(3) 文化障碍。不同的文化背景使得不同国家和地区的被调查者对调研人员以及调研问题的态度有所不同。有些国家和地区对某些特殊商品的喜好不愿公诸于众；在传统的东方国家有些被调查者不愿意让别人了解自己的真实感受；在很多国家，地位、职位、薪酬、年龄等被视为隐私，被调查对象不愿意真实、直接地回答这些问题。这些由于文化障碍导致的被调查者不愿意回答的意愿应该在设计调研方案时被充分地考虑到。

2. 收集二手资料过程中存在的问题

收集二手资料过程中存在的问题具体如下。

(1) 资料的可获得性。在国外市场获得次级资料相对于国内市场而言比较困难，很多资料无法获得。在有些国家和地区，有关人口和收入的资料很难获得；还有些国家中关于批发商、零售商、制造商以及服务机构的数量的详细资料是无法获得的。

(2) 资料的可靠性。次级资料往往来源于目标市场国，调研人员对其可靠性很难把握。获得的资料可能出于许多原因不能达到做出自信的决定所必需的可靠程度。官方的统计资料有时过于乐观，它们更多地为了政绩而对数据进行人为的修正，而税收体制和逃避税收的心理也经常会对二手资料产生不利影响。

(3) 资料的可比性。国际营销调研者面临的另一个问题就是资料的可比性。例如，在日本的杂货店、购物中心和百货商店与美国的同名商店含义有所不同，经营的商品品种、范围和方式也不同。即使各个国家的资料收集技术都在不同程度上越来越标准化，但仍然会存在定义上的差异，比如在美国和欧洲，对于"家庭"的概念和理解是不尽相同的，如果将家庭作为统计的单位则可能造成口径不一致的偏差。

(4) 资料的及时性。国际营销调研应讲究信息的及时性，因为只有最新的信息才能反映国际市场的动态。在一些国家，收集到的资料可能是过时的、陈旧的或者是不连续的。有些发展中国家的次级资料非常有限。而在收集原始资料时，无论是调研的费用还是时间，都需要很大的成本。

3. 资料分析与解释中的问题

国际营销调研人员进行资料分析时，也会碰到在收集次级资料和原始资料中出现的问题，如计量工具和方法的使用、对问题的评估和认识、结论的归纳、决策参考意见的提出等。另外，调研人员本身的学识、才干、是否具备全球视野及克服自我参照标准的意识和能力也将影响到对调研资料的分析和解释。在国外市场根据表面意思理解信息有欠谨慎。所用词语的意思、消费者对某一产品的态度、采访者的态度或者采访环境都会歪曲调研结果，正如文化与传统会影响提供信息的愿意程度，它们也影响所提供的信息。如果调研人员不能对调研结果做出准确的评价，将影响或误导管理者的最终决策。

六、国际营销调研问题防范

跨国企业营销调研中的问题有些是可以避免和防范的，有些则是无法完全避免的。对于可以避免和防范的国际营销调研问题，一方面我们可以通过优化调研目标和调研计划等途径来使调研方案的制订尽可能地科学合理；另一方面，我们应加强对跨国文化的了解，特别是对国际营销人员的素质的提高,可以减少人为因素造成的调研的偏差。在实际中,通常可以从以下几个方面来对国际营销的调研问题进行事先防范。

1. 慎重确定调研目标

由于企业国际营销活动的复杂性,常常存在许多需要调研的问题,调研人员必须根据特定阶段企业经营活动中存在的具体问题和面临的各种环境威胁来确定调研题目,以选择对企业发展最重要、最迫切的问题进行调研。调研主题要符合企业发展的需要,调研目标要合理可行。既不能把范围定得太宽,以避免不必要的浪费,也不要太窄,以防止研究结果不能满足国际营销决策的要求。

2. 科学地制订调研计划

调研计划是指实现调研目标或检验调研假设所要实施的计划。调研人员需要建立一个回答具体调研问题的框架结构,要能够在多种选择中进行权衡。

(1) 调研内容的科学性。为了准确列出需要调研的全部内容,首先要召集制订调研计划的有关人员进行讨论,针对调研目的罗列出调研项目。其次对调研项目进行分类和重要性评估,列成项目清单。最后按照类别、重要性程度及资料获取的可能性程度对清单上的各项目进行排序,选出符合调研目标要求而且有可能获取的项目作为调研的内容。

(2) 资料来源的科学性。企业必须确保信息来源渠道的可靠性和稳定性。原始资料需要企业自己去收集,或委托有关的服务机构去收集。无论由谁收集,都要按照调研设计去进行。次级资料一般可以通过查阅有关的资料或通过专业的信息服务机构获得。企业国际营销调研所需的次级资料可以从企业内部和企业外部获得。

(3) 调研方法和手段的科学性。国际调研中常用的调研方法有观察法、征询法和实验法。根据调研目的、调研阶段、调研地点和调研对象的不同,我们可以采用不同的方法或组合,以达到最优的调研效果。国际营销调研中常用的调研手段有问卷和仪器。问卷调查的关键在于问卷设计,因为问卷设计的形式和内容直接关系到被调查者是否愿意真实地回答问题。跨国企业设计问卷调查时,要合理安排问题的顺序、表述方式和内容,讲求问卷设计的科学性和艺术性。

3. 注意文化差异

在国际营销调研的过程中,企业除了按照营销调研的一般方法和手段,对不同目标市场上消费者的语言、非语言沟通行为、宗教信仰、社会组织和价值观念等方面的差异进行调查和了解之外,还应特别注意文化差异对营销调研活动的影响,在调查的过程中要重点考虑定义上的文化差异、调查方法的差别选择和调查结果的差别分析三类文化的差异。

4. 提高国际营销人员素质

国际营销人员是国际营销调研的直接实施者,也是国际营销问题的直接面对者。为了解决这些问题,跨国企业必须注意对国际营销调研人员进行培训,不断提高国际营销调研人员的素质,这样国际市场调研人员才能通过调研得到有意义的营销信息。

第三节 国际目标市场策略

在对国际营销市场进行详细的调查研究的基础上，跨国企业的国际营销人员需要对所获得的国际市场的信息资料进行分析研究，从而发现和利用潜在的市场机会。一般地，跨国企业的国际市场开拓主要是通过国际市场细分、选择目标市场和目标市场定位三个步骤来进行的。

一、目标市场策略概述

市场营销学者麦卡锡提出了应当把消费者看作一个特定的群体，称为目标市场。通过市场细分，有利于明确目标市场，通过市场营销策略的应用，有利于满足目标市场的需要。所谓目标市场，是指通过市场细分后，企业准备以相应的产品和服务满足其需要的一个或几个子市场。

目标市场营销策略是指企业识别各个不同的购买者群体，选择其中一个或几个作为目标市场，运用适当的市场营销组合，集中力量为目标市场服务，满足目标市场需求的决策过程。

一般地，目标市场策略由三个步骤组成：市场细分、选择目标市场和市场定位。

(1) 市场细分。所谓市场细分，就是企业根据市场需求的多样性和购买行为的差异性，把整体市场划分为若干个具有某种相似特征的顾客群(称之为细分市场或子市场)，以便选择确定自己的目标市场。经过市场细分的子市场之间的消费者具有较为明显的差异性。而在同一子市场之内的消费者则具有相对的类似性。

(2) 选择目标市场。在市场细分的基础上，企业根据自身优势，从细分市场中选择一个或若干个子市场作为自己的目标市场，并针对目标市场的特点展开营销活动，以期在满足顾客需求的同时，获取更大的利润。

(3) 市场定位。所谓市场定位，是指企业在选定的目标市场上，根据自身的优劣势和竞争对手的情况，为本企业产品确定一个位置，树立一个鲜明的形象，以实现企业既定的营销目标。例如，雀巢咖啡的目标市场定位是讲求生活品位的白领阶层，强生婴儿洗发精的目标市场则为关心小孩洗头问题的妈妈。

二、国际市场细分

满足国际市场的顾客需求是企业国际市场营销活动的关键。然而，世界上有 200 多国家和地区，不同地域的消费者在需求、爱好、欲望等方面存在着差异性，没有一个企业能够完全满足它。因此，企业必须按照一定的标准对众多的国家和地区进行市场细分，并且根据自己的任务和目标、资源和特长，权衡利弊，从中选出适合本企业进入的细分市场为目标市场。

1. 国际市场细分的含义

所谓国际市场细分,是指企业按照一定的细分标准,把整个国际市场细分为若干个需求不同的子市场,其中任何一个子市场中的消费者都具有相同或相似的需求特征,企业可以在这些子市场中选择一个或多个作为其国际目标市场。这一过程在国际市场营销学中被称为国际市场细分。它是企业确定国际目标市场和制定国际市场营销策略的必要前提。

国际市场细分具有两个层次的含义,即宏观细分与微观细分。宏观细分是在全球范围内进行的。微观细分是在宏观细分的基础上,在进入某一国家(或经济区域)的情况下进行的进一步的细分。

国际市场细分的概念虽然简单,但它对企业的国际市场营销活动的成功却有着重要意义。进行国际市场细分有利于企业发掘国际市场机会,开拓国际市场;有利于企业集中人力、物力和财力投入国际目标市场,以获取局部竞争优势;有利于企业较快地察觉国际市场的变化,及时地调整国际市场营销策略;有利于企业根据细分市场的特点,集中使用人力、物力等资源,提高国际营销效益。

2. 国际市场细分的标准

国际市场细分的标准具体如下。

(1) 国际市场宏观细分。国际市场宏观细分是指按照某种标准,把整个国际市场分为若干个子市场,每一个子市场具有某些共同的特征。国际市场宏观细分通常有地理标准、经济标准、社会文化标准和组合标准四种标准。

① 地理标准。在很多情况下,处于不同地理区域的消费者或客户,会对同一种产品表现出不同的需要或偏好,对产品价格、促销活动的反应也会有所差别。因此,地理因素是宏观细分的一个基本依据。地理标准所包含的具体变量有地理位置、气候、地形地貌等。例如,不同气候条件下的消费者对服装有不同需要,因此服装生产企业就可以根据气候条件,将全球市场划分为寒带市场、温带市场和热带市场等子市场,然后再根据自身资源条件,选择目标市场。家电、通信设备、汽车等领域的许多企业,也都是根据地理因素细分全球市场,它们把全球市场划分为北美市场、拉美市场、西欧市场、东欧市场、中东市场、东南亚市场、非洲市场等子市场。

② 经济标准。各个国家和地区的经济发展水平直接决定了消费者的购买力,不同国家在经济发展水平、人口和收入等方面存在差异,进而对国内需求、购买者行为模式以及营销活动成本产生一定程度的影响。所以很多情况下,国际营销者需要根据经济因素对国际市场进行分析研究,并进行市场细分和目标市场选择。常用的经济标准包括人均GNP、人均GDP、进出口贸易额、外贸依存度等。按照这些标准,国际市场常被划分为发达国家市场和发展中国家市场,或者工业化国家、中等收入国家和低收入国家等子市场。

③ 社会文化标准。语言、教育、宗教、审美观等社会文化要素都可以作为国际市场宏观细分的依据。例如,我国中医药行业的排头兵——同仁堂集团在制定国际营销战略时,就是根据语言把国际市场划分为东南亚市场、北美市场、西欧市场、大洋洲市场等,并选择东南亚市场作为企业当前最重要的海外目标市场。同仁堂集团之所以这样细分国际市场,是因为中药的市场需求与当地人对汉语的了解和使用程度有密切关系。从一定程度上讲,

要接受中医药，首先要了解并接受中国文化，而是否接受中国文化，又与汉语在当地的使用程度有直接关系。

④ 组合标准。它是 20 世纪 80 年代初由兹克拉提出的，而后受到了国际营销学者和管理人员的普遍欢迎。兹克拉是从国家潜量、竞争力和综合风险三方面，按照三个等级，对世界各国进行不同的排列组合，把国际市场细分为 18 类。其中，国家潜量是指企业的产品或服务在一国市场上的销售潜量，可通过人口数量及分布、经济增长率、人均国民收入等来衡量。竞争力包括内部因素和外部因素，内部因素指企业在该国市场上的优势和劣势；外部因素包括该行业及替代产品行业的竞争程度。综合风险指的是企业在该国面临的政治风险、财务风险和业务风险等。组合标准细分的方法对不同国家的营销环境的考察更加全面具体，但需要事先通过大量调查以掌握准确信息，过程一般较复杂，从而导致营销成本过高。

(2) 国际市场微观细分。国际市场微观细分是基于消费者需求的差异的细分。通过国际市场宏观细分，跨国企业可以选择某个国家作为目标市场，但是跨国企业在决定进入该国市场之后，还需要对该国市场再次进行微观细分，使得跨国企业的最终目标市场更加具体和准确。国际市场微观细分的标准有人口因素、心理因素和行为因素三类常见的标准。

① 人口因素。按照人口因素进行细分，就是按照人口总量、性别、年龄、文化程度、收入水平、家庭状况、宗教信仰、民族等人口统计学特征细分市场。由于人口因素是区分消费者群体最常用的基本要素，直接影响消费者的需求特征，而且较其他因素更易于辨认和衡量，因而是国际消费品市场中最常用、最主要的细分标准。

② 心理因素。指跨国企业按照人的心理特征，如理性或感性、强制性或非强制性、独立或依赖、内向或外向等诸多个性特征以及价值观和生活方式等进行国际市场的细分。随着社会经济的发展，人们的需求也在产生变化，消费者的需求从生理需求向心理需求转化，这一转变在中国市场的消费者身上尤为明显，因而消费心理因素成为国际市场尤其是发达国家市场细分的重要变数之一。比如，女性皮鞋市场通常可以分为时髦型、朴素型、大众型和独特型等子市场。

③ 行为因素。根据行为因素进行细分，主要是指依据消费者的购买习惯、购买动机或使用某种商品所追求的利益、使用者状况及使用频率、对品牌的忠诚状况以及对各种营销因素的敏感程度等变数来细分国外消费者市场。比如，根据消费者所追求的使用目的，牙膏市场通常被分为保持牙齿洁白、防止蛀牙、口腔清新等三类主要的细分市场。许多企业则根据消费者对自己产品的使用程度将国际市场分为未使用者、曾经使用者、潜在使用者、初次使用者和经常使用者五类子市场。

3. 进行国际市场细分的原则

国际市场细分是企业选择国际目标市场的重要前提和基础。进行有效的市场细分需要遵循一定的原则。

(1) 差异性原则。细分市场的客观原因是市场需求存在着差异性，如果市场上差异性不明显，市场细分则毫无意义。

(2) 可进入性原则。可进入是企业进行细分市场的前提，因为所划分的细分市场，企业的资源条件、营销经验以及所提供的产品和服务，必须能够进入该细分市场，并能有效地开展营销活动。

(3) 可衡量性原则。这是指对于国际市场的细分，所划分出的细分市场的销售潜量及购买力的大小是能够被测量的。企业可以通过各种市场调查手段和销售预测方法来测量国际目标市场现在的销售状况和未来的销售趋势。否则，企业不宜轻易地决定选择其作为国际目标市场。

(4) 可收益性原则。跨国企业进行市场细分是为了利用企业的市场机会，因此所划分的细分市场，应当有较大的市场潜量，有较强的消费需求、购买力和发展潜力，企业进入这一市场后，有望获得足够的营业额和较好的经济效益。

三、国际目标市场的选择

1. 选择国际目标市场的标准

并非所有的细分市场对跨国企业都有同等的吸引力，企业在进行国际市场细分后，从若干个细分市场中选择一个或者多个细分市场作为自己的国际目标市场。选择国际目标市场的总体标准是能充分地利用企业的资源和能力，最大限度地满足该细分市场上消费者的需求，从而实现企业的价值。

(1) 细分市场的现有规模及增长潜力。细分市场的当前需求规模和潜在需求规模，是评估细分市场的重要指标。市场需求潜量指一定时期内，一定环境条件和一定行业营销努力水平下，一个行业中所有企业可能达到的最大销售量。同时，目标市场的当前需求规模和需求潜力必须是可以测量的，即跨国企业可以通过各种手段和销售预测方法来测量国际目标市场现在的销售状况和未来的销售趋势。

(2) 细分市场的竞争结构和吸引力。即使市场有一定规模和增长潜力，但竞争激烈或者被其他企业垄断，企业也不容易进入该市场，因此，还要从竞争的角度分析该子市场的吸引力。这里需要考虑波特的五力模型，通过对供应商和购买者的讨价还价能力、潜在进入者的威胁、替代品的威胁以及同一行业的公司间的竞争这几种力量的分析得到企业所面临的细分市场中的竞争结构。一般来说，企业应当尽量避免选择竞争激烈的市场，以便为自己形成市场控制力选择一个更有弹性的经营空间。

(3) 相容性和可行性。即使某个细分市场具有合适的规模和增长速度，也具备市场竞争结构上的吸引力，企业仍需将本身的目标和资源加以衡量，如果企业缺乏赢得细分市场竞争所必需的能力，那么该企业就无法进入这个市场。相对于竞争者，企业必须在充分考虑自身的资源条件和企业内部的能力的基础上，选择国际目标市场，这样跨国企业在进入这一细分市场后才能有效地利用自身的资源和能力，形成相对于其他竞争对手的竞争优势。

2. 国际目标市场的基本营销策略

在国际目标市场确定后，跨国企业需要在国际目标市场上进行营销策略的选择。目标市场的基本营销策略有无差异性营销策略、差异性营销策略和集中性营销策略三种基本类型。

(1) 无差异性营销策略。无差异性营销策略是指企业把一类产品看做整体市场，一个大的目标市场用一种标准化的营销策略，而不考虑单一细分市场的特殊性，只考虑共性。这是一种求同存异的营销策略，旨在通过大规模的生产和经营，产生规模经济效益，降低生产和营销成本。但由于忽视不同国家、不同顾客需求之间的差异，可能会丧失许多市场机会。

这种策略的最大优点就是生产成本、管理费用、销售费用相对低，而不足之处在于完全忽略了不同消费者之间的需求差异，因此会丧失许多市场机会。无差异性营销策略通常适用于刚起步的企业，可以在刚刚开始时采用无差异性营销，等到取得一定成功和发展后，再选择其他营销策略。

(2) 差异性营销策略。差异性营销策略是指企业针对不同细分市场的需求特点，在产品设计、使用功能、外观、商标、包装或服务和价格等方面，创造产品的独有特性，满足不同细分市场需求，获得市场规模和竞争力的做法。比如，服装生产企业针对不同性别、不同收入水平的消费者推出不同品牌、不同价格的产品，并采用不同的广告主题来宣传这些产品，就是采用的差异性营销策略。

企业采用差异性营销策略，可以使顾客的不同需求得到更好的满足，也使每个子市场的销售力得到最大限度的挖掘，从而有利于扩大企业的市场占有率。同时也大大降低了经营风险，一个子市场的失败不会导致整个企业陷入困境。差异性营销策略大大提高了企业的竞争能力，企业树立的几个品牌，可以大大提高消费者对企业产品的信赖感和购买率。多样化的广告，多渠道的分销，多种市场调研费用、管理费用等，都是限制小企业进入的壁垒，所以，对于财力雄厚、技术强大、拥有高质量的产品的企业，差异化营销是良好的选择。例如宝洁公司对旗下洗发水采取的就是差异性营销策略：飘柔——"头发更加飘逸柔顺"；海飞丝——"头屑去无踪，秀发更出众"；潘婷——"富含维他命，令头发更营养，加倍亮泽"。

差异性营销策略的不足之处主要体现在两个方面，一是增加营销成本。由于产品品种多，管理和存货成本将增加；由于公司必须针对不同的细分市场制订独立的营销计划，会增加企业在市场调研、促销和渠道管理等方面的营销成本。二是可能使企业的资源配置不能有效集中，顾此失彼，甚至在企业内部出现彼此争夺资源的现象，使拳头产品难以形成优势。

(3) 集中性营销策略。集中性营销策略是指企业集中精力专门为某一个或少数几个特殊的细分市场提供服务，从而实现产品的高度差别化，在目标市场上具有特殊的竞争能力，可以赢得较高的利润率。

实行差异性营销策略和无差异性营销策略，企业均是以整体市场作为营销目标，试图满足所有消费者在某一方面的需要。集中性营销策略则是集中力量进入一个或少数几个细分市场，实行专业化生产和销售。实行这一策略，企业不是追求在一个大市场角逐，而是力求在一个或几个子市场占有较大份额。

集中性营销策略的优点是通过集中力量进入一个细分市场，为该市场开发一种理想而独到的产品，实行高度专业化的生产和销售，使某些细分市场的特定需求得到较好的满足，有助于提高企业与产品的知名度，节省费用。但是这种策略也面临两个局限性。一是市场区域相对较小，企业发展受到限制。二是潜伏着较大的经营风险，一旦目标市场突然发生变化，如消费者偏好发生变化；或强大竞争对手的进入；或新的更有吸引力的替代品的出现，都可能使企业面临生存困境。

综上所述，三种目标市场策略各有利弊，跨国企业在实际的国际营销中究竟应采取哪一种策略，应综合考虑企业自身的资源和能力、市场的竞争结构以及企业和产品所处的生命周期阶段等多方面因素。

四、国际目标市场定位

1. 国际目标市场定位的含义

市场定位是企业及产品确定在目标市场上所处的位置。市场定位是在 1969 年由美国营销学家艾·里斯和杰克特劳特提出的，其含义是指企业根据竞争者现有产品在市场上所处的位置，针对顾客对该类产品某些特征或属性的重视程度，为本企业产品塑造与众不同的，给人印象鲜明的形象，并将这种形象生动地传递给顾客，从而确定该产品在市场上适当的位置。

市场定位通常可分为对现有产品的再定位和对潜在产品的预定位。对现有产品的再定位一般是通过产品名称、价格和包装的改变，来使产品在潜在消费者的心目中留下值得购买的形象。对潜在产品的预定位，要求营销者必须从零开始，使产品特色确实符合所选择的目标市场，这就要求跨国企业一方面要了解竞争对手的产品具有何种特色；另一方面要研究消费者对该产品的各种属性的重视程度，然后根据这两方面进行分析，再选定本公司产品的特色和独特形象。

2. 国际目标市场定位的步骤

通常，跨国企业国际市场定位的步骤主要包括六个基本的步骤：①明确竞争产品；②明确产品的属性，确定产品的空间；③选取消费者样本，收集他们在相应属性上对产品的信息感知，确定每个产品的心理份额；④确定该产品在产品空间的当前位置；⑤确定目标市场的首选属性组合；⑥通过对竞争产品的位置、自己产品的位置和理想的矢量位置的权衡，选择产品的最优定位。一般可以借鉴因子分析、多维尺度分析等调查和统计技术来使定位变得更加精确。

3. 国际目标市场定位策略

跨国企业的市场定位是否成功，关键在于与竞争者的区别是否明显，是否具有优势。跨国企业在开展国际营销活动时通常采用以下几种定位策略。

(1) 定位于产品特色。定位于产品特色指根据消费者的需要及对产品不同属性的重视程度，设计出区别于竞争对手、具有鲜明个性的产品，以在顾客的心目中找出一个"恰当"的位置。企业通过分析市场，发现消费者需求具有明显的差异性。企业可以从以下几个方面，进行产品定位：从产品属性方面定位，企业可以突出本企业在成分、性能、构造、形状、大小等方面的优异性；从适应顾客心理方面定位，企业可以突出气派、豪华、时髦、朴素等方面的差异；从产品价格水平方面定位，如高价定位或低价定位等；从产品档次定位，企业可以定位于高档产品、中档产品，或大众化产品等。

(2) 定位于消费者需求。定位于消费者的需求一方面是指充分地注重消费者的利益，不但注重产品本身的功能，更注重其产品为消费者所能带来的利益和使用当中满足感的程度。例如，牙膏除了其有去除牙齿污垢的主要功能之外，企业还将其赋予防蛀虫、增白、清新口味等作用，以使自己的顾客在去除牙垢的同时得到其他不同的利益。这种定位方式还适合于洗涤用品、洗发用品和化妆品。

定位于消费者的需求另一方面是企业根据不同使用者的特点，使产品主动迎合其不同类型消费者的需求。消费者类型的划分方法有很多，主要可以从年龄划分为儿童群体、青年群体、中老年群体等；还可以从职业划分为蓝领群体和白领群体，从收入水平划分为高收入群体、中收入群体和低收入群体。

(3) 定位于市场空当。这是指企业通过分析市场发现未被占领的市场空当，抢先占领该市场。在激烈的竞争环境中，谁最先发现并抢先占领市场空当，做独家生意，谁就可以先获得利益，以此为契机掌握市场主动权。当全球电子计算机迅速被应用的形势下，中国台湾英达集团把目光投向电子词典，把大量的辞典浓缩在小书大小的一个计算机中，使用方便，便于携带，仅用几年的时间，就占领了世界电子词典的主导地位。

(4) 竞争定位策略。竞争定位通常是指根据对竞争对手产品特性的分析，来确定企业自身产品的市场地位。采用竞争导向定位时必须要明确竞争对手的市场定位是如何形成的。较为常用的竞争导向定位方法有如下两种。

① 对抗性定位。这是一种与在市场上占据支配地位的、亦即最强的竞争对手"对着干"的定位方式。显然，这种定位有时会产生危险，但不少企业认为能够激励自己奋发上进，一旦成功就会取得巨大的市场优势。例如，肯德基和麦当劳在快餐市场上持久的对抗性策略。实行对抗性定位，跨国企业必须知己知彼，尤其应清醒估计自己的实力，不一定试图压垮对方，只要能够平分秋色就是巨大的成功。

② 避强定位。这是一种避开强有力的竞争对手的市场定位。可以迅速占领市场并树立企业形象、市场风险小、成功率较高是其主要的优点。比如，"七喜"碳酸饮料推出时，为避免与"可口可乐"和"百事可乐"的正面冲突，把自己的产品定位为非可乐型饮料，取得了较好的市场份额。

(5) 再定位策略。再定位策略是企业为改变目前购买者对其产品的印象，使目标购买者建立新的认识而对其产品进行的定位，也被称为重新定位。当企业产品出现滞销、市场反应迟缓等现象时，或者第一次定位不准确时，通常会使用这种方法，目的是使企业摆脱困境，走出低谷，重新获得活力和效益的增长。另外，有时产品销售范围的意外扩大也会引发再定位。比如，本来是专门为青年人设计的服装在中年人中也大受欢迎，这款服装就会因此而重新定位，从而为产品打开新的销路、开发新的市场。

(6) 多重定位策略。这种定位方式是将产品定位在几个层次上，或者依据多重因素对产品进行定位，使产品给消费者的感觉是产品的特征很多，具有多重的作用和功效。在一些对产品功能要求比较高的市场上，多重定位方式常常可以取得成功。但是，这种定位对多重性的强调也须格外谨慎，否则会因为强调的特征较多，而难以使得产品在消费者的心里留下鲜明的印象。

第四节　国际市场营销组合策略

一、国际市场营销组合概述

1. 国际市场营销组合的含义

跨国企业的市场营销组合指的是企业在选定的目标市场上，综合考虑环境、能力、竞争状况中企业自身可加以控制的因素，并对其进行最佳组合和运用，以完成企业的目的与任务。市场营销组合是企业市场营销战略的一个重要组成部分，是指将企业可控的基本营销措施组成一个整体性活动。目标市场一旦确定，跨国企业就要为之设计市场营销组合，以满足目标市场的需要。

市场营销组合这一概念是由美国哈佛大学教授尼尔·鲍顿(N. H. Borden) 于1964年最早采用的，并确定了营销组合的12个要素。随后，杰罗姆·麦卡锡提出了著名的"4Ps"营销组合模型，即产品(product)、定价(price)、渠道(place)、促销(promotion)。通常跨国企业制定国际营销组合策略时，主要也是包括产品策略、定价策略、分销策略和促销策略四个方面的策略制定。

2. 国际市场营销组合的特点

国际市场营销组合具有以下特点。

(1) 协同性。企业必须在准确地分析、判断特定的市场营销环境、企业资源及目标市场需求特点的基础上，才能制定出最佳的营销组合。所以，最佳的市场营销组合的作用，绝不是产品、价格、渠道、促销四个营销要素的简单叠加，即4Ps不等于P+P+P+P，而是使它们产生一种整体协同作用。就像人体的五官，每一种器官有自己的作用和感知，而且五官的协同，就可以产生大于原来每一器官的作用之和。市场营销组合也是如此，只有它们的最佳组合，才能产生一种整体协同作用。正是从这个意义上讲，市场营销组合又是一种管理的艺术和技巧。

(2) 层次性。市场营销组合由许多层次组成，就整体而言，"4Ps"是一个大组合，其中每一个"P"，又包括若干层次的要素。这样，企业在确定营销组合时，不仅更为具体和实用，而且相当灵活；不但可以选择四个要素之间的最佳组合，而且可以恰当安排每个要素内部的组合。

(3) 动态性。构成营销组合的"4Ps"的各个自变量，是最终影响和决定市场营销效益的决定性要素，而营销组合的最终结果就是这些变量的函数，即因变量。从这个关系看，市场营销组合是一个动态组合。只要改变其中的一个要素，就会出现一个新的组合，产生不同的营销效果。因此，国际市场营销组合具有很强的动态性和灵活性。

(4) 适应性。一般来说，市场营销组合作为企业营销管理的战略决策，短期内不会很频繁地变动。但是，营销组合制定的主要目的是适应市场环境的变化和满足消费者的需求。因此在市场环境变化剧烈的现代市场环境下，国际市场营销组合必须有足够的适应性，这样，市场营销组合才是一个有效的组合策略，发挥出应有的作用。

二、国际产品策略

国际市场产品策略是国际市场营销组合中的核心,是价格策略、分销策略和促销策略的基础。由于企业面对的是错综复杂的国际市场营销环境,以及不同的各国消费者,这就使得企业将面临着许多在国内市场产品策略中未曾遇见过的问题。

1. 现代产品概念

现代营销中的产品是一个广义的概念,是指能够提供给市场以满足需要和欲望的有形物品和无形服务,是购买者所得到的物理的、心理的、服务上和象征性特征的集合体。

现代营销中的产品通常应包括五个层次的内容。①核心产品:指顾客真正所购买的基本服务或利益。②形式产品:指核心产品借以实现的形式或目标市场对某一需求的特定满足形式。③期望产品:指购买者在购买该商品时期望得到的与产品密切相关的一整套属性和条件。④附加产品:指顾客购买形式产品和期望产品时,附带获得的各种利益的总和。⑤潜在产品:指现有产品的可能的演变趋势和发展前景,是指现有产品包括所有附加产品在内的,可能发展成为未来最终产品的潜在状态的产品。

2. 国际市场产品的标准化与差异化设计

(1) 国际市场产品标准化设计。国际市场产品标准化设计策略是指企业无论在国内市场还是在其他国家或地区都提供同样的产品。这是一种产品延伸策略,即企业的产品从国内市场延伸至国外市场。

企业采取标准化设计策略的优点是:能够大幅度地降低成本,取得规模经济效益;有利于树立全球统一的产品形象;有利于延长产品的生命周期;有利于满足流动性较强的顾客需求。标准化策略的缺点是不能满足不同国家不同消费者的不同需求。

(2) 国际市场产品差异化设计。

① 产品差异化设计的原因。企业实行产品差异化策略的原因不外乎两种。一是被动更改,即由于目标市场国的各种硬性规定必须改变产品实行差异化策略,如果产品不改变,就无法进入目标市场。二是主动性更改,是指企业为了更好地适应东道国市场需要而主动改进产品,如果产品不进行更改,也能进入目标国家市场,但是如对产品进行适应性更改,则更能符合目标国家市场的需要,有利于取得良好的营销效果。

② 企业采取差异化设计策略的优点。国际产品的差异化设计策略是一种产品本土化设计策略,是指企业按照目标市场国的需求特点对产品进行更改的策略。产业组织理论认为除了完全竞争市场和寡头垄断市场之外,企业控制市场的能力取决于其产品差异化的成功程度。如果企业能突出自己产品与竞争产品之间的差别,并让顾客了解到这一差别的存在,那么企业就可以限制竞争对手,在激烈的竞争中处于有利地位。

3. 国际产品设计决策应考虑的因素

进行国际产品的设计决策通常要考虑以下六个因素的影响。

(1) 产品类型。不同的产品类型会影响产品决策。通常来说,工业品与消费品相比,前者较适宜采取标准化策略,后者适宜采取差异化策略。

(2) 成本收益关系。要进行差异化设计，首先要考虑在成本上的可行性，如果成本过高则会限制差异化产品的市场需要潜量。

(3) 目标市场国市场竞争状况。如果在国外市场上没有竞争者，企业可采取标准化设计；如果市场上出现竞争者或竞争对手较多，那么企业只有采取差异化设计策略才能赢得竞争优势。

(4) 产品使用者的特点和产品生命周期。当本企业产品的使用者具有很强的流动性或产品处于生命周期的投入期时应采取标准化策略，而产品处于生命周期的不同阶段时应相应采取差异化策略。

(5) 目标市场国的法律、自然、科技等方面的差异。目标市场国的环境因素的差异通常是国际营销的企业制定产品策略的依据。环境不同的国家有不同的法律规定；不同国家有不同的产品技术标准；不同国家有不同的自然环境。这些差异很有可能会限制产品的标准化，使产品不得不采取差异化策略。

(6) 目标市场国经济、文化方面的差异。由于各国经济、文化等环境的差异，消费需要也大不相同，这就要求产品的差异化设计。就经济环境而言，不同国家的人均收入水平差距很大，在一个国家能接受的产品，在另一个国家却无法接受。而从文化环境来看，需求偏好，也会要求产品的差异化。

三、国际定价策略

价格是市场营销组合的一个重要因素。产品价格的高低，直接决定着企业的收益水平，也影响到产品在国际市场上的竞争力。国内定价原本就很复杂，当产品销往国际市场时，运费、关税、汇率波动、政治形势等因素更增加了国际定价的难度。所以，企业必须花大力气研究确定国际营销中的定价策略。

1. 影响国际营销定价的因素

影响国际营销定价的因素具体如下。

(1) 成本因素。成本核算在定价中十分重要。产品销往的地域不同，其成本组成也就不同。出口产品与内销产品即使都在国内生产，其成本也不会完全一样。如果出口产品为了适应国外的度量衡制度、电力系统等其他方面而作出了改动，产品成本就可能增加。反之，如果出口产品被简化或者去掉了某些功能，生产成本就可能会降低。国际营销与国内营销某些相同的成本项目对于两者的重要性可能差异很大。例如运费、保险费、包装费等在国际营销成本中占有较大比重。而另外一些成本项目则是国际营销所特有的，例如关税、报关、文件处理等。现在我们将对国际营销具有特殊意义的成本项目分别进行说明。

① 中间商成本因素。各个国家的市场分销体系与结构存在着很大的差别。在有些国家，企业可以利用比较直接的渠道把产品供应给目标市场，中间商负担的储运、促销等营销成本也比较低。而在另外一些国家，由于缺乏有效的分销系统，中间商进行货物分销必须负担较高的成本。

② 关税等税收因素。企业把产品销往国外必须缴纳关税。事实上，产品缴纳的进口签证费、配额管理费等其他管理费用也是一个很大的数额，成为实际上的另一种关税。此

外，各国还可能征收交易税、增值税和零售税等，这些税收也会影响产品的最终售价。这些税收一般并不仅仅是针对进口产品。

③ 金融成本因素。国际营销面临的市场环境的波动性和风险性很大。在国际营销实践中，风险成本主要包括融资、通货膨胀及汇率风险。由于货款收付等手续需要比较长的时间，因而增加了融资、通货膨胀以及汇率波动等方面的风险。此外，为了减少买卖双方的风险及交易障碍，经常需要有银行信用的介入，这也会增加费用负担。这些因素在国际营销定价中均应予以考虑。

(2) 市场因素。市场供求、市场竞争和市场价格是完整的市场机制的三个不可分割的因素。市场供求和市场竞争决定市场价格，而市场价格又反过来影响市场供求和市场竞争。

① 市场供求因素。产品的最低价格取决于该产品的成本费用，而最高价格则取决于产品的市场需求状况。各国的文化背景、自然环境、经济条件等因素存在着差异性，决定了各国消费者的消费偏好不尽相同。对某一产品感兴趣的消费者的数量和他们的收入水平，对确定产品的最终价格有重要意义。即使是低收入消费群体，对某产品的迫切需要也会导致这种产品能够卖出高价。但仅有需求是不够的，还需要有支付能力作后盾。所以，外国消费者的支付能力对企业出口产品的定价有很大影响。要详细了解需求与支付能力，还需要深入研究该国国民的习俗及收入分布情况。

② 市场竞争因素。产品的最低价格取决于该产品的成本费用，最高价格取决于产品的市场需求状况。在上限和下限之间，企业能把这种产品价格定多高，则取决于竞争者提供的同种产品的价格水平。与国内市场不同，企业在不同的国外市场面对着不同的竞争形势和竞争对手，竞争者的定价策略也千差万别。因此，企业就不得不针对不同的竞争状况而制定相应的价格策略。竞争对企业定价自由造成了限制，企业不得不适应市场的价格。除非企业的产品独一无二并且受专利保护，否则没有可能实行高价策略。

(3) 政府政策、法令及管制因素。任何东道国政府都会对外国企业的经营活动进行管理和限制，以维护本国的经济利益。东道国政府可以从很多方面影响企业的定价政策，比如关税、税收、汇率、利息、竞争政策以及行业发展规划等。一些国家为保护民族工业而制定的关税和其他限制政策使得进口商品成本增加很多。作为出口企业，不可避免地要遇到各国政府的有关价格规定的限制，比如政府对进口商品实行的最低限价和最高限价，都约束了企业的定价自由。

2. 国际营销定价的方法

在综合以上的各种国际营销定价的影响因素的基础上，跨国企业通常采用的国际营销定价的方法主要有三种。

(1) 成本导向定价法。成本导向定价法是以产品单位成本为基本依据，再加上预期利润来确定价格的成本导向定价法，是中外企业最常用、最基本的定价方法。成本导向定价法又衍生出了成本加成定价法、目标利润定价法、变动成本定价法和盈亏平衡定价法等几种具体的定价方法。

① 成本加成定价法。在这种定价方法下，把所有为生产某种产品而发生的耗费均计入成本的范围，计算单位产品的变动成本，合理分摊相应的固定成本，再按一定的目标利润率来决定价格。成本加成定价法计算公式为

单位产品价格=单位产品成本×(1+加成率)

该定价方法的优点有：简单易行；当行业内所有企业都采用这种方法时，可减少价格竞争；对买者而言，这种方法比较公平。缺点主要有：未考虑市场需求、购买者、竞争条件等，不可能制定出最佳的价格；加成率是一个估算数，缺乏科学性；不利于降低产品成本等。

② 目标利润定价法。目标利润定价法又称投资收益率定价法，是根据企业的投资总额、预期销量和投资回收期等因素来确定价格。其公式为

单位产品价格=单位成本+目标收益/销量

这种定价方式的优点是：可以保证企业既定目标利润的实现，方便企业制订财务计划；一般适用于需求弹性小，在市场中有一定影响力或具有垄断性质的企业。这种定价方式也存在很多不足，比如说没有考虑到价格是影响销量的最重要因素，先定销量再定价格在理论上是说不通的。

③ 变动成本定价法。变动成本定价法又叫做边际成本定价法，它是指企业定价时只考虑变动成本，不考虑固定成本。其基本公式为

单位产品价格=(总的可变成本+边际贡献)/总产量

这种定价方法一般用于开拓新市场、追加订货或市场竞争异常激烈导致价格成为主要竞争手段时。其主要缺点有：过低的价格可导致竞争者的报复；有可能被指控为倾销等。

④ 盈亏平衡定价法。在销量既定的条件下，企业产品的价格必须达到一定的水平才能做到盈亏平衡、收支相抵。既定的销量就称为盈亏平衡点，这种制定价格的方法就称为盈亏平衡定价法。科学地预测销量和已知固定成本、变动成本是盈亏平衡定价的前提。其基本计算公式为

单位产品价格=(固定总成本+总变动成本)/总产量

这种定价方法的主要优点为有利于企业开展价格竞争或应付供过于求的市场格局，通常将盈亏平衡点价格作为价格的最低限度，加上目标利润才是最终目标市场价格。同时这种定价方法也存在不足之处：只能使企业的生产耗费得以补偿，而不能得到收益。

(2) 需求导向定价法。需求导向定价法又称顾客导向定价法、市场导向定价法，是指企业根据市场需求状况和消费者的不同反应分别确定产品价格的一种定价方式。需求导向定价法一般是以该产品的历史价格为基础，根据市场需求变化情况，在一定的幅度内变动价格，以至同一商品可以按两种或两种以上价格销售。这种差价可以因顾客的购买能力、对产品的需求情况、产生的型号和式样以及时间、地点等因素而采用不同的形式。如以产品式样为基础的差别定价，同一产品因花色款式不同而售价不同，但与改变式样所花费的成本并不成比例；以场所为基础的差别定价，虽然成本相同，但具体地点不同，价格也有差别。

① 认知价值定价法。认知价值定价法是指根据购买者对产品的主观感受价值来制定价格。这种定价方法认为，某一产品的性能、质量、服务、品牌、包装和价格等，在消费者心目中都有一定的认识和评价。消费者往往根据他们对产品的认识、感受或理解的价值水平，综合购物经验、对市场行情和同类产品的了解而对价格作出评判。当商品价格水平与消费者对商品价值的理解水平大体一致时，消费者就会接受这种价格，反之，消费者就不会接受这个价格，商品就卖不出去。这种定价的优点是：充分考虑顾客的需求及市场竞

争情况，是一种较为全面、可行的定价方法。难点和关键在于获得消费者对有关商品价值认知的准确资料。

③ 需求差别定价法。需求差别定价法是指企业通过努力，使同种同质的产品在消费者心目中树立起不同的产品形象，根据消费者需求强度、购买力、购买地点、购买时间的不同制定不同的价格。这种定价方法，对同一商品在同一市场上制定两个或两个以上的价格，或使不同商品价格之间的差额大于其成本之间的差额。这是一种进攻性的定价方法，好处是企业定价可以尽可能地符合市场需求，有利于企业获得最大的经济效益。但是前提是，企业要具备一定实力。另外，企业要注意，在质量大体相同的条件下实行差别价格是有限的，以防止顾客的反感和敌意。

④ 逆向定价法。逆向定价法是指不考虑成本，重点考虑需求状况，依据消费者能够接受的最终销售价格，计算自己从事经营的成本和利润后，逆向推算出产品的批发价和零售价。这种以最终消费者接受为出发点制定出来的价格能反映市场需求，有利于加强同中间商的良好关系，非常有竞争力。但是不足之处在于，这种定价方式对企业成本控制要求较高。如果企业的成本控制水平达不到逆向定价法的要求，这种方法无异于纸上谈兵。

(3) 竞争导向定价法。竞争导向定价法是企业通过研究竞争对手的生产条件、服务状况、价格水平等因素，依据自身的竞争实力，参考成本和供求状况来确定商品价格，以市场上竞争者的类似产品的价格作为本企业产品定价的参照系的一种定价方法。这种定价方法主要包括随行就市定价法和密封投标定价法。

① 随行就市定价法。在垄断竞争和完全竞争的市场结构条件下，任何一家企业都无法凭借自己的实力而在市场上取得绝对的优势，为了避免竞争特别是价格竞争带来的损失，大多数企业都采用随行就市定价法，即将本企业某产品价格保持在市场平均价格水平上，利用这样的价格来获得平均报酬。这种定价方法在成本较难计算，或者难以预计实力强大的竞争者对本企业价格的反应的情况下比较适用，常用于竞争比较激烈或同质化程度较高的行业；能产生一种公平的报酬。对于企业而言不足之处在于这种定价主要基于竞争者的价格，很少注意自己的成本或需求。

② 密封投标定价法。是指在参加工程招标时，在预测竞争对手价格的基础上制定出本企业的价格的定价方式。通常所制定的价格要低于竞争对手价格，或者当本企业提供投标的产品质量和服务明显高于对手时，可以制定略高于竞争对手的价格。在这种定价方式下，企业利润和投标中标率一般呈反比，投标者需要协调好这两方面的关系。

3. 国际营销定价策略

跨国企业能否顺利地占据目标市场，一个关键的因素就是跨国企业能否灵活地选择定价策略。所谓的国际营销的定价策略是指跨国企业为了实现自己的定价目标，对出口商品或者劳务制定的价格的浮动范围，以扩大企业的市场份额，增加企业的利润。国际市场上常见的定价策略有以下几种。

(1) 新产品定价策略。企业向国际市场推出新产品，常用的策略有撇脂定价、渗透定价和满意定价三种选择。

① 撇脂定价法是指企业把产品价格定得很高，尽可能在产品生命周期之初赚取最大利润。适用条件包括市场需求缺乏弹性；存在较高的行业壁垒；可以通过高价的形式树立

高档的形象；企业生产能力有限，通过高价来限制需求等。

② 渗透定价法是指企业把新产品以相对较低的价格投入国际市场，来先吸引顾客以便迅速打开市场，短期内获得较高的市场占有率，同时以低价吓退其他竞争者的定价方法。通常在以下市场中被使用：市场需求弹性大，顾客对价格十分敏感；规模经济效应明显；低价不会引起竞争者的报复和倾销的指控。

③ 满意定价法指将产品的价格定在介于以上两种策略之间的一个比较合理的水平，使厂商、中间商及消费者都能接受。这是一种被普遍使用、简便易行的定价策略。适用于产销较为稳定的产品，而不适应需求多变、竞争激烈的市场环境。

(2) 心理定价策略。心理定价策略是指国际营销者根据顾客的购买心理为产品定价，以诱导其购买。通常又分为声望定价策略、尾数定价策略和招徕定价策略三种。

① 声望定价策略是利用品牌声望或企业声望给产品制定一个较高的价格。

② 尾数定价策略是指给商品制定一个带有尾数尤其是奇数的价格，使买方产生价格低廉、价格经过精确计算的感受，但对一些质量高的商品和高档商品不宜采用，应考虑整数定价法。

③ 招徕定价策略是指为了招徕客户而有意将某些商品的价格制定得较低，即所谓特价品。从公司的总销售量和总利润看，这种定价法往往是有利的。

(3) 折扣定价策略。它是指为了鼓励消费者及早付清货款、大量购买或者淡季购买、调动中间商的积极性等，在价格上给予一定的优惠激励措施，按照某种比例减让商品价格的定价策略。通常的折扣定价策略有现金折扣、数量折扣、功能折扣和季节折扣等。

(4) 差别定价策略。所谓差别定价是指企业以两种或两种以上不同的反映成本费用的比例差异的价格来销售一种产品或服务，即价格的不同并不是基于成本的不同，而是企业为满足不同消费层次的要求而构建的价格结构。差别定价通常有产品样式差别定价、形象差别定价、位置差别定价、时间差别定价和顾客细分差别定价五种不同的形式。

(5) 国际转移定价策略。国际转移定价是指跨国公司的母公司与各国子公司之间，或各国子公司之间转移产品和劳务时所采用的定价方法。当今的国际贸易中有很大一部分是跨国公司的内部交易，但由于现代跨国公司一般都实行分权管理，独立核算，母公司和各国的子公司是不同的利益中心，为了评估各自的经营状况，也必须为这种内部交易制定价格，即国际转移价格。其目标是使跨国公司的全球利润最大化。

转移定价的方法有两种：一是按"成本加价"基础确定；二是购销双方按"谈判价格"来确定。前者价格同内部成本有着密切的关系；后者则是广泛的战略性限制占统治地位。在国际交易中究竟决定使用何种定价，关键因素在于买方能否从外部得到该产品。如果外部市场不存在，则使用"成本加价"基础确定更为常见。

四、国际分销策略

1. 国际分销渠道概述

分销渠道(channel of distribution)即商品流通渠道，是指企业将最终产品转移给最终用户所采用的方式。国际分销渠道是指产品由生产商向国外消费者转移所经过的渠道，亦指生产商经过(或不经过)国际中间商转移到最终国外消费者的全部市场结构。国际分销渠道中包括三个基本因素，即制造商、中间商和最终消费者(见图12-2)。

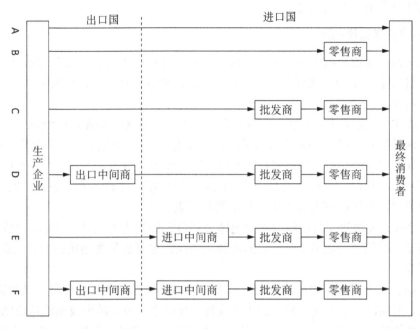

图 12-2　国际分销系统的基本结构

2. 基本分销体系

分销结构有两种基本的模式：进口导向的分销结构和日本模式的分销结构。在现实中，这两种模式都很少见，但是实际中的分销体系多是由这两种模式演化而来。

(1) 进口导向的分销结构。在以进口为导向的分销结构中，进口商一般控制着固定的货源，其营销系统的发展思路是向少数富有顾客高价销售限量的商品。在这样形成的卖方市场上，大多数情况下供不应求，顾客寻求货源，市场渗透和大众分销没有必要，于是产生只有有限中间商的渠道结构。

(2) 日本模式的分销结构。长期以来，日本的分销体系一直被看做是阻止外国货进入本国市场最有效的非关税壁垒。日本的分销体系有四个显著特点。一是高密度的中间商，既包括批发商也包括零售商，这种其他任何国家都无法比拟的高密度来源于日本人的消费习惯：在居处附近的小商店购物，量不大但经常买。二是由制造商控制分销渠道，制造商往往通过解决存货资金、提供回扣、接受退货和促销支持等加强对渠道的控制。三是独特的民族文化形成一套经营哲学，强调忠诚、和谐和友谊，这种价值体系维系着供货商和销售商之间的长期合作关系。四是此种体系赖以存在的基础——旨在保护小零售商的大规模零售商店法，要求任何营业面积超过 500 平方米的商店，只有在得到市一级政府批准的情况下，才能建造、扩大、延长开门时间或改变歇业日期，而市政府的这种批准要获得这一地区全体小零售商的同意。

由于外国商人，甚至日本商人都把日本的分销体系看做是最大的非关税壁垒，日本消费者也普遍认为该体系是提高日本人生活水准的主要障碍，零售法规在一系列压力之下做出改变,引起现在日本零售业的革命:传统的零售店正在损城失地,让位给专门商店、超级市场和平价商店。大多数国家的分销体系介于营销基础设施落后的进口导向结构和层次繁多、系统复杂的日本结构之间。

3. 影响渠道选择的因素

一般认为,渠道战略本身具有六个战略目标,可以用下面的"6C"来描述。在制定分销战略的过程中,不能忽视任何一个"C",才有希望建立符合公司长期渠道方针的经济有效的分销渠道。

(1) 成本。渠道成本有两类:发展渠道的资本或投资成本和保持渠道畅通的维护成本。后者又有两种形式:维持公司销售力量的直接开支和中间商的利润、报酬或佣金。有句老话是:你可以省掉中间商,但是你省不掉中介过程和中介成本。不过中介成本虽然省不掉,很多时候是可以通过营销创新来减少的。例如采取直销、传销方式的公司,虽然没有支付给中间商费用,但仍需将类似费用支付给销售代表。

(2) 资金。公司建立自己的内部渠道即公司自己的销售力量时,需要的投资通常最大。使用分销商或经销商可以减少投资,但是制造商往往也要提供寄销所需的启动货物、贷款、商品布置等。

(3) 控制。公司对分销活动参与得越多,控制就越强。全部是公司自己的销售力量时最好控制,但高昂的成本使这种方式不切实际。反过来,参与越少或渠道越长则控制越弱。例如采取加盟方式形成的连锁店,优点是投入成本少而规模扩张快,但常常存在不能进行严密管理控制的问题。

(4) 覆盖面。覆盖面可以用市场份额来衡量,但前者的含义更丰富,还包括令人满意的市场渗透和各个市场的最佳销售额。分销体系必须因时因地制宜,才能获得足够的市场覆盖面。

(5) 特点。分销渠道的选择必须注意和公司、市场两方面的特点相符,而且要注意即使在渠道选定以后,也要根据公司和市场某些特点的改变而做调整,不可拘泥不化,在变动的市场环境中丧失商机。

(6) 连续性。制造商应该尽量选择具有连续经营能力和意愿的中间商,同时力争在渠道中建立品牌忠诚,防止中间商禁不住诱惑改换门庭,给公司经营造成损失。

4. 国际分销渠道的选择策略

国际企业根据以上几种影响因素,在制定分销渠道策略过程中一般有以下三种类型策略可供选择。

(1) 直接渠道策略与间接渠道策略。直接分销渠道是生产企业直接向消费者或用户出售产品而不经过任何中间环节的一种分销渠道,是一种最短也是最原始的分销渠道。选择这一策略,一般是从节约费用降低损耗等角度来考虑的。目前这种策略在一些产品销售上仍被采用。在生产与消费两极中增加一个环节,此渠道即为间接分销渠道。增加中间环节、增加环节上中间商的数目从根本原因上看,是取决于产品是否适合生产者直接向用户出售。目前许多生活和生产资料,满足国内或国外市场的商品都是通过间接分销渠道完成流通过程的,当决定采用间接分销渠道策略后,就剩下如何选择中间商的问题。此时至少应考虑下列问题:中间商的服务对象与本企业的产品所需达到的市场是否一致;中间商的地理位置是否方便顾客购买；中间商是否有利于本企业在竞争中取得优势；中间商的各种资源条件与其将在渠道中所承担的作用是否相符；中间商的管理水平和经营方式；中间商的信誉程度等。

(2) 长渠道策略和短渠道策略。分销渠道的长短是相对而言，由是否选用中间商，以及选用多少中间商构成几个中间环节来决定。没有中间环节的分销渠道是最短的，而包括所有中间环节(代理商、批发商、零售商、出口商、进口商)的分销渠道是最长的。

从加快产品流通速度、减少损耗、降低费用角度考虑，应采用短渠道策略，但从产品生产与消费或使用在时间和空间上的不一致、生产单一化与消费多样性等方面存在的矛盾上考虑，如果采用中间环节过少的短渠道策略，建立的分销渠道会使商品难以顺利通过，从而造成渠道受阻，使费用增大。所以选择长短不同的分销渠道不仅要从取得最大经济效益角度出发，还要从解决生产、消费的矛盾上多加考虑。

(3) 宽渠道策略与窄渠道策略。分销渠道的宽度是指渠道的各个层次中所使用的中间商数目。依据渠道的宽度，国际分销策略可以被区分为宽渠道策略与窄渠道策略。制造商在同一层次选择较多的同类型中间商(如批发商或零售商)分销其产品的策略，称为宽渠道策略；反之，则称为窄渠道策略。具体来说，国际营销企业在渠道宽度上可以有三种选择。

① 广泛分销策略。在国际市场上，对价格低廉、购买频率高、一次性购买数量较少的产品如日用品、食品等，以及高度标准化的产品如小五金、润滑油等，多采用这种策略。

② 选择分销策略。消费品中的选购品、特殊品及工业品中专业性较强、用户较固定的设备和零配件等，较适合采用这种分销策略。

③ 独家分销策略。消费品中的特殊品，尤其是名牌产品，多采用这种分销策略。需要现场操作表演、介绍使用方法或加强售后服务的工业品和耐用消费品也较适合采用这种策略。

五、国际促销策略

1. 国际市场促销策略概述

促销是企业将产品或服务的有关信息通过传播，帮助消费者认识商品或服务所带来的利益，进而诱发消费者的需求，激发他们的欲望，促使他们采取购买或消费行为，以实现销售的一种活动。

国际促销由于各地风俗习惯不同，文化差异很大，因此其促销的困难程度比国内促销要大。国际促销的主要方法包括人员促销和非人员促销两种。人员促销是生产经营单位通过推销人员直接向顾客介绍商品以达到销售目的的活动，因此它又称为直接促销；非人员促销，是指通过一定的媒体来传递商品和劳务的信息以实现商品销售的活动，又称为间接促销，它包括广告、公共关系、营业推广等。

2. 国际促销的步骤

无论处在何地，跨国企业的国际促销的基本框架是相同的，主要涉及六个步骤。

(1) 研究目标市场。进行全球市场细分是国际促销的第一步。是否可以在不同国家之间找到相同的细分市场，这些市场之中的顾客又是否可以通过同样的产品特性来使生活方式和消费需求得到满足,是确定实行标准化的促销策略还是因地制宜的促销策略的基础。

(2) 确定全球标准化的程度。广告的专门化程度一直是争议最大的领域。鉴于全球化趋势日益使产品和广告向世界市场发展,以及采用国别策略的公司在和具有全球品牌的公司的竞争中越来越处于劣势,公司应该使促销策略尽量标准化,需要时再因地制宜。这种多数公司采取的折衷方法也被称为"模式广告"。

(3) 确定国内或全球市场的促销组合。这是整个促销过程的重点,将在下面详细讨论。

(4) 开发最有效的信息。促销活动从根本上说是一个沟通过程。为了成功地进行国际促销,就要克服文化差异带来的困难,开发出符合当地文化模式、情感、信仰和价值体系,又能最有效表达产品特性的信息。

(5) 选择有效的媒体。广告媒体主要包括报纸、广播、电视、互联网、邮寄、广告牌等,其特点和效用都因地因时而不同,需要结合各国实际和整个国际广告媒体领域的飞速变化而选择采用。

(6) 建立有效的控制体系,帮助监督和实现世界范围的营销目标。

3. 国际促销的障碍

在营销组合的所有成分中,促销是最容易受不同市场文化差异影响的一个。消费者对广告等促销方式的反映受其文化背景的制约,存在于各国法律、语言和媒体的差异会使国际促销更加复杂化,并使其有效性受到限制。

(1) 法律障碍。很多国家制定了对广告等促销活动进行管制的法律。例如,在科威特,政府控制的电视网每天只允许播放32分钟的广告,而且是在晚上;欧、美等国不能使用最高级用语;在世界上许多国家不准许播烟草广告;欧盟规定不能对儿童进行煽动性广告宣传,加拿大魁北克禁止对13岁以下儿童制作广告。关于控制比较广告的例子更是不胜枚举。

(2) 语言障碍。语言障碍是影响用广告进行有效沟通的最主要障碍之一,它来源于不同国家的不同语言、同一国家内的不同语言或方言以及语感和个人语言习惯等更微妙的问题。各国文化遗产和教育的巨大差异使得人们会对同一个句子或概念产生不同的理解。

(3) 文化差异。根据传统习惯形成的感性认识往往难以改变,文化因素决定着人们如何解释各种现象。当通用碾磨公司把速成蛋糕配料引进日本时,电视宣传中的一句话"做蛋糕和煮米饭一样容易"却冒犯了日本的家庭主妇,因为她们认为煮米饭需要高超的技艺。

(4) 媒体限制。试图在全球开展标准化广告活动的公司有时会受到各国媒体条件不相同造成的限制。例如在东欧,由于杂志等出版物没有高质量的纸张和印刷,高露洁公司只能放弃一贯的大量使用印刷媒体的做法,改用其他媒体。

4. 国际促销的策略选择

促销战略的基本策略有推动策略和拉引策略。推动策略是指以零售商为主要促销对象,把产品推进分销渠道,最终推给消费者;拉引策略是指以最终消费者为促销对象,利用大量的广告和其他宣传措施,刺激消费者向零售商购买。

一些企业只采用拉动战略,另一些则只采用推进战略,更大部分是把两者结合起来。决定推进战略还是拉动战略更为合适需要从以下三方面进行考虑。

(1) 产品类型和消费者精明程度。在向市场大型群体销售简单的日用消费品时,常常采用拉动战略,因其不但覆盖面广,而且具有成本优势。反之,在向特定的客户群销售工业品和其他复杂产品时,采用直接销售可以使用户更好地了解产品特点。在发展中国家销售新产品时直接销售比较重要,而对于已经使用过类似产品的成熟的发达国家消费者来说,直接销售则不太必要。

(2) 渠道长度。渠道越长则越需要用拉动战略来进行销售,原因是长渠道产生渠道惰性,通过直接销售在各级中间商中层层推进可能非常昂贵且收效甚微。通过大众广告来创造消费需求,从渠道的另一端来进行拉动,效果就会比较显著。一旦某种产品的需求被创造出来,中间商就会乐意经销之。

(3) 媒体的可利用性。在没有足够的可供使用的印刷或电子媒体,或者媒体的可利用程度受到法律等限制(如绝大多数国家不允许在电视和广播上为烟草和酒品做广告)的情况下,进行直接销售的推进战略值得考虑。

本 章 小 结

与国内营销相比,国际营销具有差异性、多样性、复杂性、困难性和风险性等特点。企业可控因素、国内不可控因素及国外不可控因素是影响国际营销的三方面。

在国际营销中可通过案头调研、实地调研和委托调研方法进行调研,主要步骤为确定目标,设计方案,实施调研,分析调研数据,撰写调研报告和反馈调研结果。

分销结构有两种极端:进口导向的分销结构和日本模式的分销结构。

国际促销中存在法律障碍、语言障碍、文化差异和媒体限制,会使国际促销更加复杂化,并使其有效性受到限制。

思 考 题

1. 什么是国际营销?与国内营销相比有什么不同?
2. 国际营销的影响因素有哪些?
3. 在国际营销调研中容易出现哪些问题?应该如何防范和解决?
4. 目标市场的基本营销策略有哪些?如何选择这些营销策略?
5. 试分析主要的国际营销定价方法。
6. 国际营销渠道的选择标准有哪些?

案例分析

丝宝旗下洗发水品牌的运作策略

第十三章 跨国企业的全球供应链管理

引导案例

利丰集团的全球供应链管理

【学习目标】

- 掌握全球供应链管理的概念。
- 掌握跨国企业全球供应链的关系管理。
- 掌握跨国企业全球供应链的采购管理。
- 掌握信息技术在跨国企业全球供应链管理中的应用。
- 掌握跨国企业全球供应链的风险管理。

第一节 全球供应链管理概述

一、全球供应链管理模式的产生

人类进入 21 世纪以来,科学技术的不断进步和经济的不断发展、全球化信息网络和全球市场的形成及技术变革的加速,使围绕新产品的竞争越来越激烈,企业面临的竞争环境发生了巨大的变化,面临的竞争压力越来越大。这些竞争和压力体现在以下几个方面:①全球经济一体化趋势增强,企业面临的国际竞争压力增大;②产品生命周期越来越短,企业产品开发研制难度越来越大;③用户个性化需求日益突出,对产品要求越来越苛刻;④产品品种的数量迅速膨胀,企业面临降低库存的较大压力;⑤生产要素流动加快,企业对交接时间和响应速度的要求越来越高。

全球竞争环境的变化对企业传统管理模式提出了挑战。多年来企业出于管理和控制上的目的,对为其提供原材料、半成品或零部件的其他企业一直采取投资自建、投资控股或兼并的"纵向一体化"管理模式。推行"纵向一体化"的目的,是加强核心企业对原材料供应、产品制造、分销和销售全过程的控制,使企业能在市场竞争中掌握主动,从而达到增加各个业务活动阶段的利润。在市场环境相对稳定的条件下,采用"纵向一体化"战略是有效的。

进入 20 世纪 90 年代以来,企业面对着一个变化迅速且无法预测的买方市场,致使传统的生产模式对市场剧变的响应越来越迟缓和被动。为了摆脱困境,企业虽然采取了许多先进的单项制造技术和管理方法,并取得了一定实效,但在响应市场的灵活性、快速满足顾客需求方面并没有实质性的改观。人们才意识到问题不在于具体的制造技术与管理方法本身，而是它们仍在传统的生产模式框框内。严峻的竞争环境改变了人们的认识、分析和解决问题的思想方法，开始从"纵向一体化"向"横向一体化"转化。

全球制造及由此产生的供应链管理是"横向一体化"管理思想的一个典型代表，现在人们认识到，任何一个企业都不可能在所有业务上成为世界上最杰出的企业，只有优势互补，才能共同增强竞争实力。因此，国际上一些先驱企业摒弃了过去那种从设计、制造直到销售都自己负责的经营模式，转而在全球范围内与供应商和销售商建立最佳合作伙伴关系，与他们形成一种长期的战略联盟，结成利益共同体。例如，美国福特汽车公司在列出新车 Festiva 时，就是采取新车在美国设计，在日本的马自达生产发动机，由韩国的制造厂生产其他零件和装配，最后再运往美国和世界市场上销售。制造商这样做的目的显然是追求低成本、高质量，最终目的是提高自己的竞争能力。Festiva 从设计、制造、运输到销售，采用的就是"横向一体化"的全球制造战略。整个汽车的生产过程，从设计、制造、运输到销售，都是由制造商在全球范围内选择最优秀的企业，形成了一个企业群体。在体制上，这个群体组成了一个主体企业的利益共同体；在运行形式上，构成了一条从供应商、制造商、分销商到最终用户的物流和信息流网络。由于这一庞大网络上的相邻节点(企业)都是一种供应与需求的关系，因此称之为供应链。为了使加盟供应链的企业都能受益，并且要使每个企业都有比竞争对手更强的竞争实力，就必须加强对供应链的构成及运作研究，由此形成了供应链管理这一新的经营与运作模式。供应链管理强调核心企业与世界上最杰出的企业建立战略合作关系，委托这些企业完成一部分业务工作，自己则集中精力和各种资源，通过重新设计业务流程，做好本企业能创造特殊价值、比竞争对手更擅长的关键性业务工作，这样不仅能大大地提高本企业的竞争能力，而且使供应链上的其他企业都能受益。

二、全球供应链管理的概念

1. 供应链

供应链(supply chain)这一名词最早出现在 20 世纪 80 年代前后，距今只有 30 多年的历史。由于供应链的提出时间不长，因此供应链的定义尚不一致。

美国供应链专家 Handheld 和 Niches(1998)认为："供应链包括了从原材料阶段一直到最终产品送到最终顾客手中与物品流动以及伴随的信息流动有关的所有活动。"史蒂文斯(Stevens, 1999)认为："通过增值过程和分销渠道控制从供应商到用户的流就是供应链，它开始于供应的源点，结束于消费的终点。"国内马士华等认为："供应链是围绕核心企业，通过对信息流、物流、资金流的控制，从采购原材料开始，制成中间产品以及最终产品，最后由销售网络把产品送到消费者手中的将供应商、制造商、分销商、零售商，直到最终用户连成一个整体的功能网链结构。"

2. 供应链管理

伊文斯认为，供应链管理是通过前馈的信息流和反馈的物料流及信息流，将供应商、制造商、分销商、零售商，直到最终客户连成一个整体的管理模式。美国供应链管理协会(2002)认为供应链管理是"以提高企业个体和供应链整体的长期绩效为目标，对传统的商务活动进行总体的战略协调、对特定公司内部跨职能部门边界的运作和在供应链成员中跨公司边界的运作进行战术控制的过程"。2006年的国家标准《物流术语》将供应链管理定义为"对供应链涉及的全部活动进行计划、组织、协调与控制"。马士华等认为供应链管理是"使供应链运作达到最优化,以最少的成本,令供应链从采购开始,到满足最终顾客的所有过程,包括工作流、实物流、资金流和信息流等均高效率地操作,把合适的产品以合理的价格,及时准确地送到消费者手上"。

3. 全球供应链管理

全球供应链是指面向全球的供应市场、需求市场和物流服务市场,在全球范围内选择合适的供货商、销售商和物流服务商来组建和整合企业的供应链,将企业的供应网络和分销网络不断向国外延伸,以覆盖全球供应市场获取资源和提高全球需求市场的响应速度等方式来增加销售。

全球供应链管理强调在全面、迅速地了解和识别世界各地消费者需求的同时,对其物流过程进行联合计划、协调、运作、控制和优化,在供应链中的核心企业与其供应商以及供应商的供应商、核心企业与其销售商乃至最终消费者之间,以现代计算机信息技术和网络互联技术为支撑,实现供应链的全球物流职能一体化和快速响应化,达到商流、物流、资金流和信息流的通畅与协调,有效地满足全球消费市场需求。全球化供应链管理范畴较宽,是一种综合性的、跨国界的集成化管理模式,也是适应全球化环境下企业跨国经营的管理模式。

全球供应链管理具有以下特点。

(1) 全球供应链管理是面向全球消费市场驱动的供应链运作。借助先进的信息技术和网络技术,以全球市场链为纽带重构供应链的业务流程,它从全局的角度通过全球合作伙伴间的密切合作对全球供应链上的工作流、实物流、资金流和信息流进行计划、组织、协调和控制,以最小的成本和费用产生最大的价值和最佳的服务。

(2) 全球供应链管理强调跨文化的全球新型合作竞争理念。全球供应链管理是对全球供应链全面协调性的合作式管理,注重全球供应链中各个环节、各个企业之间资源的利用和合作,让各个企业之间进行合作博弈,最终达到双赢,与早期你死我活的单纯竞争理念完全不同。全球供应链管理的合作竞争理念把全球供应链视为一个完整的系统,将每一个成员企业视为子系统,组成动态联盟,彼此信任,互相合作。

(3) 全球供应链管理强调全球市场范围内非核心的外包。科学技术的进步,使产品结构越来越复杂,零部件的专业化生产已是一种必然的发展趋势,全球供应链上的企业需要实施业务外包战略,即将资源集中于最能反映企业相对优势的领域,构筑自己的竞争优势,对非关键业务实行外包,借企业外部的资源优势来弥补和改善自身弱势,从而使核心企业的整体运作更有效率。外包给企业带来的主要益处包括:企业得以集中精力发展核心业务;降低成本;分担风险;提高企业对市场反应的敏捷度。

(4) 现代计算机信息技术和网络技术是对全球供应链进行管理的重要工具。通过全面、准确和及时的信息沟通与管理,全球供应链伙伴间的交易成本得到降低,同时也使合作伙伴能够快速准确地把握顾客需求信息与供应信息,从而实现同步运作。

三、全球供应链管理的主要内容

全球供应链管理的内容广泛,主要包括以下几个方面。

1. 全球供应链网络的设计与构建

主要是对全球供应链的结构等进行设计和选择。在全球供应链中,根据全球供应链整体发展的需要,主体企业应对供应链进行整体设计,确定不同的合作关系和集成程度;对全球供应链中的具体成员而言,应基于其自身发展战略,选择其所参与或主动构建的供应链网络。当供应链成员对供应链的设计和构想有分歧时,应双方或多方协商确定。

2. 全球供应链战略合作伙伴的选择与关系管理

全球供应链成员可在确定了供应链网络的基础上,对供应链成员进行合理选择,最终确定整个供应链成员以及成员间的关系。全球供应链合作伙伴的选择应在对其进行全面客观评价的基础上进行,并根据供应链各成员的特点对其进行分类,从而建立不同层次的合作关系。对供应链战略合作关系需要从战略角度建立和进行维护,并在长期经营与合作中做适时的调整,以适应市场环境变化之需。

3. 全球供应链采购与供应商管理

主要是确定全球供应链采购战略,对全球供应商进行选择和管理。企业应根据其供应市场的情况和采购的原材料、零部件等的特点,确定不同的采购战略。并根据全球供应商的重要程度和贡献能力对供应商进行细分,确定不同的管理战略。

4. 全球供应链生产管理

传统生产计划与控制是在对需求进行预测的基础上,根据企业内部流程、资源,针对库存进行生产的管理方式。在全球供应链管理环境下,生产方式发生了巨大的变革。一是要从整个供应链的高度对生产进行计划与控制;二是应根据产品特点和市场需求,选择合理的生产战略,如 JIT 生产、生产外包等并在供应链范围内进行生产和流通资源的优化配置,以便降低成本,提高生产效率和效益。

5. 全球供应链物流管理

在全球供应链的竞争中,核心企业需要通过各种国际采购渠道,从不同的供应商那里获得所需要的生产要素和物质资源,再通过物流的运输通道输送至各个生产地,并把所生产的各种产品按照订单或市场需求再输送至消费地。其中物流运输通道的选择,必须与企业全球供应链管理的目标、战略和设计保持一致,符合企业全球供应链的总体目标。全球供应链物流管理具体包括全球供应链中的客户物流服务、物流需求预测、运输管理、库存及仓储、包装及流通加工、装卸搬运、配送管理、供应链物流信息管理等活动。

6. 全球供应链信息管理

充分而有效的信息获取与管理是供应链管理成功的关键条件之一。全球供应链企业分布在不同的国家或地区,拥有不同的语言和文化,要对其进行有效的管理,信息技术就是重要的支撑平台。全球供应链信息管理主要是根据供应链管理的具体要求，建立开放型的供应链信息系统，确保供应链成员及时获得消费者信息，保证成员间的信息沟通与共享。供应链成员间应确立统一的信息传输标准，构建多渠道的信息通信网络，并有效运作信息系统，维持信息的及时更新与有效应用。

7. 全球供应链的绩效评价

根据全球供应链管理与活动的特点，建立供应链评价指标与体系，对全球供应链进行评价。通过对供应链的绩效评价，发现缺漏与不足，以便优化和重新构建；建立标杆并作为参照；激励供应链成员努力改进供应链，提高绩效。

8. 全球供应链风险管理

跨国供应链处于充满了不确定性的全球市场中，各种不确定性因素增加了供应链上企业的风险。全球供应链风险管理是指对全球供应链的风险进行识别、度量、处理、监控和反馈，并设计弹性供应链以更好地应对风险。

四、全球供应链管理体系设计

1. 常见的供应链结构模型

常见的供应链结构模型有以下两种。

(1) 链状模型。图 13-1 是一个简化的链状模型，即供应链模型 I。它把供应链上的企业抽象成一个个的点，称为节点，在这里用字母 A、B、C、D、E 表示。当定义 C 为制造商时，可相应定义 B 为一级供应商，A 为二级供应商，依次类推可定义三级供应商、四级供应商……同样地，当定义 D 为一级分销商时，可定义 E 为二级分销商，依次定义三级分销商、四级分销商……

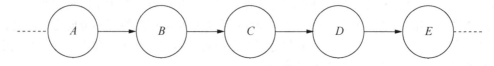

图 13-1　链状模型

供应链上存在着物流(产品流)、信息流和资金流。物流的方向虽然是双向的，但一般情况下都是从供应商流向制造商，再流向分销商，最后流向客户。模型 I 中的箭头方向即表示供应链的方向。

(2) 网状模型。现实中的供应链远比模型 I 复杂。在模型 I 中，C 的供应商可能不止一家，而是有 $B_1, B_2, \cdots, B_n$ 家，分销商也可能有 $D_1, D_2, \cdots, D_m$ 家，C 也可能有 $C_1, C_2, \cdots, C_k$ 家。这样模型 I 就转化为一个网状模型，即供应链模型 II(见图 13-2)。

网状模型更能说明现实世界中产品的复杂供应链关系。理论上，网状模型可以涵盖世界上所有企业，把所有企业都看做是网上的一个节点，这些节点间存在着联系。当然，这些联系有强有弱，而且会不断地变化。而从一个企业来说，它仅与有限个企业相联系。

2. 全球供应链的设计策略

供应链的设计策略和方法主要有以下几种。

(1) 基于产品的供应链设计策略。美国的费舍尔教授提出了供应链的设计要以产品为中心的观点。供应链设计首先要明白用户对企业产品的需求是什么，同时要了解产品的生命周期、产品多样性、需求预测、提前期和服务的市场标准等问题，要注意所设计的供应链必须与产品特性相一致，即基于产品的供应链设计策略。

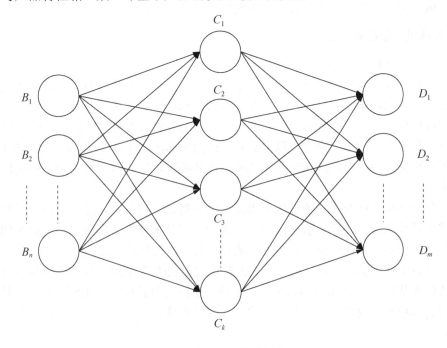

图 13-2　网状模型

一般来说，产品可分为两大类：功能型产品和创新型产品。功能型产品一般用于满足用户的基本需求，变化很少，具有稳定的、可预测的需求和较长的生命周期，但它们的边际利润较低。为了获得比较高的边际利润，许多企业在产品式样或技术上进行革新以刺激消费者购买，从而使产品成为创新型的，这种创新型产品的需求一般不可预测，生命周期也较短。这两种不同类型的产品需要不同类型的供应链去满足不同的管理需要。

对创新型产品需要高度柔性灵活的供应链，以对多变的市场做出快速反应。美国 VF 服装公司应用 CAD、CAM，将原始新产品销售经验迅速通过 CAD 应用进行产品再设计，利用电子传输至敏捷 CAM 制造厂，同时，快捷的空运迅速将正确数量的正确产品运至零售商处。供应链创新提高了销售旺季的销售量并降低了过时服装打折出售的损失。

对功能型产品来说，供应链管理的重点在于通过供应链的优化降低成本。如宝洁公司的许多产品属于功能型产品，其采取了供应商管理库存系统和天天低价的供应链策略，使库存维持在较低水平，降低了成本，公司和顾客都从中受益。

(2) 基于成本的供应链设计策略。通过成本的核算和优化来选择供应链的节点，找出最佳的节点企业组合，设计出低成本的供应链，从而形成基于成本的供应链设计策略。该策略的核心是，在给定的一个时间周期内，计算所有节点组合的供应链总成本，从中选择最低成本的节点企业组合，构建供应链。能够使总成本最低的节点企业组合，就是最优的节点组合。由这些企业组成的供应链将达到成本最小化的目的。

(3) 基于多代理的集成供应链设计策略。基于多代理的集成供应链模式是涵盖两个世界的三维集成模式，即实体世界的人—人、组织—组织集成和软件世界的信息集成以及实体世界与软件世界的人—机集成。基于多代理的集成供应链设计策略采用了动态建模的思想，动态建模需要多种理论方法的支持，其基本流程为：多维系统分析、业务流程重构、建模、集成、协调，在建模中并行工程思想贯穿于整个过程。

3. 全球供应链的设计步骤

全球供应链的设计步骤具体如下。

(1) 分析市场竞争环境。分析市场竞争环境的目的在于找到针对哪些产品市场开发供应链才有效，为此，必须知道现在的产品需求是什么，产品的类型和特征是什么。分析市场特征的过程要向卖主、用户和竞争者进行调查，提出诸如"用户想要什么？""他们在市场中的分量有多大？"之类的问题，以确认用户的需求和因卖主、用户、竞争者产生的压力。这一步骤的输出是每一产品的按重要性排列的市场特征，同时对于市场的不确定性要有分析和评价。

(2) 分析产品特征及产品所处生命周期。供应链设计过程中，除了要明白用户对企业产品的需求是什么外，还要了解产品的生命周期、产品多样性、需求预测、提前期和服务的市场标准等问题，要注意所设计的供应链必须与产品特性相一致。

(3) 分析企业现状。主要分析企业供需管理的现状(如果企业已经有供应链管理，则分析供应链的现状)，这一个步骤的目的不在于评价供应链设计策略的重要性和合适性，而是着重于研究供应链开发的方向，分析、找到、总结企业存在的问题及影响供应链设计的阻力等因素。

(4) 提出供应链设计目标。主要目标在于获得高用户服务水平和低库存投资、低单位成本两个目标之间的平衡(这两个目标往往有冲突)，同时还应包括以下目标：①进入新市场；②开发新产品；③开发新分销渠道；④改善售后服务水平；⑤提高用户满意程度；⑥降低成本；⑦通过降低库存提高工作效率等。

(5) 分析供应链的组成，提出组成供应链的基本框架。供应链中的成员组成分析主要包括制造工厂、设备、工艺和供应商、制造商、分销商、零售商及用户的选择及其定位，以及确定选择与评价的标准。

(6) 分析和评价供应链设计的技术可行性。这不仅仅是某种策略或改善技术的推荐清单，而且也是开发和实现供应链管理的第一步，它在可行性分析的基础上，结合本企业的实际情况为开发供应链提出技术选择建议和支持。这也是一个决策的过程，如果认为方案可行，就可进行下面的设计；如果不可行，就要重新进行设计。

(7) 设计供应链。主要解决以下问题：①供应链的成员组成(供应商、设备、工厂、分销中心的选择与定位、计划与控制)；②原材料的来源问题(包括供应商、流量、价格、运输等)；③生产设计(需求预测、生产什么产品、生产能力、供应给哪些分销中心、价格、生产计划、生产作业计划和跟踪控制、库存管理等)；④分销任务与能力设计(产品服务于哪些市场、运输、价格等)；⑤信息管理系统设计；⑥物流管理系统设计等。在供应链设计中，要广泛地应用到许多工具和技术，包括归纳法、集体解决问题、流程图、模拟和设计软件等。

(8) 检验供应链。供应链设计完成以后，应通过一定的方法、技术进行测试检验或试运行，如不行，返回第(4)步重新进行设计；如果没有什么问题，就可实施供应链管理了。

(9) 实施供应链。供应链实施过程中需要核心企业的协调、控制和信息系统的支持，使整个供应链成为一个整体。

第二节　全球供应链的关系管理

20 世纪 80 年代以前，企业与竞争者、客户和供应商之间往往是竞争性的市场交易关系。企业总是在寻找各种竞争策略和手段以打败竞争者，总是在采购供应商的物品时想尽一切办法压低采购价格，在销售产品给客户时想尽一切办法抬高销售价格。但自从 20 世纪 80 年代以来，企业间的关系已经不再像过去那样主要只是竞争性的交易关系，而是形成了各种新型的合作伙伴关系模式。在这种合作伙伴关系模式中，投标竞争的重要性明显减弱，各个企业更加关注的是努力发展长期的、相互高度信任的企业间关系。随着供应链管理的发展，人们已越来越认识到"合作"在供应链管理中的重要性。

一、全球供应链的合作伙伴关系的含义

供应链中的上下游企业间的合作伙伴关系的系统研究始于对日本企业与其供应商之间的研究。20 世纪 70—80 年代日本企业的神奇崛起引起了学术界的广泛关注。美国学者通过观察研究发现，日本企业与其供应商在产品研发上的紧密合作关系，或者说日本企业与其供应商的特殊合同关系是日本企业超过美国企业的关键因素。供应链合作伙伴关系有不同的术语，如供应商—制造商关系、卖主/供应商—买主关系、供应商关系、供应链联盟、战略网络、公司间网络等。Maloni、Benion 将伙伴关系定义为：在供应链内部两个或两个以上独立的成员之间形成的一种协调关系，以保证实现某个特定的目标或效益。他们认为供应链合作伙伴关系是供应渠道中两个独立实体为了取得特定的目标和利益而结成的一种关系。这种关系可以通过降低总成本、降低供应链上的库存和增加信息共享水平来提高每个成员的财务和绩效。制造商旨在和供应商共同合作来改善服务、技术创新和产品设计。Robert Vokurka 等人认为，伙伴关系是买方和供应商就一段较长时间内达成的承诺和协议，其内容包括信息共享，以及分享和分担由于伙伴关系带来的利益和风险。国内马士华等人认为供应链合作伙伴关系，就是供应商—制造商关系，或者称为卖主/供应商—买主关系、供应商关系。供应链合作伙伴关系可以定义为供需双方之间，在一定时期内的共享信息、共担风险、共同获利的协议关系。

参考以上研究成果，全球供应链合作伙伴关系的定义是，指在一定时间内，全球供应链上有相互联系的企业之间，通过共享信息、共担风险、共享收益而建立起来的一种战略协议关系。

二、全球供应链的合作伙伴选择

供应链合作伙伴的选择是供应链合作关系运行的基础，也是保证供应链有效实施的前提。合作伙伴的选择成功与否已经成为企业供应链运作成功的关键。

1. 供应链管理环境下合作伙伴的类型

由于供应链紧密合作的需要，并且制造商可以在全球市场范围内寻找最杰出的合作伙伴，为能使选择合作伙伴的工作更为有效，可以把合作伙伴分为不同的类型，进行有针对性的管理。

首先，可以将合作伙伴分成两个不同的层次：重要合作伙伴和一般合作伙伴。重要合作伙伴是少而精的、与制造商关系密切的合作伙伴，而一般合作伙伴是相对较多的、与制造商关系不是很密切的合作伙伴。供应链合作关系的变化主要影响重要合作伙伴，而对一般合作伙伴的影响较小。

其次，根据合作伙伴在供应链中的增值作用及其竞争实力，可将合作伙伴分成不同的类别，如图13-3所示。图中纵轴代表的是合作伙伴在供应链中的增值作用，横轴代表某个合作伙伴与其他合作伙伴之间的区别，主要是设计能力、特殊工艺能力、柔性、项目管理能力等方面竞争力的区别。

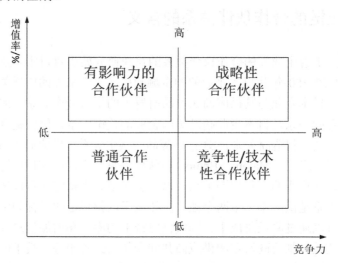

图 13-3　合作伙伴分类矩阵

在实际运作中，应根据不同的目标选择不同类型的合作伙伴。对于长期合作而言，要求合作伙伴能保持较高的竞争力和增值率，因此最好选择战略性合作伙伴；对于短期合作或某一短暂市场需求而言，只需选择普通合作伙伴满足需求则可，以保证成本最小化；对于中期合作而言，可根据竞争力和增值率对供应链的重要程度的不同，选择不同类型的合作伙伴(有影响力的或竞争性或技术性的合作伙伴)。

2. 供应链合作伙伴的选择步骤

供应链合作伙伴的选择步骤具体如下。

（1）分析市场竞争环境，识别企业自身的核心竞争力。市场需求是企业一切活动的驱动源。建立基于信任、合作、开放性交流的供应链长期合作关系，必须首先分析市场竞争环境。目的在于找到针对哪些产品市场开发供应链合作关系才有效，必须知道现在的产品需求是什么、产品的类型和特征是什么，以确认用户的需求，确认是否有建立供应链合作关系的必要；如果已建立供应链合作关系，则根据需求的变化确认供应链合作关系变化的必要性，从而确认合作伙伴评价选择的必要性。同时企业可通过SWOT分析识别企业自身的核心竞争力，在此基础上选择供应商与自身具有互补的竞争优势组成供应链。

（2）确立合作伙伴选择目标。企业必须确定合作伙伴评价程序如何实施、信息流程如何运作、由谁负责，而且必须建立实质性、实际的目标。其中降低成本是主要目标之一。合作伙伴的选择不仅仅只是一个简单的选择过程，它本身也是企业自身和企业与企业之间的一次业务流程重构过程，实施得好，它本身就可带来一系列的利益。

（3）制定合作伙伴评价标准。合作伙伴综合评价的指标体系是企业对合作伙伴进行综合评价的依据和标准，是反映企业本身和环境所构成的复杂系统不同属性的指标，按隶属关系、层次结构有序组成的集合。根据系统全面性、简明科学性、稳定可比性、灵活可操作性的原则，建立集成化供应链管理环境下合作伙伴的综合评价指标体系。不同行业、企业、产品需求，不同环境下的合作伙伴评价应是不一样的，但都涉及合作伙伴的业绩、设备管理、人力资源开发、质量控制、成本控制、技术开发、用户满意度、交货协议等可能影响供应链合作关系的方面。

（4）成立评价小组。企业必须建立一个小组以控制和实施合作伙伴评价。组员以来自采购、质量、生产、工程等与供应链合作关系密切的部门为主，他们必须有团队合作精神、具有一定的专业技能。评价小组必须同时得到制造商企业和合作伙伴企业最高领导层的支持。

（5）合作伙伴参与。一旦企业决定进行合作伙伴评价，评价小组必须与初步选定的合作伙伴取得联系，以确认他们是否愿意与企业建立供应链合作关系，是否有获得更高业绩水平的愿望。企业应尽可能早地让合作伙伴参与到评价的设计过程中来。但是因为企业的力量和资源是有限的，企业只能与少数的、关键的合作伙伴保持紧密合作，所以参与的合作伙伴不能太多。

（6）评价合作伙伴。评价合作伙伴的一个主要工作是调查、收集有关合作伙伴的生产运作等全方位的信息。在收集合作伙伴信息的基础上，就可以利用一定的工具和技术方法进行合作伙伴的评价了。

（7）实施供应链合作关系。在实施供应链合作关系的过程中，市场需求将不断变化，可以根据实际情况的需要及时修改合作伙伴评价标准，或重新开始合作伙伴评价选择。在重新选择合作伙伴的时候，应给予旧合作伙伴以足够的时间适应变化。

3. 供应链合作伙伴选择的一般方法

供应链合作伙伴选择的一般方法具体如下。

（1）直观判断法。直观判断法是根据征询和调查所得的资料并结合个人的分析判断，对合作伙伴进行分析的一种方法。这种方法主要是倾听和采纳有经验的采购人员的意见，或者直接由采购人员凭经验作出判断。是一种纯粹的主观判断方法，常用于选择企业非主要原材料的合作伙伴。

(2) 招标法。当订购数量大，合作伙伴竞争激烈时，可以采用招标法来选择适当的合作伙伴。它是由企业提出招标条件，各招标合作伙伴进行竞标，然后由企业决标，与提出最有利条件的合作伙伴签订合同或协议。招标法可以是公开招标，也可以是指定竞标。公开招标时对投标者的资格不予限制；指定竞标则由企业预先选择若干可能的合作伙伴，再进行竞标与决标。招标法竞争性强，企业能够在更广泛的范围内选择适当的合作伙伴，以获得供应条件有利的、便宜而适用的物资。但招标法手段较复杂，时间长，不能适应紧急订购的需要；从订购机动性来看，有时候订购者对投标者了解不够，双方未能充分协商，造成货不对路或不能按时到货。

(3) 协商选择法。在供货方较多，企业难以抉择时，也可以采用协商选择的方法，即由企业事先挑选出较为有利的几个合作伙伴，同他们分别进行协商，再确定适当的合作伙伴。与招标法相比，协商法由于供需双方能够充分协商，在物资质量、交货日期和售后服务等方面较有保证。但由于选择范围有限，不一定能得到报价最合理、供应条件最有利的供应来源。当采购时间紧迫、投标单位少、竞争程度小、订货物资规格和技术条件复杂时，协商选择方法比招标法更适用。

(4) 采购成本比较法。对质量和交货期都能够满足要求的合作伙伴，则需要通过计算采购成本来进行比较分析。采购成本一般包括售价、采购费用、运输费用等各项支出的总和。采购成本比较法是通过计算分析针对各个不同的合作伙伴的采购成本，选择采购成本较低的合作伙伴的一种方法。

(5) ABC(Activity Based Costing，基于活动的成本管理)成本法。ABC 成本法起源于 20 世纪 80 年代，主要用于制造业。基本原理是"产品需要消耗作业、作业消耗资源"。作业成本计算的出发点是通过研究、分解生产所需要的各种作业活动，分析各种作业活动的成本构成，从而找到生产成本的合理分配及降低成本的途径。

除了上面介绍的几种方法外，企业也可采用层次分析法、神经网络算法等方法来选择自己合适的供应链合作伙伴。

三、全球供应链的客户关系管理和供应商关系管理

供应商关系管理和客户关系管理是在供应链管理环境下提出的强调企业与企业之间的合作关系的一种管理模式。为了满足客户的个性化需求，尤其是随着供应链管理等先进思想的提出和应用，客户关系管理和供应商关系的管理已经成为供应链伙伴关系管理的两个重要的领域。

1. 客户关系管理

(1) 客户关系管理思想的提出。客户关系管理(customer relationship management, CRM)最早是由 Gartner Group 提出来的，它的焦点是管理和改善营销、市场、客户服务和客户支持等相关领域的客户关系的业务流程，提高客户满意度。

在市场竞争激烈的现今，企业管理必须从过去的"产品"导向转变为"客户"导向，只有快速响应并满足客户个性化与瞬息万变的需求，企业才能在激烈的市场竞争中得以生

存和发展。企业取得市场竞争优势最重要的手段不再是成本而是技术的持续创新，企业管理最重要的指标也从"成本"和"利润"转变为"客户满意度"。为了提高"客户满意度"，企业必须要完整掌握客户信息，准确把握客户需求，快速响应个性化需求，提供便捷的购买渠道、良好的售后服务与经常性的客户关怀等。在这种时代背景下，客户关系管理理论不断完善，并随着互联网技术的广泛应用而推出客户关系管理软件系统。

(2) 客户关系管理的主要内容。

客户关系管理的主要内容具体如下。

① 客户信息管理，整合记录企业各部门、每个人所接触的客户资料并进行统一管理，这包括对客户类型的划分、客户基本信息、客户联系人信息、企业销售人员的跟踪记录客户状态、合同信息等。

② 市场营销管理，制订市场推广计划，并对各种渠道(包括传统营销、电话营销、网络营销)接触的客户进行记录、分类和辨识，提供对潜在客户的管理，并对各种市场活动的成效进行评价。CRM营销管理实际上是实现"1对1营销"，是从"宏营销"到"微营销"的转变。

③ 销售管理，包括对销售人员电话销售、现场销售、销售佣金等进行管理，支持现场销售人员的移动通信设备或掌上电脑设备接入。进一步扩展的功能还包括帮助企业建立网上商店、支持网上结算管理及与物流软件系统的对接。

④ 服务管理，包括对服务利润链的分析、服务的交互过程与交互质量、服务质量管理中的信息技术、服务业产品营销与制造业产品营销的比较等，增加客户对服务的满意度。

2. 供应商关系管理

(1) 供应商的分类与选择。应该确定符合公司战略的供应商特征，对所有供应商进行评估，可以将供应商分成交易型、战略型和大额型。一般来讲，交易型供应商是指为数众多，但交易金额较小的供应商；战略型供应商是指公司战略发展所必需的少数几家供应商；大额型供应商指交易数额巨大，战略意义一般的供应商。供应商分类的目标是为了针对不同类型的供应商，制定不同的管理方法，实现有效管理。这种管理方式的转变，应该首先与各利益相关方进行充分沟通，获得支持。

供应商的评估与选择应该考察多个方面的因素，包括：实力(技术、容量、竞争力等)；响应速度(销售服务、质量反应速度、对防范问题的反应以及对改进工作的兴趣等)；质量管理(效率、产品设计以及质量保证程序等)；时间控制(交货期的长短以及交货是否准时等)；成本控制(设计费用、制造费用、维护费用以及运输费用和保管费用等)。SRM(supplier relationship management，供应商关系管理)可以综合考察供应商各个方面的因素，帮助企业作出准确的分类与选择。

(2) 与供应商建立合作关系。确定对各类供应商采用何种关系和发展策略，这可通过几个步骤来进行。首先，与战略型供应商和大额型供应商在总体目标、采购类别目标、阶段性评估、信息共享和重要举措等各方面达成共识，并记录在案。其次，与各相关部门开展共同流程改进培训会议，发现有潜力改进的领域。再次，对每位供应商进行职责定位，明确其地位与作用。最后，双方达成建立供应商关系框架协议，明确关系目标。在这一部分可以做的工作包括：建立供应商的管理制度；供应商绩效管理；供应商的合同关系管理；

采购流程的设计与实施。SRM 能够使采购流程透明化，并能提高效率和反应能力，降低周转时间，提高买卖双方的满意度。

（3）与供应商谈判和采购。根据前面各步骤的工作可以与供应商通过谈判达成协议。SRM 能够帮助企业跟踪重要的供应商表现数据，如供应商资金的变化等，以备谈判之用。SRM 在采购过程中还可以实现公司内部与外部的一些功能。公司内部的功能包括：采购信息管理；采购人员的培训管理和绩效管理；供应商资料实时查询；内部申请及在线审批。公司外部的功能包括(与供应商之间的)：在线订购；电子付款；在线招标等。

（4）供应商绩效评估。供应商绩效评估是整个供应商关系管理的重要环节。它既是对某一阶段双方合作实施效果的衡量，又是下一次供应商关系调整的基础。SRM 能够帮助企业制定供应商评估流程，定期向供应商提供反馈。供应商的绩效评估流程可以从技术、质量、响应、交货、成本和合同条款履行这几个关键方面进行评估，同时该流程还可以包括相关专家团特定的绩效评估。评估流程的目的在于给双方提供开放沟通的渠道，以提升彼此的关系。同时，供应商也可以向企业做出反馈，站在客户的角度给出他们对企业的看法。这些评估信息有助于改善彼此的业务关系，从而改善企业自身的业务运作。

第三节　全球供应链采购管理

一、全球供应链环境下的采购管理

1. 传统的采购管理

随着市场经济的不断完善和发展，供应链管理不断发展成熟，采购环节逐渐具备了增值的能力，如何成功地进行全球采购、降低成本、提高企业竞争力已越来越受到企业的重视。采购是指企业在了解生产经营物资需求的基础上，寻找和选择合理的供应商，并就价格和服务等相关条款进行谈判和实施，以确保需求满足的活动过程。

传统管理模式下的采购，关注点集中于产品的价格和质量，交货期等其他因素则处于次要地位。采购方通过经验判断和对重要指标如价格比较的基础上选择供应商，而质量和交货期采取事后控制的方法解决。由于其重点在于价格谈判与比较，因此双方的谈判显得尤为重要。往往企业要经过多次反复谈判，最终选定供应商。

传统管理模式下的采购存在的主要问题有以下四点。

（1）供求双方的竞争关系。在传统管理模式下，供求双方虽然有合作关系，但这种合作往往是短期的或临时的，因而双方无法更好地进行合作，不能从全局角度对需求进行预测，缺少合作与协调，无效消耗增多，双方的不信任增加了供应链运作的难度。

（2）客户需求响应能力差。由于供需双方没有比较充分的信任和合作关系，无法做到同步运作，因而在客户需求发生变动或者外界环境发生变动的情况下，双方很难及时地对原有的生产计划、采购计划和供应计划做出调整，对客户需求的响应速度和有效性都比较差。

（3）难以控制采购质量。由于传统管理模式下采购对供应物品质量的控制只是最后的检验，属于事后控制，无法实时了解供应物品在设计和制造等过程中存在的问题，从而不能及时向供应商提供产品质量反馈信息,对质量问题如质量标准等不能得到很好的把握与控制。

(4) 供求双方信息不对称。在竞争关系为主导的供求关系条件下,采购方和供应方都为了获得更好的竞争地位以及担心泄密问题而保留更多的内部信息,供求双方信息不对称,不利于双方的合作。

2. 供应链环境下的采购管理

相对于传统采购,供应链采购具有如下特点。

(1) 从为库存采购到为订单采购的转变。在传统的采购模式中,采购的目的就是补充库存,即为库存而采购,采购过程缺乏主动性,采购计划较难适应需求的变化。在供应链管理模式下,采购活动紧紧围绕用户需求而发出订单,因而不仅可及时满足用户需求,而且可减少采购费用,降低采购成本。订单驱动的采购方式的优势表现在以下方面。①由于供应商与制造商建立了战略合作伙伴关系,签订供应合同的手续大大简化,不再需要双方的询盘和报盘的反复协商,交易成本也因此大为降低。②信息传递更准确迅速。在供应链管理环境下,供应商能及时得到制造部门的第一手信息,提高了供应商应变能力,减少了信息失真。同时在订货过程中不断进行信息反馈,修正订货计划,使订货与需求保持同步。③在同步化供应链计划的协调下,制造计划、采购计划、供应计划能够并行进行,缩短了用户响应时间,实现了供应链的同步化运作。采购与供应的重点在于协调各种计划的执行。④采购物资直接进入制造部门,减少采购部门的工作压力和非增值的活动过程,实现供应链的精细化运作。⑤实现面向过程的管理模式。订单驱动的采购方式简化了采购工作流程,采购部门可以将更多的精力放在沟通与协调供应与制造部门之间的关系上,为实现精细采购提供基础保障。

(2) 从采购管理向外部资源管理转变。在传统的采购模式中,采购管理注重对内部资源的管理,追求采购流程的优化、对采购环节的监控和与供应商的谈判技巧,缺乏与供应商之间的合作。在供应链管理模式下,转向对外部资源及对供应商和市场的管理,增加了与供应商的信息沟通和市场的分析,加强了与供应商在产品设计、产品质量控制等方面的合作,实现了超前控制,供需双方合作双赢的局面。

(3) 从一般买卖关系向长期合作伙伴关系甚至到战略协作伙伴关系的转变。在传统的采购模式中,供应商与需求企业之间是一种简单的买卖关系。在供应链管理模式下,通过双方的合作伙伴关系,可以为解决传统采购关系下无法克服的库存、风险、成本等一系列问题提供便利条件。供应链环境下的采购模式对供应和采购双方是典型的"双赢",对于采购方来说,可以降低采购成本,在获得稳定且具有竞争力的价格的同时,提高产品质量和降低库存水平,通过与供应商的合作,还能取得更好的产品设计和对产品变化更快的反应速度;对于供应方来说,在保证有稳定的市场需求的同时,由于同采购方的长期合作伙伴关系,能更好地了解采购方的需求,改善产品生产流程,提高运作质量,降低生产成本,获得比传统采购模式下更高的利润。

20世纪80年代,日本汽车工业因为大力改善采购工作,平均每一辆汽车成本节省了近600美元,在极大增加了日本汽车公司利润的同时,也极大增强了日本汽车的国际市场竞争力。日本的本田汽车公司的采购管理工作很具有代表性,本田公司每辆车80%的成本都用于从外部供应商购买零部件,即每年在供应商处的购买额达 60 亿美元。他们认为:供应商的状况如何对本田公司的赢利至关重要,好的供应商最终会带来低成本、高质量的产品和服务,因此必须与供应商建立长期合作伙伴关系。通过同供应商的长期合作,本田公司不仅在采购价格方面节省不菲,也极大缩减了新产品的开发成本和时间。各供应商为本田公司提供了许多关于如何改进质量,更有效利用零部件的建议,本田公司对所有建议进行分析和测试,然后采纳最好的建议。据本田公司的报告,供应商帮助、参与设计雅阁轿车,把每辆车的生产成本降低了 21.3%,显然,采购部门不再是单纯地负责购买货物,还能够创造价值并推动企业经营战略的实施。

二、全球采购

1. 全球采购的含义

全球采购是指利用全球的资源,在全世界范围内去寻找供应商,寻找质量最好、价格合理的产品。广义的全球采购是在供应链思想的指导下,利用先进的技术和手段,提出合理的采购要求,制订恰当的采购方案,在全球范围内建立生产与运营链,采购质价比最高的产品,以保证企业生产经营活动正常开展的一项业务活动;同时,通过采购规范地操作,可以有效地对采购过程中的绩效进行衡量、监督,从而在服务水平不降低的情况下,实现采购总成本最低。

与国内采购相比,供应链管理模式下全球采购具有以下特点。

(1) 全球范围内采购。采购范围扩展到全球,不再局限于一个国家、一个地区,可以在世界范围内配置自己的资源。因此,要充分和善于利用国际市场、国际资源,尤其是在物流随着经济全球化进入到全球物流的时代,国内物流是国际物流上的一个环节,要从国际物流角度来处理物流的具体活动。

(2) 风险性增大增强。国际采购通常集中批量采购,采购项目和品种集中,采购数量和规模较大,牵涉的资金比较多,而且跨越国境、手续复杂、环节较多,存在许多潜在的风险。

(3) 采购价格相对较低。因为可以在全球配置资源,可以通过比较成本方式,找寻价廉物美的产品。

(4) 选择客户的条件严格。因为全球采购,供应商来源广,所处环境复杂,因此,制定严格的标准和条件去遴选和鉴别供应商尤其重要。

(5) 渠道比较稳定。虽然供应商来源广,全球采购线长、面广、环节多,但由于供应链管理的理念兴起,采购商与供应商形成战略合作伙伴关系,因而采购供应渠道相对比较稳定。

2. 全球采购的流程

全球采购的流程具体如下。

(1) 选择进行全球采购的物品。对于那些不熟悉全球采购的企业来讲,第一次进行全球采购是一个学习的过程。国外购买的最初目标可以影响到整个全球采购过程的成功与否。公司应该选择质量好、成本低、便于装运且无风险的商品进行国外采购。首先选择一个或多个商品进行评价。具体如下。①选择对现存操作并不重要的产品。如日用品或具有多种采购来源的产品。一旦采购这些产品积累了足够的经验，就可以进行其他种类产品的全球采购。②选择标准化产品或者说明书易懂的产品。③选择购买量大的产品来检验全球采购的效果。④选择能够使公司从长期采购中获得利益的产品。⑤选择那些需要较为标准化设备的产品。这些标准很重要，因为如果全球采购无法满足买方期望，那么就必须在国内采购。影响全球采购初始成功的另一个影响因素就是：使其他部门知晓全球采购的产品是什么。同时，潜在供应商应该提前收到有关数量和交货要求的扩大计划。

(2) 获取有关全球采购的信息。在确定需要进行全球采购的物品之后，接下来公司就要收集和评价潜在供应商的信息或者识别能够承担该任务的中介。如果公司缺乏全球采购的经验、与外界联系较为有限或获得的信息有限，那么获取有关全球采购的信息对于这些公司而言可能就比较困难。全球采购的信息可以从以下途径获取。①国际工业厂商名录。包括 ABC 欧洲生产名录、Marconi's 国际注册、世界市场名录、中国香港企业目录、日本黄页等。②贸易展销会。大多数商业图书馆都有世界贸易展销会的目录。通过互联网可以搜索到产业贸易展销会的时间和地点，以及如何注册。对国外采购有兴趣的公司不应忽略全美贸易展销会。这些大型的、既定的展销会，吸引了世界各地的供应商。它为公司提供了机遇，一方面可以签订采购合同；另一方面可以搜集产品和生产商方面的信息。③贸易公司。贸易公司为买方提供了广泛的服务。④驻外代理机构。有专门的人员可以提供全球采购服务。⑤贸易咨询机构。买方可以与美国国内主要城市的对外贸易咨询机构进行联系。

(3) 评价供应商。无论是买方公司还是外国代理机构进行全球采购，公司评价国外供应商的标准都应该与评价国内供应商的标准相同(甚至更加严格)。国外供应商不会主动达到买方的绩效要求或期望。在对国外供应商进行评价时可从以下问题入手：国内资源获取与国外资源获取之间是否存在着显著的成本差别？国外供应商能够长期保持这些差别吗？国外供应商提供的价格稳定性如何？供应渠道增长以及平均存货增加所带来的影响如何？供应商的级数和质量能力如何？供应商能否协助进行新的设计开发？供应商是否应用严格的质量控制技术？供应商是否具备稳定的装运制度？供应商要求多长的前置期？我们能否与供应商建立长期的合作关系？与供应商合作是否能够保证技术专利和所有权的安全？国外供应商如何影响企业与国内供应商的关系？

(4) 签订合同。确定了合格的供应商之后，买方就要征求供应商的建议书。如果国外供应商并不具备竞争力(通过评价建议书来确定)，那么采购员则会选择国内供应商。如果国外供应商能够满足买方的评价标准，那么买方就可以与供应商磋商合同条款了。无论与哪个供应商合作，买方都要在合同的整个有效期内对供应商进行持续的绩效考察。

3. 全球采购的新趋势

近年来，全球经济的起伏对全球采购产生了巨大的影响。除需求不断增加外，质量安全、劳动力成本和投资成本上升、原材料和石油价格波动、保护主义加剧以及供应链变长等问题，为全球采购带来了更大的风险和新的挑战。美国管理咨询机构波士顿咨询公司2010年发布的最新研究报告称，多数企业全球采购重心已从单纯劳动力成本节约逐步转向采购总成本"最优"国家采购。这是针对多个行业的30家企业调查后发布的研究报告。报告指出,目前全球采购呈现四种趋势。

(1) 最优成本国家采购将持续增长。企业到海外采购的愿望并没有因金融危机而降低;金融危机迫使企业对成本控制更为重视,因而促使企业到最优成本国家进行采购。接受波士顿咨询公司调查的多数企业表示,计划增加在最优成本国家的采购量。

(2) 全球采购将会呈现更广泛的参与范围。最优成本国家采购的参与者不仅包括领先跨国公司和财富500强企业,还包括欧美中小型企业。主要原因是随着全球供应商日益成熟,并能够很好地替代供应商,安排海外采购就变得更容易。此外,采购的产品类别也从服装、玩具等传统的劳动密集型产品扩展到技术与资本密集型产品。

(3) 全球采购供应基地将更加分散。报告认为,为降低风险和不确定性,许多企业正在积极地使用更为多样化的采购方式,并在不同国家和地区建立和维护不同的供应基地。货币波动使韩国等成本相对较高的地区新近成为最优成本供应基地之一。墨西哥和越南等其他传统低成本国家则由于汇率变动变得更具吸引力。

(4) 全球采购模式将实现真正的全球优势。最优成本国家采购的好处不仅仅是成本的节约,还包括通过本地和全球性的竞争而获得的战略优势。许多企业正在将价值链上采购以外的其他环节,比如研发与生产,也转移到最优成本国家,以进一步发展其设计能力和生产网络。而这些做法能促使企业创造可持续的竞争优势。这种全方位利用各区域的优势正体现了最优成本国家采购的发展方向。通过进入本地市场的机会、帮助企业与政府相关部门建立关系并在整个价值链上展现创新,最优成本国家采购可以产生大量收入和利润优势。

三、全球采购中供应商的选择和管理

很多企业建立了详细的供应商评价标准,用来帮助进行供应商的选择。一般来说,全球采购中供应商的选择应考虑以下因素。

1. 质量

质量是衡量供应商的最重要因素。由于产品价值中一半以上的部分是经过采购由供应商提供的,那么企业产品质量更多地应控制在供应商的质量管理过程中,这也是"上游质量控制"的体现。上游质量控制得好,不仅可以为下游质量控制打好基础,同时可降低质量成本,减少企业产品检验费用等。通过采购将质量管理延伸到供应商,是提高企业自身质量水平的基本保证。全球采购中,采供双方就质量规格达成明确标准非常重要,否则以后双方产生分歧时,一系列后续事件的处理费用就十分昂贵。

2. 价格

产品的价格是选择供应商的另一个主要因素。原材料的价格会影响最终产品的成本,供应商应该能提供有竞争力的价格,这并不意味着企业必须选择报价最低的供应商。价格是由供应商提供商品所需要的时间、数量、质量和服务等综合因素确定的。供应商应有能力向购买方提供改进生产成本的方案。

3. 可靠性

一是交货的准时性。交货准时是指按照订货方所要求的时间和地方，供应商将指定产品送达指定地点。如果供应商的交货准时性低，就会影响生产商的生产计划和销售商的销售计划，导致供应链的低效率和资源浪费。二是供应商的信誉。在选择供应商时应该选择有较高声誉的、经营稳定的、财务状况良好的企业。

4. 能力

供应商的能力除了供应商的设备和生产能力，还包括其设计能力、特殊工艺能力等条件。生产能力是指供应商必须具备相当的生产规模与发展潜力，这意味着供应商制造设备必须能够在数量上达到一定规模，能够保证供应所需数量的产品。集成化供应链是供应链的未来发展方向。产品的研发和设计不仅仅是生产厂商自己的事，集成化供应链要求供应商也应承担部分的研发和设计工作。此外，供应商的特殊生产工艺也属于供应商选择机制的考虑范畴。每种产品都有其独特性，没有独特性产品的市场生存能力较差。产品的独特性要求特殊的生产工艺。

5. 服务水平

供应商服务态度、服务质量和技术服务水平的高低直接影响企业的形象。尽管供应商的态度很难定量表示，但这确实会对供应商的选择产生一定的影响。不同的产品会产生不同的服务要求，如购买计算机、设备等技术部件就要求有培训、上门安装、维修方便等服务，而购买办公用品则要求送货及时。因此，在选择供应商时还必须考虑与自身需求相吻合的服务。

6. 运输和集中物流

国际原材料采购中的运输方式和责任承担问题要比国内运输复杂得多。另外，国际采购中的包装和保险决策也比国内复杂。

此外，国际采购中，还必须关注政治问题和劳动力问题的影响。受供应商所在国政府问题(例如政府换届或工人罢工)的影响，供应中断的风险可能会很大，采购者必须对风险做出估计。如果风险很高，采购者就必须采取一些措施监视事态的发展，以便及时对不利事态做出反应并寻找替代办法。必要时，甚至有可能重新选择供应商。

第四节　全球供应链管理与信息技术

随着信息技术的发展，供应链亦从小区域、单一国家演变成为全球规模。今日的全球供应链已突破国界成为由全球的供应商、制造商、仓储中心与顾客所交织而成的全球网络。要想改变供应链模式中的管理效率，降低整个供应链的成本，信息技术的应用和支持至关重要。信息技术有助于"链"中企业迅速、准确地收集和传递有关商业数据和信息，以最快的速度和最有效的方式满足合作伙伴的生产需求和消费者的需求；信息技术的应用大大减少了传统的商业交易方式带来的额外成本；信息技术满足企业间知识的共享，实现知识的整合和利用。显然，只有用信息技术集成企业的业务管理流程，用电子商务跨越企业边界,才能从真正意义上实现集供应商、企业、分销商、客户于一体的供应链的管理。

一、信息技术在全球供应链管理中的应用

现代信息技术奠定了信息时代发展的基础,同时又促进了信息时代的到来,它的发展以及全球信息网络的兴起,把全球的经济、文化连接在一起。现代信息技术是一个内容十分广泛的技术群,它包括微电子技术、光电子技术、通信技术、网络技术、感测技术、控制技术、显示技术等。根据 IT 在供应链管理主要领域的应用,可以归纳出如图 13-4 所示的应用领域。从图中可以看出,供应链管理涉及的主要领域有产品、生产、财务与成本、市场营销、支持服务、人力资源等多个方面,通过采用不同的 IT,可以提高这些领域的运作绩效。

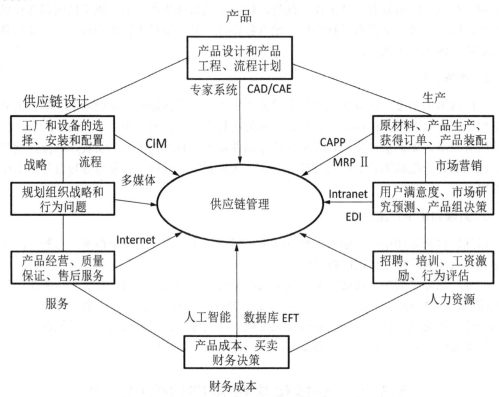

图 13-4　IT 在供应链管理中的应用

(1) 电子数据交换是在国际贸易中有大量文件传输的条件下,供应链管理的主要信息手段之一。它是计算机与计算机之间相关业务数据的交换工具,它有一致的标准以使交换成为可能。典型的数据交换是传向供应商的订单。电子数据交换(EDI)的应用较为复杂,其费用也很昂贵,不过最新开发的软件包、远程通信技术使 EDI 更为通用。利用 EDI 能清除职能部门之间的障碍,使信息在不同职能部门之间通畅、可靠地流通,能有效减少低效工作和非增值业务。同时可以通过 EDI 快速获得信息,更好地进行联系、交流和更好地为用户提供服务。

(2) CAD/CAE/CAM/EFT(CAD 为计算机辅助设计，CAE 为计算机辅助工程，CAM 为计算机辅助制造，EFT 为电子资金转账)和多媒体的应用可以缩短订单流的提前期。如果把交货看作一个项目，为了消除物料流和信息流之间的障碍，就需要应用多媒体技术、共享数据库技术、人工智能、专家系统和 CIM(计算机集成制造)。这些技术可以改善企业内和企业之间计算机支持的合作工作，从而提高整个供应链系统的效率。

(3) 企业的内部联系与企业外部联系是同样重要的。比如在企业内建立企业内部网络(Intranet)并设立电子邮件系统，使员工能便捷地相互收发信息。像 Netscape 和 WWW 的应用可以方便地从其他地方获得有用数据，这些信息使企业在全球竞争中获得成功，使企业能在准确可靠的信息帮助下做出准确决策。信息流的提前期也可以通过 E-mail 和传真的应用得到缩短。信息时代的发展需要企业在各业务领域中适当运用相关的 IT。

(4) 战略规划受到企业内部(生产能力、技能、职工合作、管理方式)和外部的信息因素的影响。而且供应链管理强调战略伙伴关系的管理，这意味着要处理大量的数据和信息才能做出正确的决策去实现企业目标。如电话会议、Netscape、多媒体、网络通信、数据库、专家系统等，可以用以收集和处理数据。决策的准确度取决于收集的内、外部数据的精确度和信息交换的难易度。

(5) 产品设计和工程、流程计划可被当做一个业务流程，产品本身需要产品、工程、流程计划的设计，这些阶段可以用 QFD(质量工程展开)、CE(安全认证标志)、CAD/CAE(计算机辅助设计/计算机辅助工程)和 CAPP(计算机辅助工程设计)集成在产品开发中，减少在产品开发周期中的不增值活动。

(6) 市场营销和销售是信息处理量较大的两个职能部门。市场研究在一定程度上是 IT 革新的主要受益者。市场营销和销售作为一个流程需要集成市场研究、预测和反馈等方面的信息，EDI 在采购订单、付款、预测等事务处理中的应用，可以提高用户和销售部门之间数据交换工作的效率，保证为用户提供高质量的产品和服务。

(7) 会计业务包括产品成本、买卖决策、资本投资决策、财务和产品组决策等。计算机信息系统包括在线成本信息系统和数据库，主要采用在线共享数据库技术和计算机信息系统完成信息的收集和处理。技术分析专家系统、财务专家系统能提高企业的整体投资管理能力。人工智能和神经网络技术可以增强某些非结构性的问题的专家决策。EDI 和 EFT 应用在供应链管理当中可以提高供应链节点企业之间资金流的安全和交换的快速性。

(8) 生产过程中的信息量大而且繁杂，如果处理不及时或处理不当，就有可能出现生产的混乱、停滞等现象，MRP II(制造资源计划)、JIT(准时制生产方式)、CIMS(计算机现代集成制造系统)、MIS(管理信息系统)等技术的应用可以解决企业生产中出现的多种繁杂问题，提高企业生产效率和整个供应链的柔性，保证生产及供应链的正常运行。

(9) 客户服务技术可以应用于企业之间的信息共享，以改善企业的服务水平，同时各种网络新技术的应用也可以改善企业之间的信息交互使用情况。信息自动化系统提高了分销、后勤、运输等工作的效率，减少了纸面作业，从而可降低成本和提高用户服务水平。

(10) 供应链设计当中运用 CIM、CAD、Internet、E-mail、专家支持系统等技术，有助于供应链节点企业的选择、定位和资源、设备的配置。决策支持系统(DSS)有助于核心企业决策的及时性和正确性。

(11) 人力资源管理当中，人类行为工程也开始在企业管理当中得到应用，它的主要职能是组织、开发、激励企业的人力资源。在企业系统的工作设计、培训、组织重构中应用HRP可以帮助企业提高从最高领导层到车间的人力效率,同时多媒体、CAD/CAM和Internet等技术的应用可以改善职工之间的合作水平与降低工作压力。

二、全球供应链管理中的信息技术

1. 电子数据交换

电子数据交换，被确认为公司间计算机与计算机交换商业文件的标准形式。EDI 技术是指不同的企业之间为了提高经营活动的效率在标准化的基础上通过计算机网络进行数据传输和交换的方法。国际标准化组织(ISO)将 EDI 定义为"将商业或行政事务处理，按照一个公认的标准形成结构化的事务处理或信息数据格式，实现计算机到计算机的数据传输"。在供应链管理中，EDI 是供应链企业信息集成的一种重要工具、一种在合作伙伴企业之间交互信息的有效技术手段，特别是在全球进行合作贸易时，它是在供应链中连接节点企业的商业应用系统的媒介。通过 EDI，可以快速获得信息，提供更好的服务，减少纸面作业，更好地沟通和通信，提高生产率，降低成本，并且能为企业提供实质性的、战略性的好处，如改善运作，改善与客户的关系，提高对客户的响应，缩短事务处理周期，缩短订货周期，减少订货周期中的不确定性，增强企业的国际竞争力等。

目前西方发达国家已经普遍采用 EDI，像纽约及新泽西港务员使用的 ACES(自动化港口加速系统)就是 EDI 在海运上的一个应用实例。ACES 是一个电子网络，它连接了有关海运的各行各业，海关手续代办人、货运人、终点接货人和港务局。用户使用 EDI 可以在船到达之前获得完整的货物运到通知，用户还可以用 EDI 安排发货顺序和滞留期保证书，能直接从收货人那里得知他们货物的现状和信息。因为现在已经采用 EDI 技术的厂商会要求其贸易伙伴也采取相应的步骤实施。

2. 条形码技术

条形码技术是在计算机应用和实践中产生并发展起来的，广泛应用于商业、仓储、工业生产过程控制、交通等领域的一种自动识别技术，具有输入速度快、准确度高、成本低、可靠性强等优点，在当今的自动识别技术中占有重要的地位。条形码是由一组规则排列的条、空以及对应的字符组成的标记，"条"指对光线反射率较低的部分，"空"指对光线反射率较高的部分，这些条和空组成的数据表达一定的信息，并能够用特定的设备识读，转换成与计算机兼容的二进制和十进制信息。通常对于每一种物品，它的编码是唯一的，可用于标志特定种类的商品。常用的一维码的码制包括：EAN 码、39 码、交叉 25 码、UPC 码、128 码、93 码，及 Cod-abar(库德巴码)等。

条形码技术的应用，解决了数据录入和数据采集的"瓶颈"问题，为物品的标示和描述提供了有效的方法，它通过对产品、容器、位置、操作员、设备等的识别，为仓储、分拣、装卸搬运、运输跟踪等业务提供了技术支持。当今世界，条形码技术为物品管理、各国间的贸易往来提供了简便的共同语言和独特的交往方式。

3. 射频识别技术

射频识别技术作为一种快速、实时、准确采集与处理信息的高新技术，通过对实体对象的唯一有效标识和自动识别，被广泛应用于物流信息输入、存储与采集，逐渐成为企业提高物流供应链管理水平不可缺少的技术工具和手段。它是一种非接触式的自动识别技术，它通过射频信号自动识别目标对象并获取相关数据，识别工作无须人工干预，可工作于各种恶劣环境中。RFID 技术可识别高速运动物体并可同时识别多个标签，操作快捷方便。

鉴于 RFID 系统在信息处理上展现的技术优势，它广泛用于供应链上从采购、存储、生产制造、包装、运输、配送、销售到服务的各个环节。

(1) 生产环节。在生产制造环节应用 RFID 技术，可以完成自动化生产线运作，实现在整个生产线上对原材料、零部件、半产品和产成品的识别与跟踪，减少人工识别成本和出错率，提高效率和效益。

(2) 零售环节。RFID 可以改进零售商的库存管理，实现适时补货，有效跟踪运输与库存，提高效率，减少出错。

(3) 存储环节。在整个仓库管理中，将供应链计划系统制订的收货计划、取货计划、装运计划等与射频识别技术相结合，能够高效地完成各种业务操作，如指定堆放区域、上架取货与补货等。此外，RFID 的设计让商品的登记自动化，盘点时不需要人工检查或扫描条形码，更加快速准确，并且减少了损耗。

(4) 运输环节。在途中运输的货物和车辆上贴上 RFID 标签，运输线的一些检查点上安装 RFID 接收转发装置，接收装置收到 RFID 标签信息后，连同接收地的位置信息上传至通信卫星，再由卫星传送给运输调度中心，送入数据库中。

(5) 配送环节。在配送环节，采用射频技术能大大加快配送的速度和提高拣选与分发的效率与准确率，并能减少人工、降低配送成本。

4. 地理信息系统

地理信息系统是一种以地理空间数据为基础，在计算机硬件、软件环境支持下，对空间相关数据进行采集、管理、操作、分析、模拟和显示，并采用地理模型分析方法，适时地提供多种空间动态的地理信息，为地理研究、综合评价、科学管理、定量分析和决策服务的一类计算机应用系统。

在全球协作的商业时代，企业管理部门往往拥有数以万计的供应链各环节的信息资料，而 85%以上的企业决策数据与空间位置相关，例如客户分布、市场的地域分布、原料运输、跨国生产、跨国销售等。企业采用 GIS 系统就可以对商业网点对象提供地理信息查询，并可以对它们按地理分布进行统计分析，进而帮助企业进行商业选址，确定潜在市场的分布、销售和服务范围，寻找商业地域分布规律、时空变化的趋势和轨迹，优化运输路线以及进行资源调度和资产管理等，这样就能够使决策者从更高的角度全面、直观地审视商业发展的态势，提供统揽全局的决策能力，从而使商业分析更加信息化、科学化。

5. 全球定位系统

全球定位系统最早是由美国军方在 20 世纪 70 年代初由"子午仪卫星导航定位"技术发展起来的，旨在彻底解决海上、空中和陆地运载工具导航和定位问题。GPS 是具有全球性、全天候、定位迅速、精度高等优点，可连续提供三维位置(经度、纬度和高度)、三维速度和时间信息等技术优势的导航定位、定时、测速系统，是实现全球导航的高新技术。

目前，GPS 技术在供应链管理领域的应用卓有成效，尤其在货物配送领域，如运输路线的选择、仓库位置的选择、仓库容量设置、运输车辆的调度等都可以通过运用 GPS 的导航、车辆跟踪、信息查询和交通管理功能进行有效的管理和决策分析。GPS 的运用有助于企业有效地利用现有资源，降低消耗，提高效率。

6. 销售时点信息系统

销售时点信息系统是指通过自动读取设备(收音机)在销售商品时直接读取商品销售信息，并通过通信网络和计算机系统传送至有关部门进行分析加工以提高经营效率的系统。它是直接对客户群进行销售活动的工具，迅速完整地收集商品销售信息、完成交易收付并制作统计报表。目前，各国对 PUS 系统主要用于商品零售商和批发商。

7. 电子自动订货系统

电子自动订货系统是指企业间利用通信网络和终端设备以在线方式进行订货作业和订货信息交换的系统。相对于传统的订货方式，EOS 系统可以缩短从接到订单到发出订货的时间，缩短订货商品的交货期，减少商品订单的出错率；有利于减少企业的库存水平，提高企业的库存管理效率；对于生产厂家和批发商来说，通过分析零售商的商品订货信息，能准确判断畅销商品和滞销商品，有利于调整商品生产和销售计划。

三、电子商务与全球供应链管理

1. 电子商务的主要内容

自 20 世纪 30 年代以来，随着计算机网络、通信技术和 Internet 的普及应用，电子商务作为商业贸易领域中一种先进的交易方式，已经风靡全球。电子商务在 Internet 的丰富资源与传统信息技术系统相互结合的背景下应运而生，是一种在互联网上展开的相互关联的动态商务活动。

电子商务所强调的是在计算机网络环境下的商业化应用，不仅仅是硬件和软件的结合，也不仅仅是电子商务，而是把买家、卖家、厂商和合作伙伴在 Internet、Intranet 和 Extranet 结合起来的应用。电子商务的应用可概括为内容管理、协同及信息和电子商务三个层次的应用。内容管理是通过更好地利用信息来增加产品的品牌价值，主要体现在通信和服务方面。具体包括信息的安全渠道和分布、客户信息服务、安全可靠高效的服务。协同及信息是指自动处理商业流程，以减少成本和开发周期。它由四个方面组成：邮件与信息共享、写作与发行、人事和内部工作管理与流程、销售自动化。电子商务包括四个方面的具体应用：市场与售前服务，主要是通过建立主页等手段树立产品的品牌形象；销售活动，如 POS 机管理、智能目录、安全付款等；客户服务，即完成电子订单及售后服务；电子购物和电子交易。

电子商务范围广阔，涉及 LAN、Intranet 和 Internet 等领域。它利用一种前所未有的网络方式将顾客、销售商、供货商和雇员联系在一起。简而言之，电子商务系统能够将有价值的信息迅速传递给需要的人们。

2. 基于电子商务的供应链管理

基于电子商务的供应链管理的目标是通过 Internet 优化整个供应链，即利用 Internet 完全的自助交易方式与网络业务伙伴实时进行合作和重要计划信息的交流。在优化的供应链中，客户能够分享各种预测，看到订单的状态，随时输入及修改需求计划；外部采购合作伙伴能共享一些可利用资源和生产进程信息；供应商可以了解企业的原料需求并参与投标；企业可以从全局范围了解业务运作情况、供应商和客户信息，并通过平衡核心竞争力和避免无效操作来调整设计自己的供应链，对供应链上的物流、信息流、资金流进行有计划的控制。

基于电子商务的供应链管理的优势体现在如下三个方面。

(1) 有利于保持现有的客户关系，开拓新的客户和新的业务。基于电子商务的供应链管理直接沟通了供应链中企业与客户的联系，并且在开放的公共网络上可以与最终消费者进行直接对话，从而有利于满足客户的各种需求、保留现有客户和吸引新的客户。

(2) 有利于保持现有业务增长，提高营运绩效。通过实施基于电子商务的供应链管理，可以实现供应链系统内的各相关企业对产品和业务电子化、网络化的管理。同时，供应链中各企业通过运用电子商务手段实现有组织、有计划的统一管理，可以减少流通环节、降低成本、缩短需求响应和市场变化时间，提高运营绩效，为客户提供全面服务，实现最大增值。

(3) 有利于分享需要的信息，促进供应链中信息流的改善。供应链中的企业借助电子商务手段可以在互联网上实现部分或全部的供应链交易，有利于各企业掌握跨越整个供应链的各种有用信息，及时了解顾客的需求以及供应商的供货情况，同时也便于顾客网上订货并跟踪订货情况。

目前国内外很多大公司都实施了基于电子商务的供应链管理，比如 Intel 公司、海尔公司和华为公司等。海尔公司通过 BBP 采购平台，所有的供应商均在网上接受订单，并通过网上查询计划与库存，及时补货；货物入库后，物流部门可根据次日的生产计划利用 ERP 信息系统进行配料，同时根据看板管理 4 小时送料到工位；生产部门按照 B2B 订单的需求完成订单以后，满足用户个性化需求的定制产品通过海尔全球配送网络送达用户手中。目前海尔在中心城市实现 8 小时配送到位，区域内 24 小时配送到位，全国 4 天以内到位。通过基于电子商务的供应链管理可以增强企业的核心竞争力，使企业更好地发展。

3. 电子商务在供应链管理中应用的主要技术手段

信息技术的迅猛发展促成了电子商务的兴起，电子商务为供应链管理提供了强有力的技术支持，主要有 EDI 销售点与预测、财务技术手段、非技术型企业的 EC 和共享数据技术 4 种技术。

(1) EDI 销售点与预测。EDI 是一种在合作伙伴企业之间交互信息的有效技术手段。它是在供应链中连接节点企业的商业应用系统的媒介。供应链环境中不确定的是最终消费者的需求，必须对最终消费者的需求做出好的预测，供应链中的需求大都来源于这种需求预测。虽然预测的方法有上百种，但通过 EDI 预测，可以最有效地减少供应链系统的冗余性,这种冗余可能导致时间的浪费和成本的增加。

(2) 财务技术手段。财务 EC 广泛应用于业务和它们的财务机构之间,通常采用的技术手段有 3 种方式。一是用户可以通过汇款通知系统结账,而不是通过支票。汇款通知数据包括银行账号、发票号、价格折扣和付款额,用户的财务机构将用 EFT 系统将汇款通知信息传递给供应商的财务机构,供应商的财务机构将付款确认信息传送给供应商,并收款结账,供应商则根据付款信息更改应收账款等数据。二是用户将支票或电子付款单传送到供应商的 Lockboxes,供应商的财务机构会处理这一付款单,将付款存入供应商的账号,同时从用户的财务机构扣除此款,财务机构会通过 EDZ-Lockboxes 将付款单信息传给用户和供应商。三是用户可以在接收到产品或服务时自动地以共同商定的单位价格付款给供应商。

(3) 非技术型企业的 EC。大企业不希望同时拥有具有相同功能的多个系统,所以希望通过 EC 实现商业交流的标准化,而忽略了商业伙伴的 EC 能力。没有 EC 系统的小企业,将采用 E-mail、电子会议、电子市场营销、电子用户支持系统、用户网上采购等实现 EC 功能。

(4) 共享数据技术。战略合作伙伴可以通过一定的技术手段在一定的约束条件下相互共享特定的数据库,这样他们将快速知道某些所需要更新的数据。如有邮购业务的企业将与其供应商共享运输计划数据库,装配制造商将与他们的主要供应商共享生产作业计划和库存数据。

第五节 全球供应链的风险管理

供应链管理作为一种新的管理模式与方法,在新的竞争环境下,在给企业带来价值和竞争力的同时,因为各种不确定性因素的存在也增加了供应链上企业的风险。供应链风险是一种潜在的威胁,它会利用供应链系统的脆弱性,对供应链系统造成破坏,给上下游企业以及整个供应链带来损害和损失。跨国供应链处于充满了不确定性的全球市场中,其面临的风险更加复杂。最近几年全球发生的一系列风险事件,给全球供应链带来了巨大的冲击,引起了全球供应链管理者对风险的关注。2000 年美国新墨西哥州飞利浦公司第 220 号芯片厂发生火灾,使爱立信损失 4 亿美元的销售额,市场份额也由此前的 12%降至 9%。2001 年的"9.11"事件,由于美国领空被关闭两天,国外进口零部件不能及时运达生产线,导致福特、丰田等汽车生产线停产。2010 年冰岛火山灰蔓延,整个欧洲的航空交通陷入混乱,大量航班被迫取消。火山灰导致的经济影响从航空、旅游业蔓延至贸易以及其他一切依赖空运和要求"及时交货"的行业,严重损害了欧洲的贸易活动。2011 年 3 月日本特大地震和海啸发生之后,因零配件供应短缺而导致全球供应链发生断裂现象。通用汽车公司成为首批因此暂停下属装配厂的跨国企业。随后,日本关键零部件短缺风波开始向电子、汽车和钢铁行业蔓延。供应链风险日益成为企业供应链管理的重要障碍,对企业产生了相当大的危害,严重制约了供应链的稳定和发展。应对供应链风险,已成为供应链管理中的一个关键问题。

一、全球供应链风险概述

1. 全球供应链风险的定义

供应链风险是一个比较新的概念，它是风险在供应链领域应用的一个特例。供应链风险概念的提出，最初是基于对供应风险概念的研究。至于供应链风险的定义，目前没有统一的认识，一些学者从不同的角度对供应链风险进行了界定。

英国 Cranfield 管理学院(2002)把供应链风险定义为供应链的脆弱性，供应链风险的发生通常导致供应链运行效率的降低，增加成本，甚至导致供应链的破裂和失败。有效的供应链风险管理将有利于供应链的运行安全，降低运行成本，提高供应链的运行绩效。Christopher(2003)将供应链风险定义为在最初供应商到最终产品的传递过程中产生的信息、物料和产品流上的任何风险。根据 Deloitte 咨询公司 2004 年发布的一项供应链研究报告，供应链风险是指对一个或多个供应链成员产生不利影响或破坏供应链运行，使其达不到预期目标甚至导致供应链失败的不确定性因素或意外事件。

本书借鉴我国著名供应链管理专家马士华教授的定义：供应链风险包括所有影响和破坏供应链安全运行，使之达不到供应链管理预期目标，造成供应链效率下降、成本增加，导致供应链合作失败或解体的各项不确定因素和意外事件。

2. 全球供应链风险分析

关于供应链风险来源的分类方法，研究者们存在一些不同的观点。

Cranfield 物流和供应链管理中心的供应链柔性研究报告总结出供应链风险来源的 16 个主要方面，包括企业的管理活动和行业趋势，主要有准时化生产、过度关注成本的降低、全球化采购、单一供应商、集中分销、外包等。Norrman 和 Lindroth 指出供应链风险类型包括需求不确定、上游事故的冲击、由于外包而发生的角色和责任的转变、上下游业务特征的不匹配、供应链产能风险、信息与合作风险、产品周期和上市时间的缩短及准时递送时间及提前期的缩短。Juttner(2002)按照风险的来源，将供应链风险划分为供应链外部风险、供应链内部风险和网络风险。外部风险包括政治风险、自然风险、社会风险以及行业/市场风险；内部风险包括从劳动力、生产力、生产到 IT 系统的各种企业内部的不确定性；网络风险是指供应链成员组织之间的相互作用所产生的风险。很大一部分学者也是采用这种分法，并对各个类别进行充实。

本书参考 Juttner 等人的分类标准，将全球供应链风险归为以下几类风险。

(1) 外部供应链风险。供应链外部因素产生的风险，包括自然风险、政治风险和经济风险。

自然风险。是指来自自然灾害或是偶发性意外事件，如地震、火灾、水灾、疫情等灾害。例如，2011 年日本大地震和海啸对电子和汽车行业的全球供应链造成了很大的影响。这类风险虽然属于偶发性风险，但是一旦发生所造成的损失往往难以估计，企业只能事前多做保险和防范措施，让损失降到最低。由于全球供应链上的各个成员多处于不同的国家、不同的自然环境当中，面临的自然环境风险也不相同，因此核心企业对各个相关国家自然环境的关注十分重要。

政治风险。因政治变动因素使供应链传递发生阻碍，如战争、革命、内乱、对自由贸易的限制、税制变动、外汇法令变动与管制所造成的风险。例如，虽然随着经济全球化的发展，贸易自由化已经成为一种不可抵挡的主流趋势，但是各种显性和隐性的贸易壁垒还是实际存在的。这就对那些跨国采购、离岸生产的全球供应链埋下了隐形炸弹。一旦其采购地或生产地所在国的贸易政策发生变化，便直接波及公司供应链的正常运作，严重时甚至会中断企业的供应链。战争对全球供应链的破坏更加不言而喻。中东地区是世界石油的重要基地，但是由于战事连连，石油的价格波动不断，这直接影响着各国经济以及各大供应链系统的稳定。政治风险对企业而言很难避免和控制，只能依靠自身的调整适应改变。

经济风险。指在经济领域中各种导致供应链的经营遭受损失的风险，例如宏观经济波动、经济危机、汇率变动等。国内供应链仅仅受到本国宏观经济波动的风险，而全球供应链可能会受到供应链上任何成员所在国宏观经济波动的风险。例如，当跨国供应链上原料提供商所在国经济快速增长时，就会造成需求增加，进而容易导致原材料供应出现短缺，这就可能对处于另一国的制造企业正常的生产活动带来影响，甚至有可能造成生产过程中断。经济危机对供应链的损害也是非常巨大的。2008年美国次贷危机引发的全球金融危机已经迅速向实体经济蔓延，造成众多企业破产，给供应链带来了致命的打击。汇率的波动对全球供应链的利润影响也很大。从事国际物流必然要发生资金流动，因而产生汇率风险。例如，一家在日本生产产品卖给美国的公司要冒日元升值的风险。因为其生产成本以日元结算，而收益是美元，一旦日元升值就将导致以美元计价的生产成本上升，从而降低公司利润。

(2) 内部供应链风险。指供应链内部来源于企业内部不确定性的风险。对于跨国供应链来说，最主要的内部供应链风险包括国际物流风险和单一/有限供应商风险。

国际物流风险。一是基础设施风险。一个国家的基础设施是运作和管理全球化供应链的基础。在一些经济发达国家如美国、西欧和日本的供应链基础设施非常完善，对全球供应链的运作具有强有力的促进和支持作用。而在新兴或发展中国家如中国、巴西、东盟等国，供应链基础设施不太完善，难以支持全球供应链运作。二是单据风险。在全球供应链中，最耗时最容易出错的环节就是单据。普通的全球运输需要20份到30份甚至更多的单据，而每一份单据对货物出入一个国家都是至关重要的。三是集装箱风险。集装箱运输技术曾大大推动了国际物流的发展，其具有装卸效率高、货损货差小、转运方便等优点。但是在全球供应链中，集装箱是一个重要的供应链风险。集装箱经常被用来偷运偷渡者、武器和毒品。特别是目前大规模杀伤性武器的使用，后果将更为严重。有关专家估计，一旦装有大规模杀伤性武器的货柜在港口爆炸，将导致一万亿美元的损失，这些损失包括港口停泊船只及所载货物以及港口关闭导致的损失。

单一/有限供应商风险。在全球供应链中，各个环节是环环相扣的，任何一个环节出现问题，都可能影响供应链的正常运作，甚至造成供应链的崩溃。2000年美国新墨西哥州飞利浦公司第220号芯片厂火灾导致爱立信损失惨重，其原因在于这家工厂是爱立信全球供应链中的一环，也是爱立信的唯一芯片供应商。有限/单一供应商风险的另一个方面是依赖单一地理供应商。当前随着国际分工的发展，某些产品的区域垄断性加强。例如，在电子行业，韩国的玻璃制造、中国台湾的硅元素绝缘板制造、日本的消费电子产品制造，使得任何自然灾害、政治动荡甚至当地物流的中断都会导致原料供应的中断进而影响到整个电子产业。

(3) 相关网络风险。相关网络风险主要包括文化风险和信息风险。

文化风险。一是语言的差异。在国内供应链中，通常只使用一种语言，而在全球供应链中可能要用到两种甚至更多的语言。在跨国供应链中，企业可能要和德国的供应商、希腊的船主、法国的仓库人员和意大利的汽运公司进行沟通，这个过程中一旦出现翻译的错误和误解，供应链的顺畅运行就会大打折扣。二是文化差异。跨国供应链内成员企业合作时不同国籍的人员在合作过程中，不同的政治、文化、意识形态和做法混合在一起，不但有可能相互发生冲突，而且有可能将一个国家中发生的问题转移到另一个国家，在跨国供应链中，这种跨国界的传递、示范作用将会导致供应链上企业经营风险的国际化。

信息风险。信息共享是实现供应链管理的基础。供应链的协调运行是建立在各个节点企业高质量的信息传递和共享的基础之上，全球供应链管理中信息传递涉及分属不同国家的多个企业。当供应链规模扩大，结构日趋复杂时，企业间的信息传递就会发生一些问题，尤其是当供应链企业分别位于不同的国家时，信息传递带来的风险更为明显。全球供应链中的信息风险包括：上下游企业间信息传递不对称；上下游企业间信息传递失真；上下游企业间信息传递时滞等。

二、供应链风险的管理

1. 供应链风险管理的含义

供应链风险管理是通过识别、度量供应链风险，并在此基础上有效控制供应链风险，用最经济合理的方法来综合处理供应链风险，并对供应链风险的处理建立监控与反馈机制的一整套系统而科学的管理方法。其目标包括损失前的管理目标和损失后的管理目标，前者是避免或减少损失的发生，后者则是尽快恢复到损失前的状态，两者结合在一起，就构成了供应链风险管理的完整目标。

2. 供应链风险管理的基本环节

供应链风险管理的基本环节是指为了降低供应链风险，企业或供应链所经历的分析处理等阶段。国内外大多数学者所采用的基本环节框架是风险识别、风险度量、风险处理和风险监控与反馈四个阶段。

(1) 供应链风险识别。风险识别是供应链风险管理的首要步骤，它是指供应链风险管理主体在各类风险事件发生之前运用各种方法系统地认识所面临的各种风险以及分析风险事件发生的潜在原因。通过调查与分析来识别供应链面临风险的存在；通过归类，掌握风险产生的原因和条件，以及风险具有的性质。

Cooper 和 Chapman(1987)认为，风险识别阶段可能是最重要的一步，因为有许多相关风险事件、情景与结果的分析必须恰当地定义。Albahar(1992)认为没有风险识别，就没有风险评估、风险控制和管理，就不会有预防和保险。供应链风险因素识别是供应链风险管理的前提。

由于风险存在的客观性与普遍性及风险识别的主观性两者之间的差异，使正确识别风险成为风险管理中最重要,也是最困难的工作。

(2) 供应链风险度量。供应链风险度量是指对风险发生的可能性或损失的范围与程度进行估计与度量。仅仅通过识别风险,了解灾害损失的存在,对实施风险管理来说远远不够,还必须对实际可能出现的损失结果、损失的严重程度予以充分的估计和衡量。只有准确地度量风险,才能选择有效的工具处置风险,并实现用最少费用支出获得最佳风险管理效果的目的。

在评估供应链风险时不仅要考虑风险对某个供应链企业的影响,还要考虑供应链风险的发生对供应链整体造成的后果;不仅要考虑供应链风险带来的经济损失,还要考虑其带来的非经济损失,如信任危机、企业的声誉下降等无形的非经济损失。这些非经济损失有时是很难用金钱来估价的。

(3) 供应链风险处理。供应链风险处理是供应链风险管理的核心。识别供应链风险、度量供应链风险都是为了有效地处理供应链风险,减少供应链风险发生的概率和造成的损失。处理供应链风险的方法包括供应链风险回避、供应链风险控制、供应链风险转移和供应链风险自担。

① 供应链风险回避,是彻底规避供应链风险的一种做法。即断绝风险来源。供应链风险回避的方法是放弃或终止某项供应链合作。或改变供应链合作环境,尽量避开一些外部事件对企业造成的影响。当然,回避供应链风险在某种程度上意味着丧失可能获利的机会。

② 供应链风险控制,是在对供应链风险进行识别和评估的基础上有针对性地采取积极防范控制措施的行为。供应链风险控制的目标是为了在风险发生之前,降低风险发生的概率;风险发生之后,降低风险发生造成的损失,从而使风险造成的损失降到最低的程度。这是一种主动积极的风险管理方法。但经营风险控制受到技术条件、成本费用、管理水平等的限制,并非所有的经营风险都能采用。

③ 供应链风险转移,是将供应链中可能发生风险的一部分转移出去的风险防范方式。风险转移可分为保险转移和非保险转移两种。保险转移是向保险公司投保,将供应链中部分风险损失转移给保险公司承担;非保险转移是将供应链中一部分风险转移给供应链以外的企业,或风险由整个供应链企业来共同承担。

④ 供应链风险自担,是供应链中企业将可能的风险损失留给自己承担,是被动的措施。对于企业而言,可能已知风险存在,但因为可能获得高利回报而甘愿冒险。另一种可能因为是供应链系统风险,无法回避,各供应链企业只能通过系统吸纳来接受风险。

(4) 供应链风险监控与反馈。制订出风险处理方案后,要在实践中进行检验,一旦发现其中可能存在的缺陷,应及时进行反馈。供应链风险的监控与反馈就是将在风险识别、风险度量及风险处理中得到的经验或新知识,或者是从损失或接近损失中获取的有价值的经验教训,集中起来加以分析并反馈到供应链相关经营活动中,从而避免犯同样错误的过程。供应链风险管理,是一项长期的、艰巨的工作,不是一蹴而就的事情,必须动态地重复风险管理过程的各个步骤,以使这一过程融入供应链管理运作中,才能真正做到长期有效地管理风险。

三、重构弹性供应链

当今企业处于一个不确定、动荡的市场环境中，供应链的脆弱性成为让企业头疼的大问题。随着供应链越来越庞大复杂，供应链风险也越来越威胁到企业的生存和供应链的正常运作，企业只有通过构建弹性供应链才能更好地管理和规避风险。

1. 供应链弹性

"弹性"(resilience)这个概念来自材料科学，指材料变形之后恢复到初始形状的能力。《现代汉语词典》对它的解释是：物体受外力作用变形后，除去作用力时能恢复原来形状的性质。

在今天的商业环境中，弹性，这一术语被广泛用来描述组织对意外中断的反应并恢复其正常功能的能力。由于现代供应链是一种复杂的网络组织，可能遭遇风险的数量与种类比以往任何时候都要多，因此弹性在供应链风险管理中就显得尤其重要。

本书将供应链弹性界定为：供应链系统在风险发生后能迅速恢复到初始状态，或者进化到一个更有利于供应链运作的状态的能力。

2. 弹性供应链的构建

企业可以通过以下几个方面构建弹性供应链。

(1) 保持适当冗余。从理论上说，打造弹性供应链最简单的方法就是在供应链上保持超出正常需要的库存和能力的冗余，来临时满足对物料或最终产品的紧急需求能力。

实现冗余的主要途径包括以下几点：一是建立原材料和最终产品的安全储备。一旦中断发生，安全储备便可作为一种缓冲，使企业有时间作出恢复计划和采取行动。二是保持额外能力(或多点设厂)和作业人员。需求有高峰和低谷，市场有旺季和淡季，保持额外能力和作业人员可使急剧上升的需求得到一定程度的满足，减少缺货损失。必须指出的是，虽然保持冗余有利于中断发生后企业继续运营，但一般来说这是一种昂贵的临时性措施。因此，运用这种"以防万一"的方法提高供应链弹性时应把握一个适当的度。

(2) 增强供应链柔性。供应链柔性即供应链对环境变化和不确定性事件作出反应的能力。增强供应链柔性不仅有助于企业更好地应对日常需求的波动，而且能将供应链意外中断造成的影响减到最小。增强供应链柔性的途径包括以下几点。

① 采取标准化流程。企业需要在分布在全球的工厂之间实现产品部件的可替换性和可通用性，有的时候甚至需要实现全球产品的设计和生产流程统一。这些都可以帮助企业快速地对供应链做出响应。例如，英特尔公司在全球建设统一模式的生产工厂，包括车间布局和生产流程都实现全球统一，这种标准化的生产设计使得英特尔可以快速地在不同工厂之间进行产量的调整，以应对不同地区生产的供应链风险。

② 采用并行流程。在产品开发和生产、分销等关键领域使用同时进行的而非先后进行的流程可加快供应链中断后的恢复过程。Lucent 技术公司通过集成化的供应链组织来实现这种并行性，不同的组织职能分布在这个集中化的供应链中。因此，企业可以同时观测到不同职能部门的同步运作，并且快速地评估不同运作流程的状态，并且在紧急事件发生时通过协同快速地应对。

③ 订立柔性合同。柔性合同在内容上提供了许多根据市场变化情况和合同进展情况而定的灵活性选择条款，合同分阶段进行，根据前一阶段的执行情况确定下一阶段执行的条款，一般不采取一次性合同。

④ 供应商关系管理。如果企业依赖于少数的关键供应商，那么，这些供应商的任何事故、风险都会对企业带来灾难性的影响。而通过有效的供应商关系管理，通过相互之间更多的沟通和了解，企业就可以更好地掌握供应商的内部运作情况，并且对产生的各种风险做出快速的响应。

(3) 提高供应链敏捷性。供应链敏捷性是指供应链对需求或供应不可预知的变化作出迅速反应的能力及在反应过程中迅速变换行动方向或调整行动策略的能力。压缩反应时间是能提高供应链敏捷性的重点。如何压缩时间？一是优化流程。即减少所涉及的活动或阶段的数量，将平行执行活动改为顺序执行。二是对重要物料或产品采用快速的直达运送方式。提高供应链的可视性也是提高敏捷性的关键要素。

(4) 建立全纵深、多层次的弹性防御体系。传统供应链以企业保持安全库存和备用能力作为缓冲来应对供应与需求的波动。但是如果意外发生的概率大幅增加，那么这些一线防御能力就会很快被消耗掉，所以还应沿供应链建立更多道的防御线，形成一个多层次的系统，即使某一个层次被突破它仍然是安全的。这要求供应链上的参与者采取包括低、中、高层次的行动措施。其中高层次措施包括：建立应急行动中心和制订应急计划、与客户和供应商合作等。如在某些环节或流程中，可以通过订立前已提及的柔性合同从外界获得平时不常用的人力资源、仓库设施、大型机械设备等备用能力。在紧急时期，依据合同的规定，以有偿的形式动员使用这些能力。此外，企业还可以与供应商和客户一道制订联合永续经营计划，使企业与其合作伙伴成为一个彼此相互依存的共生体。

本 章 小 结

全球供应链是指面向全球的供应市场、需求市场和物流服务市场，在全球范围内选择合适的供货商、销售商和物流服务商来组建和整合企业的供应链。

全球供应链管理的主要内容包括全球供应链网络的设计与构建、全球供应链战略合作伙伴的选择与关系管理、全球供应链采购与供应商管理、全球供应链生产管理、全球供应链物流管理、全球供应链信息管理、全球供应链的绩效评价、全球供应链的风险管理。

客户关系管理和供应商关系管理是供应链伙伴关系管理的两个重要的领域。

全球供应链管理离不开信息技术的支撑。全球供应链处于不确定性的全球市场中，面临一系列风险。全球供应链风险管理的基本环节包括风险识别、风险度量、风险处理和风险监控与反馈四个阶段。

思 考 题

1. 供应链管理是在什么情况下产生的？它与传统企业管理模式相比有何特征？
2. 全球供应链与国内供应链有何区别？

3. 供应链合作关系与传统供应商关系有何区别?如何增进合作双方的战略合作伙伴关系?

4. 为什么越来越多的企业选择全球采购?中国供应商在全球采购环境下应该如何对应?

5. 如何理解全球供应链风险的含义及其存在的原因?

案例分析

联想的全球供应链

第十四章 跨国企业的人力资源管理

引导案例

华为增招美国本地员工

【学习目标】
- 掌握国际人力资源管理的特点。
- 掌握跨国企业人员的来源和配备的基本方法。
- 掌握跨国企业人员培训与开发的特点。
- 掌握跨国企业外派人员的薪酬构成。
- 掌握跨国企业常用的绩效评估方法。

第一节 国际人力资源管理导论

一、国际人力资源管理的定义

随着企业经营的国际化和全球化，跨国企业逐步开始在若干不同国家经营并招募不同国籍员工，人力资源管理的活动越来越复杂，国际人力资源管理逐步引发越来越多的关注。所谓国际人力资源管理，就是随着企业经营的国际化而导致的人力资源管理的国际化。

一般来说，人力资源管理是指组织为有效利用其人力资源所进行的各项活动，包括人力资源规划、招聘、选拔、培训与开发、业绩考评、薪酬计划与福利、劳动关系管理等。国际人力资源同样也包括上述的主要内容。国际人力资源管理与国内人力资源管理的差别主要是后者只涉及一国内部的雇员，从根本上讲，国际人力资源管理是对海外工作人员进行招聘选拔、培训开发、业绩评估和激励酬劳的过程。

二、国际人力资源管理的特征

尽管根据国际人力资源管理的定义，其在管理职能上与一般的人力资源管理基本相同，但事实上国际人力资源管理却更为复杂，并具有自身的特征。总结学者的研究成果，相对于一般的人力资源管理，国际人力资源管理的特征主要体现在以下六个方面。

1. **更多的管理职能**

跨国企业面对国际环境，人力资源部门必须处理更多的国内环境中不会涉及的问题，主要包括：跨文化导向、对所在国政策的了解、国际税收问题、外派人员管理、提供行政性服务以及语言翻译服务等。

2. **更广的全球视野**

相对于国内环境中的单一国籍的员工群体计划性的管理，跨国企业需要面对不同国籍的员工共同工作，以及由此带来的复杂的公平问题。例如：由于国内外物价水平的差异以及公司成本等原因，许多跨国企业对外派人员与在本国工作的外籍人员所支付的津贴存在差异，这就会导致员工的不平衡心理。因此身处国际环境中的经理需要一种更宽广的对待问题的胸怀，为来自若干国家的不同员工群体制订计划并予以管理。

3. **更多的人文关怀**

考虑跨国经营的国际环境，跨国企业的人力资源管理除了选拔、培训和利用外，要更多地参与到外派人员的个人生活中。例如：寻找合适的住房、子女的入学问题、处理银行事务以及安排家庭出访等方面。跨国企业应当成立专门的国际人力资源服务部门，针对外派雇员的个人生活提供相应的服务。

4. **更大的驻外风险**

在国际环境下，人力资源管理的失利所造成的财务和人力方面的损失，远比在国内经营失利带来的损失严重得多，既包括薪资、迁移费用、培训费用等高额的直接成本，也包括丧失国际市场及海外客户关系等间接成本。此外，战争风险和恐怖主义也是跨国企业驻外风险的重要方面，并且由于战争和恐怖事件一旦发生，则会带来巨大的损失，因此这两点也成为许多跨国企业重点考虑的因素。

5. **工作重点需适时改变**

跨国企业在国外经营之初，人力资源管理的重点主要是外派人员的税收服务、调动及导向性培训等领域，而随着国外经营的成熟，人力资源部门的工作重点则需要开始向人力资源计划、人员配备报酬以及培训开发等职能转变。

6. **更多的外部因素**

由于东道国与本国的经济状况、政府政策及通常企业运作方式等都有较大差异，因此，较之本国内经营，跨国企业的国外经营会受到更多的外部因素的影响，这会对人力资源管理产生重大影响。例如：大多数发达国家要求企业遵守工会、税收、健康和安全等指导方针，而发展中国家缺乏组织性，政府的规定并不健全、不完善，正因为各国间存在较大的差异性，人力资源经理还要尽可能地了解当地的经营方式及行为规范等。

人力资源管理在一个纯粹的国内公司里已经是很复杂的工作，在跨国公司里，由于人员配置、管理发展、业绩评定和报酬方案等行为要受到各国劳务市场、文化环境、法律体系和经济体系等诸多方面迥然不同的影响而变得更加难以掌握。下面各节将对人力资源管理基本活动的国际维度——人力资源规划与业务运营、员工招募与甄选、绩效管理、培训与开发、归国、福利待遇等进行考察。

第二节　国际人员配备政策

一、跨国企业配备人员的类型

跨国企业人力资源的重要特征之一就是其员工来自不同的国家和地区。通常将跨国企业公司员工分为三类：母国人员、东道国人员与第三国人员。

母国人员是指来自母公司所在国并拥有母国国籍的员工，他们是跨国企业外派人员的主体，出于经营管理跨国企业的需要而被派出，主要负责管理或技术工作。东道国人员是指那些在跨国企业海外子公司工作的具有东道国国籍的员工，是跨国企业出于成本控制、文化差异和管理的需要而聘用的东道国员工。第三国人员是指来自子公司所在国和母公司所在国之外的第三国或是拥有第三国籍的公司员工，跨国企业出于考虑雇用具有国际经验和全球观念的管理人员，而不太在意员工的国籍，例如目前普遍出现的"欧洲经理"。

跨国企业的三类员工在人员配备方面各有利弊，简单概括如下：

1. 母国人员的优劣势

母国人员的主要优势在于他们了解熟悉公司的政策、目标等并具备相关的企业文化背景，因此，他们可以保证海外分公司与母公司的一致性，并有利于母公司与分公司之间的沟通与配合；母国人员可以为海外分公司带来其所在地不具有的技术或管理技能；当东道国内部政局不稳定时，雇用母国人员是最佳选择。但使用母国人员也会带来一些弊端，一方面，母国人员的派遣费高昂，一旦派遣失败将会带来巨大的损失；另一方面，大量使用母国人员可能带来负面效应，既会打击东道国员工的积极性，也可能会招致东道国工会的不满。

2. 东道国人员的优劣势

东道国人员的主要优势在于与母国人员相比其成本相对较低，了解东道国的商业结构，更易受到东道国的欢迎，并且可以绕开文化与法律的双重障碍。不过，雇用当地人员也有很大的缺陷：外籍员工由于语言交流能力有限以及对总公司的权力结构和决策制定缺乏了解，可能造成其与母公司战略上的沟通困难；东道国人员可能出现对祖国和对公司忠诚性的冲突；在东道国可能难以雇到合格的当地经理，特别是在文化教育或市场经济不发达的国家。

3. 第三国人员的优劣势

现在许多跨国企业在招聘总公司经营管理人员时，更多考虑的是他们的经营管理能力和创新精神，而非他们的国籍。跨国企业在全球范围内合理地调配和使用人力资源，能避免近亲繁殖和高层管理者的狭隘，从而使公司更好地挖掘其跨国经营的潜能；第三国人员的雇佣成本往往要低于母国人员；从第三国招聘的员工一般都是职业的跨国经营者，因此他们比母公司外派人员更熟悉东道国的情况；第三国人员的雇佣有利于公司塑造真正的国际形象。但使用第三国员工也存在不利的方面，由于文化背景的差异，第三国人员可能存在与东道国员工和母国员工之间沟通上的困难，并且其雇佣成本要高于东道国员工。

二、跨国企业人员配备的影响因素

跨国企业人员的配备受到众多因素的影响，主要的影响因素如下。

1. 母国文化因素

文化背景对跨国企业人力资源管理的影响是潜移默化的，可以直接影响到公司的管理导向。例如：日本是以民族为中心的国家，因此其跨国企业在人力资源管理方面更倾向于使用母国人，以此来保证母公司对子公司的控制，以及两者间的有效沟通。

2. 跨国企业发展阶段

在跨国企业的发展初期，由于企业规模不大，内部协调和管理是首要任务，因此更依赖于母公司的外派人员来发展国际经营，而当跨国企业发展到一定阶段，一方面企业规模的扩大会大大增加雇用母国人员的成本；另一方面公司的发展需要对东道国的政策、风俗、文化等方面加深了解，因此公司需要更多的东道国人员。

3. 母公司的特征

一般来说，规模较大的跨国企业会雇用更多的东道国人员。但是，另一方面，跨国企业也会出于管理人员和积累国际经验的需要，将母国管理人员和外国的管理人员调离到出生地之外的国家进行任职。

4. 东道国的影响因素

一般来说，东道国为了促进本国的就业，会要求跨国企业尽可能地雇用本国的人员，并制定相关的政策来促进跨国企业多雇用本国劳动力。同时，跨国企业在东道国的雇佣人员的多少还会受到东道国的劳动力的素质和技术水平的发达程度的影响。

5. 外派人员的成本

由于跨国企业进行外派人员过程中要对外派人员及家庭提供培训、安置以及各种支持性的服务，而且外派人员的薪酬往往也会高于国内的薪酬水平。因此不同企业的外派人员的成本会直接影响跨国企业的人员的配备。

三、跨国企业人员配备的基本方法

不同的跨国企业通常会根据自己的企业特点配备跨国企业人员，常见的跨国企业人员配备方式有四种：母国中心主义、地区中心主义、多元中心主义和全球中心主义。

1. 母国中心主义人员配备方式

母国中心主义人员配备方式是指跨国公司倾向于从公司总部所在国选派本国人去填补海外分公司的管理职位空缺。这些来自跨国公司总部的管理人员，也被称为"总部人员"或"外派人员"，即表明这些人是离开公司总部到海外工作的管理者。这种做法曾经十分普遍，宝洁、飞利浦和松下等公司开始都采取这种策略。例如，飞利浦公司外国子公司的重要职位曾一度由荷兰人包揽，他们被外国同事称做"荷兰黑手党"。许多日本公司如丰田和松下，到目前为止仍然由日本人出任国际业务中的绝大多数重要职位。

跨国企业采用母国中心方式进行人员安排主要是出于以下三个原因。第一，公司可能认为东道国缺乏担任高级管理职务的合格人选，特别是当公司在欠发达国家开展经营时，经常能听到这种观点。第二，公司可能认为母国中心方式是保持一个统一的公司文化的最好方式。很多日本公司就抱有这种想法，它们喜欢让外派经理领导海外子公司，就是因为这些经理在国内工作时已经接受了公司文化。第三，如果公司试图通过把母公司的核心优势传递给国外业务处来创造价值，它就会认为把母公司中了解这种核心优势的人员转移到国外业务处是达到这一目的的最佳方式。关于公司核心优势的知识难以清晰地表达并写出来，大多数是只可意会不可言传的。就像一本游泳手册教不会游泳，任何人要想学会游泳只能在游泳中进行学习，公司在管理或营销方面的优势也是不可能仅仅通过书面指示或口头指令传递到外国子公司的。关于公司核心优势的了解只能通过长期经验获得，而且存在于国内经理的头脑中，他们必须亲自操作或展示才能让外国经理们懂得，这样就产生了向海外输送管理人员的必要。

尽管如此，母国中心主义现在已经很少被公司采用。母国中心主义主要缺点有两个方面：一方面，这种政策限制了东道国职员的发展机会，会引起不满、低生产率和高离职率，如果外派经理的报酬远远高于东道国的经理，上述问题会更严重；另一方面，母国中心方式容易导致"文化近视"，即公司不理解母国和东道国之间的文化差异。文化差异要求子公司采取和母公司不同的营销和管理方式，由于外来经理需要一段很长的时间才能适应这些差异，因此有可能在此期间犯下严重的过失。例如，外来经理可能不知道如何调整产品特性、分销途径、交流策略和定价方法，结果造成代价高昂的失误。宝洁公司就曾在海外市场发生过几起这样的事件。作为对这些失误的纠正，宝洁公司现在雇用了更多的东道国人员担当国外子公司的高级管理职务。

2. 地区中心主义人员配备方式

地区中心主义人员配备方式是指跨国企业必须按照地区对全球市场进行管理，管理者招聘工作也应按照地区来进行。一般来说，跨国公司通常以地区，如西欧、东欧、南美、北美、东亚、中东、东南亚等地区为基础，寻求适合该地区某个国家分公司的管理者。

例如，一些在中国开展业务的美国分公司，常常聘请中国香港人、中国台湾人、新加坡人或澳大利亚人担任其在中国分公司的管理职位，这些来自外国的管理人员(但不是母公司的外派人员)也被称为"第三国人"。

对于跨国企业而言，使用第三国人有着三点优势：第一，他们的薪水与福利要比本国外派人员低得多，可以节省跨国企业在人员工资方面的支出；第二，第三国人相对来说对文化的适应性更强且更富有经验，这有利于公司当地业务的开展；第三，第三国人常常能够从一个外来人的视野更好地理解公司政策，他们有可能比外派人员更有效地执行公司政策。

3. 多元中心主义人员配备方式

多元中心主义人员配备方式是指东道国公司的职位应该让东道国公民担任，只要公司仍保持强盛的赢利能力及有效地实现经营目标，就可以让东道国管理者按照他们所熟悉的管理方式自主地管理分公司的业务活动。多元中心主义的人员配备方式要求招募东道国成员管理子公司，而由母公司所在国公民执掌公司总部的重要职位。

采用多元中心主义配备方式的一个优点是公司"文化近视"的可能性减小，另一个优点是节省费用，因为省去了外派经理的花费——这项花费是相当高的。

尽管如此，多元中心方式也有自己的一些不足之处：一是东道国职员获得国外经验的机会很少，通常在担任子公司的高级职务以后就无法进一步发展，于是产生不满情绪。二是东道国经理和母公司所在国经理之间会由于语言障碍、文化差异和对各自祖国的忠诚而产生隔阂，导致公司总部和子公司之间缺乏交流和整体性，只有名义上的联系，结果公司变成一个由各个独立分支机构组成的"子公司联盟"，在这个联盟内很难形成传递核心优势、追求经验曲线和区位经济所要求的协调。因此这种方式也许仅仅会对采取多国战略的公司有效，对其他战略都不可能适合。三是多元中心方式还可能造成公司内部的惰性，"子公司联盟"模式一旦产生就很难被改变。例如，联合利华在采用多元中心方式数年之后，发现公司很难完成从多国战略到跨国战略的转移，各个外国子公司变成了准自治的机构，具有很强的东道国形象，这些"小诸侯集团"努力阻止公司总部给予它们的种种限制。

4. 全球中心主义人员配备方式

全球中心主义人员配备方式是指跨国企业最佳资格的人选可以来自任何背景和任何文化，整个世界是它们的产品、服务与资源市场，所以，企业应当在全球经济和世界市场的架构中实现资源配置、人员配置、生产制造和市场营销。人力资源全球化最主要的特征是，跨国企业人力资源的来源渠道已超出了国界和洲界的限制，全球人力资源开发成为跨国企业赢得人力资源优势的最佳选择。

近年来，跨国企业出现了在全球范围内招聘管理者并派遣他们到公司总部担任高级管理职位的趋势。与此相适应，在国际人力资源管理中出现了一个与外派人员相对应的新概念——内派人员。内派人员是指被派到跨国企业总部担任高级管理职务的其他国家的公民。

目前在世界级跨国企业中几乎都有"外国人"在公司总部最高管理层担任职务。内派人员的出现，显示了跨国企业人力资源管理政策的巨大变化，这就是人员配置必须以全球竞争为依据，而不是以种族或国家为依据。内派人员的出现预示着人力资源全球化竞争时代的来临。

四、跨国企业人员的选拔标准

1. 选拔失败的代价

选拔失误的代价非常昂贵，主要来自两个方面。

一方面，外派失败，即外派经理提前回国。派遣一名管理者携其家属去国外执行任务，每年所花的费用估计是其基本薪水的3倍左右。如果外派人员在任期(一般为2～4年)未满前要求回国，那么不仅会大大增加公司的费用(给母公司带来的平均损失除了相当于3倍年薪的基本费用外还有重新安置的花费)，而且会影响士气，给其他雇员带来很大的打击。此外，由于派给驻外人员的任务没有完成，还会造成成千上万的损失并且贻误时机。

另一方面，选拔合适的当地人员为公司工作也特别重要。多数国家制定了严格的法律来保护员工的利益。例如委内瑞拉法律规定，在一家公司工作超过三个月的雇员接到解雇通知时有权得到相当于一个月工资的解职费，雇员被解雇后公司必须在30天内为他重新安排一份同样薪水的工作。哥伦比亚和巴西两国也有类似的法律规定，这些都使得解雇员工的代价不菲。

不管哪一种选拔失误都证明公司的外派人员选拔方式有待改进。要降低失误率和减少损失，需要制定有别于在本国工作人员的、正确的选拔标准。

2. 母国外派人员或第三国人员的选聘标准

当代跨国企业对于母国外派人员或第三国人员的筛选，需要考虑以下选聘标准。

(1) 专业技术能力和管理能力。首先是考虑专业技术能力和管理能力。主要包括技术技能、行政技能和领导技能。对于母国外派人员的选聘，专业技术能力和管理能力是非常重要的标准。近来有关对英国、美国、德国的跨国企业的研究表明，这些企业在甄选外派人员或第三国人员时非常看重相关的专业技术能力和管理能力。

(2) 语言技能。熟练地使用东道国的语言，是筛选外派人员或第三国人员的一个重要的标准。因为，语言方面的差异是进行跨文化沟通的最大障碍。但是，一些发达国家的跨国企业对语言能力的重视程度，相对要小于前两个方面。这也可能与英语的普遍使用有关。对中国的跨国企业来说，筛选母公司外派人员或第三国人员时，候选人是否能熟练掌握英语这一世界性通用的语言无疑是一个重要标准。

(3) 文化适应能力。除了语言技能、专业技能和管理能力，外派人员或第三国人员还需具备一定的跨文化适应能力，能够适应在东道国的生活、工作和商业环境，以便确保他在新的环境中正常开展工作。跨国企业的外派人员或第三国人员应该具有很强的文化移情能力(即能够用东道国的文化思维来看待问题)。实践证明，跨国企业外派人员或第三国人员失败的原因常常是由于文化适应能力比较低，而不是技术和职业技能方面有什么困难。在对外派人员进行面试的时候，应该特别注意应聘者接受不同的风俗习惯、宗教观念、生活环境和人情世故的能力，以及很快适应东道国的政治体制、法律法规和管理方式的能力。

(4) 国际工作经历。筛选跨国企业候选人员或第三国人员的时候，最好的一条规则通常是：候选人过去的工作经历是对他在将来的工作岗位上能否取得成功的一种最好预测。公司主要注重选择其个人工作经历和非工作经历、教育背景和语言技能等方面的特点可以证明其能够在不同的文化环境中生活和工作的那些人，甚至候选人有几次利用暑假到海外旅行的经历，或者是有参与与外国学生交往活动的经历，似乎也能使公司相信，他们在到达海外以后能够更为顺利地完成必要的适应过程。

(5) 家庭因素。家庭因素是关系到外派成功和外派人员工作效率的一个重要影响因素，也是常常易于忽略的因素。母国外派人员或第三国人员在国外工作时间可能比较长，在这种情况下，必须要考虑其配偶及家庭因素的影响。配偶是否支持跨国外派，该家庭是否为双职工，他们自身的适应性如何，到其他国家后子女的教育问题等都会影响到外派人员成功与否。

3. 东道国人员的选聘标准

一般地，东道国人员选聘标准与跨国企业以何种方式进入东道国市场有着密切的关系。

如果跨国企业独立在国外设立子公司，这样的公司一般会试图保持母公司的主要特征，雇用员工时会更为谨慎；如果是通过兼并或收购当地公司建立子公司，则会在很大程度上保持原有的人力资源管理方式，通常会更主动地利用当地现有的劳动力。

通常情况下，由于跨国企业的员工需要适应不同文化环境的合作伙伴，因此，东道国人员的选聘还要求具备较强的心理素质和自我调节能力。因为，具备高心理素质的员工可以给跨国企业带来许多好处，如提高工作效率、节省培训开支、改善组织气氛、提高员工士气、提高组织的公众形象、增加留职率、改进生产管理、减少错误解聘、减少赔偿费用、降低缺勤(病假)率、降低管理人员的负担等。

此外，跨国企业对于东道国人员的选聘，除了要注重他们的能力、经验之外，还特别要注意各个国家的不同文化背景因素。如美国很注重雇员的技术能力，而在印度、韩国、拉丁美洲等国家和地区则常常出现重裙带关系轻技术的现象；按照西方人的观点，积极主动、毛遂自荐的申请人可能会得到比较高的评价，但在一个高集体主义的文化中，这种过于积极的人则使其很难与其他员工融洽相处。

第三节 国际人力资源培训与开发

国际人力资源培训与开发是指综合运用培训、职业开发、组织发展来提高个人、团队以及整个组织的绩效活动。鉴于外派人员提前回国的高昂代价，人力资源管理部门加强了任用海外经理的计划工作。这是一项综合性的工作，从出国之前的人员选派一直持续到回国之后的工作安排，在选拔、培训、报酬和职业发展各方面都要考虑到驻外人员的种种特殊问题：除了与具体职位有关的工作标准外，驻外人选一般都已成家并有学龄小孩，在海外常驻三年后有潜力晋升到更高的管理层。正因为他们具有这些特点，所以在物色到合适的外派人选之后，无论在使他们接受海外职务、安心做好海外工作，还是顺利回国重新安排方面，都要用到培训和开发方面的一系列管理技巧。

一、外派人员的职业生涯规划

外派过程依照其任务的不同可以细分为不同的阶段，由于每个阶段都有其特殊性，因此，必须要给予不同的规划与管理。大致而言，外派人员的职业生涯发展路径可分为以下四个阶段。

1. 临行准备阶段

在公司遴选外派人员预备派驻海外子公司前公司要为外派人员的海外任职进行各项准备工作，跨国公司的人力资源部门通常要对他们进行任职前的培训。例如，外派前的跨文化训练、模拟及角色扮演皆有助于其后的环境适应，使他们能够做好挑战外派任务的各项准备工作，尽快适应新的文化环境。然而，外派人员往往担心离开母公司的权力中心后，未来再调回母公司可能人事已非，为了让外派人员没有"被放逐"的感觉，应该给予外派人员未来职业生涯发展的承诺。在公司制度上要使外派的资历成为母公司升迁通道中的条件之一，如此一来，也可培养外派人员的国际观，并且承诺在外派绩效良好的情况下，能够给予更好的职业生涯发展机会。公司也要明确外派期限、外派期间的责任,以及回国后的职位安排,以吸引外派人员乐于接受外派任务。也可安排一位有派驻该地经验的导师从旁给予协助。另外,提供当地信息也能使外派人员做好心理准备,有助其未来胜任外派任务。

2. 外派工作阶段

跨国公司应提供对外派人员有利的环境,降低派驻地文化对外派人员的冲击,帮助其适应环境,以提高外派任务的成功率。当这些外派人员到了新的工作环境,会面对生活上的种种问题,如寻找合适的住所、生活场所的确认、家具购买、熟悉购物环境等,他们所面临的最大挑战就是如何尽快地适应新环境,这也是完成外派任务的关键。在此阶段,跨国公司的国际人力资源管理部门仍需持续地对外派人员进行培训,随时监督外派人员训练与发展的需要,以克服文化冲击,协助他们顺利渡过艰难的适应期。

一位由母国派出的管理者初到东道国的子公司时,为了显示管理技能,通常不向下属透露其决策的过程和依据,这在母国环境下可能是成功的,然而却可能是不适合东道国情况的管理方式。显然,这会影响该经理与当地人员的人际关系,从而影响子公司的士气。因此,外派人员在制定政策、发布指令、接受指令、日常管理、业务操作等方面,应该时刻牢记文化的差异。外派人员必须与具有不同背景、语言、态度或价值观念的当地人员合作,选择恰当的技术与管理技能,以便适应比国内更复杂而且陌生的经济与政治环境。

外派人员及其家属对海外社会文化环境的适应尤为重要。如果派往国外人员不会讲当地语言,社会联系可能会大大减少。曾有学者对约 2000 名被派往国外工作的跨国公司外派人员进行调查,其中有 20%是美国人。结果表明,男性外派人员对派往国外工作是否满意主要取决于他妻子是否适应国外的生活。跨国流动给家庭带来的压力不利于经理们开展工作。在东道国,很多外国经理采取了抵制当地文化的态度。例如,有些外派人员对他们所到的第一个"新国家"感到新鲜,会做出很大的努力融合到新环境中去,他们学习当地文化,在该国旅游,并试图学好语言。然而,当他们被调到第二个国家时,就变得消沉一些了,认为第一个国家的人是不可靠的,而新调入的国家更加差劲,但他们仍会做些努力。但被调到第三、四国工作时,就可能已经放弃努力了,他们只限于同派驻国外的同事们在一起,除了实际工作外,不愿意接触当地任何事物。

因此,在当地子公司委任一位能协助该管理人员的导师是很好的做法,对于外派人员派驻后的心理调适,以及能顺利融入当地都会很有帮助。在此期间,公司应提供外派人员母公司的各项信息,在外派人员与母国人员间建立沟通网络,并提供外派人员及家庭在东道国的社会网络,这些皆有助于提升外派人员的绩效。

3. 回国准备阶段

在外派人员归国前 6 个月,跨国公司的国际人力资源部门应该为外派人员的归国进行准备,包括提供未来职业生涯发展的计划、协助搜集新的工作职位信息、提供归国前注意事项的清单等。在归国前 2 周左右,外派人员可能就搬家事宜进行准备,如家具行李的搬运、处理子女在当地学校的学籍,以及与当地朋友、同事道别等。公司在外派人员归国前,应充分提供新工作职务的信息,有助其未来归国后的工作适应。

4. 回国安置阶段

当外派人员完成公司所赋予的外派任务后，若无其他外派计划，通常会返回自己的国家。但由于长期派驻在外，对于母国的种种情况，在生活上还需要重新适应。对于归国后外派人员心理调适与家属的再适应情况，高露洁采用的"非正式支持系统"颇为有效。即由外派归国人员组成一个团体，经常互访聚会，交流工作及生活上的经验。

人员调动要有充分配套的人员调回计划，以解除外派人员的后顾之忧。外派人员在回国后的一系列问题必须切实加以解决，譬如国外工作时享受的薪酬和高福利的消失、生活水平降低、住房问题、提拔问题、家属子女回国的适应性等问题，否则就会失去有经验的国际管理人才。一般外派人员归国后并不会返回自己的原工作岗位(原工作早在其派驻后就有人替补)，且由于外派经验，使他们在工作经验与能力上的累积更加丰富。因此，外派人员希望通过外派的经历在职位上能有所提升，接受新的任务与挑战。此外，归国后的外派人员也可能被竞争对手挖墙脚或自己跳槽，因此，跨国公司的国际人力资源管理部门应该注意如何留住人才，使他们继续为公司服务。

另外一种情况是，当外派人员归国后公司发生规模上的变化，可能直接冲击到外派人员未来的发展。例如，公司缩小经营规模或是被其他公司收购合并，都可能影响母公司当初对外派人员的承诺。然而，有些时候是母公司的人力资源规划中将这些即将归国的外派人员给遗忘了。这些因素皆使得外派人员归国后有可能降职或者无职位让其填补。例如，有些归国的外派人员回国后可能发现，他原来的同事或下属已成为他的上级。

二、外派前后的培训

外派培训是指企业应根据自身的发展战略和国际化业务的要求，寻找符合企业全球战略和外派职位特殊要求的优秀外派人才，进而培训这批人才，使他们适应国际化工作的需要。它是国际企业人力资源培训与开发的重要内容。

根据先进跨国企业的经验，外派人员培训应根据外派进程分为外派前培训、外派期间培训及回国前培训三个阶段。每个阶段的培训重点应根据需要有所侧重。

1. 外派前的培训

由于外派人员大多没有派驻至东道国的经验，故外派前的培训着重在工作技能的提升与未来对当地文化与环境的适应。例如，跨文化的适应、新环境调适、如何融入当地小区、当地的人际沟通等议题。具体包括以下内容。

(1) 国际沟通培训。由于外派人员往往面临语言不通的情况，为此跨国公司最常对其外派人员进行语言训练。包括以英文为主的各种外国语言教学，外派人员可选择适用未来调任国语言为主。以日本为例，日本跨国公司外派人员的训练项目中，语言进修即是培养外派人员最主要的训练项目。

(2) 国际管理培训。训练目的主要是提供公司管理人员在外国环境中所需的各种管理知识、技术和能力。其中有两个最主要的课程，即一般管理课程与管理案例课程，旨在帮助外派人员熟悉管理的知识与技巧等，如健康、宗教、社会、种族等课程。

(3) 外派任务专业培训。主要帮助外派人员熟悉工作内容及所需的专业知识，如生产控制、销售、信息管理、会计、人事管理、财务管理，甚至还涉及领导、沟通和团队等知识的培训。

(4) 外派人员随行家属的引导训练。主要针对外派人员随行家属所进行的一般训练。例如，NEC公司会对外派人员随行家属介绍与说明一般家属所关心的事务，如子女教育问题等。

(5) 实地训练/海外考察。这是了解当地商业习惯的重要训练，通常各地的商业习惯多少有点不同，如何能够有效经营则有赖外派经理人员对当地的熟悉程度。例如，中国台湾商人习惯在农历年前发放年终奖金，因此，当汇丰银行进驻此地时，就遵照此商业习惯，若不加注意，则会对员工士气造成不利的影响。有些海外考察主要帮助公司人员更快地融入当地社会群体。例如，韩国三星企业某位派驻到俄罗斯的主管，在派驻前公司给予他6个月的时间到俄罗斯旅游，同时要求他对当地的红酒做一份调查报告。6个月后，他向主管提供了一份报告，获得相当的肯定。如此一来，不仅增进了他对当地酒类的熟悉，也帮助他在业务拓展时找到话题，外派后能迅速融入当地环境。

(6) 跨文化训练。跨文化训练的目的在于创造对文化差异的认知，了解影响行为的文化因素，发展跨国际文化调适的技能，及促进不同文化的融合。其可帮助员工发展出对文化的敏锐度，提高对文化差异的认知能力，也可提升不同组织文化的融合。目前针对如何增进外派人员对不同文化的敏感度已发展出一套训练课程，这些课程不仅缩短了母国人员及东道国人员间的文化差距，也提高了组织的效率与生产力。

(7) 压力管理培训。由于外派人员调任至新的工作环境，难免会有工作与生活上的压力，训练其如何缓解压力，有助于提升其个人在调任后的适应能力。

2. 外派期间的培训

外派人员派驻东道国之初，首先就是要适应当地生活，因此，公司在外派初期所给予的协助是提供相关的生活信息，协助外派人员在当地生活能尽快步入轨道。另外，最好是能够由具有经验的外派人员或前辈在异地的工作与生活当中给予适当的协助或支持。

(1) 生活信息提供。提供外派人员未来调任后在东道国所需的生活信息，这些信息包括子女就学、就医、租赁房屋、薪酬待遇等。

(2) 职前引导。外派人员刚至调任单位时，为使他能早日适应工作岗位的新环境，可协助他了解周边环境、工作流程、劳动条件和同事伙伴，帮助他尽快胜任此项工作。

(3) 师徒制。外派人员在外派前，由母公司预先安排一位曾有外派经验的经理人为其导师。母公司事先将此员工数据送至该经理人手上，并与子公司联系，以便该员工在派任后，此经理人能担任其导师，并能迅速提供教导与必要的帮助。

(4) 聘请文化顾问进行指导与训练。聘请文化顾问专门进行个别辅导，指导外派人员跨越不熟悉的文化领域。有许多大型的跨国公司会运用"文化翻译"，帮助外派人员与其家人解决在不同文化中所遇到的各种问题，帮助外派人员顺利适应与了解东道国社会，并解释出现的误解，协助外派人员更快地融入东道国的文化与生活。

(5) 自我训练。外派人员自己在出国前也应做好准备，了解目标国家的风土民情、文化、政治、经济等知识，加强外语学习，与那些在目标国家生活过的人交谈、学习，在思想上和心理上做好克服文化冲击的准备，并以开放的心态接受新的文化和结交当地的人们，同时也要帮助家人做好准备。

3. 回国前的培训

完成国外任职后，跨国公司通常会将外派人员召回国，少数情况则派遣到另一个国家。对于大多数的外派人员而言，最担忧的是外派工作是否会对其职业生涯发展造成影响和对于新工作与环境变迁的再适应。因此，公司可提供以下的培训。

(1) 为驻外人员制订妥善的个人职业发展计划。外派人员职业发展计划实际上在决定派其出国之际就应着手进行，其派遣从一开始就应列入公司的长期职业发展规划。这样，驻外人员就不仅了解国外任务的重要性，而且知道何时可以回国，回国时将有何升迁机会。驻外人员海外任期临近结束时，公司就开始为其办理回国手续，同时让驻外经理充分了解有关回国的一切情况：何时出发，回国后担任何职，新职位有什么责任，是临时性还是长期性的，未来的前景如何等。总之，回国人员可以知道他们在下一个月和以后的几年里所要做的工作。

(2) 归国工作任务培训。主要提供给刚回国的外派人员有关公司最新的发展信息。同时这些人员也会被要求，必须针对曾工作过的海外子公司与该区域环境提交正式报告。这些报告将来可作为未来外派人员的守则，并作为其他跨文化训练课程的教材。

(3) 咨询辅导。让外派人员不至于有被忽视或自生自灭的感觉。亲切、热心且积极地咨询辅导使外派人员感觉备受重视，进而使得一些疲劳与辛苦都化为自我肯定与骄傲。另外，适度地给予外派人员一些优厚的待遇，如薪水的加倍、住宿与差旅的加级，以及意见反映的通畅渠道，均会带给外派人员特别的感受，促使其更专心于工作。

三、国际人力资源培训与开发面临的问题

1. 国际管理人才供不应求

当前，跨国企业面临的一个重要问题是国际管理人才的供不应求。这一方面是由于经济全球化导致越来越多的中小型企业踏上国际化经营的道路，从而扩大了对国际管理人才的需求，加剧了对国际管理人才的争夺。另一方面，发达国家的人口与劳动力的变化也在缩小国际管理人才的供给来源。在跨国企业的母国，特别是在欧洲一些发达国家，劳动力市场受过高等教育、具备相关技能的人员数量在不断下降。例如，荷兰18岁年龄段的人口的比例已经降至20%左右；在其他的一些欧洲国家，该比例下降得更快。这意味着对一些跨国企业而言，通过母国校园招聘国际管理人员的数量将会下降。

2. 部分跨国公司对人力资源培训与开发的忽视

虽然，跨国企业的国际人力资源培训与开发很有意义，越来越多的企业也更加重视这项工作。但是，仍然存在跨国企业根本不提供国际管理人员的培训，有的也仅仅是提供一些简单的文化介绍和技能的培训，根本不涉及文化和家庭的培训。许多跨国企业对国际人力资源培训和开发存在很多误区。比如，认为管理具有通用性；认为没有充足的时间；认为没有合适的培训项目；甚至有公司武断认为培训根本就没有用。

3. 家庭因素与生活的变化对国际任职的挑战

在家庭方面，双职工家庭的比例在迅速上升，这种现象在一些发展中国家尤其明显。目前有职业的配偶，因为担心失去自己的收入、地位和自尊，往往不愿意放弃自己的职业追随丈夫或者妻子到国外任职。因此，双职工家庭比例的提高阻碍了跨国企业人员的国际任职的流动性，降低了国际工作人员的效率，甚至导致他们在国外任职期满前提前回国。

4. 发达国家的价值观的变化也在降低国际企业人员的流动性

在发达国家，人们越来越重视家庭、休闲和个人生活，甚至胜过对物质生活的追求。尽管国外任职会带来较高的收入和晋升的机会，但是人们不愿意以损害家庭的稳定、牺牲个人的生活环境为代价，更不能接受到政局不稳定的国家或地区工作。

5. 缺乏有效的职业管理

从实际情况来看，如果跨国企业不进行有效的职业管理，常常会造成国际人力资源的流失，从而给跨国企业造成巨大经济损失。据估计，一名驻外人员因家属原因而提前回国所造成的损失足以用来对几百个家庭进行跨文化培训；那些没有事先对外派人员及其家属进行培训以应付外国文化冲击的公司，驻外人员任期未满就提前回国的比例最高。根据一项对回国职员的研究，60%～70%的人不知道回国以后将接受什么职位，60%的人说他们的组织对他们回国后的新角色和将来在公司内的发展持暧昧态度，77%的被访者回国后担任的职位低于他们在国外的职位。于是 10%的人在回国一年内离开了公司，14%的人在三年内离开。

四、国际人力资源培训与开发策略

面对以上一些问题，跨国企业在不断地推出一些行之有效的策略和措施，来推动企业的国际人力资源培训和开发。

1. 确认具有高潜质的后备人选

为了解决国际管理人员短缺的问题，跨国企业在母国管理人员职业生涯的早期，就确认具有高潜质的国际管理人才的后备人选，在他们年轻的时候提供积累国际经验的机会。基于开发的目的，将这些年轻的高潜质的管理人员派到海外任职，使他们尽快驶入国际管理人才的快车道。

2. 强调培训和开发的持久性

以往很多跨国企业对国际人力资源的培训和开发并不重视，只是临时的或者一次性的，特别是经常忽视国外任职归国前的培训和开发，这给企业造成了消极的后果。相反，跨国企业要想发挥国际人力资源的作用就必须认识到国际人力资源的培训和开发是一个过程，贯穿于国际人员的职业生涯，具体到国际任职，从外派人员的选拔、外派、国外任职直到结束回国，任何一个环节都应该选择合适的形式和内容进行培训和开发。

3. 加强对东道国的人员的开发

跨国企业常常选择母国人员进行培训和开发，但是，为了获得充足的合格的国际人员，不仅要对母国的外派人员进行有效的培训和开发，也要积极地吸收东道国的人才，还应该重视东道国人员的培训和开发。这不仅意味着跨国企业要派遣母国的管理人员从事国外任职，而且要将东道国的人才派到公司总部或者分布在世界其他地区的分部工作。现在，许多跨国企业在分布于世界各地的分支机构发现和开发人才。

第四节　工作绩效评估

外派人员的绩效评估，是指跨国经营企业依据工作目标或绩效标准，采用科学的方法，评定外派人员的工作目标完成情况、外派人员工作职责履行程度以及外派人员的发展情况等，并将上述评定结果反馈给外派人员的过程。

一、外派人员绩效评估的意义

从表面上看，外派人员绩效评估是对外派人员的工作实绩的考核，实际上，与对国内员工的绩效评估一样，它是跨国经营企业对其战略目标实现过程进行控制的一种重要机制，对组织和外派人员都具有重要的意义。

(1) 绩效评估是提高组织管理效率及改进工作的重要手段。组织的管理者通过绩效评估，能够达到以下目的：①了解员工完成工作目标的情况，包括成绩、差距和困难；②建立管理者和员工之间的沟通渠道，改善上下级关系；③表达管理层对员工的工作要求和发展期望；④获取员工对管理层、对工作以及对组织的看法、要求和建议；⑤共同探讨员工在组织上的发展和未来的工作目标。

(2) 绩效评估是员工改善工作及谋求发展的重要途径。员工通过绩效评估可以实现以下要求：①明确自己所担负工作的目标、职责和要求；②使自己的工作成就、工作实绩获得组织的赏识和认可；③使自己在工作上的需要获得组织的理解和帮助；④提出自己的发展要求，并了解组织在有关问题上可能予以的支持；⑤了解组织对自己的期望和未来的工作要求，找出差距，调整工作方式，以期更好地完成任务，在绩效评估工作上获得参与感。

二、外派人员绩效评估的复杂性

1. 国际经营与国际战略的衡量

企业进入国际市场常常是出于战略方面的考虑，而不是由于特定跨国经营所带来的直接利润。了解新市场或挑战国际竞争对手的战略目标可能会使一些子公司陷入亏损状态，但这些子公司仍然积极地服务于企业的总体目标。在这种情况下，如果采用如投资收益率这样的经营业绩考核指标，那么，其当地经理的业绩就会显得十分糟糕。

2. 不可靠的数据

绩效评估必须是基于可比较的数据和标准之上的。在国外的子公司和国内总部的数据可能有极大的差异，通常，用以衡量当地下属单位业绩的数据可能并不具备与母国单位数据或其他国际经营数据的可比性。例如，当地会计准则会改变财务数据的含义。在其他情况下，由于当地法律要求充分就业而不是偶尔的加班，从而会使生产率看起来十分低下。所以国内使用的绩效评估体系并不能准确地评价外派人员。

3. 复杂多变的环境

由于国际环境变化剧烈，往往使子公司的经济与其他环境条件快速变化，使得母公司难以预料与掌握。这样的情况可能会使外派管理者难以达到原来的业绩目标。毕竟子公司在这种多变与波动的经营环境中，必须将长期的目标灵活调整到特定市场的情况，才能依据事实的情况建立绩效标准。不能只评估利润、市场份额、生产成本等数量指标，还要考察他们在维护公司信誉、培养同东道国政府的关系及培养人才等方面的贡献。

4. 时差与地理的隔阂

虽然交通与通信成本逐渐降低，跨国沟通逐渐便捷，然而，海外子公司与母公司在时空上的分隔仍是一种无形的障碍。对母公司而言，外派人员是一种看不见的员工，常常让母公司人员忽略他们的存在，且也使得外派人员与母公司人员之间缺乏沟通，母公司也很难了解子公司各方面的管理问题。由于缺乏大量联系，使母公司难以广泛地了解外派人员的工作表现。

5. 当地文化情况

由于文化的差异，各国员工可接受的工作方式多有不同。例如，假期与休假的数量、期望工作的时间、对当地员工培训的方式，以及当地现有的经理类型等因素，都会直接或间接影响外派人员的业绩。尽管优良的外派人员能够迅速地融入当地，适应当地的文化期望，但是母公司人员不见得也能同样理解子公司的情况，因此好的外派人员绩效评估必须视与工作有关的文化期望而作出调整。

三、外派人员绩效评估体系的设计

1. 将绩效评估标准和公司战略相结合

外派人员的绩效评估标准必须与公司战略相结合，使外派人员能跟随公司整体经营方向，也使外派人员的绩效评估更有意义。例如，假如公司目标是进入市场取得长期的竞争地位，此时采取短期的财务业绩考核标准就会失去其意义。

2. 设立合理的绩效评估标准

Dowling Schuler 和 Welch 研究指出："国际企业为外派人员制定的绩效评估标准一般可以分为硬指标、软指标和情境指标三类。所谓硬指标是指客观的、定量的、可以直接衡量的标准，例如投资回报率、市场份额等。软指标则是指以关系或品质为基础的标准，比如领导风格或处理人际关系技巧等。情境指标是指那些与周围环境密切相关的绩效标准。"对国际公司来说，应该将这些指标作为绩效标准的基础。在评估过程中还须把这些指标有效地结合起来。依靠一种指标来评估外派人员往往是不够的。例如依靠财务数据等硬指标来评价外派人员，有时并不能反映其如何取得这些工作成果，以及获得这些成果的行为有什么特点。在这种情况下，就可以依靠软指标来弥补不足。但是由于软指标难以量化，各个评估者的偏好又有所不同，这就有可能造成对外派人员领导技能等方面的评价带有主观色彩。此外，由于文化的冲突，也导致对外派人员的绩效评估复杂化，因此就需要用情境指标来辅助考察环境对外派人员绩效的影响。总之，在结合以上三种指标对外派人员进行绩效评估时，须考虑到各种指标的优势与不足，尽量扬长避短，保证该评估的公正性和客观性。

3. 由母公司主管和子公司主管共同评估

外派人员是联系母公司和子公司的一条纽带。他们既要代表母公司监督、控制子公司的经营，同时作为子公司的员工，他们还有责任促进子公司获取效益，因此，当母公司同子公司派出代表自身利益的人员时就应该对这些外派人员的绩效进行考核和激励。这种考核和激励一般由母国的经理根据母公司的绩效评估标准做出。同时外派人员也属于子公司的员工，其绩效也应当接受子公司的评估。通常情况下，该评估则会由子公司的总经理或由该外派人员的直接东道国主管来执行。由母公司主管和子公司主管共同评估可以杜绝单一评估方式带来的弊病。如单由母公司评估时，可能无法完全掌握公司的经营情况和理解身处海外的外派人员的经历，很难客观评价其绩效；单由子公司评估时，子公司当地的管理层常常缺乏用全局的眼光来看待潜在绩效的努力对整个公司的真实贡献。必须注意的是，虽然外派人员接受两方面的考核，但是母公司和子公司对外派人员的绩效考评重点和目的是有所不同的。母公司的考评侧重于其控制程度和母公司文化的移植程度，而子公司的考评侧重于其跨文化适应、工作绩效、管理绩效与个人能力及行为表现。

4. 掌握绩效评估的频率

任何一家公司都有必要对员工进行定期的绩效评估。员工的绩效评估可以分为三个阶段：定期评估、半年评估以及年度评估。定期评估可以让管理者考虑可能影响完成个人任务的任何变化。它是评估进展的良机。而半年评估是对任务的正式评估。员工可以确定哪些任务已经完成，或它们距离目标有多近。年度评估可以让评估者和员工了解一年任务的完成情况，并且计划未来的发展领域。通常情况下，公司一般会采取年度绩效评估，而国际企业也是这样，因此，外派人员通常接受公司的年度评估。但是外派人员的任期往往不定，有时母公司仅出于对子公司的短期帮助而外派人员，例如劳资谈判人员以及专家有可能被派去解决如产品更新、国际合同、税收、会计等问题，这类人员的任期可能只有半年甚至三个月，所以对于这类外派人员的绩效评估频率就应当有所调整。

5. 注重绩效评估反馈

持续有效的绩效评估反馈是绩效评估中至关重要的一个环节。简而言之，定期的绩效评估反馈能帮助员工减少工作失误，通过从失误中吸取教训，促使员工不断改进和提高工作绩效，同时也是激励员工努力工作的有效手段。对于外派人员来说，如果评估是由在母国总公司的管理人员执行，那么适宜的定期反馈就显得更加重要。

事实证明，外派人员绩效的优劣与国际公司海外派遣的安排有着密不可分的关系。因此对外派人员建立一套系统的评估体系是非常有必要的。这套系统包括相应的绩效评估标准、合适的绩效评估者、定期的绩效评估以及适时的评估反馈。因此，建立一套比较科学的绩效评估体系，在绩效评估的过程中有利于保证绩效评估的公正科学性。此外，在外派人员的绩效评估方面还应注意以下问题：首先，高层经理需要认真思考其国际经营的所有目标，甚至有必要出访经营地区以更加清楚地理解外派经理和当地经理所面临的实际问题与环境，赋予当地经理较高的评估权力，同时也可以有效利用外派经理丰富的当地环境知识。其次，可以将多种渠道的评估与不同时期的评估相结合。简单地说，对于外派人员的评估，不应当只来自母公司经理或东道国经理，除了有特殊外派任务的人员以外，评估可以同时包括母公司考核、当地子公司评价、外派人员的自我评估、下属同事的评价以及顾客的反映等。评估时间也可以根据任务的类型、任务的完成进度而做出相应的调整。总之，通过以上这些适当的调整以促进外派人员改善工作绩效，确保对其绩效评估的公正合理性。

第五节　国际薪酬管理

人力资源管理的一项关键的职责是制定并保持公司的薪酬体系。跨国企业，特别是大型跨国公司，作为一个成功经营的典范之所以能够蒸蒸日上，很大程度上与薪酬设计的优劣密不可分。薪酬对公司的重要性是不言而喻的。除了奖励个人对公司的贡献外，薪酬设计还能在以下四个方面发挥作用：①人员招聘；②人员培养；③调动员工的积极性；④维持员工队伍的稳定。由于跨国公司的薪酬设计涉及外派人员和东道国员工，因此其内容比国内薪酬设计更复杂。

一、国际薪酬管理的复杂性

当公司涉足国际化经营时，这项薪酬管理的职责就会变得更加地复杂和困难。外派人员的国际薪酬管理之所以复杂，主要原因有以下三点。

1. 地域因素

外派地区的差异会使外派人员产生不同的感受，而这种感受会影响公平性，故国际薪酬必须考虑地域因素。例如，公司两位同样优秀的外派人员，一位派遣至美国，另一位则派遣到较为穷困的发展中国家，这两位外派人员的心理感受必定不同，派往美国的人员会乐于接受外派任务，而派往较为穷困发展中国家的人员则会觉得受到不平等待遇，而不愿接受外派。一般而言，派往地区为较为落后的国家时，通常外派意愿较低。因此，为了维持外派任务的公平性，提高外派意愿，对于不同地区的派遣任务需要给予不同的报酬补贴。

地域差异会造成薪酬的不公平。第一是物价水平。由于各国的物价水平不同，会对外派人员薪酬的公平性产生影响。例如，按中国的薪酬水平支付去越南的工作人员，可以在当地过得丰衣足食，但按中国的薪酬水平支付去日本的工作人员，则会因当地物价太高而觉得被减薪。因此，公司人员若外派到物价较高的国家则需给予补贴，以维持其生活水平。

第二是当地的物价波动。由于各国的经济状况迥异，物价波动也会对外派人员的薪酬产生影响，尤其是对那些以东道国子公司当地薪酬体系支付的外派人员影响最大。当东道国物价上涨，势必会对完全以当地货币计酬的外派人员产生较大的影响，所以，公司在保持其薪酬平衡的原则下，应该调高其薪酬。相对地，当东道国物价下降，也会造成母国与东道国之间汇率的变动，使母国货币对东道国的产品与服务的购买力增强，这会使完全以母国货币作为薪酬支付为基础的外派人员更乐于派驻当地。为此，当地的物价波动所产生的影响需视公司对外派人员薪酬支付的方式而定。

第三是派遣地区的艰辛程度。也就是相对于母国，外派地区的生活条件是否便利、安全与舒适。在发达国家，通常治安情况良好、物质条件完善、生活较为便利，派往该国的人员不容易发生生活不便的情况。相对地，若是派往较不发达与贫穷的国家，生活上常会面临资源的匮乏，甚至生命财产可能受到迫害与威胁，因此，需要另外给予津贴来补偿。

第四是当地所得税的考虑。对于有些短期派遣，由于工作期间较短，公司多以旅游签证来派遣人员，不进行当地工作签证的申请(此种方式在许多国家被视为非法)，以避免外派人员所得税的支付。如果外派人员申请当地工作签证，则意味着必须向当地政府纳税，由于母国与东道国的税制不同，外派人员可能会在东道国缴纳较高的税额，或是两边同时课税，这些额外缴纳的部分，公司也应对外派人员予以补偿，确保薪酬的公平性。

2. 任务因素

外派任务本身的不同，也会影响外派薪酬的调整。首先，外派工作任务可能牵涉到职位或工作性质的变动，外派薪酬也要随之调整。例如，某科技公司派遣生产部副经理到分公司担任经理，其薪酬随职务的变动应及时予以调整，即重新以经理职位核算工资。又如某公司在越南设厂初期，需要资历深、经验丰富的技术人员到分厂培训当地工作人员，此时应另外给予教学津贴。

其次，外派任务的时间长短也会影响外派薪酬。外派通常可分为短、中、长期。由于时间长短不同，所适用的津贴政策也不同。较长期的外派由于新生活的适应压力大，公司给予的外派服务激励奖金也较多，或者公司可能给予外派时间较长的人员家庭辅助津贴，以补贴外派人员因外派期间未能对家庭的照顾。

3. 个人因素

根据个人因素的不同，公司也可考虑给予个别的补助。首先，因个人的职务不同，所给予的外派待遇也会不同。职务越高的外派人员，所给予的待遇等级较高，这些待遇包括住房、用车、餐饮、俱乐部等津贴福利。例如，在住房方面，提供给高层经理人员的住房等级较高，设备较为齐全，地理位置也较佳，房间面积也较大；在用车方面，公司给予车辆等级较高，以代表公司对外形象。相对而言，职务低的外派人员所获得的待遇等级较低。

其次，家庭因素的不同所产生的差异。对于已婚且有子女的员工，外派意愿较弱，所以公司对其派遣可能会给予更多生活方面的补贴，包括探亲机票或者子女的教育补助等。许多公司都倾向派遣单身的员工，一方面单身员工的派驻意愿较高；另一方面是可以减少派驻后可能的失败。

二、跨国公司外派人员的薪酬构成

在薪酬管理乃至整个人力资源管理领域中，外派人员的管理及薪酬支付都是一个难度相当高的问题。而在各种可能的约束条件下，外派人员对公平性的要求是外派人员薪酬管理中的一个关键性因素。具体说，这种公平性包括外派人员与国内同事之间的公平，外派人员与东道国同事之间的公平，以及母国外派人员与第三国外派人员之间的公平等。在实际的薪酬管理中，跨国公司外派人员的薪酬一般由基本薪酬、津贴、福利、奖金和激励薪酬构成。

1．基本薪酬

外派人员的基本薪酬是与其所任职务相联系的，通常是确定奖励薪金、津贴及其他报酬的基础。基本薪酬可以用母国货币或所在国货币支付。从大的方面说，外派人员的基本薪酬应该与和其处于相似位置的同事处于同一个薪酬等级上；这可以通过工作评价和薪酬等级评定来确定。一般来说，外派人员的基本薪酬与外派的时间、任职的区位以及企业的行业特点都有关系。确定基本薪酬有两种基本的方法：按母国标准付酬和按东道国标准付酬。

(1) 按母国标准付酬。按母国标准付酬是指为了保持外派人员与国内同事的薪酬的一致性，使得外派人员去海外工作时不会造成物质上的损失，同时对一些额外费用进行补偿，若东道国的平均水平高于母国，那么母公司会给外派人员相应的补贴。外派人员的薪酬一般在以下情况采用母国标准：外派人员到海外的任职时间较短，或者所在国的工资低于母国。一般确定薪酬的原则是就高不就低。

这种薪酬设计的优点是：消除了外派人员因薪酬不同而产生的不公平感，同时外派人员回国时也不会感到薪酬水平的巨大差距。同时，这种方法也有不足之处，这主要在于具体的管理非常困难，如对外派人员在所在国的生活费用及税收等的管理。另外容易导致外派人员与东道国员工薪酬方面的不一致，使得东道国员工产生不公平感，影响这部分员工的积极性。

(2) 按东道国标准付酬。按东道国标准付酬是指外派人员的基本薪酬参照所在国员工的工资标准确定。这种方法可以避免母公司员工薪酬明显高于外派经理的现象发生，适用于母国的薪酬水平低于东道国的薪酬水平的情况。若母国的工资水平高于东道国，则企业通常用额外的福利弥补外派人员经济上的损失。采用这种薪酬制度的前提条件是：一方面企业要了解东道国从事相应工作的人员的收入；另一方面要对工作进行评价，从而确定相应的报酬水平。

采用按东道国标准付薪的优点是：体现了与东道国国民薪酬的平等性，有助于外派人员与东道国员工之间的融合。尽管如此，这种方案也有不足之处：这会导致员工都愿意到东道国收入较高的分公司工作；在发达国家任职的员工回母公司后，难以接受较低的工资水平，影响他们在母公司的工作积极性。

(3) 混合法。混合法既不是单纯的母国方法，也不是单纯的东道国方法，具体为综合母国和东道国的多种特征和多种因素，建立薪酬体系。有些企业建立薪酬支付体系，专门针对企业内少数流动并且将不再和母企业有多大联系的员工。这种方法对于一些外派很普遍的企业比较适用。

(4) 就高法。目前欧洲非常流行的一种方法。即所谓的比母国、东道国更高的方法。企业通常根据母国的薪酬体系计算员工的薪酬，然后和员工在东道国所得到的薪酬(包括各种补贴)进行比较，取更高的付给员工。这种计算方法使用非常普遍，其潜在的一个优点就是在和东道国的薪酬相联系的基础上保持外派人员的生活水平。

(5) 按工作内容支付法。就是对相同的工作内容支付相同的薪酬，并结合地区差异给予其他的高生活成本补贴。但这种方法非常复杂，因为涉及分析母国薪酬和任务所在国薪酬之间的差异，必须具有准确、充分的薪酬信息和数据，并且这会降低外派人员和当地人员的价值的平等性。

2. 津贴

显而易见，国内和东道国的工作环境和生活环境之间存在很大的差异，而企业向外派人员支付津贴的目的就在于对他们的生活成本进行补偿，使他们得以维持在国内时的生活水平。最主要的津贴包括以下几方面。

(1) 商品与服务津贴。当子公司所在地的商品与服务价格高于母公司所在地时，跨国公司就会向外派人员提供消费津贴或商品与服务津贴。此项津贴的必要性还在于：由于在国外任职的雇员及其家属初到一个国家，语言不精通，环境不熟，不知从何处购物，也不懂如何杀价，支付的费用要更多；另外，他们原来的生活习惯、生活方式及消费偏好一时难以改变，而要在不同的国家维持偏好和习惯可能就需要更高的开支。

(2) 住房津贴。移居国外的雇员要想在国外租到与母国条件相同的住房，可能需要支付较高的房租，跨国公司一般也给予补贴。津贴经常是根据估计的或实际的情况来支付。

(3) 子女教育津贴。对于有子女的外派人员来说，公司将为其承担更多的责任。外派人员希望子女能在使用本国语言授课的学校接受教育，通常由母公司支付这些员工子女的学费，即教育津贴。如果在员工的外派工作地点，没有提供其国内教育的学校，那么母公司就会提供津贴供其子女在国内的寄宿学校就读。

(4) 安家补贴。这主要用来弥补外派人员因到海外工作才发生的重新布置家庭的费用，包括搬家费用、运输费用、购买汽车的费用，甚至包括加入当地俱乐部的费用等。

3. 福利

与国内员工的薪酬相比，外派人员福利的管理更加复杂。通常，大部分美国企业的外派人员均享受母国的福利计划，而有些国家的驻外人员只能选择当地的社会保险计划。在这种情况下，企业一般要支付额外的费用。欧洲的母国人员和第三国人员在欧盟内享受可转移的社会保险福利。一般情况下，跨国企业为母国员工退休而制订的计划都很好，对第三国人员则做得差一些。

在这里我们以雅芳为例，雅芳提供的福利在劳动力市场上是具有竞争力的，雅芳根据各地的要求为各地员工在当地社会劳动保险公司办理养老保险，也遵守各地政府的规定为员工购买工伤、生育等其他社会保险项目。雅芳为员工购买了公务出差保险，全部保险费用由雅芳支付，如果员工在公务期间发生意外事故，此保险计划将根据员工的受伤或损失程度为员工的家人提供最高不超过五年年薪的公务出差保险补偿。雅芳员工购买供个人及家庭使用的雅芳产品可以享有低于顾客价的优惠。另外,在假期上也大大多于法定假日。

4. 奖金

跨国公司外派任职人员获得的奖金通常以津贴的形式发放。主要包括以下方面。①海外任职津贴。这是最普遍的一种奖励项目,用于奖励派出人员到海外工作,津贴数量取决于外派人员的职务、前往国家的类别、时间等因素,一般取底薪的 10%~25%。②艰苦条件津贴。一般地,跨国企业为了弥补外派人员在条件艰苦地区工作,会发放艰苦条件津贴。"艰苦条件",是指气候、卫生、政局动荡、内战和文化设施匮乏等。③探亲津贴。跨国企业支付派出人员及其家属每年一次或多次回母国休假探亲的费用。④工作期满津贴。此项津贴在职工按合同工作期满时发放,以鼓励他们在整个合同期间都在海外工作。

5. 激励薪酬

此外,许多跨国企业除了发放基本薪酬之外,对外派人员提供和成本无关的现金激励,其目的是希望员工能继续外派。激励薪酬一般适用于全体外派人员。传统上,许多公司将这一薪酬方式称为外派奖金。一般按基薪的百分比(最常用的比例为 15%)与工资每月同时发放。另有一些公司将该薪酬确定为一个奖金总额,称为工作变动资金。在外派工作的开始和结束时分两次发放。

三、东道国员工的薪酬管理

对东道国员工进行薪酬管理的目的是让各个东道国员工认为自己的薪酬是合理的,其合理的比较不仅在于和国内的人员,而且在于和跨国企业在其他国家的员工。但由于各个国家在很多方面存在差异,导致从全球的角度来对东道国员工进行薪酬管理就变得极其复杂。

1. 东道国员工薪酬的公平性

确保东道国员工之间的薪酬公平是对东道国员工进行薪酬管理首先要关注的问题,涉及东道国员工的薪酬组成要素和薪酬支付水平的确定。

(1) 组成要素的差异性。薪酬的组成要素也影响到东道国员工之间的薪酬公平问题。薪酬的组成要素不同,薪酬之间就不具有可比性。对于东道国员工而言,要明白薪酬的组成要素及其与工作类型的匹配问题,首先要对薪酬进行定义。对薪酬的定义通常有三个方法。①将薪酬定义为现金薪酬。该定义认为薪酬包括基本工资、奖金、激励,但不包括员工的福利、特殊补贴、长期激励、延期薪酬、企业节约计划的贡献、通过利润分享所得到的收入以及像股权那样的非现金津贴。在美国,通常包括基本工资和年度奖金。②把薪酬定义为总报酬。包括员工的所有收入,如福利、补贴以及上面提到的所有现金薪酬。③把薪酬定义为净薪酬。指员工纳税后所拿到的部分。

显然,不同国家的薪酬内涵不同,它所包括的要素也不同。例如,墨西哥支付员工薪酬的组成要素包括:薪水(报告的月度和年度薪水),额外薪酬的月数,圣诞节奖金,年度奖金(根据天数进行计算),旅行奖金(根据天数进行计算),交通和车辆补贴(根据月度补贴进行计算)，社会交往补贴(每月进行补贴)，房屋奖金(政策规定的给予员工的部分)等。其他福利如下：医疗保险，生命保险，养老保险，社会安全保险(根据员工的贡献支付)。经理薪酬的组成要素包括：股票期权，长期延期薪酬，家庭娱乐补贴，住房补贴，低成本或者零成本贷款，提供车和司机，教育补贴等。

IBM 公司支付中国员工的薪酬福利内容非常丰富，主要包括 13 个方面：基本月薪(反映员工基本价值、工作表现及贡献)，综合补贴(对员工生活方面的基本需要给予现金支持)，春节奖金(在农历新年前发放的节日奖金)，休假津贴(为员工报销休假期间的费用)，浮动奖金(从公司完成既定的效益目标出发，鼓励员工的贡献)，销售奖金(销售及技术支持人员在完成销售任务后给予的奖励)，奖励计划(对员工努力工作或有突出贡献给予的奖励)，住房资助计划(公司提取一定数额资金存入员工的个人账户，资助员工在短时间内解决住房问题)，医疗保险计划(解决员工医疗及年度体检费用)，退休金计划(参加社会养老统筹计划，为员工晚年生活提供保障)，其他保险(包括人寿保险、人身意外保险、出差意外保险等)，休假制度(在法定假日外，还有带薪年假、探亲假、婚假、丧假)，员工俱乐部(为员工组织各种集体活动，包括文娱活动、体育活动、大型晚会、集体旅游等)。

(2) 东道国薪酬水平的差异性。东道国员工的薪酬支付水平，根据薪酬等级(如全球等级或者岗位评价的等级)或管理者的判断力进行确定。由于各个国家的薪酬水平不同，相同的薪酬数额在不同的国家代表不同的生活水平，因而不能说明东道国员工的薪酬一定公平。例如，同等的薪酬在印度是公平的，但在德国、瑞士就不一定公平。此外，若外汇变动率增加的同时结合上年的薪酬各个国家的薪酬比较就会更为复杂，从而更加无法确定薪酬的支付是否公平。

总而言之，由于各个国家的薪酬支付水平受到多种因素的影响，以及各个国家对薪酬的认识及其所包括的要素不同，使得东道国国民之间的薪酬比较非常困难。

2. 薪酬公平面临挑战

从理论上讲，根据企业需要对不同类型的员工制定不同的薪酬标准，有利于保留和吸引人才。企业的外派人员、管理者、东道国员工之间的报酬水平和报酬条件是否一致决定着报酬公平与否。尽管出发点是确保员工之间的薪酬一致，但在实际操作过程中还会导致员工之间薪酬的较大差异，而且这些差异无法用类型来解释。

尤其考虑外派人员后，保持员工之间的内部公平变得更加复杂。因为外派人员比当地国民有更高的购买力，生活更好。目前，很多企业不断减少外派人员，降低外派时间，以减少外派人员和地方员工之间的不公平感，更好地实现内部公平。

同时，在外派工作中考虑到团队工作、员工参与和共享责任等工作特征时，员工之间的差异越明显，越难实现内部公平。

3. 全球薪酬的探索

多年来，国际薪酬专家一直致力于建立一致的、全面的、能够应用到全球的薪酬哲学。但结果只产生了针对外派人员的薪酬哲学，而它在一定程度上是高级管理人员的薪酬哲学，对低于经理层级的东道国员工的薪酬哲学有所忽视，而且这些薪酬哲学很模糊、不确定，在薪酬专家看来效果不大。他们认为建立和当地市场一致的薪酬战略，将使薪酬战略更具有操作性、更实用。

要建立全球薪酬哲学很困难，主要有两个原因。①对报酬中各个要素的理解。国家间进行薪酬的比较很困难，尤其涉及长期薪酬和员工福利的时候。②税收因素。很多国家的股权是不能免税的，这降低了股权的吸引力。有些地方股权在赠予的时候就要征税，而不是推迟到行权的时候。这些因素不利于全球一致政策的开发。

在过去的数十年，很多分析人士认为在欧洲将会出现单一的薪酬市场，认为随着贸易壁垒的消除和员工跨越边界工作、供给市场和需求市场的统一，报酬水平将会一致。但这一点并没有出现，原因在于：首先是各个地方税收政策的差异对薪酬水平和支付方式产生了影响；其次是货币的差异性使比较难以进行。引入欧元会使比较变得容易些，但并非所有国家都包括在欧元体系中，一体化需要时间，很多因素都对区域一体化产生影响。建立亚洲区域的薪酬政策也曾经是话题之一，由于国家之间差异太大，没有形成政策的共同基础，无法深入。

尽管如此，薪酬专家还是倾向于建立全球统一的薪酬政策。例如，联合利华公司开发的全球化薪酬政策的内容包括：确定指导原则，在市场中定位薪酬战略，决定基本薪酬和其他薪酬。全球化的政策促使地方市场适应整体政策，并使各企业沟通各种标准，从而加速全球政策的形成。

本 章 小 结

国际人力资源管理与国内人力资源管理的差别主要是后者只涉及一国内部的雇员。从根本上讲，国际人力资源管理是对海外工作人员进行招聘选拔、培训开发、业绩评估和激励酬劳的过程。

跨国企业人员的配备受到众多因素的影响，主要的影响因素如下：母国文化因素、跨国企业发展阶段、母公司的特征、东道国的影响因素、外派人员的成本。

不同的跨国企业通常会根据自己的企业特点配备跨国企业人员。常见的跨国企业人员配备方式有四种：母国中心主义、地区中心主义、多元中心主义和全球中心主义。

国际人力资源培训与开发是指综合运用培训、职业开发、组织发展来提高个人、团队以及整个组织的绩效活动。鉴于外派人员提前回国的高昂代价，人力资源管理部门加强了任用海外经理的计划工作。

外派人员的绩效评估，是指跨国经营企业依据工作目标或绩效标准，采用科学的方法，评定外派人员的工作目标完成情况、外派人员工作职责履行程度以及外派人员的发展情况等，并将上述评定结果反馈给外派人员的过程。

当公司涉足国际化经营时，这项薪酬管理的职责就会变得更加复杂和困难。外派人员的国际薪酬管理之所以复杂，主要原因有地域因素、任务因素和个人因素。

思 考 题

1. 人力资源管理与国际人力资源管理有哪些差别？国际企业中通常有哪几种不同类型的雇员？
2. 国际管理者的人才来源有哪些？各有哪些优缺点？
3. 国际企业应如何培训和开发外派人员？
4. 管理者应如何在国际环境下有效应用激励理论？

案例分析

海外员工本地化率的争议

第十五章 国际企业财务管理

引导案例

美国公司的国际财务流动

【学习目标】
- 掌握企业开展国际化经营过程中国内母公司对海外子公司的财务控制手段和方法。
- 处理和解决海外子公司股权债权、资金风险、外币换算、合并报表等资金运作问题。

第一节 国际企业财务管理与内部资金管理

一、国际企业财务管理概述

改革开放以来,我国相当一部分大中型企业走上了国际化经营的道路。例如,中国化工进出口总公司(简称中化公司)早在 1987 年初就在学习、借鉴日本和美国跨国公司经验基础上,提出了以国际化为中心的、"三转三化"的发展战略,即由进出口贸易公司向国际贸易转变,由商品贸易向多功能转变,由中国的对外贸易公司向跨国公司转变,争取把公司建成管理现代化、经营国际化、组织集团化的社会主义跨国公司。1994 年 12 月 31 日,经国务院批准,中化公司成为我国第一家组建中国综合商社的试点单位。对于我国国际化经营企业来说,如何借鉴西方跨国公司财务管理经验,形成一整套适合我国国情的、母公司和海外子公司财务管理体系,以取得财务上的效益,已成为一个全新的课题。

企业财务管理是一种以资金为中心的管理活动。它要解决的是企业资金的筹措、资金的投放、资金的回收与资金的分配等问题。国际企业财务管理是在国际政治和经济环境,为了提高企业的竞争能力和经济效益而进行的对国际筹资、投资、结算、外汇资金等一系列活动的管理与控制。

与国内财务管理相比,国际企业财务管理必须考虑企业面临的新的环境、新的风险,以及新的机遇。必须十分熟悉国际金融市场环境、国际金融机构设置及其职能,以及在国际金融市场的融资手段和运作方法,必须密切注意世界金融市场的情况,以便正确地进行财务决策。

1. 国际企业财务管理职能

与其他经济组织相比,国际企业有一个明显的特点,即公司经营内部化。它从全球经营战略出发,在总公司与子公司、子公司与子公司之间统筹安排,形成一个庞大的、全球化的一体化的组织体系。它的许多经济活动是在国际化经营企业的体系内进行的，使其内部各单位之间由于买卖、供销、信贷等交易关系而形成了资金转移的格局。

国际企业往往通过股权投资的方式在法律上建立母公司与子公司的隶属关系，并通过以下渠道进行母、子公司的资金转移：①母公司向子公司提供初始资金，其中包括对子公司的股权投资和贷款；②子公司向母公司汇回资金，其中包括偿还母公司贷款本金、支付母公司贷款利息和向母公司支付股息。

2. 财务报表的合并

为了能够全面反映总公司业绩，有利于宏观管理与评价以及对子公司实施有效的控制，国际企业必须编制反映全面经营状况的财务报表。在编制报表过程中，必须把海外子公司与国内母公司(总公司)的财务成果视为一个整体，在财务报表中进行对应项的合并，即财务报表的合并。

财务报表的合并与总公司对海外企业拥有和控制的程度有关。一般来说，总公司对海外企业拥有和控制程度分为三种情况。①少数影响。也就是对海外企业的经营和管理没有多少影响。在一般情况下，对海外子公司持有10%以下股权时，会计处理按成本法，在总公司的财务报表上，对海外子公司的投资记录在投资账户上，只有在收到股息和对股券的支付时，方作为收入登记。②重大利益。一般指对海外子公司拥有10%~50%的股权，会计处理按权益法，在总公司的财务报表上，在按投资额记录在投资账户后，根据受资公司净值的增减，经常调查投资额。从受资公司收到的股息，借记投资科目，作为投资的减少。③控制地位。指对海外子公司拥有50%以上的股权，控制海外企业的经营管理，有最终决策权。对它的会计处理，总公司财务报表与子公司报表进行合并。

一般而言，发达国家都倾向合并财务报表。据统计，世界上大约有24个国家的法令或惯例要求合并财务报表，如美国、英国和日本等。但是各国在具体程序和排除项目等问题上有很大差别。

1) 合并方法

现行的主要合并方法包括：①合并所有子公司并提供以制造业为主的公司的金融活动、以金融活动为主的公司的制造业活动、资产和来源的地域和分行业的资产、收入和经营利益。②合并部分子公司，对在合并财务报表中以权益法计算的，附加以这些子公司的单独的财务报表；对在合并财务报表中以成本法处理的，附加以这些子公司的单独财务报表，并进行其他各种揭示。③单独是母公司的财务报表，并附加上述各种辅助报表。④两套财务报表，一套是合并的，另一套是单独供母公司使用的，并附加上述各种辅助报表。

2) 合并排除

在许多情况下，合并的财务报表中往往只合并某些子公司而不是全部子公司，其原因可能是同母公司的行业完全不同(如母公司是制造厂,而子公司从事金融业务)或是子公司在外国的环境中处于极端不利的状态。

3. 国际企业的财务公司

国际企业的财务公司是一种不向社会公开的、非银行性金融机构，是在企业向集团化发展和社会化产业资金和金融资金相结合的产物。它可利用经济杠杆对集团内部企业的生产和经营活动进行调节。经中国人民银行批准，中国化工进出口总公司和五金矿产总公司先后成立了财务公司。一些企业集团相继成立了融资中心，办理集团内部的贷款业务，起到财务公司的某些作用。

中国人民银行于1996年10月颁布了《企业集团财务公司管理暂行办法》，对财务公司的界定、机构设立及变更、业务范围、财务会计制度、监督管理、整顿、接管及解散等均作了具体规定。

根据这一办法，设立财务公司须经中国人民银行批准。申请设立财务公司，必须是符合相应条件的企业集团，有符合规定的章程和最低限额注册资本以及中国人民银行规定的其他条件。财务公司作为为企业集团成员单位提供金融服务的非银行金融机构，主要经办成员单位的信贷业务、结算业务和一些中介业务，办理同业拆借业务，经批准发行财务公司债券等。该《办法》规定，财务公司不得在境内买卖或代理买卖股票、期货及其他金融衍生工具，不得投资于非自用不动产、股权、实业和非成员单位的企业债券。在境外从事外汇及有价证券交易的，须经中国人民银行批准。

为了便利公司内部的资金融通，中国一些国际化经营企业在海外设立了财务公司，例如，中化集团的海外财务公司设在了纽约，五金矿产总公司的海外财务公司设在了香港。海外财务公司的成立，为总公司统筹内部资金的工作提供了便利，可以更有效地促进资金的优化使用。目前，海外财务公司的业务主要分为诸如证券买卖、经营房地产等自身业务和为国内总公司服务两部分。

中国国际化经营企业的财务公司在资金融通业务上呈现为贷款数额小和期限短两个特点。主要原因是财务公司资产不足(如有的财务公司注册资金仅有5 000万元)、营业范围又仅限于成员企业，且贷款利率高于银行利率。其次，集团各成员企业都有自己的开户行和固有的存、贷款渠道。总的说来，国际化经营企业的财务公司还不具备权威性。财务公司与海外子公司之间的关系尚未理顺，资金分散在各子公司，财务管理制度不健全，漏洞很多，母公司在一定程度上失去控制权。因此，国际化经营企业资金的统筹安排和优化使用仍是一个亟待解决的问题。

二、国际企业内部资金管理

1. 许可费和提成费

当国际企业的一个单位允许其他成员单位使用其无形资产时，公司内部会出现以提成费和许可费为形式的资金转移。提成费和许可费的汇付与股息汇付有所不同，发放许可证的母公司和使用许可证的子公司之间提成费数额的协议一经签署，往往受到当地外汇管制当局的严格监督。

使用许可证的国家往往视提成费和许可费为母公司的国外收入，因而对提成费和许可费课征预扣税。尽管如此，由于提成费和许可费是子公司的所得税扣除项，一般低于母、子公司所在国的公司所得税，因此对母公司而言，提成费和许可费是转移利润的一种有效方式。

2. 资金的提前和延迟支付

国际企业母、子公司之间的商品交易无疑会带来资金的移动，为了达到母公司范围内资金运筹最佳,公司往往采取改变信用支付期限的做法,即提前或延迟支付资金。企业运用资金提前或延迟的目的是使流动资金充分地为总公司的战略目标服务,正因为如此,东道国政府对外国公司运用提前与延迟方法会施加许多限制。

企业运用资金提前与延迟的目的是流动资金充分地为子公司的战略目标服务。在许多国家,商业信用的期限可达六个月,这样一来,公司内部在商品交易过程中,买方子公司(分公司)也可以通过预付款的方式把资金转移到卖方。因此,提前与延迟是国际企业内部资金转移最常见、最有效的方法之一。例如美国某跨国公司在巴西设有一家子公司,按计划该子公司应于9月份向母公司支付劳务费、利息和红利等款项。然而,母公司在2月份预测到巴西货币苏克雷将在4月份贬值。因此,母公司指令巴西子公司将上述款项在3月份支付给母公司。由于提前支付,母公司避免了苏克雷贬值造成的收入损失。与此同时,母公司将原计划提供给巴西子公司用于扩大经营业务的美元贷款推迟到苏克雷贬值后再放贷,无形中增加了苏克雷货币量。正因如此,东道国政府对外国公司运用提前与延迟方法会施加许多限制(见表15-1)。

表15-1 一些国家和地区对提前与延迟支付的限制规定

国家和地区	出口延迟	出口提前	进口延迟	进口提前
加拿大	允许	允许	允许	允许
法国	允许	允许	允许	需要批准
美国	允许	允许	允许	允许
英国	允许	允许	允许	允许
日本	360天	360天	360天	360天
巴西	需要批准	允许	允许	允许
中国香港	允许	允许	允许	允许

3. 收支冲销

1) 双边冲销

在国际企业内部交易中,同提前与延迟方法紧密相连的是收支冲销。当收支冲销是在母公司下属的两个子公司(分公司)之间进行时,称为双边冲销,即双方的债务互相抵消。假设我某机械总公司在加拿大和美国各有一家子公司。在加拿大的子公司欠美国子公司200万美元,而美国子公司同时又欠加拿大子公司100万美元。那么,按照冲销原则,在加拿大的子公司只需向在美国的子公司支付100万美元就可了结双方的债务。如果这两家子公司冲销涉及不同的货币,那么就要把它们转换成同种货币并按双方商定的汇率进行结算。

2) 多边冲销

多边冲销是指母公司下属的多家子公司(分公司)之间进行相互交易的账款抵消结算。假设我某机械总公司在加拿大、美国、日本、墨西哥各有一家子公司,各子公司之间的债务情况如表15-2所示。

应用多边冲销方法可以减少实际资金移动额,从表15-2可以看出,如果每个子公司都向其他子公司付款,涉及总金额3030万美元。而进行多边冲销的话,实际资金转移额可从3030万美元减少到590万美元。在多边冲销系统下,净支付子公司应向净收入子公司付款,如表 15-3 所示。

表 15-2 多边冲销

收款子公司	支付子公司				
	加拿大	美国	日本	墨西哥	共计收款
加拿大	/	3.5	2.1	0.7	6.3
美国	4.3	/	1.9	1.8	8.0
日本	2.6	3.1	/	1.8	7.5
墨西哥	5.3	0.3	0.8	/	6.4
共计付款	12.2	6.9	4.8	4.3	28.2
加拿大		6.3	12.2		-5.9
美国		8.0	6.9		+1.1
日本		9.6	4.8		+4.8
墨西哥		6.4	6.4		0

表 15-3 多边冲销

(单位：百万美元)

付款及收款子公司	支付金额
加拿大子公司付给日本子公司	4.8
加拿大子公司付给美国子公司	1.1
共计付款	5.9

跨国界资金转移所引起的数目可观的费用，其中包括外汇交易成本(汇率间的差额)、资金流动的机会成本(转移时间)以及其他交易成本。这些费用占转移资金的 0.25%～1.5%。采用多边冲销方法减少了实际资金转移额，节省了资金移动费用，从而降低了交易成本(包括外汇市场的买卖差价、资金转移过程中的机会成本损失以及银行收取的佣金和风险)。在上例中，如果资金转移费为资金转移额的 0.2%，那么整个公司可以节省 48 800 美元的转移费用[(30 300 000-5 900 000)×0.002]。同时，系统的冲销还可使公司建立固定的支付渠道和银行渠道，稳定公司的业务以及与银行的关系。

各个国家对冲销做法的规定不尽相同，有的国家只允许贸易交易的冲销而禁止金融交易的冲销。有些国家允许双边冲销，但不允许多边冲销。一般来说，只要公司冲销的理由充分，多数西方国家允许企业之间的冲销，如表 15-4 所示。

3) 票据处理中心

票据处理中心通常设在低税制国家即所谓的避税港，是母公司下设的一个资金经营性子公司，主要任务是把生产型子公司的货物以稍高的价格转售给销售型子公司。在此过程中,货物实际上直接由卖方子公司运到买方子公司,并不经过票据处理中心,票据处理中心仅进行资金结算,如图 15-1 所示。

表 15-4 一些国家和地区对冲销的限制

国家和地区	限制手段	国家和地区	限制手段
加拿大	允许	韩国	需要批准
法国	需要批准	巴西	不允许
英国	允许	墨西哥	不允许
美国	允许	中国香港	不允许
日本	需要批准	中国台湾	需要批准

公司内部的冲销系统和票据处理中心的建立使母公司能够通过提前与延迟方法向需要资金支持的子公司提供必要的资金。

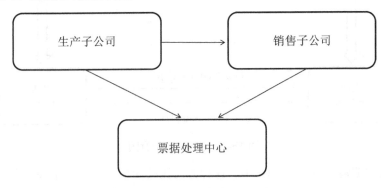

图 15-1 票据处理中心示意图

4. 公司内部贷款

1) 直接贷款

一般情况下,国际企业可以直接贷款的形式向其海外的子公司提供信贷资金。这类贷款可以第三国或者任何一方货币标价,其利率是双方商定的。从某种意义上来说,直接贷款的利率实际上是资金的转移价格。

2) 背对背贷款

国际企业在其向子公司的直接贷款遭到东道国政府禁止、受到严格控制或课征高税率(尤其是预扣税)的情况下,可以商业银行或其他金融机构做中介,以背对背贷款的形式向子公司提供资金。所谓背对背,即母公司把资金存放在中介银行里,银行把等值资金以母公司所在国货币或当地货币借给当地子公司。银行按协商好的利率对母公司的存款支付利息,而借款子公司则向银行支付利息。这两个利息的差额即为中介银行的利润。此外,中介银行并向子公司收取一定的服务费。

3) 平行贷款

平行贷款是国际企业向其海外子公司提供贷款的另一种形式,往往需要在银行或其他第三方的帮助下,寻找在当地子公司有余存现金的国际化经营母公司。假设,某钢铁总公司在巴西的子公司需要 2 700 万雷亚尔(相当于 100 万美元)用于扩大当地再生产。另一方面,某有色金属总公司在巴西的子公司近年来经营状况良好，现金余量很大，但由于巴西政府的外汇管制规定，子公司不能将多余的资金汇回母公司。针对这种情况，经过协商，钢铁总公司决定按双方商定的利率借给有色金属总公司100万美元，有色金属总公司在巴西的子公司按当地的利率向钢铁总公司在巴西的子公司贷款2700万雷亚尔，两笔贷款的期限均为5年，待到期时借方向各自的贷方偿还本金和利息。通过这种平行贷款，钢铁总公司实际上向其子公司提供了贷款资金，并减少了外汇风险，而有色金属总公司也从巴西汇回了多余的当地资金。

图15-2具体展示了平行贷款的运作过程。不难看出，平行贷款要比背对背贷款方式复杂得多，涉及的面广，周期也长，相应的风险也大。

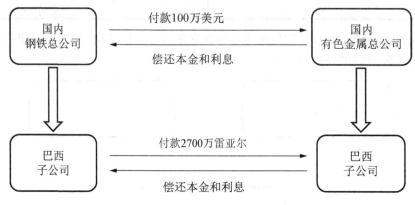

图15-2 平行贷款示意图

平行贷款的期限一般为5~10年。这种方法比较简单，关键在于找到有此需求的交易方。正因如此，帮助促成平行贷款的中介方往往向双方收取一定的佣金。

5. 被东道国封锁的资金

如何转移被东道国封锁的资金是国际企业面临的一大难题。国际企业可以采用下列方法：①尽量为东道国提供出口创汇机会，一方面缓和与当地外汇管制当局的关系，另一方面运用转移定价的方式将资金调回；②采用对销贸易的方式，用被封锁的资金从当地市场上购买母公司或其他子公司(分公司)所需产品；③子公司(分公司)将被封锁的资金投资于当地的货币或证券市场，如购买政府债券或当地企业的股票或债券；④在当地进行直接投资，建立新的生产设施或兼并当地企业，开展多种经营；⑤用被封锁的当地货币资金购买土地、办公楼或建星级旅馆(在其升值幅度大于当地通货膨胀率的情况下)，也可以用被封锁的资金在当地建立科研实验室，科研人员的工资以当地货币支付。

目前，中国国际化经营企业的海外机构尚未形成一个人、财、物有机结合的网络。一些子公司在海外各自为政，在业务上往往和母公司单线联系，互相之间很少有关联。除了母、子公司外，各子公司之间并没有多少资金往来。因此，国际化经营企业尚没有条件进行有效的、多边净额结算或通过提前与延迟支付的方法来减少资金转移量及避免汇率升降的风险，为公司整体战略目标服务。

第二节 国际企业子公司的股权策略

一、海外子公司的股权策略

1. 子公司的资本结构

在子公司的资本结构上，除了股权投资外，母公司往往以贷款的形式向子公司提供一部分初始资本，使其成为子公司股权的一个组成部分。对子公司而言，利息费用是税收扣除项，与股息相比，东道国的外汇限制及税收因素往往有利于利息偿还。对母公司来讲，由于母公司收到的贷款本金偿还在母公司所在国家是不征税的，通过偿还本金和利息，为把资金转移回母公司提供了一种有效的渠道。如果母公司初始投资全部为股权资本，再汇回子公司利润时就很困难。当然，子公司的股权投资份额不能太小。如果贷款所占比例太高，东道国税务当局也许会认为这是逃避税收的一种方式而采取相应的措施。例如，美国国家税务局就把本金偿还当成股息对待并按股息征税。

2. 子公司的股息策略

子公司的股息是母、子公司之间资金流动的一种有效机制。子公司在确定适当的股息水平时，应考虑以下几个因素。

(1) 母公司和子公司对资金的相对需求。例如，为了满足子公司扩大资本所需资金，母公司可以把应得的股息收入重新借给子公司或延长宣布股息与支付股息的日期。

(2) 股息对公司整体税收水平的影响。一些国家往往对股息支付课征很重的预扣税，所以，母公司应该从降低公司整体负税的角度考虑制定子公司股息策略。

(3) 子公司所在地货币的汇率变化趋势。例如，在子公司所在地货币要贬值的情况下，母公司要适当增加股息支付，以降低当地货币资产，并将资金合法地转换成母公司的货币。相反，在子公司所在地货币要升值的情况下，母公司应推迟股息的宣布日期。如果已经宣布，母公司可以把股息资金以贷款形式再贷给子公司。

(4) 子公司所在地政府对股息支付的法律限制。一般来说，东道国政府对跨国企业的股息支付控制很严。例如，在巴西，股息不能超过注册资本的12%，超出部分应交纳很重的附加所得税。

3. 中国海外子公司股本投入和利润分配的有关规定

1) 股本投入的有关规定

目前，中国海外子公司的资本投入中，外汇资金所占比重很大。按规定，母公司即国内投资单位(指在中国境内登记注册的企业或其他经济组织，但不包括外商投资企业)对外投资首先要经国内有关部门批准。获准后，要向国家外汇管理局办理投资外汇的汇出手续，并按汇出外汇资金数额的5%缴存汇回利润保证金。汇回利润累计达到汇出资金总额时，退还保证金本金和利息。

如果海外子公司需要变更投资资本(如增加投资、购买股份、转让股份等)，需要向母公司的上级主管部门和外汇管理部门申请批准。海外子公司在撤销、合并、拍卖或破产时，必须及时清理债权和债务，并经当地注册会计师事务所审计。处理结果要及时向母公司报告，并调回属于国内的资金。

2) 利润分配的有关规定

中国海外子公司中方投资者所得利润，除经外汇管理部门批准外，必须在会计年度结束后半年内调回境内，不得擅自挪作他用或存放在境外。例如，除了中国化工进出口总公司经国务院特许，作为国际化经营试点企业可将海外子公司所获利润留在境外(累计不超过2亿美元)，其余外贸专业总公司所属的海外子公司一律不得将所得利润留在境外。按规定，海外子公司自成立之日起5年内中方投资者所获利润全部留给国内母公司。其后，海外独资子公司全部税后利润的20%、合资或合作企业中方所分利润的20%，由国内母公司结汇后，将人民币上缴财政部门，70%留给国内母公司，用于海外子公司发展基金和增资，其余10%留给国内母公司及主管部门调剂使用。

近年来，中国企业尤其是国有企业资金外流现象严重，主要是一些企业利用进出口的外汇交易，采用"多出少进"的方式将境内的资金汇至其在国外银行的账户，即向管理部门漏报出口金额，以降低上缴国家外汇管理局的金额；同时浮报进口金额，以便在多家中资银行兑换各种外币，再通过其在国外的贸易伙伴，将超额支付的外币存进该公司在国外银行的户头内。另外一种方式则是透过企业在海外的子公司或分支机构，向母公司浮报原料、人事、广告、专利等费用，将资金从国内转至境外。目前多数国内企业的海外分公司或子公司经营状况普遍不良，据1998年国家外汇管理局对2000多家国有企业海外子公司的调查发现，其中只有不到40%的子公司获利或达到损益两平。另据北京大学经济学院2000年初公布的一份调查报告，中国从1997年至1999年的外流资本每年都在数百亿元。由此可见，进一步规范中国企业国际化经营，加强外汇管理，防止国有资产的流失，势在必行。

二、海外子公司的财务管理

1. 海外子公司的财务结构

与国内财务管理相比，国际企业财务管理必须考虑国内、国外和国际三种环境以及由此带来的各种财务风险(如外汇和政治风险)。从财务管理职能上来说，国际企业首先要考虑的是将财务决策权集中于公司总部、各子公司，还是总部与各子公司之间共同分担责任。按一般国际惯例，公司总部对中型子公司(在美国，国外销售额在5000万美元以下的子公司为小型企业，而国外销售额在2亿美元以下的子公司为中型企业，国外销售额达10亿美元的子公司为大型企业)运用集中化经营策略，对大型和小型子公司则实行分散经营管理，总部只起到指导和协调作用。

在选择国外子公司财务结构时，财务经理必须决定股票与债务的适当组合，以及从当地或国外融资的选择。在这方面，发行股票集资的目的是转让企业的所有权利益，而举债集资则是一种不附带任何所有权利益的贷款，债务成本在税收上可以扣除。负债经营是指企业作为债务人有偿地使用债权人的资金从事生产经营，以获取利润的活动。企业得到所需要的资金，可以加速增强企业实力，提高竞争能力。负债经营迫使企业将资金投向经济效益高的项目。当项目的全部资金利润率大于借贷资金利率时，则企业借贷资金在投资中所占的比例越高，企业自筹资金的投资收益率越高，企业在资金使用上的责任心和压力也越大。除此之外，负债经营可以减轻通货膨胀的损失。鉴于通货膨胀的影响，投资中借贷资金比例越大，对企业越有利，长期债务比短期债务更为有利。负债经营得当对企业发展是极大的推动，但由此带来的风险也随之提高。企业负债经营的风险主要来自经营、财务及企业投资计划方面的风险。因为母公司和子公司的财务报表是一个整体。因此，子公司在选择财务结构时必须考虑它对整个企业的影响。高负债率在子公司所在国也许是可以接受的，但从公司综合报表看，对整个企业来说可能是次优的，结果可能导致母公司集资成本的增加。从集资地点来说，在当地举债集资可以降低贷款货币币值变化带来的风险。

在货币发生贬值时，用以支付本息的当地货币量不受贬值的影响，而从硬通货国家借债遇到货币贬值时，企业用于支付本息的当地货币量则要增加。从筹资方式来说，子公司可以在当地发行股票或在证券市场上买卖公司债券、政府公债券、普通股票、优先股票。子公司也可以采取借款的方式。由于借款存在利息和归还期限问题，且利息的高低直接影响到企业的经营，因此，子公司首先必须研究贷款货币的种类，如美元、港元、日元、英镑、加元、欧元等。

在财务结构上，常常出现由于母公司提供的投资股本量小而导致子公司的资金严重不足。在这种情况下，母公司往往向子公司出售货物，由子公司在当地销售，所得资金作为母公司的现金贷款。

2. 海外子公司的财务管理制度

海外子公司要参照国际会计标准建立财务管理制度，并要遵守当地的会计法规和惯例。按照中国现行规定，海外子公司要遵循以下财务管理制度。

(1) 除非子公司所在国(或地区)另有规定，按当地会计年度办理年度决算外，各种财务报表要以公历年为会计年度。

(2) 要按驻在国当地规定的会计科目、报表格式设账，编制会计报表，经当地注册会计师审计后按规定日期报税。记账时要采用当地货币和美元的复币式结账。

(3) 中国海外子公司(分公司)实行"双签"制度。海外独资企业的一切经济往来、现金收付，都必须"双签"有效，海外合资、合作企业我方资金收付也要实行"双签"制度。

(4) 海外子公司(分公司)会计人员工作调离时要做好移交工作，移交清册应由交接双方和监交人三方签字。

目前，国内总公司对海外子公司的财务控制主要是财务报表，由总公司的海外企业科具体实施。海外子公司应该每季度向总公司上报财务报表，以便于总公司及时掌握各附属机构的财务状况和经营成果。

三、国际企业的资本预算

1. 资本预算的基本概念

企业对长期投资决策一般要做出资本预算表。编制资本预算表是一个比较资金各种使用方案期望收益和各种集资方式的成本的过程。与国内项目相比，国外项目的资本预算要复杂得多。因此，财务部门必须将这些项目与母公司的现金流量区别开来；必须了解各国在税制、财务机构、财务准则以及现金流量等方面的限制和规定;要充分认识到汇率变化会改变国外子公司的竞争地位及其与母公司之间现金流量的价值,同时,政治风险能明显地改变国外投资的价值。因此,企业在评价项目预期收入和支出时,必须考虑汇率、财务成本和风险;在子公司与母公司关系上,必须考虑在何时、以何种方式把多大数额的资金从子公司转移到母公司,以及这种转移会带来何种税负及其他费用开支;在评价和比较项目投资收益时,要采用净现金流量方法。

企业资本预算的标准种类繁多,但净现值标准是比较流行的方法。它的主要优点是使股东权益最大化。使用净现值方法是把投资项目的现金流动按一合适的折现率折算成现值,再减去项目的初始资本净支出即得到净现值(NPV)。折现率一般使用公司的资本成本,或项目要求的投资收益率。如果净现值大于零,则项目是可以接受的;如果净现值小于零,则项目是不能接受的。

2. 资本预算的评价原则

国外投资项目应从当地子公司的角度还是从母公司的角度去评价,一直是个有争议的问题。公司的主要目标是使股东的财富最大化。从这层意义上讲,应该从母公司的角度来评价国外投资项目。

母公司收到的现金流量并不是衡量该项目业绩表现的唯一标准,还要看当地现金流量是如何管理的。为了降低税收负担,母公司可能不会把项目的利润全部汇回总部,而是把其中一部分甚至全部在当地进行再投资。

从股东财富最大化这层意义上讲,从当地子公司的角度对投资项目进行评价也许更好。这是因为资本预算过程涉及项目的初始总投资以及按一定的折现率折现的所有现金流量。折现率应反映项目风险和当地通货膨胀率的水平。

1) 从母公司的角度调整风险

从国际企业母公司的角度,有两种调整风险方法。第一种方法是把在国外经营的所有风险如政治风险、外汇风险和其他不确定因素等看作一个问题统一对待,进行资本预算时提高折现率。第二种方法是保持折现率不变,而项目的预计现金流量应根据国外所有风险进行调整。

(1) 调整折现率。为避免东道国政治风险和外汇风险而对折现率进行调整,不会影响净现值占实际涉险金额的比例。

外汇汇率的变动对项目的未来现金流量会产生潜在的影响。但是,汇率变动既可以减少也可以增加净现金流量,取决于产品在哪里销售以及产品的原材料在哪里采购。

(2) 调整现金流量。在处理国外投资风险时,国际企业经常采用调整现金流量而不是调整折现率的方法。国外投资项目对母公司的现金流量将按照可比的国内项目的投资收益率折算成现值。由国外投资而引起的任何额外风险将通过调整现金流量的方式加以考虑。

2) 从子公司的角度调整风险

从子公司角度进行资本预算时,折现率应根据当地投资者对类似项目的投资回收率来确定。这一折现率要反映出当地通货膨胀率的实际水平和发展趋势。

目前,中国国际企业的海外子公司大都规模较小,母公司一般对子公司所在国的情况不甚了解,母、子公司之间的关系也不密切,尚没有形成一套严密的、整体化的全球战略,因而,资金的统筹安排和运作仍处在低水平。为了防范金融风险,国家外汇管理部门对中资企业的海外机构外汇实行严格管制。例如，境外加工贸易项目购买外汇基本处于控制状态，现行的工程承包外汇管理，主要比照出口执行，最长 180 天必须结汇。另外，外汇管理的审查时间过长，一些企业因资金未能及时到位而支付违约金。按照《境外投资外汇管理办法》，企业用于境外投资的外汇，只限于投资者的自有外汇。但是，中国加入世界贸易组织后，现行的法律法规越来越与国际惯例接轨，随着中国国际化经营企业规模的不断扩大、海外子公司数目的增多以及企业高层管理人员经营观念的转变和管理水平的提高，可以相信，母、子公司在全球战略的目标之下一定会达到各子公司的高度协调与统一，使得资金统筹成为必然，取得最佳的经济效果。

第三节 国际企业的外币换算

国际企业的对外直接投资，国际货币市场交易都离不开各种外币。这些交易的发生一般要涉及两个或更多国家的货币，这样便产生了外币换算会计问题。

外币换算是将以外币计价的各项金额换算成某一货币的相应金额，其主要目的是：

(1) 解决在不同国家从事经营活动的联属公司财务报表的合并问题。一个跨国企业在一个或几个东道国建立子公司进行生产经营性活动，其经营情况需要通过它们的损益和资产负债表等财务报表来反映。为了全面掌握整个公司的经营活动状况，必须把子公司财务报表各项目的金额与母公司的报表项目金额合并。

(2) 在会计账目上反映以外币计价的各项交易。

(3) 向国外报告一个独立企业的经营效益。

一个企业在国际间活动时，有时要在其他国家的证券市场和银行筹措资金，有时要与国外的企业合并或搞合资企业，有时要向国外的股东和债权人分发财务报表的各项金额以本国货币换成财务报表接受者所在国货币计价的金额。

近年来，不少国家会计界都根据各自的会计条例作出了有关外币换算的会计规定，并根据情况的变化不断修改这些规定使之标准化。美国财务会计准则委员会在 1976 年曾颁布了第 8 号财务会计准则报告《关于以外币计价的交易和财务报表换算的会计问题》，后经多次修改，于 1981 年发布了第 52 号财务会计准则报告《外币换算》。

一、基于历史成本原则的几种换算方法

为了使母公司经理人员、持股人以及其他有关当事人真正搞清楚整个公司的生产、盈利状况，必须将母、子公司的财务报表进行合并，并用母公司财务报表使用者熟悉的货币单位，即本国货币来计价。这样便产生了外币换算问题。外汇汇率的不断波动，给外币换算带来了许多问题，根据不同时刻汇率进行换算至关重要。这些换算方法基本分为两类：多种汇率法和单一汇率法。

多种汇率法是将历史汇率与现行汇率混合使用，采用这种方法进行换算的有：流动与非流动项目法，货币非货币项目法，现行会计原则法。

采用单一汇率法的换算方法是现行汇率法，即对财务报表上的所有项目都使用现行汇率进行换算。

1. 换算方法的演变

在 20 世纪 30 年代以前，公司进行换算时多是采用符合自己各自特殊情况和需要的方法。1931 年，美国注册公众会计师协会公布了第 92 号公报，流动与非流动项目方法成为公认的第一个换算方法。1972 年，美国提出了现行会计原则法，该方法不改变原报表项目的计价原则，资产与负债各项目要按编制报表时采用的会计计价原则来选择汇率的使用。1976 年，美国财务会计准则委员会发布的第 8 号准则报告就是以现行会计原则法为基础的。后来，美国财务会计准则委员会对第 8 号准则报告进行了修改，于 1981 年发布了第 52 号准则报告。这一准则报告提出了现行汇率法的运用。现在西方国家普遍采用的是这种方法。

2. 换算方法的说明

1) 流动与非流动项目方法

按照这种方法，国外子公司负债要采用现行汇率，即按编制资产负债表时汇率换算成相应的本国货币数额。非流动资产和负债项目要按历史汇率，即按取得不同的资产和发生各种负债时的汇率进行换算。损益表的项目要按整个会计报告期间各个汇率变动的加权平均汇率进行换算。损益表的折旧和摊配项目要按取得有关资产时的汇率来换算，与换算资产负债表的汇率保持一致。

2) 货币与非货币项目方法

货币与非货币项目方法将资产负债表项目分为货币性与非货币性资产与负债。货币性资产与负债是指在未来对已定的外币数额有取得权或有偿还责任。非货币性资产与负债则指固定资产、长期投资库存，这些项目要用历史汇率来换算。损益表的项目要用该会计期间的平均汇率换算，而损益表中的一些与非货币资产和负债有关的收入、费用项目如折旧、销售成本，其换算汇率要与相应的资产负债项目换算汇率保持一致。

3) 现行会计原则法

这种方法是在 1972 年提出的，实际上是货币与非货币项目方法的差异。按照这种方法，换算后的资产负债表要保持换算前资产负债表的会计处理特征，也就是根据资产负债表各项目所采用的不同会计计价原则来选择换算汇率，即现金、应收应付项目要用现行汇率换算。资产与负债项目若以现行市场价格计价则应以现行汇率换算。

4) 现行汇率法

这种方法是单一汇率法。资产负债和损益表的项目均以现行汇率换算。按照这一方法，所有资产负债表的项目都要用同一资产负债表报告日的汇率换算。

3. 对换算方法的评价

1) 流动与非流动项目

这种方法在 20 世纪 30 年代至 50 年代较为普遍，因为那时外汇汇率浮动不大。随着第二次世界大战后外汇汇率剧烈的单向浮动，美元不断贬值使人们对流动与非流动项目方法失去信心。

2) 货币与非货币项目法

1965 年，美国会计准则委员会第 16 号意见中正式承认了货币与非货币项目法，并允许公司用这种方法进行换算，公司的长期负债受到了汇率的影响，而库存则不受影响。在本国货币贬值时，由于用现行汇率换算，长期负债就会产生换算损失，而用历史汇率换算固定资产和库存并不会产生换算利得，这样会减少公司的留成收益额。

3) 现行会计原则

1975 年，美国采用现行会计原则法，以母公司所在国的货币作为计价货币，如以历史成本计价，子公司在购买资产时，应按购买时母公司所在国货币计价的历史成本记录。

现行会计原则法存在的问题是，在换算过程中，可能会改变财务报表各项目之间存在的关系。这是由于应用不同的汇率进行换算，如固定资产用历史汇率换算，而其他项目用现行汇率换算，这样子公司报表上的收益经过换算有可能成为损失。

4) 现行汇率法

国外子公司在经营中，可能用外币借款来购买固定资产。在外汇汇率变动的情况下，运用现行汇率法会抵消换算带来的损失。与现行会计法不同，运用现行汇率法可以保持原来以外币计价的报表上的各项目之间存在的关系。

会计信息的质量对企业参与国际化经营关系重大。从企业海外子公司立项的可行性研究、国际化经营战略的制定，到经营战略在东道国的具体实施，任何一个环节都离不开会计信息。会计信息的失真会给从事国际化经营的企业带来不可挽回的损失。中国在 2000 年颁布的《会计法》，为规范国内企业经营环境和有利于中国企业跨国经营打下了坚实的基础。但是，国内一些企业在经营过程中尚很不规范，企业个别领导和会计人员弄虚作假现象时有发生。2000 年底，国家财政部组织驻各地财政监察专员办事处对 159 户企业 1999 年度会计信息质量进行了抽查。根据抽查结果，财政部表示一些企业在财务报表中弄虚作假，问题十分严重。据了解，此次企业会计信息质量抽查，共抽查了外贸(粮油食品进出口公司、化工进出口公司)、电信、汽车、机械等行业的 159 户企业和为这些企业出具审计报告的 117 家会计师事务所。在被抽查的 159 户企业中，资产不实的有 147 户，共虚增资产 18.48 亿元，虚减资产 24.75 亿元，资产失真度 0.95%；所有者权益不实的有 155 户，共虚增所有者权益 19.36 亿元，虚减所有者权益 18.17 亿元，所有者权益失真度 1.82%；利润总额不实的有 157 户，共虚增利润 14.72 亿元，虚减利润 19.43 亿元，利润总额失真度 33.4%。由此可见，中国企业要加大国际化力度，走出国门，更广泛地参与国际竞争，首先必须整顿国内市场环境，规范企业的经营行为，向国际惯例和运作方式靠拢。国内母公司的会计和财务制度如不规范，海外子公司就无所适从，其后果是可想而知的。

二、如何处理好外币换算中的若干问题

1. 外币换算种类

外币换算分为三类：①记录以外币计价的交易；②反映国外分公司或子公司的经营活动；③向国外反映独立经济实体的经营成果。

换算以外币计价的交易与合并财务报表的换算程序相似。以不同货币计价的各项金额不能简单相加编制财务报表，必须经过换算，最终以编制财务报表的货币计价。

与分公司不同，子公司一般是独立于母公司的法律实体。尽管母公司持有子公司 100% 的或绝大部分股份而对其行使管理经营权，但子公司的独立法律实体这一特征仍使它享有

很大自主权。在对子公司的经营成果进行换算时,是从母公司还是从子公司的角度出发,可以称为母公司观点和子公司观点。

按母公司观点,要将国外子公司发生的经济业务看作是母公司发生的经济业务进行处理,二者区别仅仅在于经济业务计价的货币不同。

按子公司观点,国外子公司实际发生的业务是以外币计价,而不是以本国货币计价的。在其他国家经营的子公司在很大程度上要依赖子公司的管理。因此,需要按子公司所在地的会计原则和惯例来编制以外币计价的报表。采用现行汇率法以外币计价报表,从而保存了以外币计价财务报表各项目之间的关系,有利于财务报表的读者了解实际发生的经济业务,而不是假设以本国货币计价发生的业务。

2. 外汇汇率

传统的换算媒介是外汇汇率。从会计换算角度看,现行汇率是对资产负债进行换算时通行的汇率,而历史汇率就是某一具体业务发生时的汇率。换算汇率不同所得的结果,不仅对换算的资产负债表有影响,对利润的计算也有作用。这就要求跨国企业的财务管理部门有一个切合实际的外汇政策。

3. 换算与通货膨胀

由于各国价格水平变动幅度不同,而这一变动又最终会对汇率产生影响,因此,用什么汇率来换算以外币计价的财务报表就成为重要的研究课题。除此之外,在合并报表中反映本国物价变动水平,是先换算再进行价格调整还是先调整价格再换算。

1) 重现换算法

这种方法的具体做法是,把一个子公司以外币计价的财务报表各项目数额通过用该国价格水平变动调整后再现,在此基础上用财务报表报告日的汇率,即现行汇率进行换算。

2) 换算重现法

这种方法与前一种方法正好相反。运用这种方法,要先将外币计价的各项目按照适当的汇率换算成本国货币表示的金额,然后用本国物价变动指数加以调整,重现其价值。

另一个可选择的方法是用购买力平价来处理换算与价格的变动。购买力平价有两种形式:①绝对形式,其内容是在浮动汇率制度下,购买力平价,即本国与外国价格水平的比率等于两国之间的均衡汇率;②将某一时期的汇率与基期均衡汇率进行比较,本国与国外价格比率的变化就表明两国货币间的必要调整。

三、美国财务会计准则委员会对外币换算问题的规定

1. 第52号财务会计准则报告

美国第52号准则报告规定的会计报告标准适用于以下两个方面:①以外币计价的交易;②以合并、联合和权益法等方法编制母公司财务报表,且财务报表以外币计价,需进行换算的,按照规定,在财务报表换算前,需确定财务报表是按美国公认会计原则编制。

1) 职能货币的概念

第52号准则报告规定,一个实体的资产,负债的经营结果要由该实体的职能货币计量。

一个实体的职能货币是该实体在从事经营活动和产生现金流动所处的主要经济环境中起作用的货币。一般来说，某一实体的职能货币是该实体所在国的货币。但也有例外情况。在国外的经营实体，可能是一个联属企业的直接组成部分或扩展部分，在这种情况下，国外实体的职能货币就应与相关的联属企业所使用的货币相同。另外，如果一个母公司有不止一个特性不同、可分开的实体在不同的经济环境进行活动，那么每个实体就可能有一个互不相同的职能货币。

为了解决职能货币问题，在国外的经营活动可分为两种不同的模式：第一种模式是设在某一个国家能自我管理的子公司，其日常经营活动不依赖于母公司的经济环境，这种类型的公司主要是获得、支出外币，以外币表现的现金净收入可进行再次投资，或支付母公司应享有的收益部分。这类国外经营公司的职能货币就是外币，即所在国货币。第二种模式是国外公司是母公司的分公司。这类公司的资金往往是母公司所提供的本国货币，即美元，资产的购买和出售也是以美元计价的。

第 52 号准则报告规定，如果国外子公司未用职能货币记账，在换算前，必须将外币账目换算为职能货币，即子公司以外币计价的财务报表必须按职能货币所在国会计原则重现，用现行会计原则法换算为职能货币，再用现行汇率换算为美元。

子公司的收入与支出除折旧与摊配用历史汇率换算外，需用该时期的平均汇率换算，换算损益直接记入净损益额。如子公司的职能货币与母公司的报告货币均为美元，就只需用现行会计原则法换算。

2) 财务报表的换算

第 52 号准则报告说明的财务报表换算程序只适用于通过合并、联合或权益法将外币财务报表并入母公司财务报表的目的。

概括起来，第 52 号准则报告包括的换算过程主要有下列几点：

(1) 换算前，财务报表必须符合美国公认会计原则。

(2) 必须确定国外实体的职能货币。

(3) 国外实体的财务报表必须以职能货币计价，在某些情况下，需将财务报表换算为以职能货币计价，由此所得的换算损益记入当期的净收益。

(4) 国外实体的职能货币财务报表用现行汇率换算为报告实体的职能货币，换算损益不记入净收益。

换算调整可以按以下方法计算：

(1) 用当期汇率的变动乘以当期期初的净资产数额。

(2) 用当期期末汇率与平均汇率之差乘以当期净资产的增减部分。如果净资产的增减是由于一项资本交易，换算调整就应是期末汇率和交易发生时汇率差异与净资产增减部分的乘积。上述两项数额的总和便是当期的换算调整数。

3) 外币计价交易的会计处理

第 52 号准则报告规定外币计价交易是那些不以实体的职能货币计价交易。外币计价交易可以给公司带来可确定数量的应收或应付外币项目。因此公司的外币计价交易一般是由下列活动产生的：

(1) 以外币计价的赊购或赊销商品或服务。

(2) 以外币计价的资金借贷。

(3) 签订远期外汇交易合同。

(4) 由于一定的原因，取得或处理外币计价资产，发生或偿还外币计价负债。

当职能货币与某一计价货币之间的汇率发生变化时，就有外币计价交易损益发生，因为汇率变动会影响交易结算时以职能货币计价的现金流动。交易损益一般作为交易结算和汇率变动时期净收益的部分。但是有一些外币交易损益不能包括在净收益中，而要作为换算调整处理。这些交易包括：为在国外实体的一项净投资所进行的特定的套头交易；公司间具有长期投资性质的外币交易，而这些交易实体是以合并、联合或权益法计入报告企业的财务报表；远期交易合同或其他外币交易，其目的是为一项已经确定的外币承付款项进行的套头交易。

除远期交易外，所有的外币交易都要遵循以下会计规定：

(1) 在确定的交易日，由于交易引起的各项资产、负债、收入、费用和损益都应按当日的汇率以报告实体的职能货币计量和记录。

(2) 在财务报表报告日，报告实体未以职能货币记录的项目数额应按现行汇率调整。

2. 第 52 号财务准则报告的重要性

第 52 号准则报告大大增加了国外子公司收入的稳定性。通过剔除财务报表换算对净收入的影响和采用现行汇率换算法，第 52 号准则报告的实施极大地稳定了国外子公司以本国货币作为职能货币的收入。公司的管理人员可以不再用极大的精力来处理复杂的外汇汇率变动的影响，也不用花费很多时间来处理汇率变动对损益表的影响。由于收入水平的稳定，股票市场分析家们在分析公司股票收益时更容易了。

第 52 号准则报告的采用对公司借贷方式也有影响。采用第 52 号准则报告，受汇率变动影响的为净资产，于是以外币借款对于抵消汇率变动的影响作用就不那么明显了。因此，美国一些公司更愿意使用美元借款。

用财务报表所提供的信息来衡量跨国公司子公司的经营情况是目前国际会计讨论的一个很重要的问题。由于外汇汇率不稳定，将外币报表换算为本国货币报表很容易影响原报表所反映的情况。会计人员要从子公司的角度将其财务报表换算为本国货币，同时在换算过程中力图反映本来情况报表各项目之间的比例关系。从这一目的出发，第 52 号准则报告提出的现行汇率法是较为适当的。

3. 其他各国的一般做法

1) 德国

德国一般采用现行汇率法，并对换算损益进行递延。

2) 荷兰

荷兰一般采用现行汇率法，不递延换算损益，被归入其他收益或费用，计入收益表中。

3) 英国

英国的第 27 号"外币折算会计准则"，在最主要的方面类似于美国的第 52 号准则报告。从实践上看，英国公司大多采用现行汇率法；在换算损益方面，对自主经营的国外实体因采用现行汇率产生的折算损益，计入损益准备，但由于借款净额引起的损益则计入当期损益。

4) 日本

日本于 1979 年发布了外币换算的会计准则,这一准则结合了时间度量法和流动与非流动项目法两个方法。具体地说,外币财务报表是应用时间度量法来换算的,但长期货币性资产和负债将按历史汇率换算。换算损益将计入一个"换算调整额"账户,列入资产负债表的资产或负债方。

第四节 国际企业审计

中国国际化经营企业的海外子公司,要在当地开展正常的经营活动,必须在当地的审计环境下,按照合同和章程的要求,委托外部审计师,对企业提供的财务报表进行审计活动,以满足当地政府和经济利益相关者的要求。

一、国际企业的法定审计环境

1. 法定审计师

有些国家规定必须有独立的注册审计师,有些国家允许公司的内部审计员担任审计师,有些国家对审计师还有国籍要求(大多要求本国公民担任)。更为特殊的是,个别国家规定必须由某些特定的人担任审计师。

2. 保存会计账簿的规定

保存会计账簿的规定具体如下。

(1) 大多数国家出于会计和税收的原因,都要求外国公司在当地或其他地方适当地保存所有交易的文件,而且大多规定了保存的时间要求。

(2) 有些国家则要求相当苛刻,必须按统一的账簿系统填制和保存,并要装订在一起,编上号,需在适当的时候由有关当局予以确认。

(3) 要遵守税法规定,保存所有账簿和记录,否则,税务执法机关可以根据当地税法规定,拒绝公司的申报,而自行对公司的收入进行估算,并据以征税。另外,税收的扣除,也必须在会计记录中予以反映。

3. 其他国际审计问题

在有些国家,法定的报表格式又长又细,不太注重重大性;在有些国家,如美国,法定的审计有的由政府对一小部分企业提出审计要求,如美国的证券交易委员会(SEC),而大多数则由民间组织规定;大多数国家对职业会计师的职责都规定得相当详尽。

4. 审计师的任命和终止

许多国家的公司都规定,由持股人在适当的集会上任命审计师,任期可一年或数年。有些国家则由董事会,甚至由企业主管任命,经持股人批准,有的国家甚至无须批准。

二、我国国际化经营企业的海外审计工作

1. 聘请海外注册会计师审计

对中国的海外企业来说,聘请注册会计师对财务报表进行审计,主要是为了满足外部的要求。

(1) 由当地子公司而不是远在万里之外的总公司为主来筹划如何满足当地审计要求。

(2) 委托一家有实力的会计公司对自己公司的全球业务统一进行审计。

(3) 有些公司对小型的海外企业的独立注册会计师和内部审计师按规定时间间隔轮换。

(4) 海外企业要研究当地审计要求,尽可能地减轻或免除法定审计。

为了减免审计责任,以下两种方法可供选择:

(1) 企业形式的选择。大多数国家对公司、合伙企业、独资企业这三种组织形式的审计要求是不一样的(包括向当局报告的义务、发表公布财务报表、任命审计师等),因此在创建企业时应考虑企业形式。

(2) 企业融资。因少数权益和债权人的存在,一般都导致更严的审计和报告义务。为此,企业在发行筹资股票和债券、借款时都有必要考虑由此产生的法定审计义务。

2. 聘请国内注册会计师审计

中国注册会计师的恢复和重建是改革开放的产物。1981年1月1日,上海成立了第一家会计师事务所,标志着中国注册会计师制度的恢复。在重建初期,注册会计师的服务领域主要是根据有关涉外经济法规,对外商投资企业进行独立审计。

20世纪90年代末期,随着改革的深入、开放的扩大,中国注册会计师的服务范围从涉外领域逐步扩大到国有企业、集体企业、私营企业以及个体工商业户,并且随着多种经营方式的出现,对股份制企业、企业集团、联营企业也开始进行独立审计。1993年10月,《注册会计师法》正式颁布,标志着中国注册会计师事业进入了规范化发展的阶段。

改革开放以来,中国的会计环境发生了很大的变化。随着中国经济全方位、各层次的对外开放,中国经济与国际经济不断接轨,国内市场与国外市场逐渐融为一体。2000年我国进出口总额达4743亿美元,连续数年保持世界第11位。在我国的外商投资企业发展到36万多家,实际使用外资金额高达3486.24亿美元。

据统计,截至2000年底,我国在海外130多个国家和地区开办了6000多家贸易和生产型企业,投资额约70多亿美元,蓬勃发展的境内"三资企业"和不断增长的我国海外现状表明,我国企业国际化经营已经成为一种不可逆转的趋势。利用外资,引进技术,对外贸易的蓬勃发展和我国企业的参与国际竞争都要求我们的会计制度与国际接轨,按国际惯例处理日常的各种经济活动。从1993年实施《注册会计师法》以来,我国的会计模式正朝着科学化、规范化和国际化的方向迈进,我国的注册会计师事业有了很大的发展,中国注册会计师协会和中国注册审计师协会实行了联合,并于1996年6月召开了联合后的中国注册会计师全国特别代表大会,目前我国有会计师事务所数千家,注册会计师数万人和十几万人从业人员。可以相信,随着我国社会主义市场经济体制的不断完善和以注册会计师为

主体的社会经济监督体系的建立，注册会计师行业必将更快地向前发展，中国注册会计师必将发挥其应有的社会中介作用。

目前，中国的会计师事务所对于中国国际化经营企业的海外会计和审计工作尚缺乏经验、水平不高，中国的注册会计师资格目前尚没有得到国际同行的相互认可。但是，随着中国注册会计师考试的对外开放，越来越多的国际注册会计师协会(如英国注册会计师协会 ACCA、加拿大注册会计师协会 CGA 等)在中国进行培训，国际上著名的会计师事务所在中国参与经济和贸易活动以及中国注册会计师水平的不断提高，可以预计，中国与国际上注册会计师资格的相互承认已经为期不远。我们深信，在不久的将来，中国的会计师事务所一定能够承担中国海外企业的会计和审计工作，推动中国企业的国际化经营与管理不断向纵深发展。

近几年，在中国对外开放不断扩大，企业经营逐步向国际化、集团化发展的新形势下，已有越来越多的企业集团参与国际化经营，在境外开办企业(包括分支机构、办事处、代表处等)。在这些境外企业中既有成功的，也有严重亏损的，后者究其原因，主要是因为财务管理不善造成的。因此，如何有效地加强对境外企业的财务管理和监督，是创办境外企业的总(母)公司所面临的一个重要课题。从事国际化经营的企业，尤其是大型企业和企业集团，要切实加强境外企业设点、立项和投资的管理，严格审批程序；要对境外企业经营投机或高风险业务进行严格控制；要严格把关，千方百计杜绝和减少坏账损失；要认真做好财会人员的选择和配备问题，不断提高财会人员素质；要完善各项内部财务管理办法和规定，切实加强检查与监督。境外企业财会部门的领导应由国内上级主管部门或总公司(母)单独直接任命，实行垂直领导，直接对境内上级主管部门负责，这样对有效地进行财务监督，防止财务管理的失控会起到一定的作用。

本 章 小 结

与国内财务管理相比，国际企业财务管理必须考虑企业面临的新的环境、新的风险以及新的机遇。必须十分熟悉国际金融市场环境、国际金融机构设置及其职能，以及在国际金融市场的融资手段和运作方法，必须密切注意世界金融市场的情况，以便正确地进行财务决策。

国际企业子公司的股权策略包括海外子公司的股权策略和海外子公司的财务管理两部分。

外汇汇率的不断波动，给外币换算带来了许多问题，根据不同时刻汇率进行换算至关重要。这些换算方法基本分为两类：多种汇率法和单一汇率法。多种汇率法是将历史汇率与现行汇率混合使用，采用这种方法进行换算的有流动与非流动项目法、货币非货币项目法、现行会计原则法。采用单一汇率法的换算方法是现行汇率法，即对财务报表上的所有项目都使用现行汇率进行换算。

中国国际化经营企业的海外子公司，要在当地开展正常的经营活动，必须在当地的审计环境下，按照合同和章程的要求，委托外部审计师，对企业提供的财务报表进行审计，以满足当地政府和经济利益相关者的要求。

思 考 题

1. 国际企业为什么要编制合并财务报表？合并财务报表的前提条件是什么？
2. 国际企业审计和国内企业审计有什么区别？
3. 我国企业搞国际化经营应如何解决好海外筹资和资金管理？
4. 外汇风险防范对中国企业从事国际化经营有什么意义？

案例分析

美国某公司的合理避税

参考文献

[1] 韩玉军. 国际商务[M]. 北京：中国人民大学出版社，2017.

[2] 迈克尔·格林格，珍妮·麦克内特，迈克尔·迈. 国际商务[M]. 北京：中国人民大学出版社，2017.

[3] 薛求知，刘子馨，王斌. 国际商务管理[M]. 上海：复旦大学出版社，2016.

[4] 王炜瀚，王健，梁蓓. 国际商务[M]. 北京：机械工业出版社，2013.

[5] 马述忠，曾华. 国际商务[M]. 北京：高等教育出版社，2011.

[6] 闫国庆，孙琪，陈丽静. 国际贸易理论与政策[M]. 北京：高等教育出版社，2012.

[7] 陈岩. 国际贸易理论与实务[M]. 北京：清华大学出版社，2018.

[8] 罗伯特·J. 凯伯. 国际贸易[M]. 北京：中国人民大学出版社，2017.

[9] 黄志勇. 国际投资学[M]. 北京：清华大学出版社，2014.

[10] 杨晔，杨大楷. 国际投资学[M]. 上海：上海财经大学出版社，2015.

[11] 张成思. 国际投资[M]. 北京：中国人民大学出版社，2010.

[12] 陈雨露. 国际金融[M]. 北京：中国人民大学出版社，2008.

[13] 黄达，张杰. 金融学[M]. 北京：中国人民大学出版社，2017.

[14] 何翔，董琳娜. 金融学[M]. 北京：清华大学出版社，2017.

[15] 马述忠，廖红. 国际企业管理[M]. 北京：北京大学出版社，2013.

[16] 赵曙明，程德俊. 国际企业管理[M]. 北京：机械工业出版社，2010.

[17] 赵颖. 国际市场营销[M]. 北京：机械工业出版社，2010.

[18] 刘安国，谢献芬. 服务营销管理[M]. 北京：世界图书出版社，2012.

[19] 施丽华，黄新祥. 供应链管理[M]. 北京：清华大学出版社，2014.

[20] 周跃进. 采购管理[M]. 北京：机械工业出版社，2018.

[21] 刘昕. 人力资源管理[M]. 北京：中国人民大学出版社，2012.

[22] 王建英，支晓强，许艳芳，袁淳. 国际财务管理[M]. 北京：中国人民大学出版社，2015.

[23] 张华. 国际财务管理[M]. 北京：机械工业出版社，2015.